海洋管理概论

主　编　管华诗　王曙光

副主编　于宜法　李永祺　权锡鉴

编　委　（按姓氏笔画为序）

于宜法　马英杰　王广俊　王曙光

刘曙光　权锡鉴　李永祺　胡增祥

高　艳　宿　涛　管华诗　戴桂林

中国海洋大学出版社

·青岛·

图书在版编目(CIP)数据

海洋管理概论/管华诗,王曙光主编. —青岛:中国海洋大学出版社,
2002.12(2022.1重印)
ISBN 978－7－81067－447－8

Ⅰ.海...　Ⅱ.①管...②王...　Ⅲ.海洋－管理－概论　Ⅳ.D993.5

中国版本图书馆 CIP 数据核字(2002)第 104318 号

中国海洋大学出版社出版发行
(青岛市香港东路 23 号　邮政编码:266071)
出版人:工曙光
日照报业印刷有限公司印刷
新华书店经销
*
开本:787mm×1 092mm　1/16　印张:16.5　字数:375 千字
2003 年 7 月第 1 版　2022 年 1 月第 8 次印刷
印数:10 301～11 300　定价:35.00 元

前　言

　　海洋管理是海洋事业的重要组成部分，它通过行政、法律、群众团体、舆论、经济等途径，对海洋区划、规划、计划、海洋调查、科学研究、开发利用、生产活动进行组织、领导、指挥和调控，从而保证有效地维护海洋权益和秩序，合理开发利用海洋资源，切实保护海洋生态环境，实现海洋资源、环境的永续利用和海洋事业的协调发展。

　　近二三十年来，人类在探索海洋奥秘、开发利用海洋、发展海洋经济方面取得了前所未有的成就，同时在对海洋重要性的认识、海洋管理的理论和实践方面也取得了重大进展。世界性的人口、资源和环境问题，促使人们进一步认识到：海洋是一个富饶而远未充分开发和利用的宝库；海洋赋存的油气、矿物、生物、能源和空间等资源是替补陆地资源日益枯竭的惟一后备；人类要维持自身的生存、繁衍和发展，在现实条件下，只能充分利用和保护地球上仅有的这块疆域。基于这些认识，1990 年第 45 届联合国大会作出决议，"敦促世界各国把海洋开发列入国家发展战略"。1992 年联合国环境与发展大会又着重指出："海洋是全球生命支持系统的基本组成部分，也是实现可持续发展的宝贵财富。"1994 年《联合国海洋法公约》生效；第 49 届联合国大会确定 1998 年为"国际海洋年"，并把"海洋——人类未来的财产"作为"国际海洋年"的主题。这些都极大地唤起了人类对海洋的关注，世界沿海国家掀起了向海洋进军的热潮，也加剧了对海洋管辖与资源的争夺。

　　在新的形势下，海洋管理也随之发生了新的变化。这突出地表现在由《联合国海洋法公约》所确立的世界海洋管理的新制度和新秩序，改变了由沿海国在其领海内的狭窄管辖带和其领海之外的公海自由构成的传统海洋管理；多数沿海国家倡导对海洋，尤其是对海岸带实行综合管理的新理念。海洋管理是复杂的，这不仅是因为海水本身的流动性、三维特性、风暴等自然灾害的难以预测性、自然环境与行政边界往往缺乏有机联系等原因，而且随着人类开发利用海洋事业的深入发展，出现了许多新的海洋产业，引发了不少海洋管理的新问题。这些新问题包括跨国界种群和高度洄游鱼类的管理，由捕捞渔业向海洋种、养业的转变，海洋污染不受国界约束，大洋底热泉生物的诱人商业价值，预测在深海和大洋底部有超过目前全世界已鉴定的生物种类总数 3 倍之多的生物有待调查，在未来不长的时间，深海底丰富的碳氢化合物将成为新的重要能源，以及大洋底的丰富矿藏有待开发，等等。同时，部门之间，产业与产业、尤其是新兴产业与传统产业在海洋开发利用的时、空矛盾势必日趋加剧。因此，就一个沿海国家来说，其所管辖海域是属于该国公民平等享有的共同财产，而政府是财产的托管人。要管好这份珍贵的财产，必须改变各部门分割管理的体制，实现综合管理的特别策略，努力协调各经济部门、各海洋产业用海的矛盾，权衡各方面的利益，推进海洋资源可持续的多样化利用，维护生物多样性和生态环境。

　　中国是一个发展中的沿海大国。中国政府高度重视海洋事业的发展，重视海洋管理。江泽民主席提出"要从战略的高度来认识海洋，增强全民的海洋观念"，并发出了"开发蓝色国土"，"振兴海洋、繁荣经济"的号召。

　　改革开放以来,我国海洋经济发展迅速,全国海洋产业总产值从1978年的60亿元增加到2001年的7 233多亿元,成为新的经济增长点。为了维护海洋权益,合理开发海洋资源,加强对海洋的综合管理,中国政府采取了一系列重要的措施。例如,1992年颁布了《中华人民共和国领海及毗连区法》;1995年出台了《中国海洋21世纪议程》;1996年全国人民代表大会常务委员会批准了《联合国海洋法公约》;1997年海洋高技术正式纳入国家高技术研究领域;1998年国务院发表了《中国海洋事业的发展》白皮书,同年国家发展计划又把海洋经济确定为我国国民经济的一个新的经济增长点;1999年全国人民代表大会常务委员会批准了修订的《中华人民共和国海洋环境保护法》。进入新世纪的第一年,全国人民代表大会常务委员会批准了《中华人民共和国海域使用管理法》,该法是我国海洋管理理论和实践经验在法律上的体现,反映了国内外海洋综合管理的新理念;首次在法律上规定了"海域属于国家所有,国务院代表国家行使海域使用权。任何单位或者个人不得侵占、买卖或者以其他形式非法转让海域。单位和个人使用海域,必须依法取得海域使用权",并且通过海洋功能区划、海域使用的申请与审批、海域有偿使用、海域使用登记、海域使用统计、海域使用权证等制度,从法律上有力地保证和促进海洋资源的永续利用和生态环境保护。该法的施行,是我国海洋管理具有里程碑的大事。

　　但真正贯彻实施海域综合管理不是一件容易的事。这不仅有待理论和实践的完善和深化,各涉海部门的利益有待逐步调整,而更重要的是要抓紧培养一批熟悉海洋综合管理的人才。人力资源的开发,是海洋管理的核心,关系到我国海洋事业的成败。只有造就一批政治素质高、政策性强、业务知识面宽、熟悉管理的客观规律、具有战略的头脑、开拓进取、善于解决实践中所提出的问题的海洋管理队伍,才能适应海洋事业迅速发展的需要,使我国由海洋大国变成海洋强国。

　　中国海洋大学是一所以海洋、水产为特色,包括理学、工学、农(水产)学、文学、医(药)学、经济学、管理学、法学等学科门类的国家教育部直属重点综合性大学。根据国际海洋事业发展的新态势以及国家海洋事业发展的需要,加强海洋管理人才的培养是学校义不容辞的责任。为此,我们组织和邀请部分专家、教授编写了这部教材。全书共分十章,编写分工如下:前言,管华诗、李永祺;引论,于宜法、权锡鉴;第一章,马英杰、解新英;第二、三章,宿涛;第四章,李永祺、刘兰;第五章,刘曙光;第六章,戴桂林;第七、八章,权锡鉴;第九章,高艳、文艳;第十章,王广俊。本书主编之一、国家海洋局局长、中国海洋大学兼职教授、博导王曙光同志十分重视海洋管理人才的培养,对本书编写给予了多方面的指导。

　　鉴于海洋管理是一门新兴的学科,尚有不少理论和实践问题有待深入探索,本书内容也有待今后在实践中不断修改、充实和完善。我们将与大家一起,为不断充实、发展我国海洋管理科学,建立和完善我国的海洋管理新制度,促进海洋造福人类而共同努力!

管华诗　李永祺

2002年10月

目　　录

引　论 …………………………………………………………… (1)

一、海洋管理的概念 ……………………………………………… (1)

二、海洋管理的对象和任务 ……………………………………… (2)

三、海洋管理的目标和基本原则 ………………………………… (2)

四、海洋管理的基本手段 ………………………………………… (3)

第一章　海洋政策 ………………………………………………… (5)

第一节　政策概述 ………………………………………………… (5)

一、政策的概念 …………………………………………………… (5)

二、政策的作用 …………………………………………………… (7)

第二节　中国的海洋政策 ………………………………………… (8)

一、中国海洋政策的历史发展 …………………………………… (8)

二、新中国成立后的海洋政策 …………………………………… (9)

三、健全和完善中国海洋政策 ………………………………… (14)

第三节　国外的海洋政策 ……………………………………… (15)

一、美国的海洋政策 …………………………………………… (15)

二、日本的海洋政策 …………………………………………… (17)

三、澳大利亚的海洋政策 ……………………………………… (18)

第二章　海洋立法 ……………………………………………… (21)

第一节　国际海洋法 …………………………………………… (21)

一、海洋法的概念 ……………………………………………… (21)

二、国际海洋法的历史综述 …………………………………… (22)

三、《联合国海洋法公约》 …………………………………… (25)

第二节　中国的海洋立法 ……………………………………… (45)

一、中国海洋立法的历史发展 ………………………………… (45)

二、海洋管理法律制度 ………………………………………… (46)

第三章　海洋权益 ……………………………………………… (53)

第一节　海洋权益概述 ………………………………………… (53)

一、海洋权益的概念 …………………………………………… (53)

二、海洋权益的相关主体 ……………………………………… (53)

三、维护海洋权益与各方利益关系的协调 …………………… (54)

第二节　国家所属和管辖海域的海洋权益 …………………… (59)

一、内海的权益 ………………………………………………… (59)

二、领海的权益 ………………………………………………… (60)

三、毗连区的权益 ……………………………………………… (61)

四、专属经济区的权益 ………………………………………… (61)

五、大陆架上的权益 …………………………………………… (62)

第三节　管辖争议海域和国家管辖范围以外海域的海洋权益 …… (62)

一、国家在管辖争议海域的海洋权益 ………………………… (62)

二、各国在公海和国际海底区域的权益 ……………………… (64)

第四节　海洋权益的保障 ………………………………………… (65)

一、保障的前提和基础 ………………………………………… (65)

二、保障的主要措施 …………………………………………… (65)

第四章　海洋功能区划 ……………………………………… (68)

第一节　海洋功能区划的定义及法律地位 ……………………… (68)

一、海洋功能区划的定义 ……………………………………… (68)

二、海洋功能区划的目的意义 ………………………………… (69)

三、海洋功能区划的法律地位 ………………………………… (70)

第二节　海洋功能区划编制的范围和原则 ……………………… (71)

一、海洋功能区划的范围 ……………………………………… (71)

二、海洋功能区划的原则 ……………………………………… (72)

三、几种关系的处理 …………………………………………… (72)

第三节　海洋功能分区 …………………………………………… (73)

一、港口航运区 ………………………………………………… (74)

二、渔业资源利用和养护区 …………………………………… (74)

三、矿产资源利用区 …………………………………………… (74)

四、旅游区 ……………………………………………………… (74)

五、海水资源利用区 …………………………………………… (75)

六、海洋能利用区 ……………………………………………… (75)

七、工程用海区 ………………………………………………… (75)

八、海洋保护区 ………………………………………………… (75)

九、特殊利用区 ………………………………………………… (78)

十、保留区 ……………………………………………………… (78)

第四节　海洋功能区划的编制 …………………………………… (78)

一、成立编制组和制定工作方案 ……………………………… (78)

二、资料收集和分析 …………………………………………… (79)

三、功能区划方法 ……………………………………………… (81)

四、海洋功能区的划分 ………………………………………… (82)

五、海洋功能区划报告的编写 ………………………………… (83)

六、绘制海洋功能区划图 ……………………………………… (84)

七、建立区划管理信息系统 …………………………………… (84)

八、征求意见、评审、报批和向社会公布 …………………… (86)

第五节　贯彻落实海洋功能区划的措施和管理 ……………………………… (86)

一、认真学习、积极贯彻《海域使用管理法》 ……………………………… (86)

二、深化海洋功能区划,完善海洋功能区划 ……………………………… (87)

三、将海洋功能区划转化为政府行为,制定海洋功能区划实施管理办法,实现
依法治海 ……………………………………………………………… (87)

四、强化海洋行政管理机构是实施海洋功能区划的组织保证 …………… (88)

五、制定海洋开发和海洋环保规划,将海洋功能区划的实施落到实处 …… (88)

六、加强科学研究,发展海洋功能区划理论,完善、深化海洋功能区划工作成果
…………………………………………………………………………… (88)

第五章　海洋资源管理 ………………………………………………………… (90)

第一节　海洋资源管理概述 ………………………………………………… (90)

一、基本概念 ………………………………………………………………… (90)

二、现代海洋资源管理的基本内容 ………………………………………… (91)

第二节　海洋资源及其开发 ………………………………………………… (92)

一、海洋资源的特征 ………………………………………………………… (92)

二、我国海洋资源的开发利用 ……………………………………………… (95)

第三节　我国海洋资源管理体系 …………………………………………… (98)

一、海洋资源的行业分类管理 ……………………………………………… (98)

二、海洋资源的区域综合管理 ……………………………………………… (101)

第四节　海洋资源管理的未来发展 ………………………………………… (105)

一、海洋资源管理的发展趋势 ……………………………………………… (105)

二、我国海洋资源管理的问题 ……………………………………………… (106)

三、我国海洋资源管理的发展对策 ………………………………………… (106)

第六章　海洋环境管理 ………………………………………………………… (108)

第一节　海洋环境管理的一般概念 ………………………………………… (108)

一、海洋环境管理的基本概念 ……………………………………………… (108)

二、海洋环境管理的基本原则 ……………………………………………… (109)

三、海洋环境管理的基本任务 ……………………………………………… (112)

第二节　海洋环境管理的基本理论 ………………………………………… (119)

一、环境管理理论的形成与发展 …………………………………………… (119)

二、海洋环境管理的理论概述 ……………………………………………… (126)

三、环境管理的微观决策 …………………………………………………… (134)

第三节　海洋环境保护与监测 ……………………………………………… (137)

一、海洋环境保护的一般概念 ……………………………………………… (137)

二、海洋环境的管理技术 …………………………………………………… (140)

三、海洋环境监测 …………………………………………………………… (148)

第四节　海洋自然保护区与海岸带综合管理 ……………………………… (151)

一、海洋自然保护区的概念与作用 ………………………………………… (151)

二、海洋自然保护区的建设与管理模式 ……………………………… (155)

三、环境保护与海岸带综合管理 …………………………………… (160)

第七章　海洋科技及其产业化管理 ………………………………… (166)

第一节　海洋科技发展与海洋技术创新 …………………………… (166)

一、海洋科技发展状况 …………………………………………… (166)

二、海洋科技发展战略 …………………………………………… (169)

三、海洋技术创新 ………………………………………………… (173)

第二节　海洋科技产业化管理 ……………………………………… (176)

一、海洋科技产业化 ……………………………………………… (176)

二、海洋科技产业化过程 ………………………………………… (176)

三、海洋科技产业化管理 ………………………………………… (177)

第八章　海洋经济管理 …………………………………………… (182)

第一节　海洋产业发展现状与发展战略 …………………………… (182)

一、海洋产业发展现状 …………………………………………… (182)

二、海洋产业发展战略 …………………………………………… (184)

第二节　海洋经济管理 ……………………………………………… (187)

一、制定海洋经济发展规划 ……………………………………… (187)

二、制定海洋产业政策 …………………………………………… (188)

三、对海洋产业进行合理的布局 ………………………………… (190)

四、海洋经济管理手段 …………………………………………… (192)

第三节　海洋经济管理信息化 ……………………………………… (194)

一、提高海洋经济信息化程度 …………………………………… (194)

二、海洋经济信息的处理 ………………………………………… (196)

三、建立海洋经济管理信息系统 ………………………………… (197)

第九章　海洋人力资源管理 ………………………………………… (200)

第一节　海洋人力资源开发 ………………………………………… (200)

一、人力资源的概念及其作用 …………………………………… (200)

二、海洋人力资源的开发战略 …………………………………… (202)

三、大力推进海洋人力资源开发 ………………………………… (203)

第二节　人力资本的战略管理 ……………………………………… (203)

一、人力资源战略管理的基本含义 ……………………………… (203)

二、人力资源管理的发展趋势 …………………………………… (204)

三、人才管理的误区 ……………………………………………… (204)

四、人力资源的战略管理 ………………………………………… (205)

五、海洋科技人力资源盘活的战略架构 ………………………… (207)

第三节　海洋教育 …………………………………………………… (211)

一、我国海洋教育的发展与现状 ………………………………… (211)

二、21世纪初海洋高等教育面临的新挑战 …………………… (212)

三、海洋高等教育展望 …………………………………………………（212）

四、海洋科学的教育模式 …………………………………………（213）

第四节　建立适应21世纪海洋事业发展的人才队伍 ……………（214）

一、21世纪海洋科学的发展趋势 ………………………………（214）

二、21世纪海洋事业发展对人才队伍的要求 …………………（215）

三、海洋人才队伍的建设策略 …………………………………（216）

第十章　海洋执法管理………………………………………………（220）

第一节　海洋执法管理的原则…………………………………………（220）

一、海洋执法管理的概念 ………………………………………（220）

二、海洋执法管理的原则 ………………………………………（221）

三、海洋执法管理的种类 ………………………………………（224）

第二节　海洋行政执法…………………………………………………（226）

一、海洋行政执法的概念 ………………………………………（226）

二、海洋行政执法的范围 ………………………………………（227）

三、海洋行政执法的种类 ………………………………………（229）

四、海洋行政执法的程序 ………………………………………（232）

第三节　海洋司法………………………………………………………（237）

一、海洋司法的概念 ……………………………………………（237）

二、海洋行政司法 ………………………………………………（238）

三、中国海事法院的设置及其受案范围 ………………………（240）

四、海事仲裁 ……………………………………………………（242）

第四节　国际海事纠纷的解决…………………………………………（246）

一、国际海事纠纷 ………………………………………………（246）

二、国际法院 ……………………………………………………（247）

三、国际海洋法法庭 ……………………………………………（249）

引　论

一、海洋管理的概念

管理是伴随着人类社会和社会组织的产生而出现的一种实践活动。管理理论是在人类社会实践长期积累的基础上形成并不断发展的。有了社会组织及其实践活动就要求有管理。所谓管理是指在组织中维持集体协调行为、实现资源有效合理配置的协调控制活动。管理的基本职能是决策、计划、组织、协调、控制;管理的对象是组织中的各种资源以及组织的各项活动;管理的目的在于通过实现资源的最佳配置达到组织预定的目标。

海洋管理是社会管理的一个领域和构成部分,它是随着人类海洋开发活动的展开和发展而产生的一种管理活动。所谓海洋管理是指政府以及海洋开发主体对海洋资源、海洋环境、海洋开发利用活动、海洋权益等进行的调查、决策、计划、组织、协调和控制工作。在海洋管理工作中,管理的主体是政府有关职能部门和海洋开发主体,政府有关职能部门对海洋的管理主要是宏观管理和执法管理;海洋开发主体,例如海洋科技机构和海洋企业,主要是对海洋开发利用活动以及海洋科技活动进行微观管理。海洋管理的内容主要包括海洋资源管理、海洋环境管理、海洋经济管理、海洋科技及其产业化管理、海洋信息管理、海洋权益管理、海洋人力资源管理等。海洋管理的本质是在政府政策和有关法律法规的指导下,对海洋资源、环境及其开发利用活动进行计划、组织、协调和控制。

现代海洋科技和海洋开发的迅速发展以及海洋的战略地位的日益突出,要求加强海洋管理,要求对海洋管理的理论和方法进行深入研究。自20世纪60年代以来,现代海洋科学技术得到了迅速发展,在一些海洋国家迅速兴起了一批新的海洋产业,如海洋石油工业、海底采矿业、海水化学工业、海水养殖业、海洋能源利用和海洋空间利用等,这些以现代科学技术为支撑条件的新兴产业在近二三十年获得了很大的发展,经济效益大幅度提高。随着一系列新兴海洋产业的发展,也带来了一些值得重视的问题:一是海洋环境污染日益严重,环境质量下降;二是海洋资源过度开发利用,海洋开发活动无序、无度、无偿,加剧了海洋资源的过快消耗,破坏了海洋生态平衡;三是海洋各行业、各单位在开发利用海洋资源的活动中,存在着相当大的矛盾,冲突不断发生;四是随着海洋战略地位的日益突出,国家间海洋划界和权益之争不断增加并日益激烈。所有这些问题,都对海洋管理提出了新的更高的要求。

自20世纪70年代以来,在海洋科技和海洋开发实践的推动下,海洋管理理论与方法的研究不断深入并得到较快发展。在海洋管理的研究中,对海洋管理的对象、内容、特点、原则、手段、政策、法律法规等都进行了探讨和总结,提出了一些带有规律性的理论认识和观点。海洋管理理论与方法的研究和取得的成果,为海洋管理理论的系统化和海洋管理学作为一门新兴的综合性管理科学的建立创造了条件。

二、海洋管理的对象和任务

海洋管理的对象主要包括以下三个层次。

一是海洋资源与海洋环境。根据海洋中各类资源的自然的、社会的属性,海洋资源可分为:海洋生物资源、海洋矿产资源、海水化学资源、海洋能资源、海洋环境资源、海洋空间资源、海洋旅游资源等等。海洋环境在这里主要是指海洋自然环境,海洋自然环境是指在海洋空间范围内所存在的自然现象(包括物理的、化学的、生物的、水文的、地质的和气候的)和发生的自然过程(包括海洋与大气、水体内部、水体与海底的物质转移与影响、生态系统与生态过程等)的统一整体。对海洋资源与海洋环境的管理,目的是达到人类对海洋资源与环境的永续利用,使海洋开发活动与海洋资源、海洋环境协调发展。

二是人类的海洋科技活动和海洋开发利用活动。海洋科技活动主要包括海洋科研、海洋科技开发、海洋科技成果转化、海洋科技体制等;人类的海洋开发利用活动主要包括海洋生物资源的开发利用、海洋化学资源的开发利用、海洋矿产资源的开发利用、海洋空间资源的开发利用等。海洋开发利用活动本质上是人类的海洋经济活动。在海洋经济总体活动中如何做到统筹兼顾、合理布局、协调发展,是海洋管理研究中的一项重要内容。

三是海洋权益。海洋权益是国家对其邻接的海域以及公海区域,按照国际、国内有关法律、国际惯例和历史传统而享有的权力和利益。海洋主权权益的主体是国家。国家海洋权益只有符合《联合国海洋法公约》的规定和原则,才能得到国际社会的承认和支持。目前,国家间的海洋权益之争日益激烈,《联合国海洋法公约》被通过之后,各沿海国家相继制定、颁布了自己的领海与毗连区、大陆架和专属经济区等海洋法律制度,用以捍卫本国的海洋管辖海域不受侵犯,维护管辖区域内的资源与空间的主权和利益。海洋权益管理就是要对国家海洋权益进行明确界定,并对国家海洋权益进行有效的维护。

根据海洋管理的对象及其管理要求,海洋管理的基本任务是:第一,有效保护海洋资源和海洋环境,使海洋资源和海洋环境能够得到可持续利用;第二,促进和推动海洋科技和海洋产业的发展,使海洋开发活动合理有序地进行;第三,有效维护国家的海洋权益,包括维护国家的领海主权、勘探开发大陆架和专属经济区自然资源的权利、开发利用公海及国际海底资源的权利等。

三、海洋管理的目标和基本原则

根据我国海洋科技发展和海洋开发战略的要求,海洋管理的总体目标是:通过法律的、行政的、经济的手段和宏观调控措施,协调和控制海洋资源的开发利用,维护海洋的生态平衡,建立布局合理、轻重有序的海洋产业结构,促进海洋经济的快速和可持续发展,同时保证国家的管辖海域主权、权益和对公海共有资源的合理享有和利用。

为达到上述海洋管理的总目标,在海洋管理工作中应坚持以下基本原则:

第一,海洋资源综合利用原则。海洋资源与空间具有整体性,为保证海洋综合价值的有效体现,必须对海洋资源进行综合开发,对各种海洋开发活动进行统筹兼顾、合理布局、综合平衡,使各种海洋资源的价值都能得到有效利用和开发。海洋资源的综合利用,要求对同一空间范围内的各种相关海洋资源进行合理开发利用,同时要对各种相关的开发利用活动进行统一协调和管理,这样,就能够使各种海洋资源的价值和反映在开发利用上的合理效益达到有机统一。

第二,经济效益、社会效益与生态效益相统一的原则。海洋资源的开发利用首先是为了获得经济效益,但各部门和各单位在海洋开发中如果只以获取最大的经济效益为目标和出发点,而对社会和环境效益重视不够,甚至只重视资源开发,忽视资源与环境保护,就会使海洋开发活动产生极大的负效应。因此,在海洋管理工作中,必须坚持开发与保护相结合,经济效益、社会效益与生态效益相统一的原则。海洋资源的开发利用在追求经济效益的同时,不破坏人类社会生存和发展的空间与环境,不破坏海洋生态平衡以及维持生态平衡的条件,这就要求将海洋开发利用活动控制在科学合理的范围内。

第三,国家所有、分级管理的原则。海洋资源是国有资产,归国家所有,国家对海洋资源统一行使所有权。但是归国家所有的海洋资源又不可能由中央政府实施直接的具体的管理,而必须交给各级职能部门和各级政府去直接管理,这样才能在国家法律和政策的指导下实现对海洋资源的有效管理。因此,海洋管理必须坚持国家所有、分级管理的原则。海洋资源归国家所有,要求制定统一的海洋管理法规和政策,制定统一的海洋开发规划,并对海洋事业进行统一的宏观调控;海洋资源实行分级管理,要求各级部门和政府从实际出发,根据各地经济社会发展要求和海洋经济发展需要,对各类海洋资源及其开发利用活动进行具体的协调、组织和监管。

第四,维护国家海洋权益的原则。国家的海洋权益是最高的海洋利益,一切海洋开发利用活动及其管理工作,都必须以维护国家海洋权益不受侵犯为准则。保卫国家安全、维护国家的海洋权益,不仅是海洋管理部门的职责,也是开发利用海洋的每一个部门、每一个产业、每一个单位、每一个海洋工作者的神圣职责。按照这一原则要求,各有关部门和单位都应自觉地将本部门、本单位的局部利益服从于国家海洋权益这一全局利益和整体利益。

四、海洋管理的基本手段

海洋管理的基本手段主要包括法律手段、行政手段和经济手段。在海洋宏观管理和微观管理中,这三种手段应密切结合、有机统一。

(1) 法律手段。海洋管理必须坚持依法治海,依法管海。在海洋管理工作中,首先要根据国家颁布的有关法律法规,对海洋资源、环境和海洋开发利用活动进行管理,各种管理工作都不能与国家的有关法律法规相违背。目前,我国有关海洋资源保护、海洋环境保护、海域使用和某些海洋产业的法律法规正在建立健全,海洋管理工作要依照这些法律法规进行,并在具体管理工作中加以贯彻落实,做到严格依法管理。

(2) 行政手段。所谓行政手段是国家行政主管部门,根据法律的授权和国家行政管理部门的职责,在海洋管理工作中采取的行政行为。它包括行政命令、指示、组织计划、行政干预、协调指导等。其中,协调是各类海洋管理机构的一项基本职能,被广泛地用于调整国内各地区、各部门、各产业之间的关系和开发利用海洋的各种活动。在协调的同时,国家海洋管理部门还可采取行政干预措施,直接干预海洋开发活动和海洋产业的发展,以确保海洋资源的合理开发和利用,使海洋开发利用活动不仅符合地方和部门的当前利益,而且符合国家的发展目标和长远利益。

(3) 经济手段。所谓经济手段是指运用经济措施管理海洋。经济措施分为奖励性、限制性和制裁性三种。例如,为促进新兴海洋产业的发展,国家可采取一些优惠政策加以扶持;对于需要保护的资源,国家可加大调控力度,限制开发时间、品种及数量,加大税收等;对违反有关规定或造成损失的,在依法处理的同时,可采取经济措施予以制裁。

第一章 海洋政策

第一节 政策概述

一、政策的概念

政策是国家或政党为实现一定时期经济与社会发展目标和任务,根据一定的政治路线和国内外形势而制定的行动准则。海洋政策是国家政策体系中的重要组成部分,是国家为实现一定时期或一定发展阶段的海洋事业发展目标,根据国家发展总体战略和总政策,以及国际海洋斗争和海洋开发利用的需要而制定的有关海洋事务的行动准则。我国的海洋政策体现了国家政治、经济和社会发展总政策的要求,它是制定海洋开发利用、海洋环境保护和海洋权益维护等具体政策的基本原则,起着指导国家海洋事业发展的作用。

政策具有以下特点:

1. 政策具有指导性和约束性

在国家政治、经济生活中有许多行为准则。这些行为准则有强制性的、倡导性的和指导性的。强制性的行为准则,如法律规范,它要求人们必须在其规定的秩序下活动,不得违反,否则将受到制裁。倡导性的行动准则,如社会伦理道德,它以习惯、惯例、社会舆论压力或其他措施、方法,保证其遵守。凡符合公认的社会道德要求的,会受到社会和人们的肯定、嘉许或赞扬;违背一般社会道德要求的,则要受到谴责或受到某种惩罚。指导性的行动准则,如政策、方针、原则等,它是以国家或政党、组织的领导力、干预力使其在实践活动中得到贯彻执行。

政策的指导性和约束性特点是由其本质属性所决定的。由于政策在其强制性和作用的方式上不同于法律,因此,不论是总政策、基本政策,还是具体政策,都只能提出最佳的行动方案、在一定时期所要达到的目标和应完成的任务以及为实现目标和完成确定的任务而采取的各种措施等,以便各有关部门、单位和个人按照政策确定的目标和任务,结合本地区、本单位的实际情况作出具体安排。如果有的单位和个人不按照已有的政策办事,或者违反政策规定而另搞一套,有关部门将根据政策规定予以处理,情节严重的还会被追究行政责任或者刑事责任。在没有相关法律规定的情况下,政策是司法机关判案的依据。

2. 政策与国家、政党的发展战略和路线不可分离

发展战略、路线和政策,虽然就其性质和基本功能来说是一致的,但其作用的范围和功能层次是不同的。发展战略是国家或政党对未来一个较长时期(如 10 年、20 年、50 年等)内的政治、经济和社会发展所制订的带有根本性、全局性和长远性的谋划和策略。例

如,设置沿海开放城市、建立经济特区、依法治国、环境保护、发展海洋经济、我国西部开发战略等。这种谋划必须根据对经济、社会发展各种相关因素的科学预测,从发展的全局研究、确定经济与社会发展所要达到的目标、各发展阶段的战略设想、着力发展的重点项目以及实现目标所要采取的重大措施和政策等。

路线包括党和国家制定的总路线和基本路线,是指一定历史时期的政治、经济和社会的发展目标以及必须坚持的指导思想、方针和纲领。例如,中国共产党第十三次代表大会提出的社会主义初级阶段建设有中国特色社会主义的基本路线是:"领导和团结全国各族人民,以经济建设为中心,坚持四项基本原则,坚持改革开放,自力更生,艰苦创业,为把我国建设成为富强、民主、文明的社会主义现代化国家而奋斗。"

发展战略和路线都是国家或政党指导未来发展的高层次的途径选择和根本方法,都起着宏观的定向和指导作用。为贯彻执行党和国家确定的经济、社会发展战略和路线,需要制定相应的政策,并通过政策把路线、战略具体化。它们之间有着极为密切的联系,相互依存,不可分离。但在日常生活中,有时会把发展战略、路线和政策不加区别,甚至当成同义词混同使用,这是不对的。发展战略、路线和政策三者的概念不同,所反映的内容、层次、目的、作用都有一定的差别。

3. 党的政策和国家政策紧密联系

在实践当中,有的把政策理解为仅是党的政策,或者简单地认为党的政策就是国家政策,这种观点是片面的、不妥当的。党的政策与国家政策两者既有紧密联系又有区别。中国共产党是全国各族人民和各项事业的领导核心。党的政策是由中国共产党制定的,国家政策则是由中央人民政府制定的。诚然,党对国家的领导主要是通过制定各种方针政策来实现的,党的政策对国家社会生活各个方面国家的活动起着指导作用。许多国家政策是由党的政策转化而来的,与党的政策在本质和内容上是一致的。但是,党的政策需要通过国家政策的形式来贯彻和实施,国家必须以党的政策为基础和依据,依据客观发展的需要,进一步把党的各项政策具体化。同时,国家在自己的活动中也要根据实际需要制定各种政策,而这种政策是大量的、不可缺少的。如果把党的政策和国家政策简单地等同起来,或者以党的政策代替国家政策,则会在实际上降低党的政策的地位,同时也不利于充分发挥国家组织的作用,那样势必会产生以党代政、党政不分的弊端。当然,我们也决不能把党的政策和国家政策对立和割裂开来。如果国家政策脱离了党的政策就会迷失方向,给国家经济建设和社会发展带来危害。1980 年 8 月 18 日,邓小平同志在中共中央政治局扩大会议上的讲话中指出:"今后凡属政府范围内的工作,都由国务院和地方各级政府讨论、决定和发布文件,不再由党中央和地方各级党委发指示、做决定。政府工作当然是在党的领导下进行的,政府工作加强了,党的领导也加强了。"

4. 政策随着客观情况的变化而变化

不论是全局的总政策,还是各领域的具体政策;不论是长期政策,还是短期政策,都不是一成不变的,它随着社会的发展和客观情况的变化而变化。例如我国的海洋渔业政策,在早期是鼓励发展海洋捕捞生产,但20 世纪70 年代以后,由于捕捞过度,加之近海污染的发生,造成海洋渔业资源衰退,如果再继续原来的政策,必然会使海洋渔业资源加速衰竭,严重影响其持续利用。因此,在这种客观情况出现后,我国对海洋渔业政策进行了调整,由鼓励发展海洋捕捞业转变为以养殖为主,养殖、捕捞、加工并举,因地制宜、各有侧重的政策。只有符合实际需要的政策才能保证其得以有效地执行。

二、政策的作用

根据政策所指示的方向、实现的目标和具体程度,可分为总政策、基本政策和具体政策。总政策是党和国家对一定历史时期内的经济和社会发展确定的根本性、全局性的总方针,它决定着海洋事业的基本政策和各项具体政策,在全国海洋事业中起着主导作用,具有极大的权威性。如"以经济建设为中心"就是我国现阶段具有最高指导意义的总政策。基本政策是在某一领域或某一方面为实现总任务、总政策所规定的重大决策和基本准则,如发展海洋经济,保护海洋环境与资源等方面的基本政策,对指导海洋事业的发展起着十分重要的作用。具体政策如我国海洋产业政策、海洋科技政策等是在总政策和基本政策的指导下,为解决某一类具体问题或完成某一项工作所规定的具体行动准则,具有及时性和较大的灵活性的特点。通常基本政策为具体政策指明了方向,具体政策不能背离基本政策。尽管在特定情况下,有些具体政策可能不完全与基本政策相一致,但至少不能完全与之相悖,应为最终实现基本政策所规定的目标服务。总政策和基本政策是长期性的,维持的时间一般较长,即使因为形势的变化使原来的政策与现实不太相符,也可通过对原来政策作出重新解释,使之与新的现实相适应,无需改变基本政策。

在现实生活中最常见的政策分类是根据政策涉及的领域划分的。依据这一分类法,有多少领域就有多少种政策。如经济政策、工业政策、农业政策、能源政策、卫生政策、人口政策、教育政策、土地政策、海洋政策、科技政策、国防政策、对外政策等。每项政策又可以分为若干具体政策。如海洋政策,可再分为海洋权益政策、海洋环境保护政策、海洋产业政策、海洋科技政策等。

海洋事业是国家整体事业的一个领域,而海洋政策是国家政策体系中的重要组成部分,是我国基本政策的一部分。所以,海洋政策必须有利于促进国家发展目标、任务和总政策的实现,不能也不允许发生偏离或自搞一套。制定海洋政策首先要研究国家的全局性的政策思想、目标和任务,研究总政策对海洋开发利用和保护的要求。当然,也要从海洋事业的发展出发,研究局部对全局产生的可能影响,评价两者之间是否协调统一。只有两者之间是紧密衔接的,海洋政策才是可取的。正确的海洋政策必然能够保证国家方针政策在海洋事业中得到贯彻落实,对海洋事业的发展具有重要的作用。这主要表现在如下几个方面:

(1)保证国家方针政策在海洋事业中贯彻落实;

(2)指导、调整海洋事业的发展方向;

(3)为巩固传统的海洋事业、发展新型的海洋事业提供指导;

(4)决定海洋事业发展重点和投资方向;

(5)是编制海洋开发与保护计划和规划的重要依据;

(6)指导海洋立法,并将其纳入海洋法律之中;

（7）在某项海洋立法条件尚不成熟时，是今后立法的先导；

（8）无相关法律法规时，是处理有关民事活动和进行海洋事业管理、决策的依据和基础。

第二节　中国的海洋政策

一、中国海洋政策的历史发展

政策和策略是一切事业的生命线，中国海洋事业的发展历史也证明了这一点。在中国几千年的海洋发展历史上，有几个时期政策的作用体现得特别突出。

1. 春秋战国时期齐国的"宦山海"政策

在春秋战国时期，列国林立。位于沿海地区的诸侯国对海洋开发的认识不同，政策各异。地处山东沿海的齐国，自太公立国之日起，就重视兴渔盐之利，鼓励人民开发海洋资源，以此强国富民。齐桓公执政时期，实行"宦山海"政策，即把山海资源作为国家财富，有管理开发活动。他们特别重视盐业的利益，实行食盐专卖制度，使国家从盐业生产中获得巨额财政收入，从而成为当时的强国，是"春秋"五霸之一。齐国的"宦山海"政策后来形成了官府垄断海盐业的专卖制，这一制度一直延续到民国时期。在长达2 000多年的时间里，盐业收入一直是封建王朝财富的主要来源之一。

2. 东汉时期合浦太守孟尝保护珍珠贝资源的政策

东汉时期，合浦沿海珍珠贝资源丰富，当地居民以采珠为业，商贾往来，以珠易米，规模很大。但是由于官吏贪得无厌，为获取更多的珠宝，驱赶大批居民下海捕捞，因而破坏了珍珠贝资源。孟尝太守上任后，采取保护珍珠贝资源的政策，不准酷捞滥捕，珍珠贝资源得到了恢复。这件事在1 000多年的采珠史上作为美谈广泛流传，甚至立庙纪念孟尝。但此后宋、元、明各代，珍珠贝资源又遭到严重的破坏。

3. 唐宋时代重视盐业和海洋航运业的政策

这个时期曾形成了全国性的海洋政策，其中比较突出的是发展海盐业和海洋航运业，而对海洋渔业重视不够。主要表现是，自唐代开始在沿海港口设立专职管理机构——市舶司，外国流入的重要商品必须由其直接收购。唐宋时期的造船和航海技术都较先进，远洋航线和海外贸易远远超过了前代。海盐业收入高，成为国家的主要财政来源之一。宋代对盐业采取生产分区和运销划界制度。在唐宋代海洋渔业相对落后于航运业和海盐业。例如唐代中期盐场收入600万缗，占全部财政收入的50%。而在《新唐书·食货志》中却无渔税项目。

4. 明清时代的"海禁"和"迁界"政策

"海禁"政策始于明代。最初是为了孤立退居海岛的元朝残余势力，后来是为了防止倭寇的骚扰，禁止私人下海贸易。清代"海禁"的目的是对郑成功领导的抗清势力实行经济封锁,之后清朝又实行"迁界"政策。迁界区在靠近海岸30里的范围内成为荒无人烟的地带。"海禁"和"迁界"政策对航运业、渔业和盐业造成了严重的损害。清朝统治者最后将"海禁"和"迁界"政策发展成"闭关锁国"政策,加之长期与之相适应的农耕方式,清朝自上而下形成了很深的大陆观念,削弱了与海洋的联系。这种政策严重阻碍了我国各项海洋事业的发展,而且使自己的海上力量渐趋瘫痪,面对外国的"坚船利炮"不堪一击,使我国在19世纪下半叶遭到空前劫难。值得一提的是,清朝实行"海禁"政策期间,正值西方资本主义经济和科学技术迅速发展的时期。

5. 北洋政府的"鼓励渔民进入公海作业"政策与国民党政府的"加强领海管理"政策

辛亥革命后,北洋政府在实业部设立了渔业局,专司渔政。1915年又改制为农商部下面的渔政司,后又改为隶属农矿部的渔政科。在此期间,北洋政府还采取了鼓励渔民进入公海作业、加强护渔防盗、提倡渔业技术的革新和推广等渔业管理政策。为此,先后颁布了渔业法及其实施细则、公海渔业奖励条例、渔船护洋缉盗奖励条例、渔业技术传习条例等法规。这些法规的实施推动了海洋渔业的发展,对以后我国的渔业管理产生了深远的影响。

为了进一步加强对全国海洋渔业的统一管理,1932年国民党政府颁布了"海洋渔业管理局组织条例",将全国沿海分成江浙、闽粤、冀鲁和东北4个渔区,并分别设立了渔业管理局,隶属实业部。在对外渔业管理方面,尽管日本渔民一直在肆意掠夺我国渔业资源,但国民党政府一直不敢设立渔业保护区,直至1947年,才与日本签订了一项禁止其渔船在我国沿岸12海里海区捕鱼的渔业协定。在海洋管理方面,国民党政府于1931年颁布了"领海范围为3海里"令,以加强对领海的管理。同年颁布了"要塞堡垒地带法",规定在海域要塞区禁止测量、摄影等军事侦察活动。

二、新中国成立后的海洋政策

新中国成立后,随着我国海洋事业的不断发展,我国的海洋政策经历了不断的发展和变化的过程。新中国刚建立时,由于刚刚结束连年的战争,国家需要和平的环境,人民生活亟待改善,国家急需恢复和发展生产。在这种情况下,海洋事务方面主要是恢复和发展传统的海洋产业,如渔业、盐业和沿海航运业,并开始建立海洋科研机构。国家也出台了相应的海洋政策。随着我国海洋事业的发展,特别是改革开放以来,党和国家对海洋事业极为重视,江泽民主席提出"要从战略的高度认识海洋,增强全民族的海洋观念"。并指出"振兴海业,繁荣经济"。建设海洋强国是新时期的一项重要历史任务。加强海洋资源综合管理,完善海洋法律、规划和海洋管理体系,加快海域使用管理的法制化进程,强化海洋环境保护和海洋执法监察工作,继续深化资源有偿使用制度改革,逐步完善资源有偿使用体系等是建设海洋强国的重要措施。

根据我国"十五"期间经济与社会发展计划确定的任务,我国将建立和健全国家海洋管理体制和各项管理制度,强化各级海洋管理机构,加强海洋综合执法队伍的建设,按照海洋功能区划,对海洋进行综合管理,对海洋产业在政策上给予倾斜,财政上加大支持力度,支持海洋事业的发展。

1. 海上防卫政策

早在中华人民共和国成立前的1949年1月8日,中共中央政治局在《目前形势和党在1949年的任务》的决议中,就明确提出要"争取组成一支能够使用的空军及一支保卫沿海的海军。"新中国成立后,中国坚持独立自主的和平外交政策,成为维护世界和平的主要力量。在海上防卫问题上,中国建设自己的海洋防卫力量,维护自己的海洋权,不侵略别的国家,也不允许别的国家侵略中国。建设一支强大的海军,保卫海防安全是我国海上防卫的一贯政策。

1953年12月,在中共中央政治局扩大会议上,毛泽东同志对海军建设的总政策、总任务作了非常完整和系统的阐述。他说:"为了肃清海匪的骚扰,保障海道运输安全;为了准备力量适当时机收回台湾,最后统一全部国土;为了准备力量,反对帝国主义从海上来侵略,我们必须在一个较长时间内,根据工业发展的情况和财政情况,有计划逐步地建设一支强大的海军"。这一指示规定了我国海军的任务,提出了建设强大海军的基本政策。

1958年6月21日毛泽东在军委扩大会议上指出,除了继续加强陆军和空军的建设外,必须大搞造船工业,建立海上"铁路",以便在今后若干年内建立强大的海上战斗力量。随后在1959年毛泽东又提出发展核潜艇事业。

改革开放后,邓小平同志提出了一种新的适应国际国内形势的海洋防卫政策。他指出:"我们的战略是近海作战。我们不像霸权主义那样到处伸手。我们建设海军基本上是防御。"他指明了我国在海洋防卫方面实施"近海防御"的战略思想。同时指出,我国面对霸权主义,要建设强大的海军,要有"适当的力量","这个力量要顶用、要精","中国永远不称霸,即使核动力战略导弹潜艇也是战略防御武器"。江泽民总书记也题词号召人民:"为建设具有强大综合作战能力的现代化海军而奋斗。"

我国海军为保卫海洋领土安全和收复被占岛屿作出了突出贡献。1988年我国成功地收复了南沙的永暑、华阳、东门、南薰、渚碧、赤瓜等6个岛礁,建立了伸张我国主权的南沙前线阵地。从中国领土的分布态势看,东海的钓鱼岛、南中国海诸岛以及大部分海洋领土全部位于西太平洋的由库叶岛开始,经日本列岛、琉球群岛、台湾岛、菲律宾群岛,直至加里曼丹岛等一系列岛屿串联而成的岛链之内。我国海军的任务是为实现祖国统一、收复台湾及其附属岛屿、维护我国的海洋权益作出贡献。

同时,随着对外贸易在国民经济中的比例越来越重,海上航运对我国经济有着非同以往的战略意义。因此,海军的长期目标还应包括赴远洋为中国商船护航。

2. 海洋权益政策

海洋权益是国家在海洋上的权利和利益。国家的海洋权力属于国家权力的范畴,是国家的领土向海洋延伸形成的一些权利,或者说,国家在海洋上获得的一些属于领土性质的权力,以及由此延伸或衍生的一些权力。

为了维护我国的海洋权益,1958年9月4日我国政府发表了关于领海的声明,声明指出:"中华人民共和国的领海宽度为12海里。这项规定适用于中华人民共和国的一切领土,包括大陆及其沿海岛屿和同大陆及其沿海岛屿隔有公海的台湾及其他属于中国的岛屿。"

我国的领海基线采用直线法，即连接大陆岸上和沿海岸外缘岛屿上各基点之间的直线为基线，从直线向外延伸12海里的水域为领海。在基线以内的水域，包括渤海、琼州海峡在内，是我国的内海。在基线以内的岛屿，包括东引岛、高登岛、马祖列岛、白犬列岛、乌丘岛、大小金门岛、大担岛、二担岛、东椗岛在内，都是我国的内海岛屿。

关于领海的通过权问题，我国始终坚持不允许外国飞机和军用船舶随意通过中国的领海和领海上空的立场。其他船舶在我国领海航行，也必须遵守我国政府的有关法令。

为了保卫我国的领海主权，我国还在沿海划定了一些禁航区和封闭水道。

1982年联合国召开了国际海洋法会议，正式签订了《联合国海洋法公约》。《联合国海洋法公约》对海域划界的国际法原则进行了规定：① 领海界限由两国通过协商，以协议形式解决；② 领海界限一般应是中间线；③ 如果两国有协议，领海界限可以不是中间线，可以按历史性所有权或其他特殊情况划定。根据《联合国海洋法公约》，国家在领海区域享有完全的主权，这种主权与陆地领土主权是一样的。在毗连区享有安全、海关、财政、卫生几项管制权，这是由领土主权延伸或衍生的权利。在专属经济区和大陆架享有勘探开发自然资源的主权权利，这是一种专属权利。另外还有对海洋污染、海洋科学研究、海上人工设施建设的管辖权。

对于一个国家来说，维护海洋权益最主要的是争取多获得一些管辖海域。虽然我国是一个大国，但在海域划界的问题上一直遵循《联合国海洋法公约》的规定，争取通过友好协商的方式解决问题。

3. 海洋渔业政策

20世纪50年代，水产部门对我国渔业发展政策进行了认真的讨论。由于当时我国渔船和捕捞技术落后，难以发展远洋渔业，所以确定了当时的海洋渔业政策是重点依靠集体，下放管理权，在内陆和近海的一切水面开展养殖。但是，由于当时人们的认识没有统一，重捕捞、轻养殖的思想一直没有克服，海水养殖业发展比较慢。

为了保护近海渔业资源，1955年国务院发布了《关于渤海、黄海及东海机轮拖网渔业禁渔区的命令》以下简称《命令》，规定了禁渔区的范围和对违禁行为的处理办法。《命令》还规定了日本渔船违禁时可以对其驱逐或暂时扣留。这一命令对于保护沿海水产资源、避免机动渔轮与群众木帆船渔业的纠纷、维护我国的渔业权益，起到了一定的作用。

1960年，我国提出了"国社并举，海淡并举，养捕并举"的渔业政策。但是这个政策在实际工作中没有得到很好的贯彻执行。重海轻淡、重捕轻养、重国营轻社队的思想一直在实际工作中起主导作用。结果沿海各地盲目增船增网，扩大捕捞强度，造成生产结构不合理，近海渔业资源遭到了严重破坏。

1979年，国家水产总局召开了全国水产工作会议。会议全面总结了水产工作的经验教训，提出新的方针："大力保护资源，积极发展养殖，调整近海作业，开辟海外渔场，采用先进技术，加强科学管理，提高产品质量，改善市场供应。"根据这个方针，确定了水产工作调整的三个重点：一是切实保护和合理利用资源，主要是控制捕捞强度，解决近海捕捞能力超过资源再生能力的问题；二是要大力发展养殖业，并于1982年专门召开了海水养殖工作会议,研究制定了发展海水养殖业的规划和具体政策;三是抓保鲜加工,提高渔货质量,在沿海渔区增加了冷藏设施,发展了各种水产品加工方法。

1983 年农牧渔业部召开了全国海洋渔业工作会议,总结以前的经验,提出了海洋渔业发展的新政策,即从依靠捕捞天然资源,逐步转变到捕捞与养殖相结合,改变不合理的生产结构,建立良好的生态体系,使生产的增长和渔区经济的发展建立在可靠的资源基础上。这次会议还制定了一些具体政策和措施:第一,"实行限制近海捕捞,优待外海捕捞"的政策,鼓励有条件的渔轮开发海外资源,减轻对近海资源的压力。第二,在加强养殖业的同时,强调建设人工鱼礁,放流苗种,发展增养殖业。第三,实行国家、集体和个体一起上的政策,鼓励发展养殖、加工、运销专业户和重点户。这项政策一直延续到现在。目前,我们国家海洋渔业的重点已经由捕捞转移到海水养殖上来了。

《中国海洋 21 世纪议程》指出,在我国的海洋渔业中应当采取各种有效措施,保证海洋资源的可持续开发利用;逐步恢复沿海和近海的渔业资源,发现新的捕捞对象和渔场,为海洋捕捞业的持续发展提供资源基础;保护滩涂和浅海区的生态环境,培育优良养殖品种,为海洋农牧化的大规模发展创造条件。

为了保护海洋渔业资源,我国采取了各种养护渔业资源的措施,先后建立了各种禁渔期、禁渔区、保护区和休渔制度,取缔有害渔具和捕捞方法,限制网目尺寸和幼鱼比例。我国早在 1979 年就开始实行了捕捞许可证制度,限制捕捞强度盲目增长,并从 1987 年开始实行渔船马力指标政策。从 1995 年起,我国实行新的伏季休渔制度,每年的 7 月至 8 月在北纬 27 度以北海域全面休渔,取得明显的经济、生态和社会效益。从 1998 年起,我国伏季休渔的范围扩大到北纬 26 度,休渔时间延长至 3 个月。我国重视渔业资源增殖工作,多年来一直坚持对虾和其他品种的增值放流,取得了积极成果。

4. 海洋运输和港口建设的政策

旧中国的海洋运输和港口管理大权操纵在帝国主义手中,我国处于有海无防、有港无权的状态。新中国成立后,立即收回了海洋运输和港口管理大权,并陆续制定了有关的政策。

1956 年 9 月,国务院提出了我国的海运政策和发展重点:首先要加强港口的技术改造,提高吞吐能力,逐步增添装卸机器设备,有重点地建设水陆联运码头;其次,新建船舶一般应采用改良的蒸汽机为主,并逐步简化船型;第三,延长通行轮驳船航道,炸除礁石,疏浚浅滩,增添航标,积极改善航行条件。此外,对木帆船等民间原始工具,也应积极进行技术改造,以便更好地和近代运输相结合,发挥更大的运输效能。

1998 年国务院新闻办公室发布的《中国海洋事业的发展》中指出:中国制定了深水两用、合理利用岸线资源的政策,一切深水岸线优先用于港口建设,积极发展海洋运输业。新中国成立以来,特别是改革开放以来,海洋运输业的发展取得了很大成绩。到 1997 年底,中国民用船舶已发展到 32 万艘,近 5 000 万载重吨。中国的港口建设和海洋运输依据建设主通道、港口主枢纽和水运支持保障系统的规划设想,以集装箱、煤炭、石油、矿石、粮食等大宗货物专业化泊位建设为重点,配套建设后方集输运通路,加快装运卸系统建设,建设干线与支线衔接、装卸配套技术先进的集装箱运输系统,同时强化老港口技术改造,提高吞吐能力和效率。

《中华人民共和国国民经济和社会发展"九五"计划和2010年远景目标纲要》中提出，以增加铁路运输能力为重点，充分发挥公路、水运、空运、管道等多种运输方式的优势，加快综合运输体系的建设，形成若干条通过能力强的东西向、南北向大通道。合理配置运输方式，贯彻统筹规划、条块结合、分层负责、联合建设的方针，加快交通干线建设，突出解决交通薄弱环节，提高运输效力。其中沿海港口要重点建设与运输大通道相联系的煤炭、原油、铁矿石、集装箱、滚装船运输系统；建设秦皇岛煤码头四期、天津港煤码头、黄骅港煤码头一期等工程，以及华东和华南煤炭中转储运基地；建设大连、天津、青岛、上海、宁波等集装箱码头；同时要对长江口、珠江口深水航道进行整治。

《中华人民共和国国民经济和社会发展第十个五年计划纲要》指出，交通建设要统筹规划，合理安排，扩大网络，优化结构，完善系统，推进改革，建立健全畅通、安全、便捷的现代综合运输体系。加强沿海主枢纽港口大型集装箱运输系统、专业化散货运输系统及主要港口出海航道建设，建设上海国际航运中心。2005年沿海港口深水泊位达到800个。

5. 海洋科技发展的政策

海洋科技政策对海洋科技发展起着重要的作用。目前的海洋科技规划和"五年计划"是我国组织和指导海洋科技规划、指导海洋科学技术发展的重要手段。1989~1992年，由国家科委和国家计委共同主持、国家海洋局组织拟订了我国《海洋技术政策》，有9个条目、60个要点，其中包括海洋产业技术政策。其内容是：① 采用新技术开展海洋测绘和综合调查；② 完善海洋监测和公益服务系统；③ 保护海洋生态系统；④ 发展海洋工程技术，提高海洋开发装备水平；⑤ 完善海洋通讯和导航定位系统；⑥ 合理利用海岸和海湾，加速港口和海上高效运输通道建设；⑦ 大力开发利用海洋生物资源；⑧ 加强海洋油气资源的勘探开发，重视开发海洋能源和矿产资源；⑨ 积极发展海水资源开发利用技术。

《海洋技术政策》于1993年11月作为中国科学技术蓝皮书第9号发布。这是我国制定的第一部全面的、宏观性的海洋科学技术发展指南。它的制定和实施对我国海洋科技的发展产生了重大影响，推动了我国海洋科技水平的提高，促进了我国海洋事业的快速发展。

6. 海洋经济可持续发展政策

1998年，国家海洋局组织编制了《中国海洋21世纪议程》，确定了海洋产业可持续发展的原则和战略目标，提出了改善和优化海洋产业结构，科学、合理地进行产业布局，发展高新技术产业和清洁生产，实现海洋产业可持续发展的具体政策。其基本内容是扩大油气资源勘探区域，发现新的油气资源。为适应海洋旅游娱乐业迅速发展的要求，一切适宜于旅游娱乐的岸线、海滩、浴场和水域，都要预留下来，保证旅游娱乐的需要。海水资源开发采取以盐为主、盐化结合，积极发展海水综合利用方针，形成盐业、盐化工业，以及海水直接利用和海水淡化等新兴产业。将大洋矿产资源勘探开发列为国家长远发展项目给予专项投资，成立了负责协调、管理中国在国际海底区域进行勘探开发活动的专门机构。我国是国际海底区域第五大投资国，并在国际海底区域获得了7.5万平方千米的专属勘探开发区。今后我国将一如既往地积极参与国际海底的管理和开发活动，发展勘探新技术。

2000 年以前,我国海洋经济增长的速度在15％以上,进入21 世纪后,海洋经济的增长速度略高于整个国民经济的增长速度。采取各种有效措施,保护海洋的可持续开发利用,为实现国家总体战略目标作出应有的贡献;《全国海洋经济发展规划纲要》提出:到2005年,海洋产业增加值占国内生产总值的4％左右,2010 年达到5％以上。这就要求进一步探索新的可开发资源,发展新的开发技术,使更多的海洋有用元素、海洋能、深海矿产成为新的开发对象和形成新的产业;海洋产业结构不断优化,海洋产业群不断扩大、增值。

7. 海洋环境保护政策

我国对海洋环境保护采取分工合作的管理体制,《中华人民共和国海洋环境保护法》第五条明确规定了国务院环境保护行政主管部门、国家海洋行政主管部门、国家海事行政主管部门、国家渔业行主管部门、军队环境保护部门、以及沿海地方政府的职责和分工。从目前来看,这个管理体制基本适应我国的国情,对确保海洋环境保护法律的实施及有效保护海洋环境,发挥了重要的作用。

我国的海洋污染管理贯彻预防为主、防治结合的方针。在做好海洋生物资源保护和海上污染防治的同时,把防治陆源性污染作为海洋环保的重点。在控制陆源污染方面建立了一系列制度,加强重点排污口的监测、监视和管理。大中城市不断调整工业布局,加强技术改造,开展三废利用,对污染严重的企业限期治理或关、停、并、转、迁,还建设了一批污水处理厂,控制新污染源,减少了陆源污染物的入海量。为防止船舶和港口污染海洋,各类船舶均按规定装备了油水分离装置,编制了船上油污应急计划。港口普遍建设了含油污水接收处理设施和应急器材。

随着沿海地区经济的迅速发展,人口的逐步增加和海洋开发规模的不断扩大,中国海洋环境保护工作面临的形势依然严峻。为了保护和保全海洋环境,我国制定了《全国海洋环境保护"九五"计划和 2010 年长远规划》,继续贯彻预防为主、防治结合,谁污染谁治理,强化环境管理三大政策,并采取以下主要措施保护海洋环境:

(1) 加强污染源控制,制定入海河流全流域水质目标,建立重点海域排污总量控制制度,确定主要污染物排海指标,严格限制超过规定数量的排放;

(2) 加强海洋污染调查、监测和管理,完善污染监测网,健全卫星、船舶、岸站立体监视和执法体系;

(3) 逐步建立排污登记收费制度,鼓励社会各方面发展海洋环保技术和产业;

(4) 加强海洋监测和灾害预警系统建设,建设观测网、数据采集与通讯网、预警和服务网,以及资料质量控制系统,等等。

三、健全和完善中国海洋政策

虽然我国的海洋政策在近年来得到了很快发展,但随着海洋经济的迅猛发展,在某些领域仍然需要制定一些新的政策。比如:

(1) 尽快建立海洋产业风险投资机制,在坚持效率优先兼顾公平的条件下,加快制定激励海洋产业发展的法律法规,鼓励对海洋产业进行风险投资,帮助海洋产业创造出新的灵活的资金运作机制。

（2）科教投入不足是当前制约海洋产业发展的突出问题。我国应制定相应的法规、政策和措施，加大对海洋科教事业的投入。要把对科技和教育的投入纳入生产性范畴，由人大实行监督，依法保证科教投入的落实。要运用经济、政策和法律手段，按照谁投入谁得益的原则，建立起市场经济条件下的政府、企业、社会团体和个人等多渠道投入体系，并尽快制定科技经费监督和稽核审计法，确保有限的科技经费足额到位、合理使用、依法管理，有效地防止和遏制在科技经费批准及使用中的违法、违纪现象。

（3）制定海洋科研机构和人员分流的优惠政策；科研机构企业化和进入大型企业的财税优惠政策；技术持股人分享受益的奖励政策。

（4）制定海洋开发与保护政策。通过制定海洋开发与保护规划，可以调节各行业开发海洋资源、利用岸线和海域的矛盾，保证各行业协调发展。

（5）制定海洋综合管理政策。这是许多国家都采用的一种办法，其中有针对海洋事业某一领域的政策；有针对海洋某些特别区域的政策；还有针对某些海洋问题的具体政策。只有制定海洋综合管理政策，才能真正地达到综合管理的目的。

第三节　国外的海洋政策

海洋是相通的，海洋事业是世界各国都参与的庞大行业，所以在做出决策的时候，必须仔细研究各国的情况，以便学习和借鉴其他国家的政策，使我国海洋事业在发展过程中少走弯路。

一、美国的海洋政策

美国的海洋政策有着明显的全球性质，其目的是谋求争取和保持海洋各个领域的世界领先地位。其政策包括：鼓励私人企业投入海洋资源勘探和开发；保持美国海洋科学研究和海洋开发的领先地位；促进海洋科学技术的教育和培训；改善、提高美国海洋开发技术的领先地位；改善、提高美国海洋开发利用的装备技术能力和水平等。美国现在虽然还没有在《联合国海洋法公约》上签字，但它已经将其领海宽度由3海里扩大至12海里，并且划定了200海里专属经济区。

1. 美国的海运政策

19世纪中叶，美国海洋运输业开始衰退，因为当时美国更注重陆上（如河流航运、铁路等）运输业的开发，结果导致了海洋运输业逐渐衰退。第一次世界大战后，美国下决心发展海运事业。为了推动美国商船队的壮大和海运发展，美国实行的是"促进航运与造船"的海运政策，对海运力量提供广泛的促进性援助计划，以复兴衰退中的美国商船海运。该计划包括：① 直接现金支付，以造船补贴和船只营业补贴的形式提供支持；② 税收支援，特别规定对留作新船建造的那部分收入可以延期纳税；③ 信贷援助，以贷款形式支持造船；④ 以物代金补贴，将联邦所造船只设备价拨私人经营；⑤ 官职性补贴；⑥ 外贸性补贴等。

政府的帮助直接体现在无偿提供资金建造船舶，提供津贴和优惠条件进行海上运输，以及提供低息贷款等。例如，提高美国海运业工人工资。另一种政府的优惠政策是，如果船业物主将所赚利润用于建造新的船舶,就不用上税,以鼓励海运的发展。还有一种扶持民族海运的办法是美国的海岸运输只允许美国船运公司承担,即美国城市之间的运输者必须是美国的公司。美国还规定,一支船队如果要挂美国国旗,则船只必须是在美国建造的,所雇的海员也必须来自美国。这就使得海运价格大幅度上长。其他扶持措施还有货物有限原则,如美国的援外物资必须用美国的船舶来运输等。美国和俄国曾经有个粮食购销的协议,协议书上规定30%的粮食必须要由美国的船来运输,30%的粮食必须要用俄国的船来运输。如果外国人在美国要运输一批货物,则必须要用美国的船来运输,而价格可能很高。尽管有国家的政策支持,美国人的造船热情仍然不高。1996年,美国没有建造任何大型商业船舶,1997年也只建了一艘。

中国在大力发展海洋运输业的时候,同样也面临着建造船舶、货物补贴、货物优先等问题。大批量的集装箱运到港口之后,需要卡车或者火车来运送这些集装箱。这些庞大的沉重的集装箱对道路、对空气都是有影响的。所以,设计、规划港口建设的决策者必须意识到环境问题。美国在这方面犯了一个错误,即海岸运输只允许美国自己的船队经营,这样很多集装箱由于船舶不够只能用卡车运输,运价便相应提高,而用船或者火车运输则更便宜一些。中国在今后的发展过程中不应犯同样的错误,即不要过度地依赖公路运输。

2. 美国的渔业政策

美国为了发展本国海洋渔业捕捞,自20世纪50年代实行一系列鼓励政策,在建设"强大、繁荣、兴旺的渔捞及水产加工业"的目标下,制定、实施了对渔捞和水产加工加大投资的政策,把进出口关税收入的30%用于渔捞和加工的科技工作,为渔船抵押保险提供周转金,用于购买和建造新的渔船,增强美国的海洋捕捞能力。60年代又实行对渔捞装备的进一步补贴政策,年度补贴额大幅度上升,新补贴政策使政府用于渔捞装备的补贴翻了两番。美国采取的这一系列刺激政策,使其海洋捕捞力量得到加强。后来美国近海渔业资源的衰退,追究其原因,同50年代开始实施的一系列新政策不无直接关系。70年代美国又提出了发现和确定新的鱼群,改善渔业管理制度,从目前尚未利用或未很好利用的种类中发展新的产品以及开辟新的水产养殖场。水产捕捞、渔业资源养殖和管理工作要贯彻维持"最适持续产量"的政策。

3. 美国关于防止海洋污染的政策

虽然美国在1961年就加入了《防止海洋石油污染海洋的国际公约》,但该《公约》中没有规定各个州沿岸海域的污染如何来处理。于是,1970年出台了联邦水污染防治的法律,从国家高度来控制水域的污染。该法律规定,由各个州提供资金来控制水质的恶化,由污染者负责治理环境污染并消除危害。美国还成立了国家环保局,控制点源污染。目前,美国已经制定了控制点源污染的标准,根据这个标准,联邦政府向各州拨放大量经费,用于建造污水处理工程。美国没有批准1969年的《海洋石油污染民事责任公约》和1971年的《海洋石油污染国际基金公约》,认为它们所提出限制的危害程度太小。但是,美国加入了1975年的《国际防止船舶造成污染公约》,包括其附件1,2,3,4,5。根据上面提到的3个公约,油轮装油和装水的仓位要分开,在近岸50海里的区域内不准排放污水,而且在红海、黑海、波罗的海也禁止排放污水。

在"艾克森"号油轮事故发生后,美国国内强烈呼吁加强防止石油污染管理,由此产生了1990年的《美国石油污染防止法》。这部法律要求2015年所有进入美国海域的油轮必须是双层船体,对运输石油的污染保险金高达1 200美元/吨,也就是说一只运输1万吨石油的油轮的保险金达1 200万美元。如果由于操作失误引起了石油污染,污染保险金将没收上交。这部法律对所有进入美国的船只都适用,但无害通过的除外。

过去人们认为石油污染只带来渔业损害和清理污染的花费。在这部法律中,考虑到了石油污染的各个方面,包括环境、个人财产、渔业资源等。例如,一家海滨饭店因为海水污染使游客减少,饭店生意清淡,也应当得到赔偿。如果石油污染后需要警察维持秩序,需要消防队来灭火,那么污染者还要承担这方面的费用。这是一部很严厉的法律,未来所有进入美国的油轮都必须携带巨额保险金,没有保险金就不能进入美国海域。除了服从美联邦的法律以外,船舶还得服从各州的法律如在德纳华州,油轮对油污染必须另外承担300美元/吨的责任;在加利福尼亚州惩罚更严厉,污染事故的责任是没有限制的。总之,现在油轮如果在美国海岸发生溢油事故,代价将是巨大的。

4. 美国的海洋科技政策

1986年美国率先制定了"全球海洋科学规划",强调海洋是地球上最后开辟的疆域,谁能最早、最好地开发利用海洋,谁就能获得最大的利益。1990年发表的"90年代海洋科技发展报告"指出,以发展海洋科技来满足对海洋不断增长的要求,以便继续"保持和增强在海洋科技领域的领导地位"。据统计,1996年至2000年间美国共投入110亿美元用于民用海洋研究与开发。

二、日本的海洋政策

自20世纪60年代中期后,日本对海洋的关注越来越强烈,并推动其海洋政策的屡次调整。60年代中期以后,日本海洋开发经费有大幅度增长,差不多每1~2年就翻一番。此种投资加大并不是偶然的,它反映了日本国家海洋政策的变化。在其海洋开发审议会议给内阁总理大臣的答文中,就反映了政策变化的基础。该文说:"鉴于海洋在我国未来社会、经济中所占的重要地位,国家的责任是重大的。从国家现在的财政状况看,虽然估计到这些对策实施有困难,但对于资源奇缺的我国来说,国民迫切期望把开发海洋的极大可能性转为现实。"日本正是在这种认识的基础上制定了当时的海洋政策。日本60年代的海洋政策要点是:建立海洋特别是200海里专属经济区的调查、观测、监测的综合体制与能力,实施海洋资源开发和环境保护的综合计划和管理;进入海洋国际新秩序,积极推进国际合作;整备海洋法制,执行海洋开发的综合推进体制。这种进取性的海洋政策势必能够有力地推动日本海洋事业的迅速发展。

1978年日本为了制定海洋政策及发展规划,由"日本海洋科学技术中心"组织有关部门、机构编写了《海洋开发设想和科学研究课题调查报告》。这个材料通过分析国内外海洋开发利用历史和现状,对以后10年左右海洋开发区的技术水平作了全面的预测,主要是锰结核、海洋能源、海岸带开发、潜水技术、海洋环境保护、海洋调查船和国际合作等26个方面的发展趋势分析。在此基础上,日本提出了20世纪80年代以后的海洋政策,即迅速扩大对200海里专属经济区资源、能源等的详查,加速研制各类监测、监视设备,建立200海里的有效观测、监测体制;最大限度地发展海洋开发利用的可能性,实现国家所期望的海洋资源与空间利用目标;必须对新的海洋国际社会的形成做出积极努力,促进新秩序下的国际合作;政府要建立综合、持久的推进海洋开发计划的组织,迅速改变海洋开发观念,制定海洋开发基本法,完善海洋开发的国际推进体制和法制。80年代日本的海洋政策核心是大力推进日本的海洋开发事业。

1997年日本政府制定了面向21世纪的"海洋开发推进计划"和"海洋科技发展计划",提出发展有重大科学意义的基础科学和海洋高技术,以提高国家竞争能力。日本政府意识到"海洋生物技术是目前尚存的最重要的技术与产业前沿",便急起直追,斥以巨资。近10年内,每年投入9～10亿美元用于海洋生物技术的研究与开发。日本通产省另外投资专款2亿美元支持创建了两个国家海洋生物技术中心。在很短的时间内,日本取得了突破性的进展,已对美国的霸主地位构成严重的威胁,尤其在海洋微生物技术领域已经超过了美国。

三、澳大利亚的海洋政策

根据《联合国海洋法公约》的有关规定,澳大利亚可以拥有管辖权的海域面积为1 600万平方千米,是其陆地面积的两倍。其中大部分海域归联邦政府管辖,各州和领地的管辖海域从海岸开始向外延伸3海里。

澳大利亚政府意识到,只有通过对渔业、旅游、航运、水产、沿岸发展和石油生产进行综合管理,才能维持良好的海洋环境。所以,其通过区域性海洋计划来实施国家的海洋政策,综合协调各项海洋产业的发展。澳大利亚是世界上最先几个通过区域性海洋规划来实现海洋政策的国家之一。在区域性海洋规划中,他们兼顾了不同人的利益和活动,如商业或娱乐、垂钓、海洋运输、海上旅游、水产、土著人的利益、海洋科学研究以及水下文化遗迹的保护等。其原则是既要保护和保全澳大利亚的海洋空间,又要体现《21世纪议程》提出的生物多样性保护、可持续发展以及几代人之间的平等的原则。澳大利亚政府对于海洋在经济和生态中的作用非常重视,因而出台了一系列海洋政策。

澳大利亚的海洋政策可以分为以下四个方面。

1. 海洋资源开发利用政策

澳大利亚政府一直鼓励投资进行海洋资源开发,决定要在现存的石油和矿产管理体制的基础上,根据国内外形势的变化更新政策,并逐步提高决策的一贯性、安全性和稳定性。通过对澳大利亚的投资环境进行广泛的宣传,特别是对澳大利亚的石油所有权体制和税收体制的宣传,吸引外资,鼓励对海底矿藏进行合法的勘探。他们采取的措施主要是在未来的4年内额外增加3 300万美元,用于扩大专属经济区内的海上石油勘探范围以发现新油田;降低资源使用费以减轻资源使用者的负担;鼓励政府提高产品质量和附加值以提高产品的市场竞争力等。

澳大利亚政府一直支持土著民族参加海洋资源的勘探、开发和管理。在海洋动植物资源的保护方面,土著民族起着重要的作用。

2. 海洋渔业政策

海洋渔业政策对于澳大利亚的经济和就业非常重要,其渔业管理在国际上受到广泛的赞许。澳大利亚每年的渔业总产值大约是18亿美元,每年出口大量的高价海产品。为了保持海洋捕捞业的稳定发展,政府加强了对鱼类种群的分析,支持可持续发展的海洋捕捞业。

澳大利亚鼓励发展综合水产工业,支持各州发展近岸和内地的水产养殖,鼓励清洁式海水养殖,减少废物的产生和对环境的损害。政府鼓励采用先进的标准,建立一套负责任的水产养殖环境标准和水产管理措施,鼓励对化学药品、抗生素和其他药物进行安全利用。

休闲和运动性钓鱼是澳大利亚最普遍的户外运动。大约每四个人中就有一个人参加这种活动,对澳大利亚的经济和生活方式起着重要作用。钓鱼所捕获的鱼产量占总的沿岸和近海捕获量的90%以上。所以,用区域性海洋规划在休闲垂钓和商业捕捞之间进行资源分配,有利于保持海洋的基本生态平衡。

3. 海洋环境政策

海洋生态系统的健康发展依赖于高质量的海洋和河口水质。在制定管理政策和利用海洋的过程中应考虑到污染物的单独作用和累积作用。1995年澳大利亚国家海洋环境报告表明,其陆源污染物占海洋总污染物的88%,对近岸海域起着长期的危害作用,也影响了生态的良好状态、公共健康和海洋资源的利用。所以,澳大利亚支持建立国家海湾水质标准。

政府要在区域性海洋规划中设定明确的、多方面认可的海洋生物多样性保护目标。对包括专属经济区和毗连的大陆架在内的,澳大利亚海域的临时区划进行细化,加强战略性环境分析,增强应对环境累积影响的能力。

4. 海洋权益政策

澳大利亚对南极海域拥有部分管辖权。为了进一步研究全球气候的变化情况和保护南极环境,还发布了鼓励对南极进行科学研究的政策,并将逐步建立一个系统的南极支持体系。澳大利亚已经认识到了南极条约体系在保护南极环境,在南极进行科学研究和其他有关的行动中所起的作用,所以,澳大利亚政府正在加强国家在执行《南极条约》、《保护南极海洋生物资源公约》中的作用。澳大利亚政府为了更好地保护和利用其在南极的管辖海域,已经在南极增加巡逻艇。

参考文献

1. 陈宜瑜. 面向经济全球化,大力推进海洋科学知识与技术创新. 见:于大江编. 近海资源保护可持续利用. 北京:海洋出版社,2001. 19~27
2. 马英杰,胡增祥,解新颖,等. 澳大利亚海洋综合规划与管理. 海洋开发与管理,

2002,19(1):51～53

3. Goanna Print. Australia's Marine Science and Technology Plan. Canberra,1999

4. 鹿守本.海洋管理通论.北京:海洋出版社,1997

5. 林德金,陈　洪,刘珠江,等.政策研究方法论.延吉:延边大学出版社,1989

6. 张金马.政策科学导论.北京:中国人民大学出版社,1992

7. Sam Bateman,Donald　Rothwell. Southern Ocean Fishing. Australia:Publish House of University of Wollongong,1998

8. 国家海洋局.中国海洋政策.北京:海洋出版社,1998

9. 中华人民共和国国务院新闻办公室.中国的海洋事业发展(政府白皮书).见:中国海洋年鉴(1999～2000 年).北京:海洋出版社,2001. 3～9

第二章　海洋立法

第一节　国际海洋法

一、海洋法的概念

通常意义上的海洋法即国际海洋法,是指国际上形成的有关海洋的各种法规的总称。换言之,它是指国家及其他国际法主体为调整相互关系在不同海域就沿海国国家安全、海洋航行安全、海洋环境保护、海洋资源开发与利用,以及海洋科研与技术等制定的各种法律规范的总称。在这一概念中之所以强调国家与"其他国际法主体",是因为从国际政治、经济、法律及文化的发展看,自然人与法人在特殊环境和条件下具有国际法主体的资格,这已经成为不能否认的事实。从国际海洋法的立法和实践的发展趋势看,适时的对国际海洋法的主体问题进行深入、细致的研究,寻求客观、公正的答案,具有重要的理论和实际价值,也是国际法和国际海洋法学界不可回避的突出问题。

海洋法是从国际(公)法中独立出来的一个分支。从海洋法的来源、发展及概念看,它是从(狭义)国际法中独立出来的一个分支,因此它属于国际法的范畴,但各国的国际法学者在他们编写的国际法著作或教材中,仍然将海洋法作为其中的一部分内容。然而,不能因此就忽视了海洋法其他方面的内容或属性,即海洋法的国内方面的内容或属性。从通常意义上讲,海洋法属于国际法(狭义)的一部分,这是国内外公认的。但它同时还兼有国内法方面的内容或属性。"一国的国内立法,严格说来,不属于国际法的范围,但某些国内立法,特别是有关海洋方面的国内立法,即规定了本国所属的海域范围和权利,也规定了(其他)管辖(有关)海洋的管理制度,这就不仅涉及到本国,也涉及到外国在有关海域内应予遵循的规章制度。从这个意义上说,国内海洋立法具有国际性……"(国际)海洋法这种以国际性为主,同时兼具国内性的特征,从根本上讲是由海洋本身的自然属性决定的。关于这一点,后面在讲到海洋法的主要内容、各海域的不同法律地位和制度时就会明显地看出。《联合国海洋法公约》充分注意到了海洋的整体不可分性,在该《公约》的开始就强调指出:"……意识到海洋区域的种种问题都是彼此密切相关的,有必要做一个整体来加以考虑"。因此,从海洋法的角度,既注意到海洋的整体性,又注意到各种不同海域的区别与联系;从认识和管理实践的角度,既注意到海洋法的国际性,又注意到它的国内性,对一国参与国际海洋事务以及一国的海洋立法、执法和海洋管理有重要作用。

海洋立法与海洋管理。海洋立法是沿海国管理所辖海域及海上活动的法律基础和保障。沿海国通过立法确定各海域的法律地位和海上活动的行为规范,并以此为基础确立管理原则和制度,实施管理。可见,海洋立法在海洋管理中起着重要作用,它不仅是维护国家主权和其他海洋权益的法律保障,它还是管理机构实施管理行为的法律依据。对依法行政无论在程序上还是在实体上都有至关重要的意义。

二、国际海洋法的历史综述

海洋法是从国际法中发展、独立出来的一个分支,因此它具有国际法一般的和核心的特征:海洋是个国际领域,在这一领域数百年来各国通过参考(而不是通过它们自己制定的)国际法的规则来调整其日常行为。从某种意义上可以说,国际法的历史也就是国际海洋法的历史,反之亦然。由于国际法理性的特点,其方法、原则很大程度上已经由各国间就海洋的使用所达成的和解而决定。

海洋法的发展大致经历了古代、中世纪、近代和现代四个历史时期。

古代时并未形成严格意义上的海洋法,但那时有关海洋的一些观点、观念却对海洋法的发展产生了深远的历史影响,直到如今还能时隐时现地看到这些观念的影响。这其中最具代表性的观点的是"共有物"。按照罗马法,所谓"共有物"是指该物属于一切人,而不属于其中的某个人,其实质在于排除某人对此物的所有权和统治权。属于这类共有物的有空气、流水和海洋。当然,罗马法承认海洋是"大家共有之物",仅是从国内法的角度规定的,不属于海洋自由的国际法范畴,也不意味着在古罗马时期就已形成了公海自由原则。

此外,航海自古也是一些像地中海沿岸等海洋"先驱国"的国内法所调整的内容之一,如著名的《罗得海上法》等,而且在早期海洋法的发展过程中可以看到"公法"和"私法"同在的情形。

中世纪时,随着封建制度的确立,君主对土地的领有权开始向海洋发展。从西欧到地中海,从南欧到北欧,几乎欧洲诸海的各个部分都在某种权力的要求或主张下,而葡萄牙和西班牙则更把他们的主张扩展到印度洋、大西洋甚至太平洋。15和16世纪之交的地理大发现进一步加剧了对海洋的瓜分,其结果是教皇亚历山大第六先后于1493年5月和9月颁发谕旨,将大西洋分给西班牙和葡萄牙。随后,其他国家竞相效仿,使争夺海洋的斗争更加激烈。同时,这一时期随着航海贸易的发展,由私人编纂的海事惯例有了很大发展,产生了三大海事法规:奥列隆惯例集、海事裁判集和维斯比法。

严格意义上的海洋法是从17世纪开始的。进入17世纪,随着资本主义生产关系的发展、航海贸易的兴起和国际市场的形成,国际关系围绕海洋权益的斗争进入了新的阶段。这一时期的斗争主要表现在两方面:一方面是反对个别海上贸易强国对海洋的垄断,争取和维护海洋自由与开放;另一方面是为了保护国家的安全和资源,国家对邻近的一带海域拥有主权和管辖权。从此,围绕海洋自由、开放与海洋统治、封闭这一主题,各国及其法学家之间展开了激烈的争论。

荷兰为维护其迅速发展的航海事业,反对葡萄牙对海洋的垄断,1609年国际法鼻祖、荷兰著名的国际法学者格老秀斯出版了《海洋自由论》一书,为海洋自由争辩。他认为,"一切财产权都是以占有为根据的……凡是不能拿起来或圈起来的东西,就不能成为财产权的客体。因此,流动不定的海水必然是自由的。"他还认为,"占有权是基于大多数东西被人人使用可能罄竭这一事实。因此,要使东西能被人使用就必须加以占有。而海洋的情形并非如此。航行与捕鱼这两种使用海洋的方法都不能使海洋罄竭。"他的这些观点在当时遭到了一些学者及国家的反对。针对格老秀斯的上述主张,一些学者先后出版了《西班牙辩护论》(真提利司,1613)、《海洋主权论》(威尔乌德,1613)、《不列颠海洋主权》(巴罗斯,

1633)等著作。其中以英国的塞尔登最富代表性,1618年他写成《闭海论》一书,为英国的立场辩护,认为英国君主有权占有英国四周的海洋。这一主张得到了当时英王的支持。格老秀斯的主张虽然在当时遭到了强烈反对,但随着海上贸易的日益扩大、繁荣,一定范围的海洋自由客观上已成为一种必然的发展趋势。于是,在随后的100多年中,越来越多的国际法学者赞同公海自由的观点。宾刻舒克借鉴了前面论战中对立双方的合理部分,将海洋的不同部分区别对待,在其《海洋领有论》(1702)中将海洋区分为领海和公海,认为领海属于沿岸国的主权管辖,公海则不属于任何国家。到19世纪初,海洋自由无论从理论上还是实践中都得到了普遍的承认。这样,从17世纪开始经过300多年的发展,以公海和领海为主要内容的传统国际海洋法逐步形成,并一直延续到第二次世界大战结束。

需要特别指出的是,在传统国际海洋法的形成、发展过程中(尤其是17～19世纪欧洲沿海国家)持不同观点的各派法学家的理论探讨和争论,及时反映了各国在海洋实践中产生的问题和提出的要求。海洋法理论与国家实践相辅相成,相互促进,有力地推动了海洋法的发展,在很多情形下,理论的确成为了行动(国家实践)的先导。而从19世纪开始,集中在20世纪进行的几次大规模的国际海洋法编纂,从另一方面大大地推进了其发展。

19世纪开始时制定的主要是一些关于海战的法规,如1856年关于废除私掠船制度的巴黎宣言,1899和1909年两次海牙会议制定的战争规则,等等。20世纪海洋法的编纂活动主要包括1930年的海牙国际法编纂会议和在联合国主持下召开的三次海洋法会议。1930年的海牙国际法编纂会议就海洋法方面拟订的议题主要涉及领海宽度、毗连区和历史性海湾。但由于在上述问题上,特别是领海宽度问题上与会国之间存在着巨大分歧,会议未能就领海问题达成协议。会议在海洋法编纂方面虽然收效甚小,但由于对海洋法的许多问题进行了初步的讨论,为后续的编纂工作奠定了一定的基础。

联合国大会为促进海洋法律的制定于1950年成立了国际法委员会,在1958年日内瓦第一次联合国海洋法会议召开前,花了7年时间准备条款草案。在此基础上,1958年的第一次联合国海洋法会议取得了一定的成效,会议制定并通过了日内瓦海洋法四公约,即《领海及毗连区公约》(1965年9月10日生效)、《公海公约》(1962年9月30日生效)、《捕鱼与养护公海生物资源公约》(1966年3月30日生效)以及《大陆架公约》(1964年6月10日生效)。

客观上讲,1958年日内瓦海洋法四公约对调整国际海洋关系、规范海洋使用的行为发挥了一定的历史作用。但四公约对海洋法的编纂基本上是对传统海洋法的规范、概括和总结,其中固然也包括一部分国际习惯法,因此,"四公约"是以维护传统海洋法为主的。可以说它们是传统国际海洋法的法典化并达到了传统海洋法发展的顶峰。由于当时不少亚非国家尚未获得独立而未能参加会议,与会的86国中发展中国家只占半数左右,会议基本上由海洋大国控制。因此,"四公约"不会也不可能反映发展中国家的要求,维护这些国家的利益。此外,对一些重要问题"四公约"仍未作出明确规定,如领海宽度、捕鱼区界限、关于大陆架定义的双重标准、对领海无害通过的笼统规定,等等。因此,随着国际格局的迅速变化,这些遗留问题和四公约的整体局限性很快就暴露了出来。经过24年后,世界上仍有四分之三的国家不是公约缔约国,这一事实本身就有力地说明了问题。

根据1958年联大通过的决议,第二次联合国海洋法会议于1960年在日内瓦召开,审议领海宽度和捕鱼区界限。由于与会的88国对上述议题存在重大分歧,该次会议未获任何结果而告结束。

两次海洋法会议均未解决海洋法领域的一些重要而棘手的问题。自第二次世界大战结束以来,进入20世纪60年代,伴随国际形势的剧烈变化、海洋科技的迅速发展,国际上围绕海洋权益的争议日益突出、复杂。1945年9月28日美国总统杜鲁门《关于美国对大陆架底土和海床自然资源的政策宣言》的发表首先在拉美国家引起了强烈反响,他们紧随美国之后开始调整本国的海洋政策,在50年代这些国家相继宣布了200海里的主权管辖范围或200海里领海,进入20世纪60年代,越来越多的国家自行颁布海洋立法,调整其对领海、渔区、大陆架的控制和管辖。在此期间,许多拉美国家和国际组织相继发表声明和宣言,对不同海域提出了新的主张和原则,要求修改片面有利于海洋大国的日内瓦四公约,建立符合发展中国家利益的法律新秩序,如著名的拉美9国1970年签署的《蒙得维的亚海洋法宣言》和拉美10国1972年签署的《圣多明各宣言》。

在传统海洋法向现代海洋法发展、过渡的过程中,国际海底区域法律制度的形成和确立具有特别重要的意义。1967年马耳他向第22届联大提交了《关于各国管辖范围以外海床洋底和平利用及其资源用于人类福利问题》的提案,提出了"国际海底"的新概念,主张各国管辖范围以外海床洋底及其底土应专为和平目的,应受国际的监督与管理。之后,1970年第25届联大一致通过了《关于各国管辖范围以外海床洋底与下层底土的原则宣言》,宣布该区域及其资源"为全人类共同继承之财产"。这为"人类共同继承财产原则"及其相关的法律制度的建立奠定了基础。

第三次联合国海洋法会议于1973年12月3日在纽约如期隆重开幕,前后持续了9年,共开了11期会议,最终于1982年12月10日由包括中国在内的119个国家签署通过了《联合国海洋法公约》。1971年第26届联大上恢复了中国在联合国的合法席位,翌年中国开始参加海底委员会的工作,并自始至终参加了联合国第三次海洋法会议的各期会议。第三次联合国海洋法会议是国际关系史上迄今为止参加国最多、规模空前、会期持续时间最长的外交会议,对国际法的编纂,特别对国际海洋法的发展产生了重大而深远的影响。

《联合国海洋法公约》的签署和通过标志着国际海洋法律体系的建立。此后近20年中,经联合国与其会员国一道的不断努力,进一步推动了海洋法的发展。其间,1992年"里约联合国环境与发展大会"的成功召开,特别是其通过的"21世纪议程"中的第十七部分,对《联合国海洋法公约》的实施和不断完善,产生了积极的影响。1994年7月28日"关于执行1982年12月10日《联合国海洋法公约》第十一部分的协定"的达成,从根本上为《联合国海洋法公约》于同年11月16日的生效铺平了道路。

综观海洋法的发展可以清楚地看出,历史上特别是从17世纪以来,海洋法一直由一个中心和持久的主题所支配——统治权力对海洋的行使和海洋自由观念之间的竞争。几个世纪以来两者之间的兴与衰的紧张态势反映了每一特别时期政治的、战略的和经济的形势。当一两个商业大国已取得支配权或权力处于均势时,实践中就强调航行自由和航行免受当地的控制。在这些时期海洋更被视为战略上的而不是竞争的经济区域。另一方面,当大国已经衰弱或已不能将它们的意志强加给小国时,或多国间的权力均势已达成时,强调的则是保护和保留海洋资源,其结果也就主张当地对海洋的权力。

以史为镜知兴替。历史上的海洋自由与海洋封闭之争,如今已演化成国家主权利益与国际社会利益的关系,但其实质并未发生根本变化,仍然是深刻认识和有效解决当今国际海洋问题的锁钥,《联合国海洋法公约》反映了两者间的平衡和共存关系。可以预见,在未来相当长的时间里,对一国或区域海洋的管理者(们)和决策者(们)而言,立足海洋管理的现实,着眼海洋法和国际海洋关系发展的大势,把握住海洋法和国际海洋关系的这条发展主线就会高屋建瓴,赢得海洋管理工作的主动权。

三、《联合国海洋法公约》

《联合国海洋法公约》(以下简称《公约》)作为国际关系史上的第一部"海洋宪章",以法典化的形式建立了当代国际海洋法的法律框架,集中规定了当代国际海洋法的主要内容。

《公约》由17部分和9个附件组成,正文320条,加上附件的条文共计446条。第一部分为"序言",规定了"用语和范围",对"区域"、"管理局"、"海洋环境的污染"、"倾倒"作了界说(值得注意的是五个用语全都涉及环境与资源);第二部分为"领海与毗连区",对领海的法律地位、界限、领海的"无害通过"、毗连区的法律地位等作出了规定;第三部分为"用于国际航行的海峡",主要规定构成用于国际航行海峡的水域的法律地位及其通过制度;第四部分为"群岛国",包括群岛国的定义、群岛基线、群岛水域的法律地位等;第五部分为"专属经济区",规定了专属经济区的法律制度、宽度,沿海国的权利、管辖权和义务以及其他国家在专属经济区的权利和义务,海岸相向或相邻国家间专属经济区界限的划定等;第六部分为"大陆架",规定了大陆架的定义、沿海国对大陆架的权利、大陆架上覆水域和上空的法律地位、海岸相向或相邻国家大陆架界限的划定等;第七部分为"公海",规定了公海自由的内容、航行权、船舶的国籍、船旗国的义务以及公海的其他制度等;第八、九、十部分分别为"岛屿制度"、"闭海或半闭海"、"内陆国出入海洋的权利和过境自由";第十一部分为"区域",规定了国际海底区域为人类的共同继承财产原则、"区域"内资源的开发制度、国际海底管理局的组成、职权、财政安排,等等;第十二部分是"海洋环境的保护与保全",主要包括全球性和区域性合作、技术援助、监测和环境评价,防止、减少和控制海洋环境污染的国际规则和国内立法、执行、保障办法、责任、主权豁免等内容;第十三部分为"海洋科学研究",主要是国际合作、海洋科学研究的进行和促进、海洋环境中科学研究设施或设备,争端的解决和临时措施等;第十四部分为海洋技术的发展和转让;第十五部分为"争端的解决",制定了导致有约束力裁判的强制程序及其适用该程序的限制和例外;第十六、十七部分分别为"一般规定"和"最后条款"。9个附件分别是附件一:高度洄游鱼类;附件二:大陆架界限委员会;附件三:探矿、勘探和开发的基本条件;附件四:企业部章程;附件五:调解;附件六:国际海洋法法庭规约;附件七:仲裁;附件八:特别仲裁;附件九:国际组织的参加。

根据《公约》的规定,可以把当代国际海洋法的主要内容概括为"三一"、"二国"、"三区"和"四海":"三一"是一峡(海峡,特别是指用于国际航行的海峡)、一架(大陆架)、一岛(岛屿制度);"二国"是群岛国、内陆国;"三区"是毗连区、专属经济区、"区域";"四海"是内海、领海、闭海或半闭海、公海以及在不同海域从事海洋环境保护、海洋科学研究活动和遇有争端时和平解决的规定。各主要部分的内容概述如下：

1. 国家管辖范围内海域(参见图2.1)

(1) 内海(internal/inner sea)

① 概念及范围。国家领土由领陆、领水、领陆与领水之上的空中空间和领陆、领水之下的底土四部分组成。其中，领水包括内水和领海。内水又包括河流、湖泊、运河和内海。换言之，内水包括了领海内侧的咸(海)水和淡水，内海只是内水的一个组成部分。《公约》的表述是"……领海基线向陆一面的水域构成国家内水的一部分(第八条)。原则上，国际法一般不对属于国内法的事项作出规定，但海洋的完整性，又要求国际法对海域的划分作出原则的界定。据此，内海是指领海基线内侧的全部海水，包括：(a) 海湾、海峡、海港、河口湾；(b) 测算领海的基线与海岸之间的海域；(c) 被陆地包围或通过狭窄水道连接海洋的一带海域。

② 法律地位。内海与国家的陆地领土具有相同的法律地位，国家对其行使完全的、排他的主权。内海中的有关制度，诸如海湾、海峡、河口湾、港口的制度等均由国内法来制定和调整。由于内海的这种法律地位，外国船舶未经许可不得驶入一国的内海，更不能从事捕鱼和其他海洋活动，否则就构成了对沿岸国领土主权的侵犯。但下列两种情况除外：(a) 对于遇难的外国船舶，特别像遭遇不可抗力的，各国依惯例一般都允许其驶入而无须经事先许可。但即使对这类船舶，各国也要求其遵守沿岸国的法律，禁止借机从事贸易和捕鱼等侵害沿岸国利益的活动。(b) 基于履行条约义务或按照国际公约的规定，外国船舶应被允许驶入内海。另外，根据《公约》的规定，如果按照直线基线方法确定直线的效果使原来并未认为是内水的区域被包围在内成为内水，则在此种水域内应允许外国船舶无害通过(第八条第2款)。外国军用船舶要进入或通过内海必须通过外交途径办理必需的手续。

(2) 领海(territorial sea)

① 概念及范围。《公约》规定："沿海国的主权及于其陆地领土及其内水以外邻接的一带海域，在群岛国的情形下则及于群岛水域以外邻接的一带海域，称为领海。""此项主权及于领海的上空及其海床和底土。"领海是沿着国家的海岸和内水(对群岛国则是沿海岸和群岛水域)，受国家主权支配和管辖下的一定宽度的海域。从《公约》的规定看，领海的特征是邻接海岸或内水——由此就确定了领海的内侧位置；领海有一定的宽度——按《公约》规定，每一国有权确定其领海的宽度，但最宽不超过12海里；该海域及其上空、海床和底土处于沿岸国的主权管辖之下。

② 法律地位。领海是国家领土的组成部分，受国家主权的支配和管辖，国家像对自己的陆地一样，对领海以及领海内的人和物行使排他的管辖权。当然，由于领海不同于陆地的自然特点，自古以来就已成为捕鱼、航行的通道。根据长期以来的国际习惯规则和国际法的有关规定，沿岸国负有义务，允许其他国家的船舶"无害通过"其领海。也就是说，沿海国的领海主权要受到公约和其他国际法规范的一定的限制。除此之外，国家对领海享有完全、排他的主权，并且该主权及于领海的上空、海床和底土。

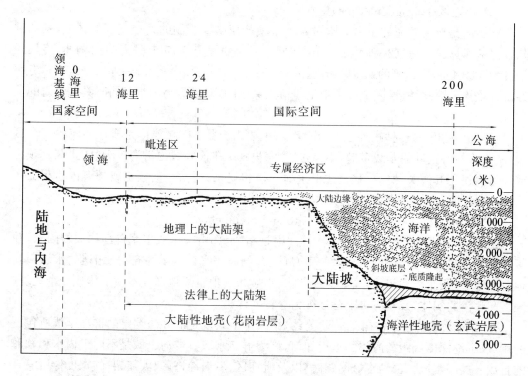

图 2.1　海洋管辖区域示意图

③ 领海的无害通过(innocent passage)。习惯国际法承认外籍船舶无害通过领海的权利。1958 年日内瓦《领海公约》明确了这一权利。1982 年的《联合国海洋法公约》重申了这种权利,进而规定了无害通过制度的框架。无害通过制度是领海最重要的法律制度,也是外国在他国领海的惟一常规的权利。

无害通过制度的核心是"通过"。通过是指:① 为了穿过领海但不进入内水。② 为驶入内水或自内水驶往公海而穿过领海。而且,这种通过应是继续不停地迅速进行,除《公约》允许的情况外不得停船和下锚。但这种"通过"不是没有限制的,"通过"必须以"无害"为前提条件,"通过只要不损害沿海国的和平、良好秩序或安全,就是无害的",而且,通过"应符合本公约和其他国际法规则。"《公约》具体列举了 12 种非无害通过的活动,以进一步明确无害通过的意义。同时,外籍船舶在行使无害通过权时,应遵守沿海国的有关法律和规章。需要指出的是,对于非军用船舶的无害通过,各国已普遍予以承认,并已成为公认的国际法规则,在理论和实践中均无疑义。而对于军用船舶的通过问题,在国际法学界则一直颇有分歧,各国的海洋实践也有很大差别。一些学者特别是国外学者认为,军用船舶也可享有无害通过权。不过,应该承认,对这一很有争议的问题《公约》规定的不够明确。这也是由当时第三次联合国海洋法会议期间的特殊历史背景决定的。各国的实践和主张也不一致,一些国家允许外国军舰无害通过其领海,主要是美、英、法、德、日等海洋强国;有的则主张实行须经事先许可或事先通知才能通过的制度,持这种立场的主要是一些发展中沿海国家。

（3）毗连区（contiguous zone）

毗连区是毗连领海并由沿海国对若干事项行使必要管制的一定宽度的区域，其宽度从领海基线算起不超过24海里。若一国按照《公约》的规定，确定其领海为12海里，专属经济区为200海里，则该国的24海里毗连区中有二分之一与领海重叠，另外二分之一与专属经济区重叠。因此，毗连区中仅一半是严格意义上的毗连区，另一半却同时具有领海的地位。

《公约》仅用一条对"毗连区"作出规定，主要内容是：① 毗连区是毗连领海的一个区域，从测算领海宽度的基线量起，不超过24海里；② 在该区域内沿海国为"防止在其领土或领海内违犯其海关、财政、移民或卫生的法律和规章；惩治在其领土或领海内违犯上述法律和规章的行为"行使必要的管制。

（4）群岛国与群岛（archipelagic state and archipelago）

① 群岛国的概念。《公约》规定，群岛国是指"全部由一个或多个群岛构成的国家，并可包括其他岛屿。"而群岛则是指"一群岛屿，包括若干岛屿的若干部分、相连的水域和其他自然地形，彼此密切相关，以致这种岛屿、水域和其他自然地形在本质上构成一个地理、经济和政治的实体，或在历史上已被视为这种实体。"

② 群岛水域的法地位律。按照《公约》第四十七条规定的办法划定的群岛基线所包围的水域，不论深度或距离海岸的远近如何，称为群岛水域。群岛水域是不同于内水和领海的自成一类的水域。群岛水域的领海（以及毗连区、专属经济区、大陆架）的宽度像所有直线基线制度一样，都是从直线群岛基线本身向朝海一面测量起。而群岛水域则是基线以内的水域，群岛国对该水域拥有主权，而且此项主权及于群岛水域的上空、海床和底土，以及其中所包含的资源。在群岛水域内，"群岛国可按照有关内水中的海湾和河口等的普遍规则，在其群岛水域内用封闭线划定内水的界限。"（第五十条）关于群岛水域的通过问题，《公约》作了区别规定，分为无害通过权和群岛海道通过权两种情况。

（5）海峡与国际海峡（strait and international strait）

① 基本概况。海峡是位于两块陆地之间、两端与海或洋相通的一条天然的狭窄水道。即海峡是两块陆地间的带状狭窄水域。

自古以来，海峡特别是作为海洋咽喉的国际通行海峡，一直具有特殊而重要的经济和军事价值，对航行和沿岸国国防安全和环境保护具有直接的影响，对一国的生存和发展也具有特别重要的意义。海峡的数量和种类繁多，海洋法上特别关注的是其中的用于国际航行的海峡。《公约》并未给出国际海峡的定义，根据《公约》规定的有关内容，国际海峡一般可理解为主要是指连接公海或专属经济区（特殊情况下也可指连接公海/专属经济区与领海）而未受限制的频繁用于国际航行的海峡。

② 国际海峡的法律地位。《公约》规定，用于国际航行的海峡的通过制度，不应在其他方面影响构成这种海峡的水域的法律地位，或影响海峡沿岸国对这种水域及其上空、海床和底土行使其主权或管辖权。海峡沿岸国的主权或管辖权的行使受本部分和其他国际法规则的限制。可见，国际海峡的法律地位取决于该海峡所处海域的法律地位，而仅就为保障国际航行的目的，在本《公约》下，通过制定相应的制度，对该海域作出限制。通行是国际海峡的核心甚至是全部的内容（除事先准许的研究和测量活动外）。

③ 适用于国际海峡的通行制度。《公约》规定了以过境通行(transit passage)为主,以无害通过(innocent passage)为辅的两种适用于国际海峡的通行制度。

过境通行是指专为在公海或专属经济区的一个部分和公海或专属经济区的另一个部分之间的海峡继续不停和迅速过境的目的而行使航行和飞越自由。但是,对继续不停和迅速过境的要求,并不排除在该海峡沿岸国入境条件的限制下,为驶入、驶离该国或自该国返回的目的而通过海峡。这就是说,过境通行制度适用于在公海或专属经济区的一个部分和公海或专属经济区的另一个部分之间的用于国际航行的海峡。但如果海峡是由海峡沿岸国的一个岛屿和该国大陆形成,而且该岛向海一面有在航行和水文特征方面同样方便的一条穿过公海或穿过专属经济区的航道,过境通行就不适用。这类海峡具体又有两种情况:(a) 两岸为一国所有,宽度不超过24海里,如菲律宾的苏里高海峡;(b) 两岸分属两个或几个国家,海峡宽度不超过24海里,如英法间的多佛尔海峡(加来海峡)。在此种制度下,海峡沿岸国可于必要时为海峡航行指定分道通航制,以促进船舶的安全通过;也可对下列各项或任何一项制定法律和规章,包括在海峡内防止污染、防止渔船捕鱼、违犯财政、海关、移民或卫生等。《公约》在规定了海峡沿岸国权利和义务的同时,也规定了船舶和飞机在过境通行时的义务。

无害通过制度适用于下面几种海峡:(a) 位于领海范围以内、连接公海或专属经济区的一部分和外国领海之间的海峡;(b) 按《公约》第七条所规定的方法确定直线基线的效果使原来并未认为是内水的区域被包围在内成为内水的情况。如果此种内水区域中有连接公海或专属经济区的一部分与外国领海的一部分,沿岸为一国所有的海峡,则应实行无害通过制。

过境通行制和无害通过制是两种不同的通行制度。相同点是:在两种通行制度下所有国家的船舶均享有在海峡继续不停和毫不迟延地通过的权利;两者都要求外国船舶在通过时不得损害沿岸国的和平、良好秩序或安全;但两者都是一种有限制的权利。区别是:在适用无害通过制度的领海海峡内航行,潜水艇和其他潜水器必须在海面上航行并展示其旗帜,而在适用过境通行制度的领海海峡内航行的外国潜水艇和其他潜水器则无此要求;无害通过不包括航空器的飞越,而过境通行则包括了飞机的飞越权;《公约》对外国船舶在无害通过时所规定的义务要严格、明确和具体得多,如第十九条清楚地界定了12种非无害活动。又如对海洋科学研究和水文测量,在过境通行下必须经沿岸国事先准许,而在无害通过下,进行此类活动则属于非无害通过,即构成对沿岸国主权的侵犯,应承担相应的国家责任。在管辖权方面,对适用无害通过的海峡,沿岸国拥有更广泛的权利,而对适用过境通行的海峡,沿岸国的权利却仅限于航行安全和海上交通管理,以及规定或制定关于防止污染、管理渔船以及捕鱼、海关、财政、移民和卫生的法律及规章。对外国商船和用于商业目的的政府船舶的刑事和民事管辖权,两者也有不同。在无害通过制度下,沿岸国在一定条件和限制下有一定的管辖权,而在过境通行制度下,《公约》未作任何规定。自然,船旗国在这种情况下拥有管辖权。

总之,过境通行是《公约》确立的一种新的、重要的国际海峡通行制度,它介于无害通过和自由通行之间。在这种制度下,一方面保持着航行沿岸国对所属航行行使主权和管辖权;另一方面,所有船舶享有更多的通行权利,并且飞机也享有飞越权。

（6）专属经济区（exclusive economic zone/EEZ）

《公约》已于1994年生效，但对关于专属经济区重要而复杂的规定的理解和解释至今仍有很多争议。个别海洋大国无视国际关系已经"情势变迁"的客观事实，仍然固守传统海洋法中"领海以外即公海"的观念，把它同公海混同起来。因此，正确认识专属经济区的法律地位对全面、准确理解和实施相关法律制度，对维护一国的合法海洋权益有重要的作用。

专属经济区是《公约》所确立的一项新的重要的法律制度，这部分法律制度的内容具有"造法性条约"的性质，对海洋法的理论和世界各国的海洋实践都产生了重大而深远的影响，尤其对沿海的发展中国家的社会经济可持续发展具有巨大意义。由于各国的立法和司法实践仍在演化、发展之中，对这部分海域的各项具体制度的建立、实施及其相关的研究，无论对国际海洋法的发展还是世界各国的海洋管理都是一项重要而迫切的任务。

① 概念和范围。专属经济区是领海以外并邻接领海的一个区域，该区域从测算领海宽度的基线量起不超过200海里。

《公约》规定：专属经济区是领海以外并邻接领海的一个区域，受本部分规定的特定法律制度的限制。在这个制度下，沿海国的权利和管辖权以及其他国家的权利和自由均受本公约有关规定的支配。据此，专属经济区应是领海以外的一个区域，即领海的外部界限是专属经济区向陆一侧的（内部）界限，它从测算领海宽度的基线量起，不应超过200海里。这就是说，除去与领海重叠的12海里外，专属经济区本身的宽度是188海里，专属经济区的外部界限邻接公海。《公约》对沿海国家和其他国家在专属经济区的权利和义务作了专门的规定。

② 法律地位。沿海国与其他国家在专属经济区内的权利与义务：沿海国在专属经济区内享有以维护其经济利益为目的的主权权利；对人工岛屿、设施和结构的建造和使用、海洋科学研究、海洋环境的保护和保全的管辖权等。外国在专属经济区内享有船舶航行、飞机飞越和铺设海底电缆和管道的自由等权利，但在行使此权利时，须遵守沿海国的有关法律和规章。这就是说，专属经济区的法律地位规定了它是沿海国的管辖海域，沿海国在这部分海域中分别享有主权权利和管辖权。其他国家也有《公约》规定的其他对应权利与义务。

专属经济区不同于领海。领海是沿海国的领土的组成部分，是国家的主权领域，除允许其他国的船舶无害通过外，不受其他限制，具有完全的支配和管辖权。而专属经济区并不构成沿海国的领土，只是沿海国的管辖区域。在这一管辖区域中，沿海国的权利是广泛的，但主要限于《公约》中明确规定的经济利益方面，是主权集中在经济和资源方面的体现，称之为主权权利。主权权利还包括与开发和利用经济、资源权利有关的管辖权，因而不是一种完全的不受限制的权利。而且，《公约》并没有规定（像对大陆架的规定）在专属经济区的权利是根据事实本身当然存在的（《奥本海国际法》第一卷，第二分册第207页）。所以，这些权利必须予以公告，并且必须具体说明宽度（允许的最大限度是200海里）。

专属经济区也不同于公海。根据《公约》的规定，公海是"不包括在国家专属经济区、领海或内水或群岛国的群岛水域内的全部海域"。从空间范围看，公海是在专属经济区以外，向海一侧的海域。认为专属经济区属于公海的观点是缺乏法律根据的。固然，在专属经济区制度形成以前的传统海洋法中,这部分海域属于公海。《公约》在对其他国家在专属经济区内权利和义务的规定中也把他们与公海制度紧密的联系在一起但不能因此就不加区分地把二者混为一谈。《公约》规定,其他国家在专属经济区内有航行、飞越、敷设海底电缆和管道的自由,但这只涉及该区域内多种用途中的一种或几种,而且他们已经不是公海意义上的那种自由。"各国在专属经济区内根据本公约行使其权利和履行其义务时,应适当顾及沿海国的权利和义务,并应遵守沿海国按照本公约的规定和其他国际法规则所制定的与本部分不相抵触的法律和规章。"此外,所有国家在专属经济区内也不享有公海内的其他一些自由,例如捕鱼自由、建造人工岛屿或设施的自由、科学研究的自由。"因为这些自由与沿海国的资源主权权利简直是不相容的。"

根据《公约》的规定和各国的实践,专属经济区既不是领海,也不是公海的一部分,而是具有独特法律地位"自成一类"的沿海国的专属经济区,这应该已成为国际实践中不争的客观事实。

③ 沿海国在专属经济区内的权利与义务。(见第三章海洋权益的相关部分)

④ 其他国家在专属经济区内的权利和义务。在专属经济区内,所有国家,不论沿海国或内陆国,按照《公约》的规定,享有航行和飞越的自由,铺设海底电缆和管道的自由,以及与这些自由有关的海洋其他国际合法用途。

⑤ 相邻或相向国家间专属经济区的划界。《公约》明确了沿海国对大约3 800万平方海里的资源享有管辖权,从而使这些资源成了沿海国的经济财产。这些规定对各国特别是沿海国的经济及相互关系产生了直接和深远的影响,随之而来的是在海岸相向或相邻的国家之间也必然会产生专属经济区界限的划定问题。

海岸相向或相邻国家间的海上划界(尤其是专属经济区和大陆架的划界问题),涉及各沿海国的重大切身利益,越来越为各国所重视。据统计,在实行200海里专属经济区制度后,将有135个沿海国家和地区面临着至少与一个邻国的专属经济区发生重叠的情况。为此,《公约》作了专门规定:(a)海岸相向或相邻国家间专属经济区的界限,应在国际法院规约第38条所指国际法的基础上以协议划定,以便到底公平解决。(b)有关国家如在合理期间内未能达成任何协议,应按《公约》解决争端的程序解决(即按照不同的问题,或者将争端提交导致有约束力的裁判的程序,或就解释或适用本条约而发生的争端交换意见,或将争端提交调解的程序和平解决)。(c)在达成协议以前,有关各国应基于谅解和合作的精神,尽一切努力作出实际性的临时安排,并在此过渡期间内,不危害或阻碍最后协议的达成。这种安排应不妨碍最后界限的划定。(d)如果有关国家间存在现行有效的协定,关于划定专属经济区界限的问题,应按照该协定的规定加以决定。"

《公约》关于专属经济区划界问题的规定与大陆架划界的规定完全一致。

(7) 大陆架(continental shelf)

① 大陆架的概念。《公约》对大陆架的定义,宽度和外部界限的测算、划定都作了明确的规定。概言之,大陆架是指领海以外依其陆地领土的全部自然延伸,扩展到大陆边外缘的海底区域的海床和底土。大陆架的宽度(即外部界限)是从领海基线量起的200海里。但在大陆架确实超出这一范围的情况下,各国可以按照以大陆架上沉积岩厚度为基础的特别规定,要求直至350海里的管辖权。如果对其有利,甚至可以采用一条2 500米等深线向

外延伸 100 海里的界限。

《公约》关于大陆架的定义及外部界限的规定,确立并体现了以下的原则:(a)《公约》中的大陆架概念以地质学上的大陆架概念为科学依据,但又不同于地质学上的概念。它是沿海国陆地领土的自然延伸,包括陆架、陆坡和陆基的海床和底土,但不包括深洋底床及其洋脊,也不包括其底土。(b) 为了照顾大陆架较窄甚至完全没有大陆架的沿海国的利益,每一个沿海国的大陆架宽度至少可以扩展到 200 海里的距离。(c) 为了适当照顾宽大陆架国家的利益,也为了考虑和尊重其他国家和国际社会的意见和要求,《公约》规定了大陆架超过 200 海里的沿海国的大陆架延伸距离和划定方法。(d) 测算 200 海里以外大陆架界限的情报应由沿海国提交大陆架界限委员会。委员会应就有关划定大陆架外部界限的事项向沿海国提出建议。沿海国在这些建议的基础上划定的大陆架界限应有确定性和拘束力。沿海国应将超过 200 海里的部分开发石油或其他自然资源的收入与国际社会分享。(e) 本条的规定不妨碍海岸相向或相邻国家间大陆架界限划定的问题。

② 大陆架的法律地位。大陆架与专属经济区一样,都是沿海国的管辖海域,沿海国为勘探和开发其自然资源的目的,对大陆架行使专属主权权利,对大陆架上的人工岛屿、设施和结构具有专属权利。但沿海国对大陆架的权利不影响上覆水域或水域上空的法律地位。其他国家享有在其上覆水域的航行自由以及铺设海底电缆和管道的权利。

沿海国对大陆架权利的性质是“主权权利”而不是主权。应予强调的是“主权权利”与“主权”是两个在程度和范围上都有差别的概念,两者不能等同或引申过渡,它们既有联系又有区别。沿海国在专属经济区和大陆架上的“主权权利”意味着国家在这部分海域并不能像在内海和领海内所具有的那种完全的统治和支配的权力——主权,它仅指沿海国为经济利益的目的——勘探和开发其自然资源的目的而拥有的权利,也可以被认为是沿海国领土管辖和使用的扩展,但不能被视为是领土本身的扩张(《奥本海国际法》第一卷第二分册第 195 页)。不过,《公约》明确规定,这一权利是专属性的。

根据《公约》的规定,“所有国家都有在大陆架上铺设海底电缆和管道的权利。”沿海国除明确规定的几个目的——为了勘探大陆架,开发其自然资源和防止、减少与控制管道造成的污染有权采取合理措施外,对于铺设或维持这种海底电缆或管道不得加以阻碍。而且,沿海国对大陆架权利的行使,决不得对航行和《公约》规定的其他国家的其他权利和自由有所侵害,或造成不当的干扰。

③ 大陆架与专属经济区的关系。大陆架和专属经济区都是沿海国的管辖海域,沿海国对这两部分海域为经济利益的目的都行使主权权利,而且在 200 海里的范围内相互重叠。因此,两者在空间范围上和法律权利的性质上都有一定程度的相似和相同,它们相互紧密联系又有一些差别,既不能相互混淆也不能相互取代。两者的区别主要表现在:首先,从大陆架和专属经济区的法律制度形成的过程看,海洋法上的大陆架概念是从地质学上演化而来的。作为一个法律概念,它渊源于国际习惯法,其正式形成一般认为是从 1945 年美国总统杜鲁门关于大陆架的宣言为标志的,而作为较为完整的法律制度在 1958 年的日内瓦《大陆架公约》中就已基本确立,1982 年《公约》的相关内容是在前面基础上的编纂和完善。而专属经济区是 20 世纪 70 年代才出现的法律概念,其概念和制度不是产生于国际习惯法或对国际习惯规范的编纂,而是对国际法的重要创新和发展。其次,两者建立的基

础或根据不同。大陆架是沿海国陆地领土的自然延伸,包括其海底区域的海床和底土。而专属经济区不是陆地的延伸,而是一定宽度的海域,是基于沿海国在这一范围内不可或缺的经济利益和对环境及科研管辖的需要而确立的一个不超过200海里的海洋区域。第三,两者的权利依据、行使的范围及程度也不相同。沿海国在大陆架的权利是专属的,又是根据事实本身当然存在的,甚至不需要象征性的占领,也不需要公告(按照《公约》第七十七条的规定)。而专属经济区并非是基于事实的当然存在,而是基于众多沿海国家特别是发展中的沿海国家的利益、要求和管理的需要。其权利的存在需要明示,即通过"主张"才能合法的拥有,并以沿海国的宣告为准。在200海里内,沿海国对大陆架的主权权利仅限于大陆架的海床和底土以及海床和底土的矿物资源、定居种生物和其他非生物资源。而沿海国在专属经济区内的权利,则不仅包括200海里内的大陆架权利部分,而且包括200海里的水域,特别是对区域内生物资源的开发和利用,以及为开发、使用和保护经济区自然资源而行使的管辖权。第四,两者的空间范围未必完全一致。专属经济区不能超过200海里(即是说沿海国可以在此范围内"自由酌量"决定其专属经济区的宽度)。但依《公约》的规定,一部分宽大陆架国家的大陆架外部界限可以超过200海里而达到350海里,对宽大陆架国家而言,两者的差异可能会很大。不过沿海国在这一部分大陆架上的开发收入应按一定比例与其他国家分享,其上覆水域则属公海,适用公海的法律制度,不归沿海国管辖。

④ 海岸相向或相邻国家间大陆架的划界原则及典型案例。相向或相邻国家间大陆架的划界是海上划界(包括领海、专属经济区和大陆架)中法律和技术最为复杂,也最为各国关注的重要问题。自20世纪60年代以来,国际上先后解决了一些有关大陆架划界的争端。其中较著名的有:国际法院对"北海大陆架案"的判决(1969);英法临时仲裁法庭对"英法大陆架仲裁案"的裁决(1977);国际调解委员会关于冰岛与挪威的扬马延群岛之间大陆架划界的建议(1981);国际法院对"突尼斯和利比亚大陆架划界案"的判决(1982)等。1982年《联合国海洋法公约》签署后,国际法院和仲裁法庭又处理了几起有关大陆架的案件:(a) 对"美国与加拿大的缅因湾海域划界案"的判决(1984);(b) 对几内亚和几内亚比绍提交的"海洋疆界案"的仲裁裁决(1985);(c) 对"利比亚和马耳他大陆架划界案"的判决(1985);(d) 几内亚比绍—塞内加尔海洋划界仲裁案(1989);(e) 法国(圣皮埃尔和密克隆)与加拿大海洋划界仲裁案(1992);(f) 格凌兰—扬马延海洋划界案(1993)。

关于大陆架划界的原则或方法主要有:(a) 等距离中间线方法;(b) 自然延伸原则;(c) 公平原则;(d) "协商原则";(e) 等比率方法等。从国际司法实践的发展来看,除1958年的沙特—巴林关于大陆架划界协定原则上采用中间线的方法,以及20世纪60年代中期北海地区的个别划界协议采用等距离中间线原则外,其他绝大多数协定或相关案例的判决、裁决都集中适用"公平原则"或以"公平解决"为目的的原则。1969年的"北海大陆架案"的判决,确认了"公平原则"是大陆架划界的指导原则,并对划界方法与划界一般原则之间作了区分,认定等距离只是划界的一种方法,而不是划界的习惯法规则。这对其后的海洋划界实践及《公约》有关条款的制定都产生了重大影响。此后的国际司法和仲裁实践进一步发展和完善了公平原则。同时,该案还阐明了自然延伸原则并被吸收、确立在《公约》第七十六条中,但从"英法大陆架仲裁案"的裁决来看,自然延伸原则也受到一定的限制。

（8）岛屿（islands）

岛屿是四面环水并在高潮时高于水面的自然形成的陆地区域。

① 岛屿制度。不能维持人类居住或其本身的经济生活的岩礁，只能拥有领海和毗连区，不应有专属经济区或大陆架。除此外，岛屿的领海、毗连区、专属经济区和大陆架应按照本《公约》适用于其他陆地领土的规定加以确定。另外，礁石在构成测算领海基线的基点上有重要意义。

② 岛屿的重要性。岛屿曾是国际海洋法中长期争论的一个问题。《公约》主要解决了岛屿是否能拥有领海的问题，但对岛屿在海域划界中的地位却未作任何规定。从各国的实践来看，岛屿的重要性由于其不同的地理位置、面积、人口等因素所产生的不同效力，对沿海国的海域划界、资源的享有、开发和利用以及环境保护等有不同程度的影响。

（9）闭海与半闭海 （enclosed and semi-enclosed seas）

"闭海或半闭海"是指两个或两个以上国家所环绕并由一个狭窄的出口连接到另一个海或洋，或全部或主要由两个或两个以上沿海国的领海和专属经济区构成的海湾、海盆或海域。

闭海或半闭海沿岸国的合作对区域乃至全球的海洋环境与资源的管理有重要影响，因此，《公约》第一二二条强调："闭海或半闭海沿岸国应尽力直接或通过适当区域组织：(a) 协调海洋生物资源的管理、养护、勘探和开发；(b) 协调行使和履行其在保护和保全海洋环境方面的权利和义务；(c) 协调其科学研究政策，并在适当情形下在该地区进行联合的科学研究方案……"

2. 国家管辖范围以外的海域

（1）公海（the high seas）

① 公海的概念。公海是指各国内水、领海、群岛水域和专属经济区以外不受任何国家主权支配和管辖的全部海域。《公约》本身并没有直接给出公海的定义，而是规定了公海（制度）的适用范围："本部分的规定适用于不包括在国家的专属经济区、领海或内水或群岛国的群岛水域内的全部海域。"公海的概念产生于16世纪，经过300多年的实践发展，到19世纪为国际社会所公认。在20世纪60年代以前相当长的时期内，领海以外即被认为是公海。1958年《公约》对"公海"给出了定义："公海"指不属于任何一国领海及内水的海洋的所有部分。对比1958年《公约》的这一传统定义可以清楚地看出，公海的范围已发生了重大变化。根据1982年《海洋法公约》的规定，随着专属经济区制度、群岛国群岛水域制度以及国际海底区域制度的建立，公海的范围相应地缩小了。

② 公海的法律地位。《公约》规定："任何国家不得有效地声称将公海的任何部分置于其主权之下。"公海不属于任何国家领土的组成部分，也不在任何国际法主体管辖之下，它属于国家管辖范围以外的海域，即是一种"国际水域"。它具有国际的性质，而不具有国家所有或占有的性质，它不与任何国家具有、建立、发生所属或所管辖或支配的关系。因此，任何国家或实体不得将其任何部分据为己有，不得对公海本身行使管辖权。这是公海法律地位的基础，也是公海不同于其他海域的本质特征。

③ 公海的法律制度。公海法律制度的核心和基础是公海自由，这是根据长期的国际

惯例形成的一项国际法原则,也是指导、调整所有公海活动的基本原则。《公约》第八十七条对公海自由作出的规定是:

公海对所有国家开放,不论其为沿海国或内陆国。公海自由是在本《公约》和其他国际法规则所规定的条件下行使的。公海自由对沿海国和内陆国而言,除其他外,包括:航行自由;飞越自由;铺设海底电缆和管道的自由,但受第六部分的限制;建造国际法所容许的人工岛屿和其他设施的自由,但受第六部分的限制;捕鱼自由,但受第二节规定条件的限制;科学研究自由,但受第六和第十三部分的限制。

这些自由应由所有国家行使,但须适当顾及其他国家行使公海自由的利益,并适当顾及本《公约》所规定的同"区域"内活动有关的权利。

按照《奥本海国际法》的观点,公海自由意味着"公海是所有国家共有的,任何国家不得声明将公海的任何部分置于其领土主权的支配之下。""公海不是任何国家的领土,任何国家通常就没有在公海的任何部分行使其立法、行政、管辖或警察的权利。因为公海永远不能属于任何国家的主权之下,任何国家就没有通过占领而取得公海的一部分的权利。"

公海自由最初仅指航行自由和捕鱼自由,这也是传统公海自由最基本和核心的内容。1958年《公海公约》规定了公海的"四大自由",即航行、捕鱼、铺设海底电缆和管道、飞越。1982年《公约》增加了建造人工岛屿和其他设施的自由和科学研究自由两项。但是,公海自由原则并不是绝对的、毫无制约的,而是相对的、有限制条件的。《公约》对各国行使公海自由的权利作了原则上的限制性规定。首先,公海应只用于和平目的,而不能用于战争或其他非和平的目的,这是对公海自由原则最重要的限制;其次,公海自由是在本《公约》和其他国际法规则所规定的条件下行使的。因此,任何国家如果无视或忽视《公约》或其他国际法规则的限制,滥用自由和权利,就会对公海自由原则构成威胁,将导致海洋秩序的混乱;第三,各国在行使公海自由时,须适当顾及其他国家行使公海自由的利益,并适当顾及同"区域"内活动有关的权利。只顾自己的自由而无视别国的和国际社会的权利和利益,甚至损人利己、以势压人都会导致对公海自由的破坏,危及他国和国际社会的权益,最终也将削弱、损害自己的权利。第四,需要注意的是,"六大自由"中,除对航行自由和飞越自由《公约》没有直接作出限制性规定外,对其他四项自由,在《公约》范围内都作出了限制性的规定。即便是传统公海自由中最重要的内容之一的捕鱼自由也随着科学技术、国际经济的发展和环境保护的日益加强受到越来越多的限制。总之,公海虽不是任何国家的领土,不在某一国法律管辖之下,但它是国际法的客体,在国际法有关规定的调整之中,公海并不是没有秩序的法律盲区。

④ 公海航行自由。这是公海自由中最主要的内容,作为《公约》规定的六项自由中的第一项,与紧随其后的其他三项一起,涉及到"向所有国家提供运输和通讯的手段中所起的主要作用的各个方面",构成公海航行制度的基础。所谓航行自由是指所有国家的各种船舶均有权在公海的任何部分自由航行,除受其本国的专属管辖外,其他国家不得加以支配、干涉和阻碍。《公约》规定:"每个国家,不论是沿海国或内陆国,均有权在公海上行使悬挂起旗帜的船舶。"这一规定的含义是:(a) 所有国家(不论是沿海国还是内陆国)的各种船舶(包括商船、军舰、政府船舶等各种航行器)在公海的任何部分均享有没有任何阻碍的航行自由;(b) 在公海上航行的各国船舶均有权按照规定的条件悬挂起旗帜;(c) 在公海

上航行的船舶,除受船旗国的管辖和国际法的限制外,不受其他国家的支配和管辖,也不承担交纳任何通行税的义务。

⑤ 公海捕鱼自由。公海捕鱼自由是指在国际法的限制下,任何国家或其国民都有权在公海上自由捕鱼,而不受其他国家的阻碍,即公海上的渔业对一切国家开放。《公约》规定:所有国家均有权由其国民在公海上捕鱼,但要受一定条件的限制。

捕鱼自由并非可以毫无限制的任意进行。伴随现代科学和捕鱼技术的日益发展,如果允许各国随意狂捕滥捞,将导致海洋渔业资源枯竭。为了保护公海生物资源,从19世纪80年代开始,国际间缔结了一些渔业协定来调整公海捕鱼业,如1882年的《北海渔业公约》、1911年的《北太平洋海豹保护办法公约》、1946年的《关于捕鲸管理办法》和1958年的《捕鱼与养护公海生物资源公约》。1982年的《公约》在规定了公海上的捕鱼权利的同时,规定了各国为其国民采取养护公海生物资源措施的义务、各国在养护和管理生物资源方面的合作、公海生物资源,特别是海洋哺乳动物的养护和管理等。

⑥ 公海的其他几项自由:

(a) 公海上空飞越自由。由于公海是自由的,因而公海上空也被理所当然地认为是自由的,国际法从理论到实践对此均无异议。公海上空飞越自由是指各国的航空器在公海上空均享有飞越的自由,除受国籍国管辖并遵守有关的国际规则外,任何国家对于这种自由不得加以限制或妨碍。目前,管理民用航空最主要的多边条约是《芝加哥国际民用航空公约》。

(b) 铺设海底电缆和管道的自由。铺设海底电缆和管道经一个多世纪的国际实践,已经为国际习惯法和国际公约确认为公海自由的一项原则。1884年缔结的《国际保护海底电缆公约》是至今仍然有效的重要的专门的国际协定。1958年的《公海公约》正式把"铺设海底电缆和管道的自由"确立为公海自由的一项原则,并作了相关的规定。1982年《公约》在此基础上作出了进一步的规定,主要内容是各国均有权在大陆架上和大陆架以外的公海海底铺设海底电缆和管道的权利。但此种权利的行使要受到相应义务的制约,诸如在他国大陆架上铺设海底电缆和管道应受到限制;在公海海底上铺设电缆和管道应承担义务;各国对制止破坏或损害海底电缆和管道应负责任。

(c) 建造国际法上允许的人工岛屿和其他设施的自由。《公约》确认各国均享有在公海上建造人工岛屿和其他设施的自由,同时也规定了若干原则和要求:首先,公海上人工岛屿和设施的建造必须是国际法所允许的;其次,公海上人工岛屿和设施不具有岛屿的地位和领土的性质,"它们没有自己的领海,其存在也不影响领海、专属经济区或大陆架界限的划定";第三,必要时可在人工岛屿和设施周围设置安全地带。

(d) 科学研究的自由。《公约》第八十七条赋予各国在公海上享有科学研究的自由和权利。但是,各国在行使这种自由时,应遵守《公约》有关海洋科学研究的各项规定。如果在别国专属经济区进行科学研究,则应遵守该国根据《公约》作出的有关规定。

⑦ 公海上的管辖。公海上的管辖主要涉及对在公海上的人和物的管辖,而不是对公海本身的管辖。按管辖权行使的方式主要分为船旗国管辖和普遍性管辖两种。在一般正常情况下,公海上的管辖以船旗国管辖为主。在实施船旗国管辖时,除遵循国际法一般规则,特别是国际海事组织制定的规则外,主要适用船旗国的国内法。在行使普遍管辖权时,

则应遵循国际公约和国际习惯法。普遍管辖的对象主要是:海盗行为、贩运奴隶行为、走私贩毒行为以及公海上的非法广播。军舰和政府船舶在公海上具有管辖豁免权。各国通过行使登临权和紧追权来实施在公海上的管辖。

（2）国际海底区域（international seabed area）

① 国际海底区域的概念。国际海底区域简称"区域",是指国家管辖范围以外的海床、洋底及其底土。换言之,它是指各国专属经济区和大陆架以外的深海洋底及底土。

20世纪中叶以前,人类在海底区域的活动仅限于铺设海底电缆和管道。60年代以后,随着科技发展,新的海洋资源的发现——特别是多金属结核矿藏的发现,人们开始越来越关注海底的状况。然而,由于技术和资金等条件的限制,只有少数大国有能力开发这些资源。为了避免它们对海底矿物资源的垄断,发展中国家向这些国家提出了国际海底区域的法律地位应不同于公海,应由国际社会进行控制和管理,以造福于全人类的主张。1967年马耳他常驻联合国大使帕多在联合国大会上提议把"区域"宣布为"人类共同继承财产"。此项建议产生了重大影响,后为《公约》所采纳并以此为基础确立了国际海底区域的法律地位。

② "区域"及其资源的法律地位。《公约》对此作出了明确规定:(a) 任何国家不应对"区域"的任何部分提出其拥有资源的主张或行使主权、或主权权利;任何国家或自然人或法人,也不应将"区域"或其资源的任何部分据为己有。任何这种主权和主权权利的主张或行使,或这种据为己有的行为,均应不予承认。(b)"区域"内资源的一切权利属于全人类,由管理局代表全人类行使。这种资源不得让渡,但从"区域"内回收的矿物,只可按照本部分和管理局的规则、章程和程序予以让渡。(c) 任何国家或自然人或法人,除按照本部分外,不应对"区域"矿物主张、取得或行使权利。

③ 公约第十一部分——"区域"的修改。因美国等西方国家对《联合国海洋法公约》关于国际海底区域及其资源开发制度十分不满,拒绝签署或批准公约。为了克服公约生效和实施的障碍,建立一个有普遍意义的国际海底资源开采的法律制度,发展中国家与西方发达国家经过耐心谈判,终于解决了公约第十一部分内容的调整问题。1994年7月28日联大通过了关于执行海洋法公约第十一部分的协定和决议。该决议指出,由于各种政治和经济上的变化,特别是对市场原则的依赖日增,使得有必要重新评价关于"区域"及其资源的制度的某些方面,并确认将"协定"视为《公约》第十一部分单一的法律文书而进行解释和适用。

上述协定对《公约》原先的第十一部分作出了广泛的修正,主要表现在以下方面:

(a) 对开发制度的根本修正。原先规定平行开发制应有一过渡时期,待积累了充足的资本和技术后,逐步全面推进单一开发制。协定删除了这一规定,实际上取消了"过渡期",也改变了对平行开发制通过审查会议予以监督和修改的规定。

(b) 撤消了海底开采矿物中镍的生产限度。

(c) 降低了对陆地矿物生产国的保护程度,但协定也规定了海底管理局费用的节余和自愿捐款,应用来设立补偿基金,支持受严重影响的陆地生产国。

(d) 大幅度紧缩缔约国的费用,协定除了强调节约开支外,原规定的企业部经费50%来自缔约国按联合国会费比例分摊的长期无息贷款,其余50%为缔约国按同样比例担保的借款被全部删除,改为按合作投资方式筹集经费,缔约国不承担企业部活动的任何财政义务。

(e) 明显减轻开采合同的财政负担。原规定海底采矿的先驱投资者登记后要缴100万美元固定年费,协定改为自商业生产开始时交纳。其数额由理事会另行决定。原规定勘探签约和开采签约时,当事人要分别交25万美元,协定改为只在签订开采合同时交25万美元。

(f) 设立财政委员会。为控制管理局的预算和开支,协定规定设立15人组成的财政委员会,其中发达国家代表占半数以上。

(g) 解除海底开采国的技术转让义务。原规定先驱投资者有义务向企业部和发展中国家转让技术,现协定删除了此条款,改为通过市场或合作投资合同以公正合理的商业条件转让技术。

(h) 改变了企业部的基本经营方式。这是最重要和最突出的一点。原规定企业部可以依靠特殊的优惠支持进行经营活动,协定改为企业部根据市场经济规则与其他先驱投资者在同样的竞争条件下开展经营活动。企业部的工作计划也以与国际海底管理局签订合同的形式执行。

这一系列的重大修改是发展中国家与发达国家之间妥协的产物,也是世界经济发展态势的现实反映。它使得一度处于停滞状况的国际海底资源开发制度恢复了活动,并促进了1982年《公约》的尽快生效和全面实施。值得注意的是,上述协定和决议虽然对《公约》第十一部分作了修改,但他们都未提及"修改"或"修正",而用"执行"这一特定词语,这样就避免了条约法上的一些问题。另外,协定修正的仅仅是《公约》的第十一部分,并未涉及公约的其他规定,这就不仅使《公约》具有了普遍性,也维护了《公约》的完整性。

3. 海洋环境的保护和保全 (protection and preservation of marine environment)

联 合国秘书长在2001年海洋与海洋法年度报告的开头部分引述了海洋污染科学问题专家联合组(GESAMP)的观点,他开门见山地指出:"世界海洋的状况正在恶化。绝大多数多年前认定的问题仍然没有解决,而且许多问题更加严重。"

国际社会尝试通过立法来保护海洋环境的努力可以追溯到20世纪初,但由于战争等种种原因,在20世纪50年代以前这些努力都未成功。国际上第一个防止海洋污染的公约是1954年在伦敦签署的《防止海洋石油污染公约》,它的签署标志着海洋环境保护国际立法的开始。一般认为,从1954年签署《防止海洋石油污染公约》到1972年"人类环境会议"之前的这一时期为国际海洋环境法的萌芽阶段;从1972年"人类环境会议"开始到1982年《联合国海洋法公约》签署之前的这一时期为国际海洋环境法的迅速发展阶段。

1972年斯德哥尔摩"人类环境会议"是国际环境保护发展史上的重大事件。会议通过了《人类环境宣言》和《人类环境行动计划》,前者为国际和各国国内环境立法及制定环境政策提供了方针及原则,后者不仅为国际社会环境保护应采取的具体行动提供了指南,而且为国际合作指出了方向,确定了环境保护应采取的步骤。两者虽然并不具有法律约束力,只具有"软法"的性质,却被认为是国际环境保护法发展的一个重要里程碑。海洋环境保护是这两个文件的重要主题之一(宣言第七条原则)。根据斯德哥尔摩"人类环境会议"

的建议而成立的联合国环境署,被赋予全球环境保护的规划、设计、组织及协调的职能,它为促进海洋环境保护的立法,特别是海洋环境保护区域协定的签订作出了重要的贡献,对推动国家、区域乃至全球海洋环境保护的合作产生了深远的影响。从1982年12月10日《联合国海洋法公约》的签署至1992年联合国环境与发展大会召开前夕为国际海洋环境法律体系建立的阶段;从1992年联合国环发大会的召开至今是国际海洋环境法实施与不断完善的阶段。

在国际海洋环境保护发展过程中,1972年的斯德哥尔摩人类环境会议、1982年的联合国第三次海洋法大会和1992年的里约热内卢联合国环境和发展大会先后发挥了重大影响,具有划时代的意义。这三次会议通过/制定的《人类环境宣言》、《联合国海洋法公约》、《21世纪议程》三个重要国际文件,指导、规范和影响着国际海洋环境立法的进程和方向,是国际海洋环境法发展的三个重要的里程碑。其中,《人类环境宣言》和《21世纪议程》虽不具有约束力,但它们作为举世公认的重要的国际"软法",不仅与《海洋法公约》的有关规定相一致,更与《海洋法公约》的贯彻实施密切相关。詹宁斯等人认为,"1982年《联合国海洋法公约》第十二部分第一节的一般规定实际上是将斯德哥尔摩的一般原则转变为有约束力的一般义务";而《21世纪议程》是一项面向21世纪的综合行动规划,涉及社会经济活动的所有部门,其中第一章至第十七章专门针对海洋,在《联合国海洋法公约》和联合国环境发展大会之间起桥梁作用,并将海洋开发纳入了整体开发战略。《21世纪议程》在第十七章导言中指出:"海洋环境(包括大洋和各种海洋以及邻接的沿海区)是一个整体,是全球生命支持系统的一个基本组成部分,也是一种有助于实现可持续发展的宝贵财富。"为实现可持续发展的总体目标,《21世纪议程》的每一章都确定了各自的主要方案领域和一些具体目标。海洋环境保护是第十七章七个主要方案领域之一,以实现其防止、减少和控制海洋环境退化,保持和加强其生命支持和生产能力为总体目标,《21世纪议程》的贯彻实施离不开《公约》建立起的法律框架和机制,而该方案领域又是实施《公约》有关海洋环境的保护和保全的指南,两者相辅相成、相得益彰。此后,通过其他重要国际环境公约的签订和生效,以及各国根据《公约》和联合国《21世纪议程》不断调整、制定国内的政策、法律,进一步发展、完善和强化了《公约》中关于海洋环境保护的有关规定。

1994年11月16日《联合国海洋法公约》正式生效,截止到2001年4月23日,已有135个国家批准或加入了《公约》。联合国也从1997年起每年开会审查海洋法议题。这一时期还签订了一系列与海洋有关的国际条约、公约,主要有《联合国气候变化框架公约》(1992)、《生物多样性公约》(1992)、《关于逐步停止工业废弃物的海上处置问题的决议》(1993)、《关于海上焚烧问题的决议》(1993)、《关于海上处置放射性废物的决议》(1993)、《联合国防止荒漠化公约》(1994)、《跨界鱼类种群和高度洄游鱼类种群的养护与管理协定》(1995)、《控制危险废物越境转移及其处置巴塞尔公约》修正案(1995)、《防止倾倒废物及其他物质污染海洋公约》的1996年议定书(1996)、《联合国气候变化框架公约》京都议定书(1997),等等。

在国际海洋环境法律体系中,《公约》为有关海洋环境的规定奠定了这一法律框架的基础。保护海洋环境是公约的重要主题之一。《公约》第一部分序言中规定的五个专用术语,全部与海洋环境和资源相关。如,"海洋环境污染"是指"人类直接或间接地把物质或能量引入海洋环境,其中包括河口湾,以致造成或可能造成损害生物资源、危害人类健康、妨碍包括捕鱼和海洋的其他正当用途在内的各种海洋活动、损坏海水使用质量和减损环境优美等有害影响。"关于海洋环境的专门规定集中在第十二部分中,共 11 节 46 条,占《公约》条文的 1/7,显示出海洋环境问题在《公约》中所占的突出位置。

在关于"海洋环境的保护和保全"一节中,首先作出一般规定:"各国有保护和保全海洋环境的义务",各国应采取一切符合本《公约》的"防止、减少和控制海洋环境污染的措施",这些措施应针对一切污染来源;随后是关于全球性和区域性合作,在保护海洋环境、防止海洋污染方面对发展中国家技术援助的义务,以及监测和环境评价等的规定。为了在国际、区域特别是国家各个层面上的有效贯彻、实施,《公约》对防止、减少和控制海洋环境污染的国际规则和国内立法规定了明确的要求,涉及陆源、国家管辖的海底活动造成的污染、"区域"内活动的污染、倾倒、船舶以及来自或通过大气层的污染等各种污染源。《公约》规定:"① 各国应制定法律和规章,以防止、减少和控制陆地来源,包括河流、河口湾、管道和排水口结构对海洋环境的污染,同时考虑到国际上议定的规则、标准和建议的办法及程序。② 各国应采取其他可能必要的措施,以防止、减少和控制这种污染。各国应尽力在适当的区域一级协调其在这方面的政策(第二○七条)。沿海国应制定法律和规章,以防止、减少和控制来自受其管辖的海底活动或与此活动有关的对海洋环境的污染以及来自依据第六十和第八十条在其管辖下的人工岛屿、设施和结构对海洋环境的污染…… 这种法律、规章和措施的效力应不低于国际规则、标准和建议的办法及程序"(第二○八条)。

《公约》的签订在海洋环境保护方面具有特别重要的意义。首先,它说明国际社会经 20 多年的不断探索、努力,对海洋污染、海洋环境已经有了更全面、更深刻的认识,在海洋环境立法上就一些重大事项达成了共识,表明国际社会对保护海洋环境与资源的空前重视程度;其次,《公约》在总结、借鉴 1982 年以前国际的和区域的各种保护海洋环境的协定的基础上,建立起全球海洋环境保护的法律体系框架,为各国的海洋环境立法提供了法律指南和依据。从此国际海洋环境保护的管理体制也纳入了法制的轨道;第三,《公约》的规定体现了国际海洋环境保护正在发生的本质的变化,即从单项的事后处理到综合的预防防治;从各国双边、多边合作到区域、分区域一直到全球整体合作。这种变化伴随着建立国际海洋新秩序的进程,到 80 年代呈现出更加强烈的势头,也反映了从这一时期开始的国际海洋环境法的综合性、整体性和合作性的突出特点。这一特点贯穿于《公约》的各个部分、各个领域、直到每一个具体条款,使《公约》的各部分之间不可分割,成为一个有机的整体。

综观国际海洋环境立法近 50 年的发展可以清楚地看到:随着科学和技术手段的发展,人类对海洋环境的整体性、有限性、不可逆性、隐显性及持续反应性等特性有了更深刻的认识,经历了一个由表面到内部、由局部到整体、由特殊到一般、从分析到综合的过程,伴随这一认识过程,国际海洋环境管理和立法也经历了从防止单一污染源到对各种污染源的综合治理;从一般号召和一般原则规定到明确、具体、系统性的规定;从单纯的防止污染到污染防治与保护生态,保护资源一体化;从国家间双边、多边或局限于某一特殊海域针对单一污染达成的协定到区域性、全球性的综合性合作协定;"软法"——国际会议的宣言、决议和"硬法"——《联合国海洋法公约》及相关条约相互关联、相互影响与促进的发展过程,反映了国际海洋环境法的综合性、整合性和合作性的突出特点。显而易见,调整内容的综合化和一体化、调整空间的区域化和全球化、调整机制的合作化是未来相当长的一个时期,国际海洋环境立法和实施(通过管理过程)也必然反映到国内海洋环境立法和管理上的一种总的发展趋势。这一大趋势为各国的海洋环境政策、法律的调整,为加强海洋与海洋环境综合管理提供了法律指南。

4. 海洋科学研究（marine scientific research）

海洋科学研究对人类正确认识、合理开发利用和管理海洋至关重要。"海洋科学和技术依然是理解像海洋—大气关系等许多复杂问题、推动管理者(做出)正确决策的前提"(联合国秘书长2001年《海洋与海洋法报告》)。"如果没有海洋生物研究,渔业和水产养殖业不可能发展,也不可能持续;海洋地质学是发现和利用近海及深海矿物的主要工具;包括海流、海浪及海气相互作用研究在内的物理海洋学,是进行天气预报、了解气候变化、保证航海安全的基础。所有海洋空间及其资源的利用皆依赖于海洋科学研究"(鲍基斯,《海洋管理与联合国》)。联合国早在上世纪80年代初期就认为"科学研究是成功地管理专属经济区和保护海洋环境的关键。"

海洋科学研究是解决密切相关的种种海洋问题所不可或缺的重要工具。但同时也应清醒地看到,就像所有的科学技术一样,海洋科学技术也是一把"双面的利刃",它既能造福于人类,也可能危及人类的生存环境,甚至人类自身。它既与沿海国的利益与发展休戚相关,也涉及内陆国乃至国际社会的整体利益和全人类的可持续发展与进步。其自身亦是海洋问题的一个组成部分,同样需要规范、引导和管理。

海洋科学研究的有关规定在《联合国海洋法公约》中占有重要位置,据统计,在其320个条款中,大约有100处或者说几乎有1/3均以种种方式涉及到海洋科学。《公约》的相关规定构筑了海洋科学研究的法律制度框架,为促进和进行全球、区域和国家间海洋科学研究的合作奠定了法律基础。海洋科学不仅具有普遍意义,而且更具特殊性和复杂性,对在专属经济区和大陆架中进行科学研究的管辖尤为突出地反映了这一特殊复杂性。

在传统海洋法中,"领海以外即公海",而公海自由的内容在20世纪70年代之前也仅限于"四大自由",即航行、捕鱼、铺设海底电缆和管道、飞越。第三次联合国海洋法会议之前,海洋科学研究并未提到重要的议事日程上来。"一般说来,海洋科学家总是在假设可以自由从事海洋研究的条件下进行的,虽然从来没有任何国际文件确认这种自由。""承认科学研究是公海自由之一;而且承认在领海以内以及在内水的科学研究,完全是有关国家本国法的事情,似乎就够了。"由此看来,在公海和领海中的海洋科学研究的法律地位在传统海洋法中是没有疑义的。然而,随着国际关系和科学技术的发展,特别是自第三次联合国海洋法会议以来,海洋科学研究在不同海域的法律规定日益重要而复杂。

(1) 1958 年《大陆架公约》

1958 年第一次联合国海洋法会议注意到海洋科学研究问题,但在日内瓦海洋法四公约中,只有《大陆架公约》的第五条对此直接作出了规定。"勘探大陆架和开发其自然资源不应使航行、捕鱼、海洋生物资源的养护受到任何不当的干涉,或使以公开发表为目的的基础海洋学或其他科学研究受到任何干涉"(第五条第1款)。"任何有关大陆架并在大陆架上进行的研究,均应取得沿海国的同意。但是,如果一个合格机构提出请求,对大陆架的物理或生物特征进行纯科学的研究,沿海国在通常情形下不应拒绝同意,但沿海国如果愿意,应有权参加或有代表参与这种研究,而在任何情况下,研究结果应予公布"(第五条第8款)。

《公约》的这两款规定,试图对在大陆架上进行的海洋科学研究区分为纯科学研究和纯科学以外的研究两大类。前者对沿海国规定了在通常情形下有"不应拒绝同意"的义务,但同时赋予沿海国相应的权利——"应有权参加或有代表参与这种研究",而对纯科学以外的研究,沿海国则可以拒绝同意。

《公约》在尝试对海洋科学研究做出规定的同时也遗留了一些问题,如对纯科学与非纯科学的界定和解释;"合格机构"、"通常情形"的认定和解释以及沿海国的"同意制度",等等。其中特别有争议的是第五条第8款的有关规定。一方面,它确立了沿海国的"同意制度"——"任何……研究,均应取得沿海国的同意。"另一方面,它又对这种"同意制度"加以限制——"但是,如果一个合格机构提出请求……进行纯科学的研究,沿海国在通常情形下不应拒绝同意……"

此类规定的解释和实施的困难之处在于由哪个权威机构或主管组织来界定纯科学与非纯科学的区别?如果沿海国和研究申请国出现分歧和争议,又由哪个机构依何种程序解决? 实质上,沿海国与进行研究国之间围绕"同意制度"产生的矛盾"集中体现在发展中国家与发达国家之间"。发展中国家坚持要从法律上严格禁止发达国家打着科学研究自由的旗号,对技术落后国家实行经济统治,要求严格实行《大陆架公约》确立的"同意制度"。而发达国家则不同意对海洋科学研究自由加以过多的限制,要求修改现行国际公约中的"同意制度"。进入20世纪70年代后,专属经济区概念的出现,使发展中沿海国家与发达国家在海洋科学研究问题上的矛盾更加尖锐、复杂,但要求实行更为严格的控制的趋势是很明显的。

(2) 1982 年《联合国海洋法公约》

与1958年《大陆架公约》的简短规定形成鲜明对照,《公约》第十三部分对海洋科学研究的规定达 6 节 28 条之多,而且在《公约》的其他部分还有相应的规定。

第十三部分的第一节是一般规定,包括进行海洋科学研究的一般原则,其原则之一是"专为和平目的而进行"。但人们将会发现对这一限制性的原则规定首先(或者说再次——对比1958年《大陆架公约》的情形)遇到的是如何解释/界定的问题。在一般规定下,《公约》还特别强调了研究活动"不应构成对海洋环境任何部分或其资源的任何权利主张的法律依据。"推进国际合作是《公约》的宗旨之一,并已成为当事国的一项国际义务。这方面的规定贯穿于公海生物资源的养护和管理、海洋环境保护、海洋技术的发展和转让等各个部分,对海洋科学研究部分亦不例外,国际合作的内容集中体现在第二节中。

在此基础上,第三节用十三条的篇幅对进行和促进海洋科学研究作了相当详细的规定,特别是关于领海内科学研究的规定,应该说没有任何疑义——作为沿海国行使主权的一部分——"领海内的海洋科学研究,应经沿海国明示同意并在沿海国规定的条件下,才可进行。"否则,外国船舶在领海内"进行研究或测量活动"首先即构成对无害通过制度的不遵守。在此不难看出:《公约》已将"测量活动"同"科学研究"区别开来,注意到这一点在实践中不无意义。

重要而困难之处是对专属经济区和大陆架上进行研究的规定。在这里,"同意制度"作为一个"历史遗留问题",再次为不同利益背景的当事国所关注并产生争议……联合国认为,《公约》第十三部分第三节所确立的"同意制度",代表了沿海国利益和研究国利益之间的一种妥协。这一妥协通过沿海国默许或默示同意以及沿海国在具体情况下拒绝同意或要求暂停或停止在其专属经济区和大陆架上正在进行的研究——(如果该研究不按照情报或义务所要求的去做)使这一权利反映出来。

基本的同意规定包含在第二四六条中:"沿海国在行使其管辖权时,有权按照本《公约》的有关条款,规定、准许和进行在其专属经济区内或大陆架上的海洋科学研究"。"在专属经济区内和大陆架上进行海洋科学研究,应经沿海国同意。"《公约》没有进一步指明以何种方式"同意"。但从规定的整体看,它既可以是"明示的",也可以是"默示的",与对在领海内的研究必须经"明示的同意"有明显的区别。但应注意,沿海国的这一权利不是绝对的,《公约》确实是在沿海国的权益和科学组织机构的权益之间寻找平衡(点),在"正常情形"和可以行使自由酌量权的情形间进行区别。《公约》强调"在正常情形下,沿海国应对……专为和平目的和为了增进关于海洋环境的科学知识以谋全人类利益的……海洋科学研究计划给予同意。为此目的,沿海国应制订规则和程序,确保不致不合理地推迟或拒绝给予同意。"这样,给予同意是作为规范而不是例外而确立的。不仅如此,"为适用第3款的目的,尽管沿海国和研究国之间没有外交关系,他们之间仍可存在正常情况"。在随后的第5款中,《公约》规定了在5种情形下沿海国可以"斟酌决定,拒不同意"。在不违反条件和例外限制的情况下,《公约》进一步规定,如果提出请求同意后6个月内,沿海国未给予答复的,可以认为是默示同意。在第二五二条的规定中,没有明确表示反对即被认为是默示同意。

在本节中,《公约》还专为国际组织进行的研究作出规定,如果沿海国在该组织内已经核准该计划,或与该组织订有双边协定,应视为沿海国同意该计划,除非在该计划通知该国后4个月内,该国表示了反对意见。在其他三节中,《公约》依次对海洋环境中科学研究设施或装备、责任以及争端的解决和临时措施作出了规定。

总的来看,《公约》比1958年《大陆架公约》在海洋科学研究方面的规定,无论从调整范围上还是规定内容的详细程度上,都有了很大发展。囊括了从领海、群岛水域、国际海峡、专属经济区和大陆架、公海和国际海底区域的各个海洋空间。特别是关于在专属经济区和大陆架上的海洋科学研究,围绕"同意制度"的规定更为具体,达7条之多。

然而,不应忘记,《公约》是(也只能是)一个综合性的一揽子交易。它在各个部分之间以及各部分诸条款之间就权利和义务构成了一系列相互制约的均衡和妥协。在海洋科学研究这一复杂的问题的规定上更是如此。因而,它们只能是不同利益相关者之间——尤其是对沿海国和研究国之间权利和义务平衡的结果。《公约》只能为规范海洋科学研究活动提供一个框架,而许多深层次的问题,如怎样界定和确保研究专为和平目的、研究与开发的关系以及《公约》没有涉及到的军事科研活动等问题,只能在《公约》的基础上,通过各国以及国际组织在实践中的个案进行双边或多边的协调和处理来加以解决。

5. 争端的解决（Settlement of dispute）

伴随人类认识和利用海洋能力的不断提高和增强，沿海国对海洋区域及其自然资源提出了更为广泛的新的权利主张。与此同时，各国勘探、开发、利用海洋的活动日益增加，这必然导致不同利益相关者之间更多、更复杂的冲突和围绕相互间权利和义务的争议。可以预见，各国之间、国家与国际组织乃至法人、自然人相互间产生的海洋争端将继续呈增长的趋势。从当代国际关系的发展看，现代海洋争端有以下几个突出的特点：首先，争端涉及的范围越来越广，除传统的渔业、航行方面的争端外，还涉及到国际海底区域自然资源的开发、公海生物资源的养护和利用以及防治海洋环境污染等各个领域的方方面面，尤其是围绕专属经济区和大陆架的划界及其资源的养护和利用的争端将显著增多。其次，海洋争端的性质更加复杂，常常包含有政治、法律、经济、军事、国家安全、外交、民族感情等多种因素。一项争端从表面上看是起因于对条约某一条款的解释或适用的分歧——法律层面，而更深层面则又隐含着政治和军事的内涵，或者实际上其归宿和根源则可能是由经济利益所驱使。多重因素共存于同一争端中，无疑将增加其复杂性和解决争端的难度。第三，海洋争端的当事方不再仅限于国家之间，或所谓的传统的国际法主体之间。一国的法人、自然人以及国际组织与国家之间或他们相互间的权益之争将日趋增多，这种主体资格不尽相同之间的特殊性质的争端在海上航行和海洋资源的开发利用领域（特别是将来国际海底区域资源的开发过程中）将会更加突出。而在传统国际法中，除了欧共体法院等一些区域性司法机关外，国际仲裁和法院都排斥个人和法人参与争端的解决程序，这不仅不利于争端的有效解决，还会妨碍各种海洋活动的开展。有鉴于此，《公约》建立了一整套全新的争端解决机制。关于争端解决的内容主要集中规定在第十五部分——"争端的解决"和四个附件（附件五：调解；附件六：国际海洋法法庭规约；附件七：仲裁；附件八：特别仲裁）中，第十一部分的第五节和第十三部分的第六节也分别对有关"区域"内活动的争端和对海洋科学研究的规定在解释或适用上的争端的解决作出了规定。

《公约》首先规定了各缔约国"用和平方法解决争端的义务"，特别强调"本《公约》的任何规定均不损害任何缔约国于任何时候用自行选择的任何和平方法解决它们之间有关本《公约》的解释或适用的争端的权利。"在程序的选择上，《公约》要求一国在签署、批准或加入本《公约》时，或在其后任何时间，应有自由用书面声明的方式选择下列一个或一个以上方法，以解决有关本《公约》的解释或适用的争端：① 按照附件六设立的国际海洋法法庭；② 国际法院；③ 按照附件七组成的仲裁法庭；④ 按照附件八组成的特别仲裁法庭。

据此可以认为，《公约》的争端解决机制由以上四部分组成，它们分别适用于不同的争议：

（1）海洋法法庭海底争端分庭解决由海底开发行政管理引起的争端

对缔约国之间关于第十一部分——"区域"的解释和适用的争端、管理局和缔约国任何一方作为或不作为的争端、开发协议任何一方对有关协议或工作计划的解释和适用的争端或者作为/不作为的争端，海洋法法庭海底争端分庭有管辖权。但其管辖权严格限制在由管理局排他控制的"区域"资源开发争议的范围内，不能取代管理局在经营开发方面的决定权。

（2）国际法院解决对《公约》总原则方面的争议

国际法院作为联合国解决国家之间争议的主要司法机构,在解决各国对公约法律性质的争议方面发挥着重要的作用。《公约》作为第一部海洋宪章,对其重要原则的任何有关解释或适用上的争议,都由国际法院来裁决。

（3）根据第十五部分——"争端的解决"和附件三的规定,缔约国和缔约国以外的实体——管理局、各国的自然人和法人都可适用仲裁程序

仲裁适用的争端包括关于《公约》的解释或适用的争端以及按照与《公约》目的有关的国际协定提出的有关该协定的解释和适用的任何争端。根据《公约》的规定,仲裁适用的关于沿海国行使《公约》规定的主权权利或管辖权而发生的对《公约》解释或适用的争端仅限于:① 关于沿海国被指控违反《公约》关于专属经济区航行、飞越或铺设海底电缆和管道的自由和权利的规定的争端;② 关于外国在沿海国专属经济区的活动违反《公约》或其他有关法律或规章的争端;③ 关于沿海国被指控违反《公约》关于保护海洋环境的规定或有关的国际规则和标准的争端。

仲裁不适用于下列关于《公约》解释和适用的争端:① 强制调解适用的争端;② 缔约国作出书面声明的关于军事活动的争端以及联合国安理会正在审理的争端,不接受《公约》规定的导致有约束力裁判的强制程序。

（4）特别仲裁适用沿岸国对专属经济区渔业、海洋科学研究和污染实施管辖权引起的争端

围绕专属经济区关于渔业方面的规定,如第六十二条和第六十三条;关于海洋科学研究方面的第二四六条、第二四八条、第二五二条、第二五三条;第十二部分特别是第六节、第七节关于对各种污染源及不同国家之间管辖方面的争议等,适用于特别仲裁。附件八规定:在第十五部分的限制下,关于本《公约》中有关① 渔业、② 保护和保全环境、③ 海洋科学研究和④ 航行,包括来自船只和倾倒造成的污染的条文在解释或适用上的争端……将该争端提交本附件所规定的特别仲裁程序。此外,根据《公约》第二九七条、第二九八条的规定,争端各方未能通过特别仲裁程序解决此类争端时,可适用强制调解程序。

简而言之,《公约》设立的争端解决机制包括了这样三个层面:① 由争端各方首先通过谈判或自行选择和平的解决方法;② 双方可协议将争端提交调解程序,调解程序又可分为普通调解程序和针对某些特定的涉及主权的重大海洋争端的强制性调解程序;③ 若仍不能达成解决协议,经争端一方请求可将其提交《公约》所规定的其他程序予以解决。

第二节　中国的海洋立法

一、中国海洋立法的历史发展

中国作为一个文明古国,有久远的开发、利用海洋的历史,但由于地域环境、社会政治制度、经济发展水平以及传统文化等因素的综合影响,历史上中国在海洋的认识、利用和管理过程中与西方沿海国家有很大差异。中国在利用海洋方面曾有过辉煌的记录,如明代航海家郑和率领规模庞大的远洋船队于1405~1433 年 7 次往返于太平洋和印度洋之间。

但由于在 2000 多年的时间里历代封建统治者一直坚持"重农抑商"的政策,到清朝初期,由于东南沿海反清斗争频繁发生,清朝统治者进一步实行"海禁政策",并将这一政策发展成"闭关锁国"。加之长期与之相适应的农耕方式,自上而下形成了浓厚的大陆观念,削弱了中国与海洋的天然联系,阻碍了海洋事业和中国社会的发展。

中国近代史上较早的海洋立法实践,是 1864 年为了处置侵入中国内海的丹麦船而与普鲁士签订了一项条约,将渤海作为内海的一部分宣布了对其的权利主张。1875 年李鸿章在答复日本方面的抗议时,代表清政府声明沿岸 10 里(约 3 海里)以内是中国的领海。进入 20 世纪,1930 年的海牙国际法编纂会议上,当时的中国政府与其他 19 国一道主张领海宽度为 3 海里。1934 年 6 月中国政府为了执行海关法,宣布对 12 海里海域实行管辖。中华人民共和国成立后,从 50 年代开始,中国陆续颁布实施了一系列涉及海洋的法律、法规、规章和条例。中国的海洋立法首先开始于海上交通运输、渔业资源和管理领域。例如《中华人民共和国海港管理暂行条例》(1954 年)、《中华人民共和国国务院关于渤海、黄海及东海机轮拖网渔业禁渔区的命令》(1955 年)。1958 年发布《中华人民共和国关于领海的声明》,宣布中国的领海宽度为 12 海里,领海基线采用直线基线,初步建立了中国的领海制度。1961 年交通部、对外贸易部、公安部和卫生部发布的《进出口船舶联合检查通则》、《外国籍非军用船舶通过琼州海峡管理规则》(1964 年),等等。

我国恢复在联合国的合法席位后,1972 年 3 月派代表参加了联合国海底委员会,于 1973 年加入"国际海事组织"。同年,开始出席了"联合国海洋法会议"的各期会议,积极参与国际海洋立法活动。自 1978 年实施改革开放政策以来,特别是从 80 年代初,除继续在渔业资源和海上交通领域的立法外,开始了在海洋领域和各相关涉海领域的大规模立法活动,涉及海洋综合立法、海洋环境保护、矿产资源、海洋科学研究、文物保护等方面。

二、海洋管理法律制度

海洋立法是我国法制建设的组成部分,在国家实施可持续发展战略过程中具有重要的规范、调整和保障作用。从法律体系的构成来看,一国的海洋立法在国家层面上一般可分为:海洋基本法;综合性管理法律、法规;区域性管理法规;单项或专项性的行业法规以及相关的管理条例、管理办法等几个层次。从我国的海洋立法的现状看,尽管自 20 世纪 90 年代起,我国逐步开始了同《公约》的接轨,以维护和行使国家主权为核心内容的海洋基本法的立法活动,但在系统性、协调性及适用性等方面同国际上还有较大差距。针对我国海洋管理中产生的突出问题,借鉴国外海洋国家的成功经验,我国应加紧制定跨部门、跨行业、跨地区的综合管理和区域管理法律、法规。迄今为止,我国的海洋管理法律制度主要规定在不同部门的行业规章、条例中。

1. 综合性海洋立法

综合性海洋立法仍是我国海洋立法的薄弱环节。目前,主要有全国人民代表大会常务委员会《关于批准〈联合国海洋法公约〉的决定》(1996.05.15)、《中华人民共和国政府关于中华人民共和国领海基线的声明》(1996.05.15)、《中华人民共和国领海及毗连区法》(1992.02.25)、《中华人民共和国专属经济区和大陆架法》(1998.06.26)、《中华人民共和国海洋环境保护法》(1982年制定,1999年12月25日修订)和《中华人民共和国海域使用管理法》(2001.10.27)。

全国人大常委会作出的《关于批准〈联合国海洋法公约〉的决定》使得该《公约》经法定的程序适用于我国,国家及各级政府、法人及自然人都应认真履行《公约》赋予的权利和义务,如我国其他国内法律、法规与此相抵触时,根据国家有关法律的规定应优先适用国际法——《公约》。上述决定通过的同时,还发表了四点声明,其中的第三、第四点分别重申了对1992年2月颁布的《中华人民共和国领海及毗连区法》第二条所列各群岛及岛屿的主权,以及《公约》有关领海内无害通过的规定,不妨碍沿海国按其法律规章要求外国军舰通过领海必须事先经过该国许可或通知该国的权利的原则立场。这一决定的重要意义在于,《公约》为我国进一步建立、健全有关海洋方面的法律制度提供了直接的法律指南和框架。据有关方面的统计,分布在领海、毗连区、专属经济区、大陆架及国际海底区域等大约有20项相关的法律制度有待建立。在全国人大常委会批准《公约》的同时,我国政府发布了关于"领海基线的声明",宣布了大陆领海的部分基线和西沙群岛的领海基线。

《中华人民共和国领海及毗连区法》确立了国家拥有领海、管理和使用领海、毗连区的基本法律制度和一些原则性的规定。该法共十七条,主要规定包括:我国采用领海直线基线制度;我国领海和毗连区的宽度分别为自领海基线量起的12海里和24海里;重申我国的陆地领土包括大陆及其沿海岛屿、台湾及其包括钓鱼岛在内的附属各岛、澎湖列岛、东沙、西沙、中沙、南沙群岛以及其他属于中国的岛屿;外国非军用船舶享有在我国领海内的无害通过权,外国军用船舶进入我国领海须经我国政府批准;对外国核动力船舶和载运核物质、有毒或其他危险物质的船舶通过的规定;有关指定航道或分道通航制的航行的规定;在我国领海内进行科学研究、作业及其他活动,须经我国政府或有关主管部门批准;外国航空器进入我国须经协议或批准的规定;在毗连区行使管制权和外国船舶在我国内水、领海或毗连区违反我国法律、法规时,对该外国船舶实施紧追权等规定。

根据《联合国海洋法公约》赋予沿海国的权利,《中华人民共和国专属经济区和大陆架法》确立了我国专属经济区和大陆架法律制度的基础和原则。该法共16条,主要规定有:我国的专属经济区为我国领海以外并邻接领海的区域,从测算领海宽度的基线量起延至200海里;大陆架为我国领海以外依我国陆地领土的全部自然延伸,扩展到大陆边外缘的海底区域的海床和底土;如果从测算领海宽度的基线量起至大陆边外缘的距离不足200海里,则扩展至200海里;我国与海岸相邻或相向国家关于专属经济区和大陆架的主张重叠的,在国际法的基础上按照公平原则以协议划定界限;我国在专属经济区为勘探、开发、养护和管理海床上浮水域、海床及其底土的自然资源,以及进行其他经济性活动行使主权权利;对专属经济区和大陆架的人工岛屿、设施和结构的建造、使用和海洋科学研究、海洋环境保护和保全,行使管辖权;为勘探和开发大陆架的自然资源,对大陆架行使主权权利;我国拥有授权和管理为一切目的在大陆架上进行钻探的专属权利;任何国际组织、外国的组织或者个人进入我国专属经济区从事渔业活动,须经我国批准并遵守我国的法律、法规及相关的条约、协定;对生物资源特别是跨界种群、高度洄游鱼种、海洋哺乳动物、源自我国河流的溯河产卵种群、在我国水域内度过大部分生命周期的降河产卵种群的养护和管理;我国对源自本国河流的溯河产卵种群享有主要利益;我国在专属经济区和大陆架有专属权利建造并授权和管理建造、操作和使用人工岛屿、设施和结构;对专属经济区和大陆架的人工岛屿、设施和结构行使专属管辖权,包括有关海关、财政、卫生、安全和出入境的法律和法规方面的管辖权。关于国际组织、外国的组织或者个人在我国专属经济区和大陆架进行海洋科学研究须经批准的制度;保护和保全专属经济区和大陆架的海洋环境的规定;任何国家在遵守国际法和我国法律、法规的前提下,在专属经济区享有航行、飞越的自由,在专属经济区和大陆架享有铺设海底电缆和管道的自由;但铺设海底电缆和管道的路线,必须经我国同意;对违反我国法律、法规的行为可以采取的登临、检查、逮捕、拘留和进行司法程序的必要措施以及行使紧追权的规定等。

我国自 1993 年实施《国家海域使用管理暂行规定》以来,通过多年的不断探索和对实践经验的总结,在借鉴世界沿海国家特别是美国、加拿大、韩国相关立法经验的基础上,正式颁布了《中华人民共和国海域使用管理法》(以下简称《海域使用管理法》)。这是我国第一部综合性海洋管理法律,它的制定和实施,对于解决海域开发、使用中的“无序、无度、无偿”问题,遏制海洋资源的破坏,改善海洋生态环境,建立科学的海洋综合管理体制,维护国家的海域所有权,保障海域使用权人的合法权益,促进海域的合理开发和可持续利用具有重要的现实意义。

《海域使用管理法》共八章 54 条,在我国现行法律中首次明确规定了海域的所有权属于国家,同时它还注重保护海域使用人的合法权益。该法的核心是建立了我国的海域权属——包括海域所有权和海域使用权两部分在内的管理制度。其主要制度和内容包括:① 国家实行海洋功能区划制度。海域使用必须符合海洋功能区划(总则 第四条)。这项制度主要规定了海域使用审批应遵守的原则,即审批海域使用首先必须符合功能区划,要严格管理填海、围海等改变海域自然属性的用海活动。贯彻、实施这一制度的要求体现在第二章“海洋功能区划”的具体规定中。② 国家建立海域使用权登记制度和海域使用统计制度(第六条)。这两项制度还需要进一步通过能力建设和制定相匹配的实施方法、措施来具体规范。③ 国家建立海域使用管理信息系统,对海域使用状况实施监视、监测。随着科学的不断发展和法制的日益完善,它们已成为国家对海域实施科学、规范管理不可缺少的重要管理手段。④ 关于监督管理体制的规定。“国务院海洋行政主管部门负责全国海域使用的监督管理。沿海县级以上地方人民政府海洋行政主管部门根据授权,负责本行政区毗邻海域使用的监督管理。渔业行政主管部门依照《中华人民共和国渔业法》对海洋渔业实施监督管理。海事管理机构依照《中华人民共和国海上交通安全法》对海上安全实施监督管理”(第七条)。这一规定确立了我国海域使用的管理体制是中央统一管理。这一管理体制与我国的单一制政体相符合,它不同于美国、澳大利亚等联邦制国家对海洋的管理,这些国家从测算领海基线量起的 3 海里归州政府管理。从法律调整的范围看,该法调整的海域是指我国的内水、领海的水面、水体、海床和底土。据此,不管内水还是领海,统一由中央政府管理。但由于我国海域辽阔,各地的具体情况不尽相同,考虑到这些因素,为了调动地方的积极性,法律规定了由中央政府根据情况授权地方管理的中央统一管理与授权地方管理相结合的方式。在此基础上,该条还进一步明确了渔业、交通等行业管理部门应分别依照相关法律,负责与本行业相关的监督、管理工作。⑤ 公众参与及奖励的规定。⑥ 海域使用的申请与审批制度及海域使用论证制度。这项制度是海域权属统一管理和科学审批的一个重要保证。⑦ 海域使用权的具体规定。这是该法立法的宗旨之一——维护海域使用人的合法权益的贯彻和体现。这部分规定主要涉及海域使用权可通过申请并经依法批准后取得，也可通过招标或拍卖的方式取得；颁发海域使用权证书的公告制度；对养殖用海的遗留问题的处理规定；海域使用权可以依法转让、依法继承等。⑧ 国家实行海域有偿使用制度。建立海域有偿使用制度是海域使用管理立法的基本任务之一。海域权属管理制度从法律上确认保护国家海域使用权，同时通过使用权和所有权分离的形式来达到公有海域资产的有效实现的目的。这一制度通过缴纳海域使用金的方法来实施。"单位和个人使用海域，应当按照国务院的规定缴纳海域使用金"（第三十三条）。此外，该法还对监督检查、法律责任和 3 个月以下的临时用海作出了规定。

2. 海洋环境管理法律、法规及其管理制度

我国的海洋环境保护工作开始于20 世纪70 年代。1982 年通过的《中华人民共和国海洋环境保护法》(以下简称《海洋环境保护法》)是我国保护海洋环境的基本法律，对防止因海岸工程建设、海洋石油勘探开发、船舶航行、陆源污染物排放而损害海洋环境等作了法律规定，标志着我国海洋环境保护工作开始步入法制轨道，对促进沿海经济建设，推动海洋环境保护起到了积极的作用。为实施《海洋环境保护法》，国务院从1983 年至1990 年先后制定发布了《中华人民共和国防止船舶污染海域管理条例》、《中华人民共和国海洋石油勘探开发环境保护管理条例》、《中华人民共和国海洋倾废管理条例》、《防止拆船污染环境管理条例》、《中华人民共和国防治陆源污染物污染损害海洋环境管理条例》、《中华人民共和国防治海岸工程建设项目污染损害海洋环境管理条例》等 6 个管理条例。依照法律规定，行使海洋环境监督管理权的国务院有关部门，为进一步贯彻、实施《海洋环境保护法》及与其相配套的管理条例，制定发布了一批行政规章。例如，《中华人民共和国海洋石油勘探开发环境保护管理条例实施办法》、《中华人民共和国海洋倾废管理条例实施办法》、《海上监视应急管理办法》、《海洋自然保护区管理办法》、《交通部港口油区安全生产管理规定》、《港口危险货物管理暂行规定》、《油船安全生产管理规则》、《交通部关于船舶污染事故处罚程序的规定》、《关于加强渔港水域环境保护工作的规定》、《海洋石油勘探开发溢油应急计划编报和审批程序》、《海洋倾倒区选划与监测指南》，等等。有关部门为实施国家海洋环境保护法和行政法规，颁布了一批海洋环境标准，例如《海水水质标准》、《渔业水质标准》、《污水综合排放标准》、《船舶污染物排放标准》、《海洋石油开发工业含油污水排放标准》，等等。与此同时，为适应国内外海洋环境保护的发展和需要，贯彻、实施联合国大会的有关决议，国家陆续制定、出台了多项环境政策，以指导、配合、推动海洋环境保护法律、法规的进一步实施。其中重要的有《国务院关于环境保护工作的决定》、《环境保护技术政策要点》、《中国自然保护纲要》、《国务院关于进一步加强环境保护的决定》、《中国环境与发展十大对策》、《中国21 世纪议程——中国21 世纪人口、环境与发展白皮书》、《中国生物多样性保护行动计划》、《中国跨世纪绿色工程规划》、《中国海洋21 世纪议程》、《中国环境保护白皮书》、《国务院关于环境保护若干问题的决定》、《国家环境保护"九五"计划和2010 年远景目标》，等等。

在我国海洋环境立法发展进程中，1996 年 5 月 15 日全国人大常委会批准《联合国海

洋法公约》具有特别重要的意义,它标志着我国开始在包括海洋环境保护领域在内与国际海洋法体系的接轨,在《公约》体系框架内,制定、实施国内法,履行我国承担的国际义务。此外,到1999年上半年,我国已缔结或签署多边国际环境公约、议定书50多项,双边协定25项,非法律性文件近30项。

近20年来随着海洋环境保护事业的发展,海洋环境保护法律、法规不断修改、补充,逐步趋于完善。1999年12月25日,第九届全国人大常委会第十三次会议修订了《中华人民共和国海洋环境保护法》(以下简称《海洋环境保护法》),于2000年4月1日起施行。它的修改实施标志着我国海洋环境法制建设和海洋环境管理进入了一个新的发展时期,也标志着一个以《中华人民共和国环境保护法》为基础,以《海洋环境保护法》为主体,以相关的行政法规、地方性法规、规章和标准为补充,与国际公约、协定相协调一致的海洋环境保护法律体系已经建立。

《海洋环境保护法》既是我国海洋环境保护的基本法又是一部专门法,它对海洋环境、海洋生态和海洋资源的保护和管理具有全局性的重要意义。本法的立法宗旨是"保护和改善海洋环境,保护海洋资源,防治污染损害,维护生态平衡,保障人体健康,促进经济和社会的可持续发展"(第一条)。其中促进经济和社会的可持续发展是立法目的中的总目标,是我国在海洋环境领域实施联合国《21世纪议程》和《中国海洋21世纪议程》可持续发展战略的法律体现和保障,也是新法对原法的纵深发展。在适用范围上,采取与《公约》一致的表述,即"适用于中华人民共和国内水、领海、毗连区、专属经济区、大陆架以及中华人民共和国管辖的其他海域。"新法还将过去几项行之有效的重要管理制度上升为法律制度,规定国家建立并实施排污总量控制制度;对严重污染海洋环境的落后生产工艺和落后设备实行淘汰制度;定期评价海洋环境质量,发布海洋巡航监视公报制度;建立船舶油污保险、油污损害赔偿基金制度,等等。

海洋环境保护管理体制是新法所要解决的核心问题之一。因此,在第一章总则和第二章中明确规定了各有关管理部门的管理职责、管理手段和管理机制。在海洋生态方面,新法贯彻了"污染控制与生态保护并举"的方针,对海洋生态环境保护作了重点补充和修改,专门对"海洋生态保护"作出规定。顺应国际海洋环境立法和海洋环境管理的发展趋势,根据国内海洋环境管理的实际需要,新法特别增加了跨区域、跨部门协调、合作的内容。跨区域的海洋环境保护工作,由有关沿海地方人民政府协商解决,或者由上级人民政府协商解决。跨部门的重大海洋环境保护工作,由国务院环境保护行政主管部门协调;协调未能解决的,由国务院作出决定。新法还规定了海上联合执法的内容。此外,新法在一定程度上增加并加强了海洋行政主管部门的职责和权限。

海洋环境管理的具体法律制度主要体现在各个单行条例中。

《海洋石油勘探开发环境保护管理条例》(1983年)中规定的制度有:环境影响评价制度;防污染设备配备制度;对废弃物管理制度;渔业资源保护制度;油污染事故预防制度;化学消油剂控制使用制度;油污染事故应急制度;现场检查制度。

《海洋倾废管理条例》(1985年)中规定的制度有:海洋倾倒许可证制度;装载废弃物核实制度;监视检查制度;倾倒报告制度。

《防止船舶污染海域管理条例》(1983年)中规定的主要法律制度有:防污设备设置制

度;防污文书配备制度;含油污水排放制度;船舶含有毒、腐蚀性物质的洗舱水的排放制度;核动力船舶和载运放射性物质船舶放射性物质的排放制度;来自有疫情港口船舶压舱水卫生处理制度;船舶垃圾处理制度;船舶油类作业安全制度;船舶装运危险货物安全制度;船舶倾废管理制度;船舶污染事故报告处理制度;船舶重大污染事故损害事故处置制度。

《防止海岸工程建设项目污染损害海洋环境管理条例》(1990年)中规定的法律制度主要有3项:环境影响评价制度;"三同时"制度;现场检查制度。

《防止陆源污染物污染损害海洋环境管理条例》(1990年)主要包括5项制度:排污申报登记制度;排污收费制度;限期治理制度;现场检查制度;污染事故报告制度。

其他重要的海洋环境管理单行条例还有:《中华人民共和国水生野生动物保护实施条例》(1993年);《自然保护区条例》(1994年);《海洋自然保护区管理办法》(1995年);《中华人民共和国大气污染法》(1995年);等等。

3. 海洋资源、海上交通管理等方面的法律、法规

海洋资源方面的法律、法规主要有:《中华人民共和国渔业法》(2000年10月31日修订)及其实施细则《中华人民共和国对外合作开采海洋石油资源条例》(1982);《中华人民共和国矿产资源法》(1996年8月29日修正);《水产资源繁殖保护条例》(1979);《渔业资源增殖保护费征收保护办法》(1988);《渔业行政处罚规定》(1998)。

海上交通管理等方面的法律、法规主要有:《中华人民共和国对外籍船舶管理规则》(1979);《中华人民共和国海上交通安全法》(1983);《航道管理条例》(1987);《中华人民共和国海上交通事故调查处理条例》(1990);《中华人民共和国海上航行警告和航行通告管理规定》(1992);《中华人民共和国海商法》(1992);《中华人民共和国海事诉讼特别程序法》(1999);《中华人民共和国船舶和海上设施检验条例》(1993);《国防交通条例》(1995);《国际航行船舶进出中华人民共和国口岸检查办法》(1995);《中华人民共和国航标条例》(1995)。

其他与海洋管理有关的法律、法规主要有:《中华人民共和国水下文物保护管理条例》(1989);《中外合作打捞水下文物保护管理条例》;《关于外商参与打捞中国沿海水域沉船沉物管理办法》(1992);《中华人民共和国测绘法》(1992);《中华人民共和国涉外海洋科学研究管理规定》(1996);《中华人民共和国海关法》(1987);《铺设海底电缆管道管理规定》(1989);等等。

参考文献

1. 联合国海洋法公约（汉英）. 北京:海洋出版社,1996
2. Ocean and Sea Law Report. General Assembly,UN March,2001
3. 联合国新闻部. 联合国海洋法公约 评价.北京:海洋出版社,1986
4. 詹宁斯,瓦茨. 奥本海国际法(第一卷第二分册). 北京:中国大百科全书出版社,1995

5. 曹建明,周洪钧,王虎华,等. 国际公法学. 北京:法律出版社,1998

6. 魏　敏. 海洋法. 北京:法律出版社,1986

7. 鹿守本. 海洋管理通论. 北京:海洋出版社,1997

8. 李国庆,等. 中国海洋综合管理研究. 北京:海洋出版社,1998

9. 国家海洋局海域管理司. 国外海洋管理法规选编. 北京:海洋出版社,2001

10. 国家海洋局. 中华人民共和国海洋法规汇编. 北京:海洋出版社,2001

11. D. P. O'Connell. The International Law of the Sea,I & II. Clarendon Press,
　　 1983

12. 欧阳鑫,窦玉珍,等. 国际海洋环境保护法. 北京:海洋出版社,1994

第三章　海洋权益

第一节　海洋权益概述

一、海洋权益的概念

对海洋权益的概念,国内的专家、学者已有一些论述(这方面的专著如鹿守本的《海洋管理通论》、李国庆等编著的《中国海洋综合管理研究》等),其共同点之一是注意或强调国家作为海洋权利和利益的主体。从国内外海洋使用和管理的现实及发展趋势看,适时地对这一重要问题进行更广泛、客观而深入的探讨具有理论意义和实用价值。海洋权益应该是指各法律关系主体关于海洋方面的权利和利益,即不同法律关系主体在从事海洋科研、开发、管理、使用和保护等各种活动中所拥有的合法权利和利益。权利是法律赋予法律主体享有的以国家强制力为保障的某种权益,表现为有权做出一定行为和要求他人做出相应行为的权能。权利和利益都是法律主体依法享有的待遇,严格来说,权利是权益的部分内容,权益的外延较大,权利则规定的更为明确具体,是权益的主要内容。

二、海洋权益的相关主体

主权国家是当今国际社会组成的主要的和基本的实体单位。因此,国家特别是沿海国家首先是海洋权益的当然主体。就国家的海洋权益而言,它包括对内(国内的)和对外(国际的)两方面,涉及在内海、领海、毗连区、专属经济区、大陆架、国际海底区域等不同海域的军事利益——海上国家安全、海洋环境权益、海上航运与海洋资源权益(特别是渔业,包括近海和远洋,海上油气及海底矿物)、海洋科学研究权益、参与国际合作的权益以及为维护国家及我国公民合法权益,通过国际政治方式或法律机制解决争端的权利。国家在行使对内职能时,更多的是根据公民(在我国具体是通过人民代表大会)的授权,由政府或其职能部门代表国家、行使国家的权力来维护国家全局性的、最高的和根本的海洋利益,并把这一意义上的海洋权益作为国家关于海洋事务决策及实施所追求的可持续发展战略的终极目标。在某些特殊情况下,国家也可以作为平等法律关系主体中的一方——如在民商法律关系中,在参与海洋事务相关的经济或民事活动中,履行其权利和义务,维护其合法利益。相比之下,国家在行使对外职能时(在目前看这是国家在处理、调整其海洋事务,维护其海洋权益更为重要的一面),除在内海和领海海域内行使的主权、在专属经济区和大陆架为经济和资源的目的行使的主权权利外和环境保护等方面的管辖权外,更多的则是根据国际海洋法所赋予的权利。作为国际社会的成员之一,平等地参与国际海洋事务,在维护本国的合法利益的同时,兼顾国际社会的整体利益。

毋庸置疑,国家是海洋权益的主要主体,但从海洋权益的内涵和外延看,享有海洋权益的法律关系主体显然不仅限于国家,在国际层面上还有国际组织,如联合国及其所属的组织——管理大洋矿产资源的国际海底管理局。根据《联合国海洋法公约》(以下简称《公约》)的有关规定,对"区域"内资源的一切权利属于全人类,由管理局代表全人类行使。其中也包括我们国家和公民在该区域的权益。又如,关于海洋科学研究,《公约》专门规定了国际组织进行或主持海洋科学研究计划的权利(第二四七条)。在这里,该国际组织与作为其成员或与其有协议关系的沿海国一道,同是在进行海洋科学研究中形成的法律关系的主体。

在国家层面上,法人和自然人在一般条件或正常情况下,也是海洋权益的法律关系主体。根据《公约》的有关规定,他们甚至在一定条件下,在国际层面上也可以直接享有权利并承担义务。如前文所述的关于"区域"内资源的勘探和开发制度规定的"'区域'内活动应依第3款的规定:(a)由企业部进行;(b)由缔约国或国营企业、或在缔约国担保下的具有缔约国国籍或由这类国家或其国民有效控制的自然人或法人、或符合本部分和附件三规定的条件的上述各方的任何组合,与管理局以协作方式进行。"其合法的海洋权益亦不能被忽视或轻视。然而,在现实中这一问题无论在理论上还是实践中尚未从根本上引起重视。从中国的法律传统来看,"因为法家的法律概念与罗马的法律概念相比,有着较大的缺陷……中国很少甚至没有发展出民法保护公民,法律大部分是行政性的和刑事的……"(高道蕴等,《美国学者论中国法律传统》第4页)。中国学者也注意到"中国人与海洋的关系在主导方面始终是政治关系而非经济关系"(《海洋中国:文明重心东移与国家利益空间》第40页)。

在我国现行的海洋法律体系中,渔业立法就是明显的例证之一。几十年来,由于大多数渔业法律法规是在计划经济体制下制定的,"规范的明显特征是维护行政权力的权威性,体现平等、自愿、等价、有偿的市场经济原则的规范制度比较弱,难以适应现代市场经济体制的要求"(杨坚,我国海洋渔业的法律管理问题,1998)。可喜的是,最新出台的《海域使用管理法》已经开始注意到法人、自然人的合法海洋权益问题,并在相关的条款中明确规定了"海域使用权人依法使用海域并获得收益的权利受法律保护,任何单位和个人不得侵犯"。这一规定也从另一个侧面反映了法人和自然人也是海洋权利和利益的当事方,他们的合法权益理应受到应有的重视。

三、维护海洋权益与各方利益关系的协调

既然拥有海洋权益的法律关系主体不只是国家,还有国际组织、法人和自然人,那必然会涉及到以国家为主要一方与其他海洋权益拥有者之间的权利义务的划分和相互利益的协调与调整,这其中在国家范围内调整的各当事方主要是国家与法人、自然人及其相互间的关系,它类似于我们以往所讲的国家、集体、个人三者的关系。在国际范围内,则主要是调整国家之间以及国家与国际组织之间的关系。

在国际关系中有这样一句名言:没有永久的敌人,也没有永久的朋友,只有永久的利益。这句话固然反映了功利主义利益至上的观点,其合理性还有待今后进一步的探讨,也未必适用于像我国目前的社会政治体制。但这种观点也有令人深思的一面,它至少从一个侧面说明了利益是实实在在的客观存在,并深刻地影响了不同(法律关系)主体的相互关

系,它不以人们的主观意志为转移,是协调各种关系的基础和前提,是不容轻视的重要实质要件。

多少年来,我国前后出台过不少的政策,论及处理国家、集体和个人的(利益)关系,但在传统的计划经济体制下很难真正调整、处理好这一关系。自实行改革开放政策以来,特别是实行社会主义市场经济体制,为从根本上解决这一问题奠定了基础。但从整体上看,我国在认识和处理权益问题上,无论是对内的——国家的权力、权利和义务与集体(或法人)、自然人的权利和义务,以及公共利益与个人利益的调整,还是对外的——国与国之间相互的权利和利益的调整,从历史到现实都有很多的经验、教训值得汲取和借鉴。我国在这方面的研究远远不能满足现实的需要,在海洋开发、使用、保护和管理过程中还有很多关系到各方切身利益的重大问题亟需研究、解决。如果回避或忽视这些利益问题,特别是涉及国计民生的重大海洋权益问题,对内不利于改革的深化、国家的安定及社会经济的发展,对外则将妨碍我们的国际交流与合作,难以与国际海洋开发、管理、保护与时俱进,最终将不利于中华民族的振兴和发展。

从海洋管理的现实和发展趋势看,在调整海洋权益关系中需要处理的各方权利和利益相关者的关系主要有如下几方面。

1. 国家权益与部门权益之间以及部门权益相互之间的关系

我国在几十年的实践中逐步形成了一套中央与地方相结合、综合管理与部门管理相结合的海洋管理体制,表现为从中央到地方主要根据海洋自然资源的属性及相关开发产业,以行业部门管理为主的管理模式。在这一体制中,行业和部门管理占有重要地位并发挥着关键性作用。按照这一管理模式,主要涉海产业的部门分工是:海洋渔业资源及开发由国家和各级政府的水产主管部门管理;海上运输和海上交通安全由交通部及所属的海事局管理;海上油气资源的勘探开发由石油部门管理;海盐业由轻工部门管理;滨海旅游由旅游部门管理。这种海洋管理体制沿用了几十年。海洋环境的管理体制自20世纪80年代建立以来,则基本上采用由环境行政主管部门、海洋行政主管部门、海事、渔业、军队和地方根据职责和管辖范围分工负责的方式。一般而言,这种体制作为全部海洋管理的基础和依托仍有其行之有效的一面,但也应该清醒地看到,海洋管理多年的实践已经证明,仅仅依靠单纯的行业管理已越来越难以解决海洋资源的开发利用、海洋环境保护以及维护国家海洋权益中出现的、新的、更为复杂的问题。特别在《公约》生效后,我国海洋管理在维护国家权益方面面临着更为严峻的挑战,现行的海洋管理体制和模式已经逐步暴露出它的局限性。

由于在现行的海洋管理体制中行业和部门的管理具有重要地位并起着关键性作用,部门/行业职能和权限的划分以及与此相连的部门/行业的利益,不仅影响着整个海洋管理体制的运作效率和效果,还直接决定和影响着能在何种程度上行使并保障国家的对内、对外海洋权利和利益。因此,在调整和处理海洋权益各个利益相关者的关系和矛盾的过程中,部门利益相互之间以及部门利益与国家利益之间的关系是矛盾的主要方面。国家权益与部门利益是两个有区别的范畴,他们既有相辅相成的一面,也有相背离甚至相互冲突的一面。当两者相符或一致时,部门职能的行使、部门利益的实现也就体现或代表了国家整体利益的最优化;而当两者相背离甚至相互冲突时,如果将部门利益置于国家全局利益之上(现实中往往如此,当国家利益与部门利益相冲突时,常以部门利益为重),那部门利益的实现则不仅不会保障国家利益的最优化,相反还会在不同程度上损害国家的权益。在海洋管理实践中人们经常会发现:一项交叉性的工作几个部门都在管,出现了管理权的争夺和冲突;而在另一项也是交叉性的工作中,却没有哪个部门愿负其责,导致相互推委,谁都不管的局面。其中的原因就是利益的驱使!例如,在某个海域环境综合整治、管理中,各个相关的涉海部门竞相制定的计划和在实施中围绕信息的共享和使用、管理权限的划分等常出现颇为尖锐的矛盾;在海洋资源开发使用中——像滩涂等海岸带的管理,江河出海口的管理等,不同行业之间也常发生冲突;海上执法结构的建立和运作过程中出现的重复建设和各自为政的分散执法……这些部门利益之间的矛盾和冲突,导致包括(却不限于)人力、物力、财力、国家的声誉和形象在内的国家有形和无形资产的浪费和损害,从不同方面影响了国家利益。从区域和国际层面看,海洋环境管理和海上执法的域外效力及影响,特别要求各个部门必须首先在国内协调好各自的利益,统一对外,否则就很可能影响国家的声誉和在国际上的形象,无法协调并有效地维护国家的海洋权益。

正确处理二者关系的现实途径之一是在行业/部门管理基础上形成、建立高效率的海洋综合协调管理机制,以统一、协调跨部门、跨行业的利益,切实保障国家的最高利益。

2. 国家权益与地方权益之间以及地方权益相互之间的关系

从我国海洋管理的现状看,由于各地方的(海洋)利益不像部门利益那样,对国家的整体利益有直接的全局性的影响,国家利益与地方利益之间的矛盾似乎不太明显,特别是新近出台的《海域使用管理法》明确规定了国家对海域——包括内水、领海的水面、水体、海床和底土的所有权,这从根本的权属关系上为调整国家利益与地方利益的关系奠定了法律基础。然而从长远的角度看,国家的海洋利益与地方的海洋利益的调整远不会仅靠一二部法律的颁布和实施就一劳永逸,还需要通过国家和地方海洋立法的不断完善,通过决策的、管理的、财政的综合机制的建立和有效运行,才能真正达到国家利益与地方利益的协调和统一。

相比较之下,地方利益相互之间的矛盾随着改革的不断深化,海洋经济的发展将日益凸现出来,成为继部门利益之争后的另一个调整的难题。我国长期以来在省际间海域管理中存在的滩涂争议、近海海域争议、岛屿归属争议等会再次提到议事日程上来。从历史的变迁和发展看,地区/地方利益之间的协调和调整同样是一项长期而艰巨的任务,这就是说在有效维护国家的海洋权益、调整不同利益者之间的关系方面,我国正面临两方面的前所未遇的挑战——既有"外患"又有"内忧"。如何未雨绸缪、防患于未然是我国海洋管理的一项紧迫的任务。在这方面,国务院海洋行政主管部门已对省际间海域勘界的法律、政策作了有益的探索和积累,为今后扎实地开展这项工作创造了条件。与此同时,在国家大力倡导和实施依法治国方略的形势下,这项工作也要求我国的海洋司法机构积极地准备应对措施,以期通过法律手段解决地方利益的纠纷这一历史难题。

3. 其他权益相关者——法人、自然人、社会团体间的关系

由于历史和法律传统的原因,我国对自然人、法人和社会团体的合法海洋权益的认识及实施的保护,至今仍然是一个相对薄弱的环节,其中渔民的合法权益问题在这一"弱势"群体中又较为突出。

在海洋环境权益方面,新的海洋环境保护法对单位和个人保护海洋环境的权利和义务作出了原则的规定,但在实践中仅靠这些原则规定还远远不够。就海洋环境保护而言,政府无疑在其中发挥着核心和主导作用,同时,它还有赖于所有涉海企业(如滨海旅游、航运、渔业、造船/修船业、分布在海岸线上的各种企业等)、社会团体,特别是公众积极而有效的参与。从权利与义务统一的角度看,如果不能切实维护这些群体的合法权益——包括公众参与的权利,海洋环境保护就难以有效地开展和进行。《中国海洋21世纪议程》认为:"合理开发海洋资源,保护海洋生态环境,保证海洋的可持续利用,单靠政府职能部门的力量是不够的,还必须有公众的广泛参与,其中包括教育界、大众传媒界、科技界、企业界、沿海居民、及流动人口的参与……"国内外这方面凡是成功的经验都已证明,在相关法律的原则规定之下,必须有一套具体的保障、监督机制和行之有效的实施措施。如经1999年修改、于2000年开始实施的《加拿大环境保护法》,在拓宽公众参与的途径以及环境管理的各个阶段等方面,都对公众参与作出了具体规定。如海上处置废弃物的许可要经过四个阶段:公众通知、提供详细数据的申请、科学审查和付费。其中公众通知是要求申请许可者必须在当地报纸发一个告示,以便任何有关的人都能在许可申请审查期间与环境部联系(徐伟敏,《加拿大环境保护法》(1999)评介,2001)。该法还为公众参与提供了具体的法律保障,如每一个加拿大公民都可以对据称是违反该法的行为提出调查请求,对此,环境部长必须马上实施调查;此外,该法还规定了保护举报人的具体条款,等等。

在海洋资源权益,特别是渔业权益方面,《联合国海洋法公约》生效后,国际海洋制度仍在不断的变革之中。中日、中韩渔业协定的相继生效以及我国正式加入世界贸易组织,使我国首先要直面来自国际上的挑战。新《渔业法》和《中华人民共和国海域使用管理法》的颁布实施也将在管理实践中带来新的问题,我国在管理国有渔业资源,维护国家权益以及保护渔民合法权益等各个方面都面临更为严峻的形势。如何在稳定渔业基本经营管理体制的同时,加强对渔民合法权益的保护,并以此为借鉴,更加广泛地维护其他从事涉海行业的法人、自然人、社会团体的权益,对保障我国的粮食安全、资源的可持续利用、海洋环境保护、社会的长治久安以及探讨民富国强之路都有重要的政治意义和经济意义。因此,包括相关的立法者、司法者、行政管理者和宣传媒体、学者在内的社会各界,应对这部分群体的海洋权益问题给予应有的关注。

4. 国家权益与国际社会权益的关系

"世界海洋是一个整体,研究、开发和保护海洋需要世界各国的共同努力"(国务院新闻办公室,《中国海洋事业的发展》第19页)。而作为国际海洋领域成功合作的前提和基础,首先是正确地认识并妥善地处理国家权益与国际社会的利益之间(包括国与国之间、国家与所在的区域之间以及国家与整个国际社会之间)的关系。

　　我国是联合国常任理事国之一，又是一个发展中的沿海大国，在国际海洋事务中担负着应有的责任和义务。同时，也拥有广泛、持久而重要的国家海洋利益。自实行改革开放政策以来的20多年中，我国在国际社会的政治、经济地位日益提高，在国际事务中正发挥着越来越重要的作用。这种国际地位和影响力要求我国在认识和处理这两者的关系上应有全球的战略视野和更加科学、全面、理性的态度，并采取客观、务实的措施。在国内方面，从中华民族历史上的兴衰的战略高度来分析、认识国家的海洋权益，正确处理国家海洋权益与国际社会的海洋利益的关系，对新时期中国的社会经济发展以及中华民族的振兴与昌盛都将产生积极的影响。

　　如前所述，在国际海洋事务中国家权益与国际（社会）利益的关系是国际海洋法发展的恒久的主题。自古以来，特别是从15世纪航海大发现后，对这一关系的认识和处理决定了国际海洋法变化的方向。一部世界认识、开发和使用海洋的历史已经说明，当一国深刻认识并有力地把握住两者的关系时，它就顺应甚至驾驭了历史前进的方向，这个民族就充满活力，勇于进取，国家的物质和精神财富就更加丰富，民富则国强。时至今日，世界上强大或发展迅速的国家中的绝大多数（先有荷兰、西班牙、葡萄牙、英国，后是美国、日本以及现在的韩国、新加坡等）仍受惠于对这种源于海洋的利益关系的处理。

　　持续了9年的第三次联合国海洋法会议，尤其是贯穿在后8年中艰苦卓绝的、几乎是没有间歇的谈判，从一个侧面说明了海洋利益对有关各方的至关重要。"谈判界限就是谈判资源"，"这些争论实质上是有关国家利益在海洋空间的延伸和重新分配"（倪建中等，《海洋中国：文明重心东移与国家利益空间》第386页）。《联合国海洋法公约》为世界各国正确认识和处理两者的关系提供了法律依据。《公约》选择了"一揽子交易"的方式来平衡、协调和调整各个当事方，包括沿海国（发展中的和发达的国家），地理不利国、群岛国、内陆国及其与国际社会之间的各种利益关系。《公约》的前六部分主要调整国家管辖海域的种种问题。如在专属经济区内，《公约》赋予沿海国为经济目的的某些权利，特别是捕鱼和开发生物及非生物资源的权利。但同时，相邻的内陆国和地理不利国有权在公平的基础上，参与开发同一分区域或区域的沿海国专属经济区的生物资源的适当剩余部分。不仅如此，在该海域中，公海的传统自由——航行、飞越、铺设海底电缆和管道，以及与这些自由有关的海洋其他国际合法用途——它们涉及国际社会的整体利益，应予以维护。第五部分的规定清楚表明了公约对国与国之间、国家与国际社会之间的利益平衡特征。在此基础上，《公约》从国际方面——如公海、国际海底等规定了国家与国际社会相互间的权利和义务，其中最富代表性的是关于适用于"区域"的人类共同继承财产的原则。为更好地协调各方的利益，《公约》限制、超越了传统意义上主权概念的含义，将其发展成为包括一系列主权权利、专属权利、管辖和控制权、管辖权甚至非主权（non-sovereignty）、非所有权（non-ownership）——像人类共同继承财产的概念在内的新型的权益和权利义务关系。此外，《公约》对海洋环境保护和保全、海洋科学研究等方面的规定也反映了对国家权益和国际社会利益的平衡和协调。《公约》对各方利益的平衡和调整反映了相互妥协和相互依存的时代特征。在现存的国际关系乃至今后长期的发展中，国家海洋权益与国际（社会）利益的并存和共进仍是主导海洋事务的重要因素。

　　总之，权益对任何利益相关者都是不可或缺的，孰轻孰重只应置于具体的环境和条件下个案审视,而不能轻率地妄下结论,更不能不加分析地片面强调或维护任何一方(特别是以影响或减损他方权益为前提和代价)的权益。这方面国内外都有深刻的教训。20世纪80年代罗马尼亚的年积累率高达39%(黄苇町,《南方周末》,2001年8月16日),这表面上看是有益于国家和人民的,但实际上人民生活长期得不到改善,使潜伏的社会矛盾更加激化,导致了政权的变更。我国长期以来由于受大陆文化传统和计划经济体制的影响,对海洋方面的国家利益、公共利益及个人权益的关系,以及国家利益与国际(社会)利益的关系都缺乏深入、客观的认识,从(习惯的)思维方式到调整机制都急需根据国际国内客观形势的重大变化予以调整。然而,合法权益的行使和实现离不开法制的不断建立和完善,特别是法律的严格遵守。鉴于海洋权益的综合性和复杂性,由于国家在各种利益关系中所处的特殊地位,无论在对内协调公共利益与个人利益方面,还是在对外协调国际利益方面,它都起着至关重要的作用。

第二节　国家所属和管辖海域的海洋权益

一、内海的权益

沿海国在不同的海域空间,尤其在其所属和管辖海域以及在这些海域从事各种海洋活动(主要像海上军事活动、资源的开发利用、海洋环境保护、海洋科学研究等)拥有广泛的权利和利益,这些权益的法律依据主要来自《公约》以及其他国际法的规定。

我国在1992年和1996年先后建立了领海与毗连区制度和专属经济区与大陆架制度。根据《公约》的规定和我国的主张,我国拥有的领海大约为37万平方千米,这是我国的"蓝色国土";可管辖的海域大约有263万平方千米。另外,经国际海底管理局核准,我国在东太平洋C—C区的7.5万平方千米多金属结核矿区具有专属勘探权和优先开采权。

内水是指一国领海基线向陆一侧的全部水域,内海则是这部分海域中的直接与领海相邻的海水部分。内海所处的特殊地理位置使得该海域对沿岸国的国家安全、经济、环境等方面具有极其重要的价值和意义。内海与国家的陆地领土具有相同的法律地位,国家对其行使完全的、排他的主权,外国船舶未经许可不得驶入一国的内海,更不能从事捕鱼和其他海洋活动,否则,就构成了对沿岸国领土主权的侵犯。

根据我国1992年《领海及毗连区法》的规定:中华人民共和国领海基线向陆地一侧的水域为中华人民共和国的内水。1958年我国关于领海的声明也明确宣布,中国大陆及其沿海岛屿的领海以连接大陆岸上和沿海岸外缘岛屿上各点之间的各直线为基线,在基线以内的水域,包括渤海、琼州海峡在内都是中国的内海。

渤海和琼州海峡对我国的经济和军事都有重大的意义。渤海位于辽东半岛和山东半岛之间,三面为陆地环抱,东部通过渤海海峡与黄海相连,由辽东湾、渤海湾、莱州湾三个海湾及中间的一片水域组成,总面积为7.7万平方千米。历史上渤海一直是我国领土不可分割的一部分,并在我国有效的控制和管辖下。渤海的湾口宽度为57海里,虽然其天然入口两端的距离超过了24海里,但基于我国对渤海的历史性权利和各国长期对它的这一法律地位的承认,渤海是属于我国的内海海湾或内海的历史性海湾。琼州海峡位于雷州半岛和海南岛之间,是贯通南海与北部湾的重要航道。海峡长54海里,宽10.8海里,地理位置十分重要。同渤海一样,历史上琼州海峡一直被作为中国领土的一部分处于中国主权管辖之下。1949年新中国成立后,琼州海峡一直被作为内海海峡进行管理,1958年我国关于领海的声明再次确认了这一历史事实。1964年国务院颁布了《外国籍非军用船舶通过琼州海峡管理规则》,规定一切外国籍军用船舶不得通过琼州海峡,一切外国籍非军用船舶必须按照该规则申请批准始得通过。依照该管理规则的规定,琼州海峡主管部门为"中华人民共和国琼州海峡管理处"。

二、领海的权益

根据《公约》的规定,沿海国对领海享有完全主权。这一法律地位决定了沿海国可对其领海在政治、经济贸易、军事、民事等方方面面行使一切主权权利,这是领海与其他海域明显的差别。沿海国为行使主权的目的,可以建立、执行一系列的法律制度,主要包括:(海上及领空的)国防安全和国家安全;各种资源的开发、利用和保护;沿海航运及贸易;海洋环境保护;海洋科学研究;航行安全;海关、移民、缉私、卫生以及民事管辖和针对海上各种犯罪的刑事管辖等。

领海范围内的司法管辖权(judicial jurisdiction)是海洋司法实践中的一个难点。根据国家的属地优越权,各国对在本国领海内发生的刑事和民事案件均具有管辖权。然而在通常情况下,沿海国不对通过其领海的外国船舶行使管辖权。但在遇有下列情况时,沿海国应行使管辖:① 罪行后果及于沿海国;② 罪行属于扰乱当地安宁或领海的良好秩序的性质;③ 经船长或船旗国外交代表或领事官员请求地方当局予以协助;④ 为取缔违法贩运麻醉品或精神调理物质所必要的。对通过其领海的外国船舶上的民事案件沿海国通常采取不干涉的原则。实践中,沿海国在这方面的管辖也相当有限,沿海国不应为对通过领海的外国船舶上的某人行使民事管辖权的目的而停止该船航行或改变其航向,也不得为任何民事诉讼的目的而对船舶从事执行或加以逮捕,但涉及该船舶本身在通过沿海国家水域的航行中或为该航行的目的而承担的义务或因而负担的责任,则不在此限(《公约》第二十八条第2款)。

内海和领海是我国所拥有的海域,在这部分海域中,我国依法享有完全的主权权力,包括主要行使国家的基本权利,如独立权、平等权、自保权、排他的管辖权以及对外国的司法豁免权,同时行使根据《公约》和其他双边、多边协定所拥有的权利。具体表现为:划定领海基线及范围;对领海范围内的自然资源的所有权和开发、使用、管理这些资源的专属权;对我国领海上空的专属权利,即未经我国政府许可外国飞机不得进入中国领海上空;国防保卫权;沿海航运及贸易权。对同属一国的沿海港口间的贸易,一般只准该国或该国的公民经营,并由该国的国内法来调整。如我国现行的海商法规定:"中华人民共和国港口之间的海上运输和拖航,由悬挂中华人民共和国国旗的船舶经营。但是,法律、行政法规另有规定的除外。非经国务院交通主管部门批准,外国籍船舶不得经营中华人民共和国港口之间的海上运输和拖航。"管理通讯设施、航行安全及海上交通的权利,包括保护电缆和管道、指定海道或规定分道通航制、保护助航设备和设施以及其他设施或设备,等等;一定的民事和刑事司法管辖权以及关税、移民、卫生监督权。同时需要强调的是,作为主权的具体体现,对领海内的海洋科学研究,我国享有专属权利,我国1996年的《涉外海洋科学研究管理规定》实施了《公约》所赋予的这种权利。此外,还实施保护、管理、保全海洋环境等方面的权利。

三、毗连区的权益

相比之下,沿海国在毗连区的权利与在领海的权利有明显的不同。如上所述,领海是国家领土的组成部分之一,受国家主权的支配和管辖。而在毗连区内(准确讲是指从测算领海宽度的基线量起的12海里以外)《公约》赋予国家的权利,仅限于为"防止"在其"领土或领海"内违犯"海关、财政、移民或卫生"的法律和规章,行使必要的"管制",并对违犯上述法律和规章的行为进行惩治。可见,这种权利是基于维护和行使主权、维护领土(包括领海)完整而派生的一种(强制)管理权,其目的只是为了预防并惩治在其领域内的某些违章行为,而并非在毗连区内行使海关权、财政权等。它与主权及其管辖权、支配权从性质和程度上均不相同。因此,不得"将国内法的适用范围像对待领海那样扩大到毗连区。"

毗连区是为保护沿海国某些利益而设置的特殊区域。同时还要注意,毗连区也不同于专属经济区。沿海国在专属经济区内享有《公约》规定的一系列资源与经济方面的主权权利和对科学研究、环境保护及人工岛屿等建造和使用的管辖权。专属经济区也是领海以外并邻接领海的一个区域,其一段水域与毗连区相重叠。因此,在毗连区与专属经济区重叠的12海里中,沿海国实质上是应行使《公约》规定的专属经济区的权利并叠加毗连区的权利。

四、专属经济区内的权益

国家在专属经济区内的权益突出表现在渔业资源和生物资源方面。《公约》赋予了沿海国在专属经济区内的一系列主权权利和管辖权。

(1) 沿海国在专属经济区内有以下权利:

① 以勘探和开发、养护和管理海床上覆水域和海床及其底土的自然资源(不论为生物或非生物资源)为目的的主权权利,以及关于在该区内从事经济性开发和勘探,如利用海水、海流和风力生产能等其他活动的主权权利。

② 对下列事项的管辖权:(a) 人工岛屿、设施和结构的建造和使用;(b) 海洋科学研究;(c) 海洋环境的保护和保全。

③ 本《公约》规定的其他权利和义务。

(2) 沿海国在专属经济区内根据《公约》行使其权利和履行其义务时,应适当顾及其他国家的权利和义务,并以符合本《公约》规定的方式行事。

《公约》对沿海国在专属经济区生物资源的养护和利用方面作了明确规定,即:① 由沿海国决定可捕量;② 由沿海国决定其自己捕捞可捕量的能力;③ 只要沿海国没有能力捕捞其全部可捕量,它就应给予其他国家以捕捞的机会。进而是对出现在两个或两个以上沿海国专属经济区的种群或出现在专属经济区内又出现在专属经济区外的邻接区域内的种群作了规定;并对若干特殊鱼种(高度洄游鱼种、海洋哺乳动物、溯河产卵种群、降河产卵种群),沿海国应有权制定和执行另外的规定,并与其他国家直接或通过适当国际组织进行合作,采取更为严格的禁止、限制或管制措施。

五、大陆架上的权益

沿海国对大陆架的权利主要包括:(1) 沿海国为勘探大陆架和开发其自然资源的目的,对大陆架行使主权权利;(2) 如果沿海国不勘探大陆架或开发其自然资源,任何人未经沿海国明示同意,均不得从事这种活动;(3) 沿海国对大陆架的权利并不取决于有效或象征的占领或任何明文公告;(4) 所指的自然资源包括海床和底土的矿物和其他非生物资源,以及属于定居种的生物。

沿海国对大陆架上的人工岛屿、设施和结构具有和在专属经济区内一样的建造并授权和管理建造、操作和使用的专属权利。

在海洋环境方面,沿海国有权通过立法来管理——防止、减少和控制来自受其管辖的海底活动或与此种活动有关的对海洋环境的污染,以及来自在其管辖下的人工岛屿、设施和结构对海洋环境的污染。根据《公约》的有关规定,沿海国管理其所辖的大陆架既是其权利,也是其义务。对于在大陆架上进行的海洋科学研究,《公约》明确规定"应经沿海国同意"。

以上所述,既是《公约》对沿海国管辖海域权利义务的一般规定,也是我国在这部分海域的权益所在。不仅如此,由于我国所处的特殊地理位置,根据《公约》第一二三条的规定,我国的黄海、东海、南海都属于半闭海,对比世界上绝大多数的沿海国家,我国在所辖海域特别在专属经济区和大陆架上的权益方面,肩负更加艰巨而复杂的任务,这部分海域中的权益的实现和保障对我国经济社会的可持续发展也具有特别重要的影响。

第三节　管辖争议海域和国家管辖范围以外海域的海洋权益

一、国家在管辖争议海域的海洋权益

《公约》赋予了沿海国广泛的海洋权益。然而"徒法不足以自行",从国际法的规定到国内法的衔接,最终到国家在海洋执法和管理中实施这些规定,保障这些权益的实现,中间仍有一个十分重要的实施过程。自20世纪90年代开始,世界各沿海国家,主要是发达国家特别关注《公约》的实施。与迅速变化的国际海洋关系相比,从总体上看我国在全面、深入实施《公约》的规定,特别是关于专属经济区和大陆架的有关规定,在维护《公约》所赋予的权益方面还有大量的工作要做。下面结合黄海、东海、南海的现状作些概括分析。

黄海海域。黄海东西宽约300海里,南北长约470海里,面积约41万平方千米,平均水深44米,是一个半封闭的浅海。目前,黄海的三个沿海国——中、韩、朝都已颁布了一些海洋法律制度,特别是韩国近年来加大、加快了海洋立法及司法的力度和步伐,对三国特别是我国在该海域的权益产生了更重要的影响。我国在处理和调整关于黄海海域的权益问题上面临的问题主要是200海里专属经济区划界和在重叠海域中非生物资源(主要是油气资源)的勘探、开发、利用,生物资源的开发、利用和养护以及对该海域的海洋环境的保

护、保全。作为一个半封闭的浅海,黄海的面积和资源都相当有限。黄海最宽处为378海里,最窄处仅100余海里,我国同朝鲜和韩国都有管辖海域的重叠,都将面临专属经济区和大陆架的划界问题。在渔业资源方面,黄海海域中的渔场面积约34万平方千米,鱼类的最大可捕量难以满足中、韩、朝以及日本的需求。尽管在调整渔业关系方面,我国已分别与日、韩达成了渔业协定,渔业关系从长期看将趋于相对稳定,但其对我国渔业、对沿海几十万渔民的生产、生活的影响还需相当长的时间才能调整过来。此外,在该海域的跨国界渔业资源的管理和养护也不容忽视。在油气资源方面,这是黄海周边国家专属经济区划界争议的焦点,韩国单方面按照中间线原则确定了韩国管辖海域边界并划出矿区出租给外国公司,这些单方面行为侵犯了我国在这一区域拥有的权益;在海洋环境方面,目前主要面临陆源污染源对黄海海洋环境的影响以及周边国家保护黄海海洋环境上的合作问题。

东海海域。东海位于我国大陆与琉球群岛之间,南北分别与南海和黄海相通。南部边界是广东省南澳岛至台湾南端的鹅銮鼻之间的连线,北部界线是长江口北角至韩国济州岛西南角之间的连线。东海东北至西南长约800海里,东西最宽处约400海里,总面积约80万平方千米,也是一半封闭海。东海周边的中、日、韩三国在该海域的海洋权益争端主要表现在三个方面:① 海域划界(包括专属经济区划界和大陆架划界),其中又以东海大陆架划界最为复杂和艰巨;② 渔业争议;③ 油气资源争议。另外,中日之间在钓鱼岛的归属问题上还存在着严重争议。

我国在1998年施行的《专属经济区和大陆架法》中明确规定:中华人民共和国的专属经济区为中华人民共和国领海以外并邻接领海的区域,从测算领海宽度的基线量起延至200海里。中华人民共和国的大陆架为中华人民共和国领海以外依本国陆地领土的全部自然延伸,扩展到大陆边外缘的海底和底土;如果从测算领海宽度的基线量起至大陆架外缘的距离不足200海里,则扩展至200海里。中华人民共和国与海岸相邻或者相向国家关于专属经济区和大陆架的主张重叠的,在国际法的基础上按照公平原则以协议原则划定界线。在大陆架划界问题上,我国坚持适用自然延伸原则,认为冲绳海槽中心线以西均为中国的主权范围;日本坚持适用中间线原则;韩国对东海东部的主张是对向中国一侧的海域划界单方面宣布适用中间线原则,而对向日本一侧的海域则适用自然延伸原则。这样,根据东海周边国家各自提出的海洋权益主张,在东海北部中、日、韩之间形成了约10万平方千米的争议区,南部在中日之间形成了约16万平方千米的争议区。东海海域的渔业关系也相当复杂,在中日之间的主要渔业矛盾之外,还涉及到韩国、我国的台湾、港、澳等地区的渔民的利益。在油气资源方面,从20世纪70年代以来,周边国家和台湾地区都加紧了在东海海域进行的油气资源勘探,引起了围绕油气资源的争端。其中,20世纪70年代初由日、韩和台湾当局试图进行的三方共同开发由于我国的强烈反对而未果。自1974年和1977年韩、日先后批准了两国间共同开发大陆架协定后,两国从1980年开始进行钻探,但至今进展不大。钓鱼岛(包括其附近几个无人居住的小岛)位于台湾东北约120海里、琉球群岛西南端以北约100海里处,地处东海大陆架的边缘,南濒冲绳海槽。至少自1403年(明代永乐元年)起就有记载说明这些小岛属于中国,中国渔民将此岛用做渔场和避风场所。1945年抗战胜利后,日本归还中国失地台湾时这些岛屿即应视为一并归还中国。但1971年美国在向日方归还冲绳时非法地把钓鱼岛等岛屿也包括在内,对此中国政府在1972年就已声明,这种做法是对中华人民共和国领土和主权的严重侵犯。钓鱼岛由于其周围的大陆架蕴藏着丰富的石油资源而使其重要性倍受瞩目。我国在维护钓鱼岛的主权权益问题上仍面临十分严峻的挑战。

南海海域。南海(西方称 South China Sea)位于中国东南部,是西太平洋的边缘海,总面积约360万平方千米。南海因岛屿、滩礁的不同位置分为东沙群岛、西沙群岛、中沙群岛和南沙群岛及其水域。从南海的地理位置看,它是一半封闭海,四周几乎为陆地和岛屿环绕,通过10个主要的海峡与外围的各水域相通。在南海诸岛中,南沙群岛作为连接印度洋和太平洋的重要通道,战略位置十分重要。南沙群岛有丰富的自然资源,根据初步调查,渔业资源蕴藏量约180万吨,年可捕鱼量50至60万吨;矿产资源有铜、铝和锰结核矿石等。南沙海域是巨大的石油天然气宝库,据初步估计,石油的蕴藏量约达200~220亿吨,有第二个波斯湾之称。南沙群岛独特的战略和资源地位,使其成为南海争端的焦点。南沙群岛和西沙群岛一样,自古以来就是中国的领土,而且在20世纪70年代以前相当漫长的时间里(除法国为同日本争夺殖民地于1933年4月强占太平岛等9个小岛和1937年日本侵华时占领过西沙、南沙外,且1945年日本投降时当时的国民党政府海军收复了南沙),南沙海域一直相当平静,世界各国包括南海周边国家对中国在这一海域享有的主权并未提出过异议。

南海,特别是南沙群岛成为周边五国六方的争夺对象,主要由于20世纪60年代后,海上石油和天然气等资源的发现以及海洋法上关于大陆架、专属经济区和岛屿制度等新概念的逐步确立,使扩大对岛屿及其周围海域的占领成为对许多国家利害攸关的事情(刘文宗,我国对西沙、南沙群岛主权的历史和治理依据)。自1970年起,菲律宾抢先占领马欢等8个小岛屿,并在礼乐滩寻找石油;越南从1973年起也开始陆续占领南沙一些岛屿,到1993年已占领了27处,并在万安盆地开采石油;1977年后,马来西亚也陆续占领了4个岛礁,并在曾母盆地开采石油;文莱也对部分海域提出了主权要求。我国强调并坚持对南沙群岛的主权是基于历史性权利,提出了"搁置争议,共同开发"的原则。概括而言,南海之争的复杂性决定了我国维护在该海域的合法权益的长期性和艰巨性。

二、各国在公海和国际海底区域的权益

公海对所有国家开放,不论其为沿海国或内陆国,任何国家不得有效地声明将公海的任何部分置于其主权之下。根据《公约》的规定,各国在公海都享有航行自由、捕鱼自由、飞越自由、铺设海底电缆和管道的自由、建造国际法所容许的人工岛屿和其他设施的自由、科学研究的自由。

公海不受任何国家主权的支配和管辖,各国在公海上是自由的,权利是平等的。《公约》列举了公海的六大自由,但这并不等于公海的自由和权利仅这六项,其他的还有诸如管辖权,包括船旗国管辖和普遍管辖,等等。《公约》中"除其他外"的这一措辞,表明该条所包括的自由清单并非是限制性的规定,除了列举的这六大自由外还有其他自由,而且这些自由会随着新技术的发展而变化。同样,各项自由的相对重要性可能会随着情况和时间的不同而有所变动。因此,充分注意到这一点是非常重要的。同时需要指出的是,对公海资源和空间,国家虽然不具有所有权,但各国根据公约和其他国际法的规定还有这样几项权

利,主要是:参与国际机构(如国际海底管理局)的权利;对公海资源和空间的合法使用权(这一点类似于我国《海域使用管理法》中的自然人和法人——海域属于国家,但自然人、法人等可以依法取得使用权);在"在无歧视的基础上公平分配"获得从公海内取得的经济利益的权利;等等。此外,在公海海域之外的其他海域,如在他国的管辖海域中,按照《公约》的规定,各国仍有一定的海洋科学研究的权益。

总之,对公海自由的各项制度仍需进行全面、深入的研究,力求准确地掌握这一制度,更好地为我所用。

第四节　海洋权益的保障

一、保障的前提和基础

一个国家或民族的海洋意识和海洋价值观,特别是各级决策层、立法、执法和管理部门的海洋意识和海洋价值观,是行使海洋权利,维护海洋合法利益的前提。

"海洋价值观是人类对海洋在社会和经济发展中的地位、作用的总体认识"(鹿守本,《海洋管理通论》第1页)。海洋意识则是人们对于海洋及与海洋相关的活动的观点和态度的总和,表现为对海洋有关的政策、法律、科研、以及海洋产业活动等的认识、评价、解释。海洋意识的强弱、先进或落后取决于人类海洋活动的客观实际和科技发展的程度,也受政治、文化传统的影响,同时,它又反过来影响人们制定的海洋政策、法律,以及包括海洋维权在内的各种海洋活动的进行。海洋价值观直接影响国家及其国民的海洋意识,而一国及其公民的海洋权益的行使和维护,首先来自其海洋意识,特别是依法开发、使用、保护和管理海洋的法律意识。综观国外一些海洋强国的发展历程可以发现,我国的海洋意识和海洋价值观仍需要大大加强,国内的一些学者更认为我国在海洋意识上存在"主体、理论、宣传和教育"四大稀缺(倪建中、宋宜昌、辛向阳,《海洋中国:文明重心东移与国家利益空间》下册,第1592页)。增强全民族的海洋意识,是提高民族素质和振兴海洋事业的首要任务。

我国拥有漫长的海岸线和丰富的海洋资源,在辽阔的海域中拥有对各种资源的重要的权益。经过20多年不断的改革开放,海洋经济作为国民经济可持续发展的重要组成部分,已有较好的基础,海洋科技和教育有了长足的发展。但必须清楚地看到,与国际上一些海洋国家相比,我国的人均资源占有量很小且分布不均,生产力发展水平、海洋科技和教育水平仍然比较低,海洋经济在整个国民经济中所占的比例还不够大。大力发展海洋经济,增强国家的综合国力和海洋实力,既是保障海洋权益的基础又是权益得以保障的最终归宿。

二、保障的主要措施

1. 政策调整与体制改革

一国的海洋政策是其管理海洋事务(包括海洋权益)的灵魂和源头。制定系统、整合的国家基本海洋政策,建立有力、高效的综合管理体制,是切实保障我国海洋权益的中心任务。

从我国海洋管理的实践来看,尽管从 20 世纪 80 年代起,我国海洋综合管理就已初见端倪,在 90 年代进一步强调统筹与综合,但直到今天仍未形成有效的综合管理体制。管理体制的建立和调整有赖于法制的建设和不断完善,而法制的发展又离不开政策的指导。1996 年颁布的《中国海洋 21 世纪议程》制定了我国在海洋事业发展中遵循的基本政策和原则:维护国际海洋新秩序和国家海洋权益;统筹规划海洋的开发和整治;合理利用海洋资源,促进海洋产业协调发展;海洋资源开发和海洋环境保护同步规划、同步实施;加强海洋科学技术研究与开发;建立海洋综合管理制度;积极参与海洋领域的国际合作。这些原则的贯彻和实施对有力保障我国的海洋权益具有深远的意义。

2. 法制的不断健全、完善和法律的切实遵守

自 20 世纪 90 年代以来,我国加快了海洋立法的步伐,特别是涉及重大国家海洋权益的海洋立法。1992 年 2 月全国人大常委会通过了《中华人民共和国领海及毗连区法》。这是我国重要的一部海洋基本法,为行使领海主权和毗连区管制权,维护国家安全和海洋权益提供了法律依据。为维护新的国际海洋法律制度和国家海洋权益,全国人大常委会于1996 年 5 月批准了《联合国海洋法公约》,并郑重声明:按照《公约》的规定,中华人民共和国享有 200 海里专属经济区和大陆架的主权权利和管辖权;中国将与海岸相向或相邻的国家,通过协商,在国际法基础上,按照公平原则划定各自海洋管辖权界限;中国对《中华人民共和国领海及毗连区法》所列各群岛及岛屿拥有主权。对于中国同邻国在海洋事务方面存在的争议问题,中国政府着眼于和平与发展的大局,主张通过友好协商解决,一时解决不了的可以搁置争议,加强合作,共同开发。1998 年 6 月通过并施行的《中华人民共和国专属经济区和大陆架法》,规定了我国在该管辖海域从事资源勘探、开发、养护和管理,人工岛屿、设施和结构的建造、使用以及进行和管理海洋科学研究、保护海洋环境等活动的一系列权利。

一般而言,国家的海洋权益主要由国际法和国家根据国际法的原则规定制定的基本海洋法来调整,而法人和自然人的海洋权益则主要由国内法中的涉海法律、法规以及规章、条例来明确。我国在行使海洋权利(特别是各级海洋执法部门)、维护海洋权益中面临的突出问题是确保法律的统一和尊严,切实遵守、实施海洋法的各项规定,诚信地履行所承担的国际义务。

3. 整合、加强国家海上统一执法力量

《公约》扩大了沿海国的管辖海域,赋予沿海国较以往更多、更复杂的海洋权益。

我国已有一支较为强大的海军力量,此外还有海(武)警、港监、渔政、海监队伍,分别负责海上交通安全管理、渔政管理、环境保护和监测监视,等等。海军主要承担着在战时和和平时期保卫国家安全,抵御海上入侵,维护国家领土和主权完整的重大使命,而对在和平时期更常见的违反我国海洋法规、损害我国海洋权益的非军事活动则应由一支统一协调、指挥的海上执法力量去管理。目前我国的上述几支海上执法队伍都不够强大,由于体制上的原因他们分散在海洋、水产、交通、公安几个部门,相互之间缺乏制度化的协调机

制,难以在广阔的海域中有效地履行国家和公民、法人的合法海洋权益。

　　除法律、政策和组织保障措施外,海洋科技手段特别是信息技术的不断发展和运用,外交政策的指导、协调亦是保障国家海洋权益的有力武器。

参考文献

1. 马　汉. 海权论. 北京:中国言实出版社,1997
2. 倪建中,宋宜昌,辛向阳,等. 海洋中国:文明重心东移与国家利益空间. 北京:中国国际广播出版社,1997
3. 国家海洋局. 中国海洋21世纪议程. 北京:海洋出版社,1996
4. 中华人民共和国国务院新闻办公室. 中国海洋事业的发展(政府白皮书). 见:中国海洋年鉴(1999~2000). 北京:海洋出版社,2001.3~9
5. 联合国海洋法公约 (汉英). 北京:海洋出版社,1996
6. 联合国新闻部. 联合国海洋法公评. 北京:海洋出版社,1986
7. 李国庆,等. 中国海洋综合管理研究. 北京:海洋出版社,1998
8. E. M. 鲍基斯. 海洋管理与联合国. 北京:海洋出版社,1996
9. 王逸舟. 国际政治析论. 上海:上海人民出版社,1995

第四章　海洋功能区划

第一节　海洋功能区划的定义及法律地位

海洋功能区划(Division of marine functional zonation)是海洋综合管理的一项重要制度,是科学用海、持续发展海洋经济、协调各涉海部门用海矛盾,使海洋开发活动获得最佳资源、经济、社会和环境效益的科学基础。

本章将对海洋功能区划的内涵、目的意义、编制工作等问题进行较系统、全面的阐述。

一、海洋功能区划的定义

海洋功能区划是我国海洋管理部门于1988年首先提出的一项新的海洋管理制度。关于其定义目前表述尚不一致,如国家海洋局《中国海洋功能区划报告》(1993)中指出:"海洋功能区划是根据海域的地理位置、自然资源状况、自然环境条件和社会需求等因素而划分的不同海洋功能类型区。"在《海洋功能区划技术导则》(GB17108—1997)中,海洋功能区划是"按各类海洋功能区的标准(或称指标标准)把某一海域划分为不同类型的海洋功能区单元的一项开发与管理的基础性工作。"《中国海洋功能区划成果简介》(1999)定义为"海洋功能区划是根据海区的地理位置、自然资源和环境状况,并考虑海域开发利用现状和区域社会经济发展需要,而对海域划分出具有特定主导功能、适应不同开发方式并能取得最佳综合效益的区域的一项基础性工作。它是海洋开发利用的科学依据,是海洋可持续利用的基本条件。"在1999年修订的《中华人民共和国海洋环境保护法》中,首次以法律形式给出了海洋功能区划的定义:"海洋功能区划,是指依据海洋自然属性和社会属性,以及自然资源和环境条件,界定海洋利用的主导功能和使用范畴。"目前,沿海各地市都在进行大比例尺的海洋功能区划,其所给出的定义也各不相同。在《河北省大比例尺海洋功能区划综合报告》送审稿(2001)中,其定义为:"海洋功能区划是根据海洋在不同区域的自然资源条件、环境状况和地理区位,并考虑海洋开发利用现状和社会经济发展需求等,所划定的具有特定主导功能,有利于资源的合理开发利用,能够发挥最佳效应的区域。"《海南省大比例尺海洋功能区划报告》送审稿(2000)中所下的定义是:海洋功能区划系指"各类海洋功能区的划分标准(或称为指标),在协调好各类关系的基础上,把海洋和依托陆域划分为不同类型的海洋功能区单元的一项为开发和管理奠定科学基础的工作。"2002年编制的《全国海洋功能区划》则将其定义为:"海洋功能区划是根据海域区位、自然资源、环境条件和开发利用的要求,按照海洋功能标准,将海域划分为不同类型的功能区……"

由此可见,海洋功能区划现有的定义,尽管在内涵方面有共同之处,但表述各异、繁简不一,所含内容也有较多的差异,有待统一。综上所述,可将海洋功能区划定义为:对特定海区功能的科学界定和划分。所谓特定海区,指的是某个海区、海域、海湾或某一海岸带区段,不是泛指海洋;功能,泛指价值、作用或能力,即对经济、社会发展和国家安全的作用或价值;科学界定,包括区划原则的科学性、方法的先进性,以及区划标准和分类系统的科学性等;划分,是海洋功能区划编制的落脚点,指对特定海区的划分。

二、海洋功能区划的目的意义

1. 海洋功能区划的目的

海洋功能区划是根据待区划的海洋区域的自然属性,结合社会需求,确定各功能区域的主导功能和功能顺序,为海洋管理部门对各海区的开发和保护所进行的管理和宏观指导提供依据,实现海洋资源的可持续开发和保护。海洋功能区划的目的主要是:为制定海洋发展战略、编制各类海洋规划、计划,强化海洋综合管理提供基础性科学依据;宏观指导海洋开发活动,建立良好的开发秩序,优化海洋产业结构和生产力布局,提高开发的整体和综合效益;为协调海洋开发和环境保护间的关系,避免或减轻开发活动对海洋生态环境的污染和破坏提供服务;为保护海洋环境,确定海洋水质管理类型,维持良好的海洋生态环境提供依据和指导;为实施海域有偿使用,建立海域使用许可证制度,制定海域使用金标准提供客观依据等。

总之,海洋功能区划是为海洋综合管理建立一种行为规范,其目的在于为海域使用管理和海洋环境保护工作提供依据,为国民经济和社会发展提供用海保障。

2. 海洋功能区划的意义

20 世纪 90 年代,海洋功能区划(小比例尺)的编制促进了我国各沿海省、市海洋管理机构的逐步健全。同时,各地区的海洋功能区划逐步成为制定海洋管理法规、海洋发展战略、海洋开发规划和科技兴海规划的基础;成为协调各部门、各地区之间关系,合理安排海洋产业布局的依据;成为进行海洋资源管理、海域使用审批、海洋自然保护区设置、海洋环境保护、海洋工程项目的审批、海底排污管道建设审批等环节的主要依据;更为重要的是,海洋功能区划工作为制定和实施全国性和各沿海地方性海洋管理法规奠定了基础。如1993 年国家海洋局发布实施的《中华人民共和国海洋倾废管理条例实施办法》第八条规定:一类、二类倾废区由国家海洋局组织选划,三类倾倒区、试验倾倒区、临时倾倒区由海区主管部门组织选划,而这些倾倒区选划的主要依据就是海洋功能区划中所划定的倾废区。1995 年国家海洋局发布实施的《海洋自然保护区管理办法》规定,建立海洋自然保护区要与海洋功能区划相一致。《河北省海域管理规定》(河北省人民政府,1994 年第109号)第五条规定:"省及沿海市、县有关部门在依法履行其在海域内管理职责时,应当根据海洋开发规划和海洋功能区划,加强对海洋环境的治理和保护"。《山东省海域使用管理规定》(山东省人民政府,1998 年第92 号)第八条规定:"海域使用规划,要与海洋功能区划和城市总体规划、环境保护规划相衔接"。《青岛市海域使用管理规定》(青岛市人民政府,1997 年第78 号)第六条规定:"根据海洋功能区划和海洋产业发展规划,统一安排海域的各种使用"。《青岛市海岸带规划管理规定》(青人发〔1995〕16 号)第十七条规定:"凡在海岸带范围内进行开发利用活动,必须符合海岸带规定及功能区划"。《青岛市海洋渔业管理条例》(1997年11月27日市第十一届人大常委会第三十四次会议通过)第五条规定:"养殖海区的养殖规划,应当符合本市海域功能区划的要求。"

几十项全国性和沿海地方的法规陆续出台,尤其是1993年财政部、国家海洋局颁发的《国家海域使用管理暂行规定》,为海洋功能区划的法律地位奠定了很好的基础。同时,许多沿海国家和一些国际组织对我国海洋功能区划工作给予充分肯定,大大提高了我国所创海洋功能区划的国际影响。比如,韩国准备仿效我国开展海洋功能区划;1997年在泰国召开的"东亚海岸带管理伙伴关系研讨会"已经把中国的海洋功能区划作为一项重要内容来讨论,并强调"东亚示范区"应该把中国的海洋功能区划作为综合管理的依据。

三、海洋功能区划的法律地位

对于海洋功能区划的地位和作用,最早以法律形式颁布在《中华人民共和国海洋环境保护法》(以下简称《海洋环境保护法》)(1999)中。而在2001年10月27日颁布的《中华人民共和国海域使用管理法》(以下简称《海域使用管理法》)对海洋功能区划的编制原则、编制和审批的程序及其地位和作用作了全面、明确的规定。

1.《海洋环境保护法》有关海洋功能区划的规定

1999年12月25日,全国人大常委会通过修改的《海洋环境保护法》,首次赋予海洋功能区划以法律的职责。该法第六条规定:"国家海洋行政主管部门会同国务院有关部门和沿海省、自治区、直辖市人民政府拟定全国海洋功能区划,报国务院批准。沿海地方各级人民政府应当根据全国和地方海洋功能区划,科学合理地使用海域。"第七条规定:"国家根据海洋功能区划制定全国海洋环境保护规划和重点海域区域性海洋环境保护规划。"第二十四条规定:"开发利用海洋资源,应当根据海洋功能区划合理布局,不得造成海洋生态环境破坏。"第三十条规定:"入海排污口位置的选择,应当根据海洋功能区划、海水动力条件和有关规定,经科学论证后,报设区的市级以上人民政府环境保护行政主管部门审查批准……设置陆源污染物深海离岸排放排污口,应当根据海洋功能区划、海水动力条件和海底工程设施的有关情况确定,具体办法由国务院规定。"第四十七条规定:"海洋工程建设项目必须符合海洋功能区划、海洋环境保护规划和国家有关环境保护标准,在可行性研究阶段,编报海洋环境影响报告书,由海洋行政主管部门核准,并报环境保护行政主管部门备案,接受环境保护行政主管部门监督。"

2.《海域使用管理法》有关海洋功能区划的规定

《海域使用管理法》第一章总则第四条明确规定:"国家实行海洋功能区划制度,海域使用必须符合功能区划。"对海洋功能区划,该法又单列为一章(第二章),用六条作了进一步规定。这不仅是继《海洋环境保护法》之后,对海洋功能区划又一次给予了法律地位的确定,而且是近几年来海洋功能区划工作实践的总结和发展,尤其是有关海洋功能区划编制的原则(第十一条),既有很深的科学内涵,又有很强的指导性和现实意义。其第十五条规定:"养殖、盐业、交通、旅游等行业规划涉及海域使用的,应当符合海洋功能区划。沿海土地利用总体规划、城市规划、港口规划涉及海域使用的,应当与海洋功能区划相衔接。"《海域使用管理法》第十条规定:"沿海县级以上地方人民政府海洋行政主管部门会同本级人民政府有关部门,依据上一级海洋功能区划,编制地方海洋功能区划。"第十二条规定了海洋功能区划实行分级审批制度,规定"沿海市、县海洋功能区划,经该市、县人民政府审核同意后,报所在的省、自治区、直辖市人民政府批准,报国务院海洋行政主管部门备案。"第十三条规定:"海洋功能区划的修改,由原编制机关会同同级有关部门提出修改方案,报原批准机关批准;未经批准,不得改变海洋功能区划确定的海域功能。经国务院批准,因公共利益、国防安全或者进行大型能源、交通等基础设施建设,需要改变海洋功能区划的,根据国务院的批准文件修改海洋功能区划。"第十四条规定:"海洋功能区划经批准后,应当向社会公布;但是,涉及国家秘密的部分除外。"上述这些规定将会有力地改变用海无序、无度的状况。

《国务院关于全国海洋功能区划的批复》(国函[2002]77 号)明确指出:海洋功能区划是海域使用管理和海洋环境保护的依据,具有法定效力,必须严格执行。各省、自治区、直辖市人民政府要根据《区划》确定的目标,制定重点海域的使用调整计划,明确不符合海洋功能区划的已用海项目停工、拆除、迁址或关闭的时间表,并提出恢复项目所在海域环境的整治措施。

第二节　海洋功能区划编制的范围和原则

一、海洋功能区划的范围

鉴于海岸带管理的要求,1990～1995 年开展的全国海洋功能区划的范围是:主体是我国享有主权和管辖权的全部海域和海岛,重点是近海海域和岛屿。为了实现海陆开发利用和保护管理的一体化,还包括必要依托的陆域,陆域范围从海岸线向陆地一般不超过10千米。包括一定的陆域部分是因为在国际上一般将海岸带管理纳入海洋管理的范畴,海洋同依托陆域在物质、能量交换、功能等方面都密不可分。

由于全国海域勘界工作尚在进行中,1998 年开展的全国大比例尺海洋功能区划的范围主要是根据海洋工作的需求确定的,不等同于行政管理范围,确定区划范围的主要原则为:

(1) 渤海沿岸省、市、自治区的区划范围:海岸线突出部分为基点向海推进10 海里连线以内的海域(10 海里以外有岛屿的,自岛屿岸线向海 3 海里以内的海域)。

(2) 黄海、东海、南海沿海省、市、自治区的区划范围:领海外界向陆地一侧海域。

(3) 依托陆域部分根据各地的实际情况确定,建议确定的范围:

① 一般可选择距海岸线1 至 5 千米范围内的区域;

② 城市建成区一般以临海第一条城市主要道路为界;

③ 乡村地区以沿海乡镇所辖范围为界;

④ 海岛的陆域范围包括全岛;

⑤ 特殊区域以当地人民政府批准的范围为准。

（4）相邻市、县区划海域界限的划分由共同的上一级海洋管理部门确定：

① 相邻市、县区划海域的界限划分由省、市、自治区海洋管理部门确定；

② 相邻省、市、自治区区划海域的界限划分由国家海洋局确定。

（5）相邻地区海洋功能区划的范围须重叠 1 千米左右的宽度，以免出现空白。

二、海洋功能区划的原则

根据《中华人民共和国海域使用管理法》第十一条，海洋功能区划的原则包括如下五点：

（1）按照海域的区位、自然资源和自然环境等自然属性，科学确定海域功能；

（2）根据经济和社会发展的需要，统筹安排各有关行业用海；

（3）保护和改善生态环境，保障海域可持续利用，促进海洋经济的发展；

（4）保障海上交通安全；

（5）保障国防安全，保证军事用海需要。

三、几种关系的处理

作为实施海洋综合管理的客观准则和依据，在海洋功能区划中，必须处理好各相关方面的关系，协调好各方面的利益，才能使按照科学方法和原则编制的海洋功能区划既具有科学性，又能提高可实施性和可操作性。因此，在海洋功能区划中应妥善处理好以下几种关系：

1. 海洋功能区划与开发现状的关系

功能区划与开发现状之间的关系处理原则为：

（1）凡已开发利用的功能和主导功能一致的，应予以保留；

（2）在功能顺序中，已开发利用的功能为非主导功能，但与主导功能不存在根本性矛盾的，在近期可以保留，需在区划报告中加以阐述，在以后的海洋开发规划中适当限制其规模，转向主导功能的开发；

（3）由于认识上的原因或者历史遗留下来的问题使开发现状不合理，与确定的主导功能或者其他功能有根本性矛盾的，在区划报告中阐明开发的不合理性，建议调整开发方向。

2. 海洋功能区划与海洋开发规划的关系

海洋功能区划以自然属性为主，兼顾社会属性。它考虑的是开发利用和治理保护的合理布局，以产生最佳效益。海洋开发规划则主要考虑社会需求，是一定时间内的工作安排。因此，各行业现有的规划是区划的重要基础资料之一。对规划合理的内容进行融合和兼顾，对不合理的内容进行协调和调整。区划以后的海洋规划应该以区划为基础，安排开发项目应该按照功能顺序优先选择各个区划的主导功能。

3. 海洋与所依托陆域的关系

海洋功能区划必须实现海洋与依托陆域的有机衔接,海洋与依托陆域的关系主要表现在:

(1) 海岸带的潮间带部分以及海岸线是海洋的组成部分;

(2) 现代海洋开发利用往往是陆上开发利用向海洋的延伸,海洋开发利用离不开依托陆域的社会力量和科技力量;

(3) 海洋开发利用必须以依托陆域作为基地等。

4. 重叠功能的关系

海洋特定区域出现多功能可宜性是普遍现象,重叠功能之间的关系分两种情况进行处理:

(1) 一致性(或可兼容性)功能重叠的处理。当各种功能间在开发利用时互不干扰,有时还有助于发挥综合经济效益时,此区域可多功能同时并存。

(2) 不一致性功能重叠的处理。当各功能间存在矛盾且不能兼容时,在确定主导功能后,把与之不能兼容的功能舍去,然后依照下列优选原则确定功能顺序:① 对各功能根据四效益统一的原则进行综合分析,优先考虑能带动区划区域经济发展或对全局起重要作用的功能;② 优先安排海洋直接开发利用功能,注意安排海洋依托性开发利用功能,同时不忽视必不可少的非海洋配套开发利用功能;③ 资源和环境备择性窄的功能优先于备择性宽的功能进行安排。

5. 海洋功能区划与行业和地方利益的关系

为了实现社会经济合理的地域分工,海洋功能的选取必须体现地区社会经济发展的主导方向,有利于地区经济主线的形成。海洋功能区划要充分考虑行业和地方与海洋有关的各种规划,兼顾其中合理的内容,对其中不合理的以及相互间有矛盾的内容进行调整。必须处理好与行业部门和地方利益间的关系是海洋功能区划工作中所处理的各种关系的重要方面,因此,应认真吸取和尊重有关方面的意见,衔接好与有关规划的关系等。

6. 军用功能与民用功能间的关系

沿海是国防前哨,军事地位重要。为此,海洋功能区划把军事区作为特殊功能区,优先予以安排,对于军民可以使用的区域,为了发挥综合效益,可划定为军民两用混合功能区,但军用是特殊需要,列为第一功能。

第三节 海洋功能分区

科学的功能分区是海洋功能区划的一项重要的标准性工作,是科学划分海洋功能区的依据。海洋功能区分类体系应具有客观性和分类系统的科学性,被纳入系统的所有功能区类型应具有客观存在的自然和社会经济基础,并找出各类型之间的相互关系,从而可以建立纵、横层次的关系,形成一个科学的分类体系。另外,海洋功能区分类应具备全面性、先进性,不仅要全面反映目前有关海洋产业和人类的涉海活动,而且要为今后新的海洋产业、人类新的涉海活动留有一定的空间。分类体系还应具规范性和可操作性,以满足海洋管理的需要,同时做到与各产业和各项经济活动相衔接,以便使公众了解,有利于贯彻实施。我国管辖海域划定了10种主要海洋功能区(详见表4.1 海洋功能区分类体系)。

一、港口航运区

港口航运区是为满足船舶安全航行、停靠,进行装卸作业或避风的需要所划定的海域,包括港口、航道和锚地。港口的划定要坚持深水深用、浅水浅用、远近结合、各得其所和充分发挥港口设施作用的原则,合理使用有限的海域。

港口航运区内的海域主要用于港口建设、运行和船舶航行及其他为海上交通运输服务的活动。禁止在港区、锚地、航道、通航密集区以及公布的航路内进行与港口作业和航运无关、有碍航行安全的活动,已经在这些海域从事上述活动的应限期调整;严禁在规划港口航运区内建设其他永久性设施。港口水域执行不低于四类海水水质的标准。

二、渔业资源利用和养护区

渔业资源利用和养护区是指为开发利用和养护渔业资源、发展渔业生产而划定的海域,包括渔港和渔业设施基地建设区、养殖区、增殖区、捕捞区和重要渔业品种保护区。其他用海活动要处理好与养殖、增殖、捕捞之间的关系,避免相互影响,禁止在规定的养殖区、增殖区和捕捞区内进行有碍渔业生产或污染水域环境的活动。养殖区、增殖区执行不低于二类海水水质的标准,捕捞区执行一类海水水质标准。未经批准,任何单位或个人不得在保护区内从事捕捞活动;禁止捕捞重要渔业品种的苗种和亲体;禁止在鱼类洄游通道建闸、筑坝和有损鱼类洄游的活动。进行水下爆破、勘探、施工作业等涉海活动应采取有效补救措施,防止或减少对渔业资源的损害。

三、矿产资源利用区

矿产资源利用区是指为勘探、开采矿产资源而划定的海域,包括油气区和固体矿产区等。矿产资源勘探开采应选取有利于生态环境保护的工期和方式,把开发活动对生态环境的破坏减少到最低限度;严格控制在油气勘探开发作业海域进行可能产生相互影响的活动;新建采油工程应加大防污措施,抓好现有生产设施和作业现场的“三废”治理;禁止在海洋保护区、侵蚀岸段、防护林带毗邻海域及重要经济鱼类的产卵场、越冬场和索饵场开采海砂等固体矿产资源;严格控制近岸海域海砂开采的数量、范围和强度,防止海岸侵蚀等海洋灾害的发生;加强对海岛采石及其他矿产资源开发活动的管理,防止对海岛及周围海域生态环境的破坏。

四、旅游区

旅游区是指为开发利用滨海和海上旅游资源,发展旅游业而划定的海域,包括风景旅游区和度假旅游区等。旅游区要坚持旅游资源严格保护、合理开发和永续利用的原则,立足国内市场、面向国际市场,实施旅游精品战略,大力发展海滨度假旅游、海上观光旅游和涉海专项旅游。要科学确定旅游区的游客容量,使旅游设施建设与生态环境的承载能力相适应,加强自然景观、滨海城市景观和旅游景点的保护,严格控制占用海岸线、沙滩和沿海防护林的建设;旅游区的污水和生活垃圾处理,必须实现达标排放和科学处置,禁止直接排海。度假旅游区(包括海水浴场、海上娱乐区)执行不低于二类海水水质的标准,海滨风景旅游区执行不低于三类海水水质的标准。

五、海水资源利用区

海水资源利用区是指为开发利用海水资源或直接利用地下卤水而划定的海域,包括盐田区、特殊工业用水区和一般工业用水区等。要限制盐田面积的发展,以改进工艺、更新设备、革新技术、提高质量、降低成本、提高单产、增加效益等项措施解决盐业发展用海;严格控制盐田区的海洋污染,原料海水质量执行不低于二类海水水质的标准。一般工业用水区是指利用海水做冷却水、冲刷库场等的海域,执行不低于三类海水水质的标准。

六、海洋能利用区

海洋能利用区是指为开发利用海洋再生能源而划定的海域。海洋能是可再生的清洁能源,开发不会造成环境污染,也不占用大量的陆地,在海岛和某些大陆海岸很有发展前景。要加快海洋能开发的科学试验,提高电站综合利用水平。

七、工程用海区

工程用海区是指为满足工程建设项目用海而划定的海域,包括占用水面、水体、海床或底土的工程建设项目。海底管线区指在大潮高潮线以下已铺设或规划铺设的海底通信光(电)缆和电力电缆以及输水、输油、输气等管状设施的区域;在区域内从事的各种海上活动,必须保护好经批准、已铺设的海底管线;严禁在规划的海底管线区域内兴建其他永久性建筑物。海上石油平台周围及相互间的管道连接区的一定范围内禁止其他用海活动;要采取有效措施,保护石油平台周围的海域环境。围海、填海项目要进行充分论证,可能导致地形、岸滩及海洋环境破坏的要提出整治对策和措施;严禁在城区和城镇郊区随意开山填海;对于港口附近的围、填海项目,要合理利用港口疏浚物。

八、海洋保护区

海洋保护区是指为保护珍稀、濒危海洋生物物种、经济生物物种及其栖息地,以及有重大科学、文化和景观价值的海洋自然景观、自然生态系统和历史遗迹而划定的海域,包括海洋和海岸自然生态系统自然保护区、海洋生物物种自然保护区、海洋自然遗迹和非生物资源保护区、海洋生物物种自然保护区、海洋自然遗迹和非生物资源自然保护区、海洋特别保护区。海洋保护区应当严格按照国家关于海洋环境保护以及自然保护区管理的法律法规和标准,由各相关职能部门依法进行管理。

表 4.1　海洋功能区分类体系

代码	一级类 名称	一级类 含义	代码	二级类 名称	二级类 含义
1	港口航运区	是指为船舶安全航行、停靠，进行装卸作业所需要或避风的需要所划定的海域	1.1	港口区	指可供船舶停靠，进行装卸作业和避风，包括港池、码头和仓储地。
			1.2	航道区	指供船只航行使用的区域。
			1.3	锚地区	指供船只候潮、待泊、联检、避检、避风使用或者进行水上装卸作业的区域。
2	渔业资源利用和养护区	是指为开发利用和养护渔业资源，发展渔业生产而划定的海域	2.1	渔港和渔业设施基地建设区	指可供渔船停靠，进行装卸作业以及避风的区域，包括港池、码头、附属的仓储地以及重要苗种繁殖场所等。
			2.2	养殖区	指以人工培育和饲养具有经济价值的海洋生物品种为主要目的的渔业资源利用区。包括港湾养殖区、滩涂养殖区、浅海养殖区等。
			2.3	增殖区	指由于过度捕捞和不合理养殖或海洋环境破坏而使海洋生物资源遭遇到破坏，需要经过繁殖保护措施来增加和补充生物群体数量的区域。
			2.4	捕捞区	指在海洋游泳生物（鱼类和大型无脊椎动物）产卵场、索饵场、越冬场以及它们洄游通道（即过路渔场）使用国家规定的方法采取海产动物的方法进行的渔业品种和越冬的区域。
			2.5	重要渔业品种保护区	指用来保护具有重要经济价值和遗传育种价值的渔业品种和遗传育种等栖息繁育生境的区域。
3	矿产资源利用区	是指为勘探、开采矿产资源而划定的海域	3.1	油气区	指正在开采的油气田和已探明的油气田及含油气构造。
			3.2	固体矿产区	指正在开采的矿产区或区尚未开采但具有工业开采价值的矿产区。
			3.3	其他矿产区	指正在开采的矿产区或区尚未开发但已探明具有开采价值的除油气、固体矿产之外的其他矿种类矿产区。
4	旅游区	是指为开发利用滨海和海上旅游资源，发展旅游业而划定的海域	4.1	风景旅游区	指具有一定质量和量的自然景观或人文景观的区域。
			4.2	度假旅游区	指具有度假、运动以及娱乐休乐价值的区域。
5	海水资源利用区	是指为开发利用海水资源而划定的海域	5.1	盐田区	指已开发的盐田区和具有建盐田条件的区域。
			5.2	特殊工业用水区	指从事取海水、食品加工、海水淡化或从海水中提取化学元素等活动的区域。
			5.3	一般工业用水区	指利用海水做冷却水、冲刷库场等用的区域。
6	海洋能利用区	是指为开发利用海洋再生能源而划定的海域	6.1	潮汐能区	指已经开发或具有开发潮汐能条件的区域。
			6.2	潮流能区	指已经开发或具有开发潮流能条件的区域。
			6.3	波浪能区	指已经开发或具有开发波浪能条件的区域。
			6.4	温差能区	指已经开发或具有开发温差能条件的区域。

表4.1（续）

代码	一级类 名称	含义	代码	二级类 名称	含义
7	工程用海区	是指为建设海岸、海洋工程而划定的海域	7.1	海底管线区	指已埋(架)设或规划近期内埋(架)设管线的区域,包括埋设海底油气管道、通讯光(电)缆、输水管道及深海排污管道的区域。
			7.2	石油平台区	指已建或规划近期建设海上石油平台的区域。
			7.3	围海造地区	指规划近期内通过围海、填海新造陆地的区域。
			7.4	海岸防护工程区	指已建或规划近期内建设为防范海浪、沿岸流等侵蚀及台风、气旋等自然灾害侵袭的海岸防护工程的区域。
			7.5	跨海桥梁区	指已建过规划近期内建设跨海桥梁的区域。
			7.6	其他工程用海区	指已建过规划近期内建设其他工程的区域。
8	海洋保护区	是指为保护珍稀、濒危海洋生物物种、经济生物物种及其栖息地、以重要科学、文化和景观、自然和历史遗迹而划定的海域	8.1	海洋和海岸自然生态保护区	指以海洋海岸自然环境、自然资源和具有一定代表性、典型性和完整性的生物群落和非生物环境共同组成的生态系统作为主要保护对象的区域。
			8.2	生物物种自然保护区	指以珍稀与濒危物种种群及自然环境为主要保护对象的区域。
			8.3	自然遗迹和非生物资源自然保护区	指在对自然历史的研究方面具有重要科学价值(如地质剖面、海蚀—海积古海岸地貌等),经县以上人民政府批准建立的自然遗迹保护区。
			8.4	海洋特别保护区	指在海洋环境中那些在自然资源、海洋开发和海洋生态方面对国家和地方有特殊重要意义,需要特别管理和保护、实现资源持续利用的区域。
9	特殊利用区	指满足科研、军事、陆源排污、倾倒废物和废弃物等用途需要而划定的海域	9.1	科学研究试验区	指具有特定的自然条件和生态环境,用于试验、观察和示范等科学研究的区域。
			9.2	军事区	专指由于军事需要,现已使用或者在区划内的有效时段内随着军事发展预期需要而占用的岸段和水域。
			9.3	排污区	指经当地人民政府批准在河口或直排口附近海域划出一定范围用以受纳指定区污水的区域。
			9.4	倾倒区	指用来倾倒疏浚物或固体废弃物的海域。
10	保留区	指目前尚未开发利用,且在区划限期内也不能开发利用的海域			

九、特殊利用区

特殊利用区是指为满足科研、军事、倾倒疏浚物和废弃物等特定用途需要而划定的海域。包括科学研究试验区、军事区和倾倒区等。科学研究试验区禁止从事与研究目的无关的活动以及任何破坏海洋环境本底、生态环境和生物多样性的活动。军事区是指专用于军事需要、现已使用或者在区划期限内预期需要占用的海域，包括军港海域和锚地、军事训练区域、武器装备试验区域、军事专用航道等。鉴于国家安全的重要性和特殊性，在同等条件下应优先满足军事用海的需要，并依据《中华人民共和国军事设施保护法》的规定，限制进入军事区及在军事区内从事海洋开发利用活动。倾倒区要依据科学、合理、经济、安全的原则选划，合理利用海洋环境的净化能力，加强倾倒活动的管理，把倾倒活动对环境的影响及对其他海洋利用功能的干扰减小到最低程度。要加强海洋倾倒区环境状况的监测、监视和检查工作，根据倾倒区环境质量的变化，及时做出继续倾倒或关闭的决定。

十、保留区

保留区是指目前尚未开发利用且在区划期限内也无计划开发利用的海域。保留区应加强管理，暂缓开发。对临时性开发利用，必须实行严格的申请、论证和审批制度。

第四节　海洋功能区划的编制

《海域使用管理法》第十条规定："国务院海洋行政主管部门会同国务院有关部门和沿海省、自治区、直辖市人民政府，编制全国海洋功能区划。沿海县级以上地方人民政府海洋行政主管部门会同本级人民政府有关部门，依据上一级海洋功能区划，编制地方海洋功能区划"。

这就明确规定了全国和地方海洋功能区划编制的牵头（主持）部门以及参加的部门。关于海洋功能区划的编制，大体遵循以下程序。

一、成立编制组和制定工作方案

鉴于海洋功能区划的行政性，其工作程序不能照搬一般科研工作的做法，而应进行符合自身特点的设计。为了实现海洋功能区划工作的科技性和行政性的有机结合，保证其成果在海洋开发利用、保护管理，尤其是执法监察工作中得以贯彻执行，必须强化海洋功能区划的行政性，应按行政工作的方式进行组织。其组织形式如下：

（1）组建政府领导主持下的、由涉海行政部门领导参加的海洋功能区划领导小组，负责海洋功能区划工作的组织、领导、讨论和协调，决定海洋功能区划工作中的重大问题。

（2）坚持海洋功能区划工作行政性的同时，还必须保证它的科学性。为了实现这一目标，在海洋功能区划领导组的领导下组建海洋功能区划技术指导组，讨论、研究海洋功能区划的技术问题，负责海洋功能区划的技术指导。

（3）由海洋行政管理机构负责，联合涉海行政部门，共同组建海洋功能区划工作组，具体负责海洋功能区划的编制工作。工作组最好要依托有能力承担这项工作的高校或科研单位,工作组成员的专业面要满足工作的需要。

(4) 在保证海洋功能区划科学性的同时,还必须充分协调好各种涉海关系,提高海洋功能区划的可实施性和可操作性。

二、资料收集和分析

1. 资料的收集范围和内容

海洋功能区划必须全面收集自然环境、自然资源、开发状况、开发能力、社会经济以及与此有关的规划和区划资料。

自然环境资料包括地质地貌、海洋水文、陆地水文、海洋生物、海域环境质量和自然灾害等。自然资源及开发现状资料又可分为空间资源及开发现状、矿产资源及开发利用,以及海洋生物、化学、新能源及其开发利用和自然灾害防护措施等资料。

(1) 空间资源及其开发资料包括如下内容:

① 港口、航道和锚地:包括范围、面积、水深、水文和地质条件、避风条件、水下障碍和冲淤状况、泊位和占用岸线长度、堆场面积、吞吐能力、运营状况、限制因素、现有港口发展史、拟建规划。

② 旅游:包括范围、面积、自然景观和人文景观的数量和质量、体育运动和娱乐价值、旅游设施、知名度、旅游区等级、基础设施、客源、容纳人数、土特产、接待人数、产值和外汇收入等。

③ 农、牧业:包括范围、面积、土壤类型、种植类别、牧畜种类、载畜量、农牧产量和产值及有关的自然环境资料。

④ 林木和植被:包括林木和植被现状及破坏情况、土壤条件、水土流失状况、气候条件、淡水供给、林木和植被面积、种类分布、木材蓄积量、林业产量、产值、繁衍与保护措施及效果等资料。

⑤ 工业和城市建设:包括范围、面积、人口、产业结构和产值及基础设施情况等。

(2) 矿产资源开发利用资料包括如下内容:

① 油气田:包括范围、面积、资源量、油气结构、地层和岩性、水深、埋深、油层厚度和原油性质、生产量、开采年限、后方基地等。

② 固体矿产:包括矿种、位置、范围、面积、品位、矿层厚度、储量、生产量、产值、开发限制条件等。

(3) 海洋生物、化学、新能源资源及其开发利用资料应包括如下内容:

① 海水养殖区:包括面积、水文、水质、底质现状、气候和环境条件、养殖品种和方式、饵料和饵料来源、产量和产值等资料。

② 海洋渔业:包括初级生产力、生物种类和生物量、资源种类和资源量、资源分布和渔场、渔汛情况、产量和产值等资料。

③ 增养殖业:包括范围、面积、资源类型和资源量、资源演化情况、资源破坏情况、增殖方式、增殖保护措施及效果等资料。

④ 渔区:包括范围、禁渔方式、禁渔期限和禁渔的效果等资料。

⑤ 盐业:包括滩涂面积、滩面坡度和底质类型及质量情况、降水量和蒸发量、海水盐度、日照、风况、盐田分布及其产量、产值和成盐等级等资料。

⑥ 地下卤水资源:包括范围、面积、储量、卤水浓度、埋藏深度、产量、产值、开采限制条件等资料。

⑦ 风能:包括范围、开发方式、能量蕴藏量、能量、能源利用率、效益和开发限制条件等资料。

⑧ 其他海洋能:包括各种海洋能源的分布和储量、开发利用条件、开发现状等资料。

另外,自然灾害防护措施、自然保护区、特殊功能区和保留区等资料也需要收集。

2. 资料的收集方法

区划资料可以通过三种途径得到:

(1) 从国家、省市科技信息部门或资料数据库检索;

(2) 全面收集本地区有关行政部门、行业、大型企业、科技院所、专业技术单位的调查资料、图集和研究论著等;

(3) 函调、实地调查(尤其是利用遥感、航拍等先进手段进行调查),以及与当地政府部门及有关企事业、军事单位人员座谈,了解收集开发现状和存在的矛盾问题。

另外,当地的国土规划、农业区划、渔业区划、统计年鉴、环保统计年鉴和各行业部门的远景规划等资料对海洋功能区划特别有用,也是必须要收集的。

3. 资料收集的年限

对于自然环境和自然资源,应收集最新资料;对于社会经济,要用开始工作前一年的统计资料;对于开发现状,应使用区划当年的资料;对于社会发展的资料,应用未来5年、10年或更长时段的规划资料,以及国家有关部门和省、市(地)、县(市)的与海洋有关的规划、区划资料和研究成果。

4. 资料汇总与分析

课题组可根据专业和编写报告的需要分成几个专业组,对收集到的各种资料进行汇总、分类和综合分析,主要包括如下内容:

(1) 区位优势分析:地理位置、区划区域的经济特点和对周边地区的影响。

(2) 资源分析:该区的优势资源、蕴藏量和分布、开发情况以及资源开发对本地区经济的影响。

(3) 自然环境分析及灾害风险评估:从收集到的大量自然环境资料中,归纳出有利于该区资源开发的自然环境条件和制约因素。

(4) 社会经济状况分析:通过对各行业的产业结构、产值和效益的分析,找出该区经济发展的主导方向与主要问题。

三、功能区划方法

海洋功能区划的核心问题是如何深刻揭示海洋特定区域固有的主导功能和如何协调好各种关系。为此,海洋功能区划方法主要强调两方面的问题:第一,将建立划定各类海洋功能区的标准体系,作为判别各类区域的固有功能的指标体系,归结为"指标法";第二,通过建立科学的协调原则、相关关系处理准则和应用层次分析法,来协调好各方面的关系和选定主导功能,归结为"协调法"。

1. 指标法

大比例尺海洋功能区划的基本方法是具有因果关系的指标法,指依据各种定量或定性标准(指标)确认海洋不同区域对于各类海洋功能的适宜性,即依据科学标准(指标)确认海洋不同区域对于各海洋功能的适宜性。为了建立科学、合理的划定海洋功能区的指标体系,大比例尺海洋功能区划工作规定了建立指标体系的原则,包括:

(1)指标选取必须揭示海洋不同区域固有属性这一原则要求所制定的划定功能区标准(指标)是对海洋特定区域自然条件、区位条件、环境状况、资源条件、社会条件和社会需求等固有属性的界定。特定区域只有满足所制定的这些特定的指标和要求,才能划定特定功能区和保证所做工作的合理性、科学性。

(2)指标选取必须兼顾到地域性和可操作性,一般地说,指标体系中选取的标准即指标是按照全国统一的原则选取的,但考虑到我国海岸线漫长,南北纬度跨度和气候差异大,固有条件相差悬殊等因素,很难对指标做出全国统一的规定。为此,对有些指标做了比较有弹性的规定,以满足地方功能和地方需要。这样可以提高指标体系的可用性即可操作性。

(3)指标选取必须兼顾到海洋功能条件的可创造性特定区域固有属性条件是适合特定功能的基础条件,但不是绝对条件。在现代科学技术条件下,在有特殊需要的特定形式下,也可以创造条件划定特定功能区。

(4)指标选取定量、定性相结合在指标选取中,首要的选择是选取定量指标,现实条件还不能完全做到这一点。其次是选取定量与定性相结合的指标,要全部做到也是有困难的,只有在不得已的情况下才选取定性指标。但是随着科技的进步、条件的成熟,可以不断丰富定量指标。

根据以上原则,海洋功能区划针对海洋功能区分类系统中诸多最低层次的海洋功能区选取了定量、定性或者两者相结合的指标,构成了海洋功能区划的指标体系。

2. 协调法

区划指标是划定各种海洋功能区的基础,但不是惟一的依据。海洋功能区作为综合协调管理的行为规范,在划定各种海洋功能区时,还必须应用比较法、综合法和叠加法,协调好各种相关关系,进行优化处理。即通过比较不同区域固有属性的差异性,综合考虑海洋不同区域的自然属性和社会属性,资源、经济、社会、生态四效益,开发利用与治理保护间的关系,近期与长远效益,不同地区间和不同行业间的利益等因素,通过把海洋不同区域的区位、自然资源、自然环境、社会条件和社会要求等因素叠加在一起,进行比较研究和系统分析,划分出各类具体的海洋功能区。

四、海洋功能区的划分

海洋功能区的划分过程如图4.1所示。在分析资料的基础上,根据功能区的区划类型划分指标体系进行逐类、逐级划分。

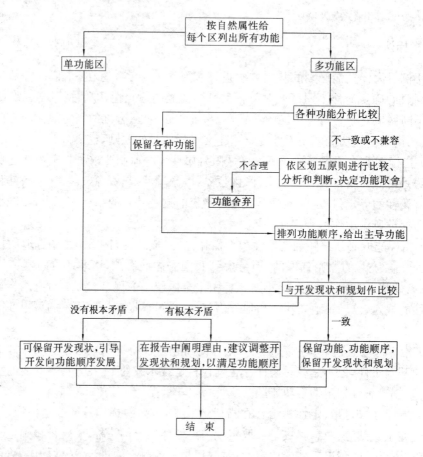

图4.1　划分海洋功能区工作过程示意图

有的区域只有一种功能,有的具备多种功能。只有一种功能的区域为单功能区,具备多种功能的区域为多功能区。多功能区应根据各个功能的重要程度排出功能顺序。

根据自然属性划定的功能,只能解决该区域能够做什么用的问题,但应该做什么或以什么功能为主导功能,则需要考虑社会需求、开发现状等多种因素。因此,还应该把按照自然属性划定的功能,根据社会属性,遵循海洋功能区划的原则进行分析、比较和判断,将对该地区经济发展起带动作用、综合效益最佳的功能确定为主导功能,舍去与之不能兼容的功能后排出功能顺序。比如,青岛市胶州湾东岸,从团岛到海泊河口是基岩海岸,岸外地形较陡,深水区离岸较近,水域开阔,隐蔽条件好,具有建深水大港的条件;同时,其水域水质良好,适合养殖藻类、海参和其他海珍品,这是一个具有两种功能的区域。那么,该区的主导功能是港口还是海水养殖,只根据自然属性很难确定,还要根据它们的经济效益和社会需求等社会属性来考虑。青岛是一个港口城市,以港兴市,是青岛市经济发展的基本方针和立足点。近几年来,虽然海水养殖业越来越受到重视,但就其在国民经济中的地位来看,港口显然应排在第一位,而海水养殖只能排在第二位。适合建港的海域往往也适合海水养殖,但海水养殖,特别是筏式养殖,如果不按规划的要求,任意挤占航道,则将影响船只的进出港,山东省岚山港就是一个明显的例子。在功能区划之前,因为没有明确划定港口区,当地渔民在主航道两侧养殖扇贝和海带,影响船只正常运行,引发很多纠纷。所以港口和海水养殖不能兼容,在胶州湾及邻近海岸带功能区划时,从团岛至海泊桥之间的陆域和海域明确划为港口区,从而促进了港口工业的发展。

五、海洋功能区划报告的编写

海洋功能区划具有战略性、总体性和指导性。海洋功能区划的对象是全部海洋资源的开发、利用、整治和保护。海洋功能区划的作用是结合海洋资源的特点和地区社会经济发展需求,最大限度地发挥海洋的作用,保护海洋生态环境,综合各涉海行业对海洋的开发需求,协调各部门的用海矛盾;是由海洋部门牵头、会同有关部门编制的。区划报告要正确反映区划区域的自然资源状况,开发现状和社会经济状况,区划的原则、方法和依据及各功能区划分的理由。

区划报告的编写需要有系统性、连贯性。在功能区划草图和报告初稿完成后,应与区划所在地的有关行政部门和行业主管部门进行座谈、征求意见、进行修改。

区划报告应包括的主要内容如下:

(1) 区划的目的和原则。

(2) 区划的依据与采用标准。

(3) 区划区域的地理位置与区位优势。

(4) 社会经济状况:主要阐明内容包括区划区域的范围、人口状况、城镇结构和分布、主要海洋产业及依托陆域相关产业状况、基础设施等。

(5) 自然状况:主要叙述其地质地貌特征和稳定性、气候特征、水文条件、海洋生物、海洋环境质量现状与评价、主要自然灾害及风险情况。

(6) 自然资源类型及开发状况:应着重阐明主要自然资源及其开发现状,并综合评述各种资源的开发利用状况、前景及存在问题。

(7) 功能区划:这是区划报告的核心内容。根据海洋功能区的分类体系和划区标准,划出各种功能区,确定主导功能和功能顺序,填写海洋功能区登记表(见表4.2)。对重点功能区的确认及矛盾的处理给予必要的说明。

表4.2 海洋功能区划登记表

一级类名称

二级类		海洋功能区		地区	地理范围	面积	使用现状	管理要求	备注
代码	命名	代码	名称						

（8）贯彻实施与管理的建议，分析海洋开发与管理中存在的主要问题，针对这些问题提出改正的措施和建议。

六、绘制海洋功能区划图

绘制区划图应遵循《海洋功能区划编图技术规定》的相关部分的内容。区划图要突出海洋功能和立体性特点，应在注重扩大信息量的同时，突出海洋功能平面分布和立体分布的特点，提高图件的可操作性。

1. 比例尺

1990 年完成的海洋功能区划比例尺为 1∶70 万；黄海和东海海区的功能区划为 1∶100 万；南海区的功能区划为 1∶250 万；在沿岸区为 1∶20 万。因此，所编制的海洋功能区划又称为小比例尺功能区划。

1998 年开始进行的大比例尺海洋功能区划规定：重点区选用 1∶25 000；一般区选用 1∶50 000。因此，所编制的海洋功能区划又称为大比例尺功能区划。

2. 符号尺寸

海洋功能区划图件采用下列符号和尺寸：

实线划粗 0.2 mm；

虚线划粗 0.2 mm，虚线段单位长度 3 mm，虚线间的空白间距 2 mm；

实心点直径 0.3 mm，圆点 1 mm；

图中的平行斜线（实线或虚线）倾斜方向均采用 NW—SE 向；

两平行线之间的间距为 0.5～2 mm；

陆域区划范围界定线采用线粗 0.3 mm 的黑色线绘制。

3. 颜色

功能区划图可采用黑白图或彩色图。采用彩色图时，应用蓝、黄、绿、红、黑 5 种主色；底图的空白部分，可着浅灰色彩。在具体编绘时对上述主色可适当调配。

4. 图例

绘图时使用海洋功能区划导则中给出的图例。若其中的图例还不能满足所表示的内容，可视情况自行设计少量图例，并加以说明。

5. 投影

海洋功能区划图采用高斯-克吕格投影。

七、建立区划管理信息系统

海洋功能区划工作是综合性的、跨地区、跨部门的重要基础性工作，制定国家相对统一的信息管理系统实施方案,对于实现海洋功能区划信息的标准化和规范化不仅具有重要的战略意义,也具有重大的实用价值。海洋功能区划信息管理主要是为制定战略决策服务的,它主要是依据国家经济发展规划和当地经济发展趋势、涉海经济的发展对海洋功能区划进行动态调整,以使海洋资源优势得以发挥。

1. 区划管理信息系统的目标

(1) 区划管理信息系统的总体目标。大比例尺海洋功能区划动态信息管理系统是为海洋管理服务的。它的目标为:开发海洋信息资源,支持海洋管理的业务运行、功能区划专题信息管理和战略决策,支持海洋科技、海域使用、海洋工程的各项活动,支持国民经济发展和国家管理的有关政策。

① 科学存储:海洋功能区划信息,适时更新图件、数据和文档。

② 查询、检索:掌握海洋资源状况。

③ 数据处理:支持海洋管理的操作运行。

④信息支持:开展功能区划专题管理活动。

⑤ 分析研究:提供功能区划、海洋管理、环境和海洋经济的辅助决策。

⑥海洋开发工程指标、方案的拟定、设计,支持海域使用审批。

(2) 区划管理信息系统的分级目标。大比例尺功能区划动态信息管理系统包括三个层次的工作:海洋功能区划方案制定、业务运行和战略决策。它是一个分布式系统,各层次的目标和功能也有极大差异:越向基层,操作运行的比例越大;越向高层,决定和控制的职能越强。海洋功能区划方案的制定是指在海洋科研部门和市县级海洋管理部门的共同参与下遵照海洋功能区划的技术导则,采用航空遥感和地理信息系统技术,按照规定制定的技术路线,进行海洋资源环境状况和海域使用现状的调查和监测,广泛收集各涉海行业的综合发展规划、计划等。建立各类专题信息库,采用计算机技术生成各类功能区划草图,结合专家评估、评判、产生功能区划图,并完成功能区划登记表,建立数据库。

功能区划管理的操作运行是指在海洋功能区划工作完成之后,进行正常海洋功能区划的业务管理工作。此项工作主要由市县级海洋管理部门具体操作执行,具体是以功能区划信息为基础,对各项涉海工程和海域使用要求进行评估、管理、监察等,完成日常的数据更新、统计、查询、分析、功能区划图表打印等工作,其数据源以当地的图件、数据和档案文件为主,完成功能区划的管理工作。

2. 功能区划信息查询功能

方便快捷、功能强大的信息(包括功能区划空间信息和属性信息)查询是海洋功能区划信息管理系统的特色之一。在海洋功能区划信息系统中将实现下列查询功能:

(1) 功能区划空间信息的查询。查询指定地区内的功能区划情况;查询某地所属功能单元的空间分布范围。

(2) 功能区划属性信息查询。根据某类功能区划单元某个属性的特定条件,查询该类功能单元的空间分布和属性信息。

(3) 功能区划空间与属性信息联合查询。在区划图中选中某个单元,列出其相关信息,根据功能区划类型等属性条件,在图上查询符合这些条件的信息。如面积、功能、代码等,并显示出符合该条件的功能单元。

八、征求意见、评审、报批和向社会公布

《海域使用管理法》第十二条规定:"海洋功能区划实行分级审批。全国海洋功能区划,报国务院批准。沿海省、自治区、直辖市海洋功能区划,经该省、自治区、直辖市人民政府审核同意后,报国务院批准。沿海市、县海洋功能区划,经该市、县人民政府审核同意后,报所在的省、自治区、直辖市人民政府批准,报国务院海洋行政主管部门备案。"

海洋功能区划工作是按行政工作的组织方式实施的一项海洋科技工作,为了最终将这项工作成果变为海洋行政管理工作必须遵守的行为规范,必须实现政府对海洋功能区划成果的审批。海洋功能区划的政府审批是一个重要环节,因为海洋功能区划不仅是立足于海域客观功能的基础上,而且还是一个跨行业、跨部门的区划,其编制与管理部门不是用海单位,本身没有海洋开发产业。因此,确立其政府批准制度,可以提高海洋功能区划的权威性,对保证海洋功能区划实施是非常重要的。对于海洋功能区划成果,应提请涉海部门广泛征求意见,对其进行修订、完善,完成相关关系的充分协调,并在协调、完善的基础上,将其成果提交海洋功能区划领导小组讨论通过。最后,报政府审查、批准,完成海洋功能区划成果向海洋工作中必须贯彻执行的行为规范的转化。《海域使用管理法》第十四条对海洋功能区划向社会公布的条件也做出了规定和限制:"海洋功能区划经批准后,应当向社会公布;但是,涉及国家秘密的部分除外。"

任何事物都有一个发展过程,海洋功能区划亦是如此。为了满足海洋开发利用、保护管理,尤其是执法监察工作不断发展的需要,应确立海洋功能区划定期修订的机制,确立制度化的海洋功能区划滚动发展的机制。对于海洋功能区划的修订,《海洋使用管理法》第十三条规定:"海洋功能区划的修改,由原编制机关会同同级有关部门提出修改方案,报原批准机关批准;未经批准,不得改变海洋功能区划确定的海域功能。经国务院批准,因公共利益、国防安全或者进行大型能源、交通等基础设施建设,需要改变海洋功能区划的,根据国务院的批准文件修改海洋功能区划。"

在政府的组织领导下,由海洋行政管理部门负责,联合涉海行政管理部门定期对海洋功能区划进行修订,然后报政府批准。

第五节　贯彻落实海洋功能区划的措施和管理

一、认真学习、积极贯彻《海域使用管理法》

《海域使用管理法》总结了我国近10年来海洋功能区划的经验,明确规定了"国家实行海洋功能区划制度。海域使用必须符合海洋功能区划"。这大大提高了海洋功能区划的意义、作用和法律地位。同时,该法又专辟一章,对海洋功能区划的编制、原则、审批以及与各用海行业和规划的关系均作了明确的规定。海洋功能区划是海洋综合管理的一项最重要的制度。通过学习、贯彻这个重要的法律,能在全民中进一步树立海洋是国家所有的观

念,提高科学用海的认识,从而有利于海洋功能区划的贯彻实施,有利于克服在海洋开发利用中的"三无"现象,促进我国海洋经济持续、健康地发展。

在认真学习和积极贯彻《海域使用管理法》的基础上,要努力搞好全国和沿海地方的海洋功能区划编制,并对海洋功能区划的技术导则做必要的修改,抓紧制定和落实海洋功能区划的配套规章制度和管理工作。

二、深化海洋功能区划,完善海洋功能区划

1989~1995年,历时7年完成了小比例尺全国海洋功能区划。在全国海洋功能区划报告中,作为贯彻海洋功能区划的措施之一,提出了"不断深化海洋功能区划,对海洋功能区划实行动态管理"的要求。1998年开始进行的大比例尺海洋功能区划,是基于以下方面的考虑:

(1)随着海洋功能区划工作和实践的不断深入,海洋功能区划的理论和方法会日趋成熟,相应地也要深化和完善海洋功能区划的理论体系。

(2)已完成的全国海洋功能区划是小比例尺的,在沿岸区为1∶20万,在外海区为1∶100万至1∶250万,其精确度很难满足海洋综合管理的需要。因此,有必要细化海洋功能区划工作。

(3)随着海洋调查研究、开发利用和治理保护工作的发展,各种资料的日益积累使深化、细化海洋功能区划的条件不断得到改善。

(4)随着海洋综合管理工作的深入发展,会对海洋功能区划的条件提出越来越高的要求等。

目前,全国海洋功能区划的编制已完成且经国务院批准。要求沿海各省、自治区、直辖市人民政府要遵循《海域使用管理法》确定的编制原则,在全国海洋功能区划的指导下,尽快完成地方各级海洋功能区划的编制或修订工作,并逐级严格审批。

三、将海洋功能区划转化为政府行为,制定海洋功能区划实施管理办法,实现依法治海

开展大比例尺海洋功能区划最终是要为海洋综合管理工作服务的。因此,海洋功能区划是一种政府行为,一经批准即具有法律效力。如何使区划体现为政府行为是区划编制人员在实际工作中最先面临的问题。

加强海洋功能区划宏观指导海洋资源开发与管理的作用,避免海洋开发利用犯"功能性"错误。根据《海域使用管理法》中对海洋功能区划的有关规定,政府部门应根据所掌握的不同海域的主导功能和功能顺序,科学合理地开发利用海洋资源,按照其主导功能去开发利用,保证科学合理地使用海洋资源,避免盲目开发可能造成的损失和浪费。"养殖、盐业、交通、旅游等行业规划涉及海域使用的,应当符合海洋功能区划。沿海土地利用总体规划、城市规划、港口规划涉及海域使用的,应当与海洋功能区划相衔接。"实施海洋功能区划已是有法可依,要做到有法必依、违法必纠,就需要有关政府部门的大力配合,根据本地区的实际情况和该地区的海洋功能区划,制定出相应的实施细则,制定、完善与《海域使用管理法》相配套的相应管理法规,制定地方性海洋政策和法规。

四、强化海洋行政管理机构是实施海洋功能区划的组织保证

管理机构和法制建设是实施海洋功能区划的组织保证的关键。《海域使用管理法》第十条规定:"国务院海洋行政主管部门会同国务院有关部门和沿海省、自治区、直辖市人民政府,编制全国海洋功能区划。沿海县级以上地方人民政府海洋行政主管部门会同本级人民政府有关部门,依据上一级海洋功能区划,编制地方海洋功能区划。"国家已经明确,海洋功能区划工作由海洋主管部门和各级地方政府负责,并且全国人大也赋予海洋功能区划以法律地位。建立严格的审议、监督制度,执法队伍和能力建设,并根据地方的实际情况制定一些具体的细则,这是海洋功能区划实施的有力保证。

五、制定海洋开发和海洋环保规划,将海洋功能区划的实施落到实处

海洋功能区划是海域自然属性的反映,提供了一种海域开发利用方式的可能性,是规划的科学基础。从海洋环境保护法的角度来看,海洋功能区划是一种限制手段;在海域使用方面,海洋功能区划是对海域空间利用的功能排序;对于经济发展来说,海洋功能区划能够引导海洋产业向最优化方向配置。以海洋功能区划为依据,进行海洋开发和海洋环保规划,根据社会经济发展水平和社会需求,为海域开发提供可行性。区划与规划的有机结合,是海洋的自然属性和海洋开发的社会属性的结合,能够保障海洋经济的发展逐步趋向科学化、合理化,促使海洋综合管理职能尽快到位。

六、加强科学研究,发展海洋功能区划理论,完善、深化海洋功能区划工作成果

任何事物都在不断发展变化。由于海洋功能区划是一项全新的、开创性的、大型的海洋基础性工作,涉及多学科、多行业,综合性强、技术要求高、工作难度大,其首次提出的海洋功能区划概念、原则、任务与内容、功能区系统分类、功能区指标体系以及海洋功能区划的方法论等,对中国海洋事业尤其是海洋管理将会产生直接、有力的推动作用,而且也一定会对世界其他沿海国家和全球海洋的开发、保护和管理产生巨大的影响。随着海洋开发和保护事业的发展以及科学技术水平的不断提高,海洋功能区划本身也将在实践中不断加以修正、充实,使之更加科学、更加完善,更好地为海洋综合管理服务。

参考文献

1. 国家技术监督局. 海洋功能区划技术导则. 1997 年 11 月
2. 葛瑞卿. 海洋功能区划的理论与实践. 海洋通报,2001,20(4):52~63
3. 第九届全国人民代表大会常务委员会第十三次会议修订. 中华人民共和国海洋环境保护法. 1999 年 12 月 25 日
4. 第九届全国人民代表大会常务委员会第二十四次会议通过. 中华人民共和国海域使用管理法. 2001 年 10 月 27 日

5. 胶州湾及邻近海岸带功能区划联席会议编.胶州湾及邻近海岸带功能区划.北京：海洋出版社,1996

6. 鹿守本.海洋管理通论.北京：海洋出版社,1997

7. 国家海洋局关于印发《关于组织沿海省、市、自治区大比例尺海洋功能区划工作的通知》(国海管发[1998]227 号文)

8. 国家海洋局关于印发《海洋功能区划验收管理办法》的通知(国海管发[1999]432号文)

9. 全国海洋功能区划.国务院关于全国海洋功能区划的批复(国函[2002]77 号)

10. 李永祺,鹿守本主编.海域使用管理基本问题研究.青岛：青岛海洋大学出版社,2002

第五章 海洋资源管理

第一节 海洋资源管理概述

一、基本概念

1. 海洋资源

按照国际公认的定义,海洋资源是指在一定社会、经济条件下,海洋环境中可以被人类利用的物质和能量以及与海洋开发有关的海洋空间。海洋资源按其属性可分为海洋生物资源、海底矿产资源、海水化学资源、海洋动力资源、海洋空间资源、海洋旅游资源等。按照海洋资源生成状况,还可以划分为可再生性海洋资源与不可再生性海洋资源等。

2. 海洋资源管理

如果从管理学奠基人泰罗(F. Taylor,1856～1915)建立"科学管理体系"算起,管理学已有100多年的历史,管理学本身也发生了巨大的变化。现代对于"管理"所下的定义也很难统一起来,国际比较认可的广义管理可以定义为:管理是对组织成员的努力和其他组织资源的使用进行计划、组织、领导和控制,以实现既定组织目标的过程。

鹿守本在其所著的《海洋管理通论》一书中,把海洋管理对象分为自然系统对象、海洋使用者和海上活动者两部分,并将海洋管理定义为:在海洋事业(含开发、利用、保护、权益、研究等)活动中发生的指挥、协调、控制和执行实施总体过程中所产生的行政与非行政的一般职能。

参照《中国海洋21世纪议程》第七章"沿海区、管辖海域的综合管理"中的有关部分,可以对海洋资源管理的定义进行如下表述:以海洋资源的可持续利用为目的,通过行政、法律、经济、技术、教育等手段,对海洋资源的开发、利用活动进行规划、组织、指导、协调和监督的过程。

按照现有海洋资源管理的方式,可以具体分为海洋资源的分类(或分行业)管理和海洋资源的区域综合管理。前者不仅体现海洋资源本身质的差异,而且在于不同的海洋资源其利用方向不一样,在经济活动中属于不同的行业领域,主要对应关系包括:海洋生物资源对应大农业中的渔业以及新兴的生物技术产业;海洋矿产资源主要对应工业中的冶金、化工、建材等行业;海洋能源主要对应石油、电力等工业行业;空间资源主要对应交通运输业;海洋旅游资源主要对应旅游业等。但是,海洋资源本身又存在综合性和整体性的特征,在海岸带、近海、远洋以及海岛等不同区域,其海洋资源的赋存方式和相互作用关系各有不同,形成区域性海洋资源综合体,其中一种资源的开发利用影响其他资源的存在或利用,因此对海洋资源的区域综合管理是必要的,并且已经成为海洋资源管理的主要方式。

二、现代海洋资源管理的基本内容

1. 管理宗旨

国际、国内对于海洋资源管理的基本目的趋于一致,参照美国在《加利福尼亚州海洋资源管理行动计划》(California Ocean Resources Management Program)中提出的说法,海洋资源管理的目的可以概括为:通过对海洋资源的综合与协调开发、保护和再生产维持,实现资源的可持续利用。

海洋资源管理的具体目标主要表现为:① 对海洋资源及海洋生态系统进行评价、保护和看管;② 在不破坏海洋环境和资源可持续利用的前提下,鼓励具有长期经济效益的海洋资源开发活动;③ 发展海洋研究、教育、技术开发等事业,以确保未来对海洋的科学合理利用;④ 通过海洋资源所有权保护和相应执法,最大限度地确保国家(地区)对所拥有的海洋资源的利益。

2. 管理依据

对海洋资源实施管理必须具有相应的法律、法规和规章。国际、国内对于海洋资源的利用,制定了一系列相关法律法规。其中对世界海洋资源管理具有普遍意义的国际公约当数《联合国海洋法公约》。我国自1949年以来,颁布了一系列海洋法律、法规和规章(见第三章),逐步完善了对海洋资源管理的有关法规体系,我国海洋资源管理不断趋向规范化。

另外,还有各级、各部门制定的与海洋资源管理有关的一系列规划和政策,与上述法规体系一起,共同构成了我国海洋资源管理的依据。

3. 管理主体

海洋资源管理的主体是指由谁来从事管理活动。海洋资源管理的主体具有多元性和统一性,形成了海洋资源管理体系。其中多元性是指管理海洋资源具有分布的广泛性与组成的多样性,由不同国家或地区进行管理,对于同一国家和地区的海洋资源,又有不同行业根据利用海洋资源的种类进行具体管理,而具体经营或开发海洋资源的主体以众多企业为主,所以海洋资源管理的主体具有多样化特征。而统一性是指海洋资源首先是人类共同的财富,其本身具有综合性和不可分割性,对海洋资源的管理必须强调统一性;公海是世界各国从事交往、共同开发、共同进行科学研究等的对象,各沿海国应该通过协商,在达成一致的基础上建立相应制度和组织,对海洋资源进行共同管理;对拥有领海、毗连区、专属经济区等海洋资源管辖权的各国,在符合国际规范的基础上,依据海洋法规,对所属海洋资源进行统一管理。

海洋资源管理的主体必须依据相关法律、法规和规章,制定统一的管理原则,依法进行管理。其从事海洋资源管理的主要原则包括:① 国有原则。各国管辖范围内的海洋资源属于国家所有,由国家主管部门代表国家实施统一管理。② 所有权与使用权分离原则。即海洋资源属于国家所有,但由具体的机构和企业体实施对海洋资源的具体经营、保护和开发等活动。③ 统一规划、因地制宜、合理布局原则。即由国家对海洋资源的保护和利用进行统一战略性规划，由各地、各部门根据不同海域、不同资源进行各具特色的资源使用详细规划。④ 综合利用原则。强调对海洋资源的整体性开发与保护，以提高海洋资源的利用效益。⑤ 开发与保护增殖并重原则。海洋是一个相对完整的生态巨系统，必须尊重海洋资源本身的资源再生与发展规律，实现海洋资源的可持续开发。⑥ 有偿使用原则。海洋资源属于国有资源，具体使用者必须依法对海域资源进行开发，并按有关规定缴纳使用金和其他有关费用。

4. 管理内容

而对于海洋资源管理的对象既包括海洋资源本身，又包括海洋资源的具体经营者。具体可以表述为：① 海洋各个组成部分以及与海洋直接相关的资源，包括海洋生物资源、海底矿产资源、海水资源、海洋能源、海洋空间资源、海洋旅游资源等。② 各类海域以及相关的区域综合性组成部分，主要包括海岸带、毗连区、专属经济区、大陆架、海洋自然保护区、公海海域等。③ 对海洋资源开发利用者的管理，主要包括各级、各类海洋资源开发、保护、利用等方面的企业或机构。

对海洋资源的管理既符合管理学基本内容，又具有海洋管理的特殊内容，综合起来，海洋资源管理的基本内容可以概括为：① 制定具体规则。主要依据有关法规，制定有关海洋资源管理的具体条例、规范和政策。② 制定资源利用规划。进行海洋资源的调查，制定资源保护、开发，以及可持续利用的方案。③ 负责组织与实施。进行海洋资源管理组织的体系建设，成立和健全与此有关的政府组织、政府间机构，招募和培训有关管理人员，并进行相应的管理实施活动。④ 负责进行协调。协调不同国家、不同机构、企业以及相互之间在海洋资源开发、利用与保护等方面的利益，协助解决相应矛盾。⑤ 进行执法活动。对上述海洋资源的各项管理活动实施监督和监测，确保各环节管理活动的正常进行。

第二节　　海洋资源及其开发

一、海洋资源的特征

1. 海洋资源的种类丰富多样

国际国内对海洋资源的分类方式存在一定差异，但对于基本类型已经取得较为一致的看法，一般将海洋资源划分为六种类型，每一种类型又包括诸多具体种类，以此类推，构成海洋资源的分类体系：① 海洋生物资源：包括渔业资源、药物资源、珍稀物种资源。② 海洋矿产资源：按矿产资源的存在区域或方式，可以划分为滨海矿产、海底矿产和海水溶存矿物；按矿产资源的自身属性，可以分为金属矿产资源（包括金属砂矿、基岩金属矿、多金属软泥、海底热液矿床和大洋多金属结核资源等次一级类型）、非金属固体矿产资源（包括建材资源、非金属矿、海底煤矿、磷灰石和海绿石、岩盐、硫矿等），以及作为能源的海洋石油和天然气资源。③ 海水化学资源：包括盐业资源、海水溶存的化学资源（金属元素和非金属元素资源)、水资源(包含作为资源的直接利用海水、海水经脱盐处理转化的淡水、在近海和海水中存的淡水水体等)。④ 海洋动力资源:主要包括潮汐能、波浪能、海流能、温差能、盐差能、海上风能等资源。⑤ 海洋空间资源:包括土地资源(指分布在海岸带区域,分潮上带、潮间带和潮下带土地)、港口与交通资源(可以分为深水港、中小型港口、离岸港口等资源)、环境空间资源(主要分为陆源排放、海上倾倒等利用类型),从广义上讲,大陆架也应属于海洋空间资源。⑥ 海洋旅游资源:包括海洋自然景观旅游资源、海上及滨海娱乐与运动区、人类海洋历史遗迹、海洋科学旅游资源、海洋自然保护区旅游资源等。

2. 海洋资源的储量十分丰富

海洋是人类赖以生存的资源宝库,其巨大的资源储量使人类社会的可持续发展有了最为可靠的保障。海洋占据地球表面积的71%,这本身就是世界最大的地表空间资源,而从交通的角度,正是世界的海洋将各大洲、各国通过廉价的水上运输联系起来。根据有关资料计算显示,世界海洋生物资源的年生产能力约为350亿吨有机碳,每年可以提供3亿吨水产品,按成人每年食物摄入量,至少可供几亿人食用。海洋矿产资源丰富,海洋中所含有的无机盐如果全部取出,可以以150米的高度铺满整个陆地,而海洋底的多金属结核,其金属含量与陆地上相应金属的储量相比分别是:锰779倍、铜36倍、镍405倍、钴5 250倍、铁4.3倍、铝75倍、铅33倍,按20世纪80年代的世界资源消耗量,少则可以利用数千年,多则可以利用几十万年。已经探明的海洋石油天然气资源占世界油气资源的30%。另外,还有巨大的海洋新能源没有得到充分认识和开发,对海洋旅游资源巨大潜力的认识更是刚刚开始。

3. 海洋资源的相互影响巨大

尽管不同海洋资源具有各自的分布规律,但不同的资源具有相同或相近的环境基础,每一种资源的形成与积累都或多或少地与其他资源产生联系,各种海洋资源以及各个区域海洋资源之间具有密切的关联性,从而构成一个相对完整的海洋资源系统。各种海洋资源在海洋资源系统中的地位,以及该资源与其他资源的作用关系可以概括如下:

(1) 海洋矿产资源。海洋矿产资源主要产生于海洋洋底地壳及其构造运动过程中,大陆矿物质的搬运与沉积,海洋自身运动,以及海洋与大陆边缘、大气的相互作用。海洋矿产资源形成的地质历史时期漫长,资源的积累过程和再生过程都相当缓慢,它是其他海洋资源发展的基础。

(2) 海洋生物资源。海洋生物资源是海洋在相对稳定的环境下,通过漫长的进化过程发展而来的,是陆地生物资源和人类的发源地,是人类生存与发展的重要资源基础;同时,海洋生物资源是海洋自然资源中最容易受到威胁和影响的资源,其他海洋资源的变化及开发利用都可能影响到生物资源的种类、数量和生存质量。

(3) 海水资源。海水的溶解和运动能力,是形成海洋沉积与溶解性矿物的基础,海水运动是海洋动力资源的重要组成部分,海水物理化学环境是海洋生物生存与发展的基本环境,海水又是海上交通运输的天然通道,所以海水资源是海洋资源中关联度最高的资源。

(4) 海洋能源。海洋能源是海水运动、海洋与大气相互作用、海洋与陆地边缘相互作用的结果,而作为海洋运动的表现形式,又是影响其他资源形成与发展的根本动力。

(5) 海洋空间资源。海洋空间资源受海洋及滨海地质地貌、海水运动的影响,其海岸带的开发利用和海上交通运输的发展对邻近水域的生物资源、海水资源、旅游资源等具有明显影响。

(6) 海洋旅游资源。海洋旅游资源是海洋人文资源中最容易受到影响的资源,和谐的自然环境、完整的海洋景观、协调的海洋娱乐与运动设施是海洋旅游资源价值的核心内涵,只有合理开发和利用其他海洋资源,才可能真正保护海洋旅游资源。

4. 海洋资源的空间差异突出

不同海洋资源具有不同的物理、化学和生物特性,其形成、存在和变化具有各自的规律性,所以海洋资源具有各自的分布特征,同一种类资源在海洋中并非均匀分布,而是出现明显的空间差异性。具体而言,六大类海洋资源的各自分布特征可以初步概括如下:

(1) 海洋生物资源。根据海洋生物资源的不同分布区域,可以初步划分为海洋表层生物、浅海生物和深海生物,热带海洋生物、温带海洋生物、极地海洋生物。根据海洋生物资源的实际分布区域,可以区分出某类海洋生物的密集分布区域,如世界四大渔场(日本北海道渔场、纽芬兰渔场、北大西洋北海渔场、智利渔场)、南极磷虾密集海域,等等。

(2) 海洋矿产资源。根据海洋矿产的赋存状态和分布区域,可以划分为滨海矿产、海底矿产和海水化学沉积矿物,其中海底矿产又可以分为底部表层矿产(如多金属结核、金属软泥等)和底部地下矿产,如海底石油、天然气等,海洋石油和天然气资源的分布具有明显的区域不平衡性,世界海洋石油的集中分布区域有波斯湾、几内亚湾、墨西哥湾、马拉开波湖、北海、北部湾、渤海湾等。

(3) 海水化学资源。尽管海洋水体是相互连通和不断运动的,但是由于陆地淡水排入海洋,海洋蒸发,洋流运动的方向性的地域差异,海水化学资源和水资源具有明显的地域差异性,不同海域水体之间具有一定的盐度差。

(4) 海洋动力资源。各种海洋新能源(潮汐能、波浪能、海流能、温差能、盐差能、海上风能等)都具有明显的区域分异特征。

(5) 海洋空间资源。海岸带土地资源具有明显的差异,基岩海岸和淤泥质海岸之间,以及不同植被、气候、水系、人工设施情况下的海岸,其土地资源是不一样的,而港口与交通资源不仅受海洋及沿海地质构造基础的影响,而且受到沿海国家(地区)经济、政治、社会、历史等因素的影响,世界主要港口主要分布在欧洲北大西洋沿岸,北美洲东西两侧,亚洲的东亚、东南亚和西亚,以及拉丁美洲的大西洋一侧,大洋洲(澳大利亚东南部)等。

(6) 海洋旅游资源。旅游资源的地域差异性本身就是资源价值的重要体现,各地海洋自然景观、娱乐设施、历史遗迹、自然保护区等具有各自特色,构成了海洋旅游的资源基础。

5. 海洋资源的时序变化明显

海洋资源不仅在地表上具有分异空间与相互作用的特征,在时间上也具有鲜明的变化规律性,概括起来主要有节律性与周期性、不确定性、演化性等。

（1）节律性与周期性是指海底板块运动、海洋水体运动、海洋生物活动等具有一定的时间节奏,如海底火山与地震、潮汐、洋(海)流、海洋鱼类的迁移与洄游等,并且有的运动具有相隔一定时间的重复性(周期性),如潮汐的周期运动,以及海洋生物繁殖的每年一致的季节性变化。

（2）不确定性是指海洋资源的发展变化受到诸多因素的复杂作用,是一个高度涉及几乎所有自然和人类活动的复杂巨系统,尽管在长时间范围内具有统计学上的规律性,但具体发生时间却在很大程度上依赖于短时间内的具体影响因素,所以海洋资源的短期变化往往具有不可预知性。

（3）演化性是指海洋资源在相当长的发展或演化过程中表现出稳定的向某一方向发展的特性,比如海洋生物资源种类的减少或增多趋势,海平面上升趋势,海域资源的存在环境质量的下降趋势等。

二、我国海洋资源的开发利用

1. 海洋生物资源的开发

（1）海洋渔业资源

海洋渔业资源是捕捞和养殖生产的物质基础。中国海域生物资源丰富、种类繁多,已知海洋生物有20 278种,占世界海洋生物总种数的10%以上;具有捕捞价值的海洋鱼类2 500余种、头足类84种、虾类90种,渔场70多个,渔场面积281万平方千米,近海可捕量占世界的5%左右,是世界渔业大国之一。有关研究报道显示,我国海洋水产资源在新中国成立后得到充分利用,但是随之而来的是资源量的减少。20世纪60年代之前,近海捕捞量约在200万吨左右,捕捞对象是大型底层种类和近底层种类,如大黄鱼、小黄鱼、带鱼、鲆鲽类、和乌贼鱼等;70年代中期,捕捞量达300万吨,捕捞对象中上述经济种类减少,代之以小型中上层鱼类;80年代中期,海洋捕捞量年平均以20%的速度增加,而捕捞对象则以小型中上层鱼类为主,占总量的60%以上。与10年前相比,1992～1993年渤海的无脊椎动物减少了39%,鱼类产卵群体的平均体重只有10年前的30%,鲈鱼、鳓鱼、真鲷、牙鲆、对虾、梭子蟹等重要经济渔业资源的生物量只有29%。2000年的调查表明,渤海渔业资源生物量已下降到1992年的10%。东海区大黄鱼、小黄鱼等资源发生了很大变化,而带鱼、鲐鱼、虾类资源虽相对稳定,但群体组成趋向低龄化、小型化。总之,我国海洋渔业资源面临衰退的危险。

（2）海洋药物资源

海洋药物可分为传统海洋药物和新型海洋药物两大类。我国药典上现在记载的海洋中草药已经达到700多种。如海马、海龙、海螵蛸等都是重要的中草药,还有鲨鱼翅、龟板胶等都是珍贵的中草药。目前,我国的海洋中成药已有60种以上,各种海洋保健品更是多种多样。现代新型海洋药物,是取自生物原料中的某种物质,经过化学或生物化学方法制成的药物。现代药理研究表明,由于海洋和陆地环境不同,有些海洋生物具有比陆地生物更强的免疫能力。海洋生物药品在抗心血管病、抗真菌、抗病毒和抗癌方面具有更明显的疗效。目前,已经发现2 000余种具有生物活性的化合物。我国海洋药物研究与开发领域在国际上具有一定的地位。

(3) 海洋营养食品资源

海洋资源为人类提供了大量美味佳肴和保健营养食品,主要包括人类营养品、保健品或药品。我国海域初级生产力约有45亿吨,已发现经济藻类50多种,是具有丰富营养的海洋食品资源。其中,用海带等生产碘、琼胶、甘露醇等10多个系列产品,海藻胶的产量占全世界的1/2。此外,还有数量和种类繁多的海岸动物营养食品。

2. 海洋矿产资源的开发

(1) 海底固体矿物资源

我国海域已探明海洋矿物资源有65种,储量约为1.6亿吨,不仅有重金属、稀有金属,而且有放射性元素和贵金属,在海底还有富钴结壳、多金属结核和热液矿床。我国现今对于海底矿物资源的开发还处于初期。

(2) 滨海矿物资源

我国是世界上海滨砂矿种类较多的国家之一。辽东半岛沿岸蕴藏着大量的金红石、锆英石、玻璃石英和金刚石等滨海砂矿。我国滨海砂矿类型以海积砂矿为主,其次为混合堆积砂矿。多数矿床以共生、伴生矿的形式存在。不少矿产的含量都在我国工业品位线以上,适合开采。我国的滨海砂矿储量十分丰富,近30年已发现滨海砂矿20多种,其中具有工业价值并探明量的有13种。各类砂矿床191个,总探明储量达16亿多吨,矿种多达60多种,几乎世界上所有海滨砂矿的矿物在我国沿海都能找到,例如,具有工业开采价值的钛铁矿、锆石、金红石、独居石、磷钇矿、金红石、磁铁矿和砂锡矿等。我国华南沿海地区滨海砂矿总储量达2 720万吨。

(3) 海洋石油、天然气资源

世界海洋石油储藏量约1 350亿吨,天然气约140万亿立方米。海洋能约70亿千瓦,是目前全世界发电量的十几倍。我国海洋石油储量预计达241亿吨,天然气储量超过10万亿立方米,超过世界海洋石油、天然气资源量的十分之一。我国已发现300多个可供勘探的沉积盆地,从距今6亿年的古老地层到新生代的地层中,都发现了油气或油气显示,储油构造很多。我国近海已发现的大型含油气盆地有10多个,已探明的各种类型的储油构造400多个。其中,渤海油气资源十分丰富,在渤海海域探明的石油储量近47亿吨;天然气约为1.2亿立方米,地质储量在4亿～10亿吨之间。目前渤海沿岸已有三大油田,是我国重要的海上油气开发区,近年仅天津地区海洋原油产量就达400万吨,海洋天然气产量近7千万立方米,总产值达40亿～50亿元。

3. 海水化学资源的开发

全球海洋水体为13.7亿立方千米,约为137亿亿吨,其中溶解有80多种金属和非金属元素,总量达5亿亿吨(表5-1),是一巨大的蓝色海水化学资源宝库。

表 5-1　海水中的主要化学资源*

名　称	总资源量(吨)	名　称	总资源量(吨)
氯化钠(食盐)	3.77×10^{16}	钾(K)	550×10^{8}
镁盐	$7\,000 \times 10^{12}$	锰(Mn)	150×10^{8}
钾盐	$1\,200 \times 10^{12}$	钼(Mo)	150×10^{8}
石膏	$2\,400 \times 10^{12}$	铁(Fe)	137×10^{8}
重水	244×10^{12}	铝(Al)	127×10^{8}
溴素	89×10^{12}	溴(Br)	92×10^{8}
硼酸	36×10^{12}	铜(Cu)	45×10^{8}
氪气	$8\,000 \times 10^{8}$	铀(U)	40×10^{8}
锂(Li)	$2\,500 \times 10^{8}$	锡(Sn)	41×10^{8}
氟(F)	$2\,000 \times 10^{8}$	钒(V)	27×10^{8}
铷(Rb)	$1\,800 \times 10^{8}$	钛(Ti)	14×10^{8}
镁(Mg)	$1\,767 \times 10^{8}$	银(Ag)	4×10^{8}
碘(I)	820×10^{8}	金(Au)	0.15×10^{8}
硼(B)	640×10^{8}		

* 资料来源:《探索海洋奥秘 开发海洋资源》编委会. 探索海洋奥秘、开发海洋资源. 北京：地质出版社,1998

目前,我国对海洋化学资源的利用主要是海盐的生产,近年年产量保持在2 000 万吨,居世界首位。同时,开始从海水中提取镁、溴、钾等元素。我国于20 世纪50 年代开始进行海水淡化研究与生产,目前从事海水淡化研究与开发的机构超过了100 家,生产厂家30 多个,海水淡化装置2 600 多个,日产淡水能力为20 万吨。

4. 海洋能源的开发

世界海洋的可再生能源的储量估计为1 500 亿千瓦,主要有海洋潮汐能、波浪能、海洋热能、海洋盐度差能等。我国海洋能资源理论储量为6.7 亿千瓦,其中大陆沿岸潮汐能为1.9 亿千瓦、波浪能1.5 亿千瓦、热能1.5 亿千瓦、入海河口区的海水盐度差能为1.1 亿千瓦、其他形式的海洋能为0.7 亿千瓦。目前我国海洋新能源在国家能源开发体系中所占比例甚小,对海洋新能源的开发利用只是刚刚开始。

5. 海洋空间资源的开发

(1) 浅海滩涂资源

我国海洋滩涂总面积217 万公顷,是开发海洋、发展海洋产业的宝贵财富。滩涂不仅是一种重要的土地资源和空间资源,而且本身也蕴藏着各种矿产、生物及其他海洋资源。滩涂资源用途很广,主要有以下几个方面：① 开辟盐田。我国目前有盐场50 多个,盐田总面积33.7 万公顷。② 围海造田。建国以来,我国在辽河口、渤海湾、苏北、杭州湾、珠江口等地进行了大量围垦,总面积达1 000 万亩以上,这些地方现已成为重要的粮棉生产基地及热带水果生产地。③ 填海造地。这是改革开放以来,解决沿海城市和经济开发区非农业用地问题的重要途径。上海金山化工厂、浙江秦山核电站、上海浦东新机场等,都是在围涂的"新大陆"上兴建起来的。④ 海洋旅游。无论是沙质海滩,还是泥质滩涂,都可发展具有特色的滨海旅游。

（2）海岸带资源

我国大陆海岸线长约18 000千米,如果包括6 500多个岛屿,海岸线总长32 000千米。漫长的海岸带背靠辽阔的亚洲大陆,面对西太平洋,是我国人口最稠密、经济和文化最发达的地区,具有极大的区位优势和资源潜力。改革开放以来,我国海岸带的土地空间资源得到充分利用,形成东部沿海经济带,并形成以广州、深圳、香港等为中心的珠江三角洲经济区,以上海、杭州、宁波等为中心的长江三角洲经济区,以及环渤海经济圈等沿海经济区。人口、城市高度密集的海岸带的经济开发,出现了超越资源与环境容量的问题,如何实现经济发展与海岸带资源开发相协调,是当前和今后需要解决的课题。

（3）港口资源

我国沿海省(市、区)现有重要港口60个,其中:① 东北沿海港口4个,包括丹东港、大连港、营口港、锦州港;② 华北沿海港口4个,包括秦皇岛港、唐山港、天津港、黄骅港;③ 山东沿海港口8个,包括龙口港、烟台港、威海港、石岛港、张家埠港、青岛港、日照港、岚山港;④ 苏、沪、浙沿海港口12个,包括连云港、南通港、张家港、镇江港、南京港、上海港、乍浦港、宁波港、舟山港、石浦港、海门港、温州港;⑤ 福建沿海港口6个,包括赛岐港、福州港、湄州湾港、泉州港、厦门港、东山港;⑥ 粤桂沿海港口15个,包括汕头港、西堤港、汕尾港、深圳港、广州港、中山港、珠海港、江门港、阳江港、水东港、湛江港、霞海港、海安港、北海港、防城港;⑦ 海南沿海港口5个,包括海口港、三亚港、八所港、洋浦港、马村港;⑧ 台湾省及港、澳地区沿海港口6个,包括高雄港、花莲港、台中港、基隆港、香港港、澳门港。

根据吞吐量(1999)排序(香港港、澳门港未参与排名),我国十大沿海港口分别是上海港、广州港、宁波港、大连港、秦皇岛港、天津港、青岛港、深圳港、舟山港和连云港。1999年沿海主要港口完成货物吞吐量10.3亿吨。

6. 海洋旅游资源的开发

我国拥有广阔的海域,漫长的海岸线,众多的沿海岛屿,以及多样的海洋自然及人文景观,这些都是发展海洋旅游业的黄金地带。国家先后批准建立的12个国家级旅游度假区中,就有7个位于滨海地区。据统计,目前全国沿海省(直辖市、自治区)的滨海旅游景点有近400个,我国海洋旅游业的发展前景广阔。

第三节　我国海洋资源管理体系

一、海洋资源的行业分类管理

1. 海洋渔业资源的管理

（1）海洋渔业资源的管理法规

为了保护和持续利用我国的海洋渔业资源,国家陆续制定了以《中华人民共和国渔业法》为主的一系列法律、法规和规章,形成了我国海洋渔业资源管理的基本依据。其中与海洋渔业资源管理有关的内容归纳如下：

① 制定海洋渔业资源利用规划。《中华人民共和国渔业法》规定：县级以上人民政府渔业行政主管部门应当对其管理的渔业水域统一规划，采取措施，增殖渔业资源。

② 保护已有海洋渔业资源。主要保护措施包括：(a) 禁止过分和用超常手段捕鱼，如禁止炸鱼、毒鱼，不得使用禁用的渔具、捕捞方法和小于规定的最小网目尺寸的网具进行捕捞；(b) 建立禁渔区，不得在禁渔区捕鱼；(c) 建立伏季休渔制度，给海洋生物资源每年有一个繁衍和恢复时期；(d) 禁止捕捞有重要经济价值的水生动物苗种，因养殖或者其他特殊需要，捕捞有重要经济价值的苗种或者禁捕的怀卵亲体的，必须经国务院渔业行政主管部门或者省、自治区、直辖市人民政府渔业行政主管部门批准，在指定的区域和时间内，按照限额捕捞；(e) 与渔业资源有影响的施工或作业活动(如建闸、筑坝、调蓄、灌溉、围垦、爆破、勘探等)，必须注意尽最大可能保护渔业资源，并要征得有关部门批准，造成渔业资源损失的，由有关县级以上人民政府责令赔偿；(f) 依照《中华人民共和国海洋环境保护法》和《中华人民共和国水污染防治法》和《中华人民共和国渔业法》的规定，采取措施，保护和改善渔业水域的生态环境，防治污染，并追究污染渔业水域的单位和个人的责任；(g) 建立"捕捞许可制度"和"捕捞限额制度"；等等。

③ 海洋渔业资源的有偿使用。实施海域渔业资源的资产化管理，避免渔业资源开发中"竭泽而渔"的短期行为。凡在中华人民共和国的内水、滩涂、领海以及中华人民共和国管辖的其他海域采捕天然生长和人工增殖水生动植物的单位和个人，必须依照本办法缴纳渔业资源增殖保护费(简称"渔业资源费")。渔业资源费由县级以上人民政府渔业行政主管部门及其授权单位依照批准发放捕捞许可证的权限征收。由国务院渔业行政主管部门批准发放捕捞许可证的，渔业资源费由国务院渔业行政主管部门所属的海区渔政监督管理机构征收。海洋渔业资源费年征收金额，由沿海省级人民政府渔业行政主管部门或者海区渔政监督管理机构，在其批准发放捕捞许可证的渔船前三年采捕水产品的平均总产值(不含专项采捕经济价值较高的渔业资源品种产值)1%～3%的幅度内确定。专项采捕经济价值较高的渔业资源品种，渔业资源费年征收金额，由省级人民政府渔业行政主管部门或者海区渔政监督管理机构，在其批准发放捕捞许可证的渔船前三年采捕该品种的年平均总产值3%～5%的幅度内确定。

(2) 海洋渔业资源管理的内容与形式

根据以上我国有关渔业法律法规，我国海洋渔业资源管理的组织机构及管理内容为：

① 国务院渔业行政主管部门主管全国的渔业工作。

② 县级以上地方人民政府渔业行政主管部门主管本行政区域内的渔业工作；县级以上人民政府渔业行政主管部门可以在重要渔业水域、渔港设渔政监督管理机构；县级以上人民政府渔业行政主管部门及其所属的渔政监督管理机构可以设渔政检查人员；渔政检查人员执行渔业行政主管部门及其所属的渔政监督管理机构交付的任务。

③ 国家对渔业的监督管理，实行统一领导、分级管理。海洋渔业，除国务院划定由国务院渔业行政主管部门及其所属的渔政监督管理机构监督管理的海域和特定渔业资源渔场外，由毗邻海域的省、自治区、直辖市人民政府渔业行政主管部门监督管理。

④ 外国人、外国渔业船舶进入中华人民共和国管辖水域，从事渔业生产或者渔业资

源调查活动,必须经国务院有关主管部门批准,并遵守本法和中华人民共和国其他有关法律、法规的规定;同中华人民共和国签订有条约、协定的,按照条约、协定办理。

⑤ 国家渔政渔港监督管理机构对外行使渔政渔港监督管理权。

2. 海洋矿产资源管理

(1) 海洋石油资源管理的主要法规

我国颁布的海洋石油资源开发与管理有关的法律、法规包括《中华人民共和国矿产资源法》、《中华人民共和国对外合作开采海洋石油资源条例》、《中华人民共和国海洋石油勘探开发环境保护管理条例》等。其中,《中华人民共和国对外合作开采海洋石油资源条例》专门对我国海洋石油资源国际合作开发与管理作出了明确规定,主要内容如下:

中华人民共和国的内海、领海、大陆架以及其他属于中华人民共和国海洋资源管辖海域的石油资源,都属于中华人民共和国国家所有。在前款海域内,为开采石油而设置的建筑物、构筑物、作业船舶,以及相应的陆岸油(气)集输终端和基地,都受中华人民共和国管辖。

中国政府依法保护参与合作开采海洋石油资源的外国企业的投资、应得利润和其他合法权益,依法保护外国企业的合作开采活动。在本条例范围内,合作开采海洋石油资源的一切活动,都应当遵守中华人民共和国的法律、法令和国家的有关规定;参与实施石油作业的企业和个人,都应当受中国法律的约束,接受中国政府有关主管部门的检查、监督。

依据国家确定的合作海区、面积,决定合作方式,划分合作区块;依据国家长期经济计划制订同外国企业合作开采海洋石油资源的规划;制订对外合作开采海洋石油资源的业务政策和审批海上油(气)田的总体开发方案。

中华人民共和国对外合作开采海洋石油资源的业务,统一由中国海洋石油总公司全面负责。中国海洋石油总公司是具有法人资格的国家公司,享有在对外合作海区内进行石油勘探、开发、生产和销售的专营权。中国海洋石油总公司根据工作需要,可以设立地区公司、专业公司、驻外代表机构,执行总公司交付的任务。

中国海洋石油总公司就对外合作开采石油的海区、面积、区块,通过组织招标,采取签订石油合同的方式,同外国企业合作开采石油资源。前款石油合同,经中华人民共和国外国投资管理委员会批准,即为有效。中国海洋石油总公司采取其他方式运用外国企业的技术和资金合作开采石油资源所签订的文件,也应当经中华人民共和国外国投资管理委员会批准。

企业或作业者在编制油(气)田总体开发方案的同时,必须编制海洋环境影响报告书,由海洋行政主管部门核准,并报环境保护行政主管部门备案。

(2) 海洋矿产资源管理的组织形式

海洋矿产资源的所有权管理:国土资源部代表国家,依据有关法律对海洋石油等矿产资源实施统一管理。国土资源部的主要职能是:土地资源、矿产资源、海洋资源等自然资源的规划、管理、保护与合理利用。依照《中华人民共和国矿产资源法》、《中华人民共和国土地管理法》《中华人民共和国测绘法》等法律及法规,对海洋资源实施管理。

海洋石油资源开发管理:中华人民共和国对外合作开采海洋石油资源的业务,统一由中国海洋石油总公司全面负责。中国海洋石油总公司(CNOOC)是经国务院批准,于1982年2月15日成立的国家石油公司。中国海洋石油总公司是国家授权的投资机构。中国海洋石油总公司是具有法人资格的国家公司,享有在对外合作海区内进行石油勘探、开发、生产和销售的专营权。中国海洋石油总公司根据工作需要,可以设立地区公司、专业公司、驻外代表机构,执行总公司交付的任务。

3. 海洋港口管理

(1) 管理体制

根据交通部有关资料,我国的港口管理体制一直在进行改革。1984年以前,全国38个主要港口(沿海13个港、江河沿岸25个港)均由交通部直接管理;1987年以后,除沿海的秦皇岛港为交通部直属港口外,其他均改为"交通部与地方政府双重领导,以地方管理为主"的港口管理体制,形成中央政府港口、交通部和地方政府"双重领导"港口和地方政府领导港口三种类型;1999年开始,作为交通部直属的惟一港口的秦皇岛港已与交通部"脱钩",双重领导的港口正在进一步深化改革。"双重领导"港口体制一直是我国港口的主要管理模式,但该体制已不适应社会主义市场经济的要求,港口管理体制改革的关键内容是:① 政企分开,形成符合国际惯例的、具有中国特色的港口管理体制;② 港口企业应建立现代企业制度,使之充满活力和生机。

(2) 管理内容

港口规划。我国港口实现合理布局规划的主要内容包括:① 合理利用海岸线资源,控制低水平、区域性非深水港的重复建设,按照突出重点、兼顾一般的原则进行建设;② 加快深水泊位和大型专用泊位的建设;③ 发展和完善散货、杂货、国际集装箱和旅客滚装运输的港口接运网络和配套支持系统,形成各种港口的网络布局结构;④ 鼓励发展我国国际集装箱沿海运输;⑤ 对老港区进行改造和功能调整,实现港口的全面现代化。

港口收费。我国交通主管部门不断加强对港口收费的宏观管理,1999年先后出台了一系列规章。为了更好地贯彻和实施《中华人民共和国交通部港口收费规则(外贸部分)》的各项规定,发布了《中华人民共和国交通部港口收费规则(外贸部分)解释》,对原交通部收费规则的有关内容作了相应的解释,并对有关费用的计算方法作了明确的规定,进一步理清了进出我国港口的外贸船舶和货物的有关计费标准。

(3) 管理方式

管理信息化是港口管理方式现代化的前提,运用现代手段实施信息资料的收集和调查研究,及时准确掌握港口行业的基本情况,是行业管理的一项主要任务。政府和各省级交通主管部门正在着手共同建设全国统一联网的水运管理信息系统,包括港口信息数据库。这为加快水路运输信息化建设,促进水运业健康有序发展提供了技术支持。

二、海洋资源的区域综合管理

1. 管理宗旨

我国海洋资源的区域综合管理的区域范围是指中华人民共和国所属海域(包括内水、领海的水面、水体、海床和底土)。

　　我国实施海洋资源区域综合管理的目的主要表现为：通过对我国海域范围内海洋资源的综合和协调的开发、保护和再生产维持，实现我国海洋资源的可持续利用。

　　我国海洋资源区域综合管理的具体目标主要表现为：① 对我国海域范围内的海洋资源及其系统进行综合保护；② 在不破坏海洋环境和资源可持续利用的前提下，鼓励具有海洋资源的综合开发与利用；③ 发展我国海洋研究、教育、技术开发等事业，以确保未来对海洋的科学合理利用；④ 通过海洋资源所有权保护和相应执法，最大限度地确保我国对所属海域海洋资源的整体利益。

2. 管理依据

　　围绕我国海洋资源的区域综合管理，我国先后出台了一系列相关法规，近期关于海域综合资源开发与保护方面的法律、法规主要包括《中华人民共和国专属经济区和大陆架法》、《中华人民共和国海域使用管理法》、《海洋自然保护区管理条理》等。下面对这三个法规中有关海洋资源综合管理的内容简介如下：

　　(1) 中华人民共和国专属经济区和大陆架法

　　为保障对专属经济区和大陆架行使主权权利和管辖权，维护国家海洋权益，我国于1998年6月26日由中华人民共和国第九届全国人民代表大会常务委员会第三次会议通过了《中华人民共和国专属经济区和大陆架法》。

　　该法界定了我国专属经济区和大陆架的划定方法和地域范围，明确规定在专属经济区和大陆架范围内，进行勘查、开发、养护和管理海床上覆水域、海床及其底土的自然资源，以及进行其他经济性开发和勘查，行使主权权利；对相应范围内的人工岛屿、设施和结构的建造、使用和海洋科学研究、海洋环境的保护和保全，行使管辖权；拥有授权和管理为目的的在大陆架上进行钻探的专属权利。

　　任何国际组织、外国的组织或者个人进入我国专属经济区从事自然资源勘查、开发活动，海洋科学研究，渔业活动，必须经中华人民共和国主管机关批准；在经过主管机关同意的前提下，可以进行铺设海底电缆和管道的路线；在遵守国际法和中华人民共和国的法律、法规的前提下，在中华人民共和国的专属经济区享有航行、飞越的自由。

　　我国主管机关有权采取各种必要的养护和管理措施，保护专属经济区的生物资源，并对源自本国河流的溯河产卵种群，享有主要利益；有权采取必要的措施，防止、减少和控制海洋环境的污染，保护和保全专属经济区和大陆架的海洋环境。

　　(2) 中华人民共和国海域使用管理法

　　《中华人民共和国海域使用管理法》(简称《海域使用管理法》)已由中华人民共和国第九届全国人民代表大会常务委员会第二十四次会议于2001年10月27日通过，自2002年1月1日起施行。《海域使用管理法》是我国政府为解决海域使用及其资源开发中存在的"无序、无度、无偿"状态，强化海洋资源综合管理的关键法规，是海洋综合管理真正走向法制化管理时期的重要标志；同时也是通过市场机制实施海域资源综合开发利用的重大改革。其中有关海洋资源区域综合管理的内容将在本节以下内容中具体体现出来。

　　(3) 海洋自然保护区管理条例

　　《海洋自然保护区管理条例》于1995年5月11日经国家科委批准，1995年5月29日国家海洋局发布,其主要目的是加强海洋自然保护区的建设和管理。规定了海洋自然保护区选划、建设和管理的原则,明确规定国家海洋行政主管部门统一管理全国海洋自然保护区工作,各沿海省、自治区、直辖市海洋管理部门具体负责研究制定本行政区域毗邻海域内的海洋自然保护区管理工作。该条例提出了建立海洋自然保护区的具体条件,即:① 典型海洋生态系统所在区域;② 高度丰富的海洋生物多样性区域或珍稀、濒危海洋生物物种集中分布区域;③ 具有重大科学文化价值的海洋自然遗迹所在区域;④ 具有特殊保护价值的海域、海岸、岛屿、湿地;⑤ 其他需要加以保护的区域。《海洋自然保护区管理条例》还规定海洋自然保护区须设立相应的管理机构和人员,其主要管理职责是:贯彻执行国家有关海洋自然保护的法律、法规和方针、政策;制定保护区具体管理办法和规章制度,统一管理该区内的各项活动;拟定保护区总体建设规划;设置保护区界碑、标志物及有关保护设施;组织开展保护区内基础调查和经常性监测、监视工作;组织开展保护区内生态环境恢复和科学研究工作;开展有关海洋自然保护的宣传教育工作。

3. 管理主体

管理主体问题,即是由谁承担海洋行政管理的权责问题。对于具体国家而言,国家政府依法行使对海洋的行政管理权利,主要内容包括维护国家海洋权益、保护海洋环境、海洋资源管理三类。由于海洋资源管理的范围广、关系复杂,故我国目前的管理体制大致有三种情况:一是中央政府设置的行政部门负责相关资源的宏观管理,如农林部渔政司负责渔业资源的管理,交通部负责港口、航道和海上交通的管理,国家海洋局负责海洋权益和海洋环境的管理等;二是地方各级政府设置的行政(或业务)部门,负责所辖海区的海洋资源的具体管理;三是从事海洋开发等实践活动的行业组织,负责行业内的管理,如海洋石油总公司等。但是,由于海洋管理体制的主体涉及政府的多个职能部门和多个行业,这就存在着部门之间、行业之间、部门与行业间的利益之争,中央职能部门统一的管理与地方政府的海洋利益也有体制上的矛盾。因此,如何对各海洋管理主体进行协调、规范,已成为海洋管理体制建设的重要任务。

4. 管理内容

(1) 制定海域资源开发规划

制定资源开发利用的计划,是实施海洋资源区域综合管理的重要前提,而海域功能规划是海洋资源开发计划的重要组成部分,是实施海洋管理的重要基础性工作。《海域使用管理法》第四条规定,“国家实行海洋功能区划制度。海域使用必须符合海洋功能区划。国家严格管理填海、围海等改变海域自然属性的用海活动。”

为了具体实施海洋资源区域综合管理,我国已经陆续建立两批海域使用管理示范区,对每一个示范区都实行海域功能区划。国家第一批海域使用管理示范区已经于2000年11月4日完成检查验收工作。为继续对工作中的难点问题进行探索和示范,国家海洋局和财政部决定在沿海各省、自治区和直辖市建立第二批海域使用管理示范区,它们是:辽宁省大连市、葫芦岛市,河北省秦皇岛市、唐山市,天津市塘沽区,山东省烟台市、青岛市,江苏省盐城市,浙江省舟山市、宁波市,福建省宁德市、云霄县,广东省饶平县、惠州市,广西自治区防城港市,海南省海口市、三亚市。

(2) 海域资源保护

① 资源保护范围与对象。资源保护的范围是我国海岸大陆带(含滩涂)、海岛和近海海域。我国海岸大陆带长度为18 000千米,沿海滩涂面积为217万公顷;有500平方米以上的海岛6 500多个,其中有人居住的岛屿400多个;自然海域面积470万平方千米,其中临海和内海面积为38.8万平方千米。由于自然条件的变化(如出现"厄尔尼诺"现象和"拉尼娜"现象等),陆地人为排放物的增加,对海域资源(尤其是海洋生物资源)的过度开发,以及污染等因素,我国海岸带和近海海域的资源及其生态系统受到威胁和破坏,需要进行保护。

② 资源保护措施。对于重要的海洋自然资源、生态系统和自然景观,以及具有重要科学研究价值的生物物种和生态区域(如南海和东海南部珊瑚礁和红树林资源及其生态系统等),应采取建立自然保护区的措施,进行相对封闭式过程管理,使自然生态系统得以保持、恢复或者减少受损失程度。对于有些经济发展相对落后的海岸带和海岛,应该综合考虑资源保护与经济发展的关系,坚持积极的开发是保护措施。执行可持续发展计划,对一些海岸带与岛屿重大开发活动进行可持续发展的影响进行评价,并审查和修改现有的非可持续发展的政策和措施;推广一些无害于海洋生态和生物多样性的岛屿开发技术。对于经济发达地区的海岸带和海岛,应该侧重加大人为投入,尽最大可能保护和恢复其自然生态系统,减少经济发展对自然资源及其环境的破坏作用。

(3) 海域资源有偿开发

《海域使用管理法》的核心内容之一,就是建立海域资源的有偿开发与使用制度,实施海域资源的资产化管理。其具体做法就是实行海域使用权登记制度和收取海域使用金。

海域使用权登记制度主要包括:① 进行海域使用权申请和审批。需要取得海域使用证明书和主管机关登记及公示,实行类似于陆地的地籍管理的"海籍管理";② 海域使用者可以根据海域法的规定,依法登记取得对某一特定海域的排他性使用权;③ 海域使用权可以通过招标或者拍卖的方式取得;④ 对养殖用海遗留问题的处理;⑤ 规定填海项目竣工后形成的土地,属于国家所有。

收取海域使用金的内容主要包括:① 国家实行海域有偿使用制度,单位和个人使用海域必须缴纳海域使用金;② 缴纳海域使用金的方式;③ 海域使用金减免政策等。

(4) 海域资源监管

① 建立信息化管理手段。《海域使用管理法》第五条规定了管理部门今后为实施海域使用管理必须建立的管理手段,比如:建立海域管理信息系统,采用先进的管理手段,对海域使用实施监视、监测。目前,我国已经在17个海域使用管理示范区建立了计算机信息系统管理,将海洋功能区划、海域使用申请审批、发证以及档案、文件等管理都进入计算机系统管理。关于通过卫星遥感手段实施海域管理使用监视、监测的问题,目前已经在国家海域使用管理技术总站进行探索性研究。

② 建立监督检查制度。《海域使用管理法》第三十七条规定,海域使用和海域使用金缴纳的监督检查的执行主体分别是海洋行政主管部门和财政部门。这也就意味着海域使用的监督管理主体是海洋行政主管部门,无论是海洋行政管理人员,还是海监执法人员,

对海域使用管理相对人的监督检查,只能以海洋行政主管部门的名义进行。

③ 强化监督检查队伍。《海域使用管理法》第三十八条对对执法行政主体及其工作人员的政治、思想和业务素质提出强制性要求。各级海洋行政管理机构及其工作人员,都必须具备一定的政治、业务素质,熟悉海域管理的法律法规,才有资格、有条件依法行政。执法过程中应当忠于职守,秉公执法。这也是对监督检查人员职业道德和执法能力的基本要求。

第四节 海洋资源管理的未来发展

一、海洋资源管理的发展趋势

20 世纪末以来,国际形势发生了重大变化,尤其是在《联合国海洋法公约》生效,国际政治格局出现多元化,经济活动全球化和高新技术产业迅速发展的前提下,纵观国际、国内海洋资源管理的发展变化,可以初步得出海洋资源管理发展的基本特征:

1. 由行业性管理向区域综合性管理发展

原来的海洋资源管理更多地注重各类资源的归口管理,比如只注重对海洋矿产资源、海洋渔业资源、海洋能源等的纵向管理,造成管理上的重复、矛盾或遗漏;国际、国内近期颁布的海洋资源管理法规则更多地倾向于海洋资源的区域综合管理,比如《联合国海洋法公约》和《中华人民共和国海域使用管理法》,都十分注重各类区域综合海洋资源的开发、利用与管理。

2. 由资源控制性管理向资源经营性管理转化

原来的海洋资源管理强调对资源的管制和保护,现今国际海洋资源的资产化管理和产业化管理已经成为主流。随着我国经济市场化进程的不断加速,国有资产的经营问题日益明显,作为巨量的海洋资源,如何充分实现其巨大的经济价值,成为一个不可回避的问题,而近期实施的《中华人民共和国海域使用管理法》,充分体现了海洋资源资产化管理的思想。

3. 由资源权利争夺向资源合作开发转化

在世界不同海域存在着众多海洋权益的问题,其基本问题就是对海洋资源的争夺,比如阿根廷与英国的马尔维纳斯群岛(福克兰群岛)之争,日本与俄罗斯关于北方四岛之争,南海问题等。正反两个方面的经验证明,依靠战争解决不了争端,而搁置争议,实施合作开发,不失为共同利用海洋资源的优先选择。

4. 由掠夺性开发向可持续利用转化

20 世纪中期以来,在海洋资源开发技术提高的前提下,人们对海洋资源的开发(尤其是海洋生物资源)破坏了海洋资源的整体生态系统;同时,人类社会经济的迅速发展造成对海洋环境的污染和破坏。以上因素使得海洋资源的数量、种类和质量都出现下降,威胁到人类的生存与进一步发展。在此前提下,海洋资源的可持续开发与管理似乎已经成为人们的必然选择。

5. 由传统式管理向高技术管理转化

在知识经济时代逐步到来,电子信息、生物工程、新材料等技术迅速发展的背景下,海洋资源的调查、保护、监测和产业化开发,都与高技术联系在了一起。尤其是卫星遥感、国际互联网、高速大型计算机的发展,使得海洋资源的管理变得容易和快捷,能够对海洋资源的动态变化做出及时反应和处理,大大提高了海洋资源管理的效率,使得海洋资源管理逐步实现数量精确化管理和动态跟踪式管理。

二、我国海洋资源管理的问题

综观我国海洋资源管理的有关法律和法规、管理组织体系和管理内容,初步总结出我国海洋资源管理的几个基本问题:

(1) 中国已制定的海洋资源开发保护的法律法规,单项法规制定和实施的时间长,数量较多;综合性管理法规、区域性管理法规制定的时间短、数量相对较少。

(2) 现有海洋资源管理法规基本是陆上资源法规在海上的延伸,对海洋这个特定区域固有特征的考虑不足,从而给依法管理海洋资源带来较大困难。

(3) 中国海洋资源管理体系依然以纵向垂直管理为主,各主管部门之间协调比较困难;纵向垂直管理与海洋资源区域综合管理之间容易产生矛盾,造成对资源管理的浪费。

(4) 中国海洋资源管理体系的市场规范化程度不够,出现要么严格管理带来对资源开发的不利;要么放松管制就出现对资源的过度和无序开发。

(5) 中国海洋资源管理的技术手段有待进一步现代化,卫星遥感技术、互联网手段等现代资源管理方式的应用刚刚开始,还有待大力加强。

(6) 中国海洋资源管理的人才比较缺乏,尤其缺乏适合既懂海洋资源技术,又懂得法律、管理与经营、国际经济技术合作等方面知识与能力的复合型管理人才。

三、我国海洋资源管理的发展对策

21 世纪是我国开发海洋的世纪,国家对海洋资源的管理应步入一个新的阶段,海洋管理的具体发展应表现在以下几个方面:

(1) 明确中国海洋资源开发与管理的重要性,要将海洋资源的可持续利用与科学规范管理确定为国家发展的基本国策。

(2) 根据全球及我国海洋资源开发、利用和保护的发展趋势,及时修订和新增有关海洋资源管理与开发的法律、法规,协调不同法规之间的关系,使其不断完善和发展,为我国海洋开发与管理提供科学、可靠的依据。

(3) 建立国家、企业、公众共同参与的海洋资源管理决策与实施体系,其中国家负责对国有资源所有权的控制和管理,制定有关法规,建立高效的管理队伍;企业负责对海洋资源的具体经营与管理;公众既要监督各项资源管理的实施,又要遵守各项法律、法规,并进行各种宣传。

（4）加强海洋资源管理的国际交流和合作，协调与周围国家在海洋资源开发利用过程中的关系；学习世界海洋强国的海洋资源管理经验。

（5）加速我国海洋资源管理的现代化进程，为维护我国海洋资源权益，高效开发与利用海洋资源服务。

（6）强化我国海洋资源管理人才建设，培养现代化复合型海洋资源管理人才。

参考文献

1. 探索海洋奥秘•开发海洋资源编委会. 探索海洋奥秘•开发海洋资源. 北京：地质出版社,1998

2. C. M. 莱莉,T. R. 帕森斯,等. 生物海洋学导论. 张志南等译. 青岛：青岛海洋大学出版社,2000

3. J. R. 克拉克. 海岸带管理手册. 北京：海洋出版社,2000

4. The resource agency of California. California's ocean resources：An agenda for the future. 1997：7~8

5. 陈文瑞. 知识经济时代的海洋管理. 海洋科学,2001,25(8)：55~57

6. 干焱平. 中国的海洋国土. 北京：海洋出版社,1998

7. 国家海洋局. 中国海洋21世纪议程. 北京：海洋出版社,1999

8. 中国海洋年鉴编辑部. 中国海洋年鉴(1997~1998). 北京：海洋出版社,1999

9. 胡增祥,马英杰,解新英,等. 对我国海洋综合管理与法律框架的思考. 青岛海洋大学学报(社会科学版),2001(4):51~54

10. 蒋铁民. 国外海洋开发与研究. 北京：中国广播电视出版社,1989

11. 刘锡清. 海洋——奉献宝贵资源. 青岛：青岛海洋大学出版社,1999

12. 吕彩霞. 关于《中华人民共和国海域使用管理法》有关条款的阐释,见：李永祺,鹿守本主编. 海域使用管理基本问题研究. 青岛：青岛海洋大学出版社,2002

13. 毛蕴诗. 管理学原理选读. 大连：东北财经大学出版社,2001

14. 乔振国. 我国海洋渔业资源增殖、管理技术开发的现状与问题. 中国海洋报,2000-12-08

15. 石　纯. 区域实施海岸带综合管理的可能模式. 海洋科学,2001,25(8)：23~26

16. 宋金明. 崛起的海洋资源开发. 济南：山东科学技术出版社,1999

17. 王利平. 管理学原理. 北京：中国人民大学出版社,2000

18. 王诗成. 建设海上中国纵横谈. 济南：山东友谊出版社,1996

19. 吴恒岱. 关于我国海洋科学体系构建综述. 海洋科学,2001,25(8)：29~33

20. 于大川. 近海资源保护与可持续利用. 北京：海洋出版社,2001

21. 赵建华. 海岸带管理与GIS应用技术. 海洋开发与管理,2001,18(4)：51~56

22. 郑敬高. 海洋管理与海洋行政管理. 青岛海洋大学学报(社会科学版),2001(4)：45~50

23. 中共青岛海洋大学委员会党校编. 走向21世纪的海洋科学——海洋科技知识系列讲座. 青岛：青岛海洋大学出版社,2000

第六章　海洋环境管理

第一节　海洋环境管理的一般概念

　　环境问题已经、正在、还将继续影响全球经济和社会的持续发展。环境危机的范围之广、程度之深、规模之大已经引起全球的普遍关注。自20世纪60年代以来,国际上有识之士已经不断发出警告,并提出种种预测和对策设想。但一切的思考、探索和争论,都终归是或只能是得出这样的结论:"许多重大社会问题的解决不会是轻而易举的,它将包括技术、资源替代、环境保护和人口控制等各个方面。人类将被迫作出艰难的选择,因为任何可行的措施都是要付出代价然后才有收益。实行一些措施就意味着放弃另一些措施,追求一些目标就必须牺牲另一些目标,目标之间的权衡取舍将是十分困难的。"

　　当今,海洋环境与全球环境一样,也向人类提出了挑战。联合国及国际组织、各国政府与群众团体,正在作出巨大努力,保护包括海洋在内的全球环境。1982年4月联合国第三次海洋法会议在纽约联合国总部颁布的《联合国海洋法公约》第十二部分特别规定了"海洋环境的保护与保全",对沿海、公海区域的环境和控制、防止污染损害,提出了普遍适用的准则。与国际环境组织采取行动的同时,沿海各国也大力加强了海洋环境的治理与保护,大都建立了海洋环境保护的法律制度,步入运用法律强制力保护环境生态平衡和健康发展的轨道。

一、海洋环境管理的基本概念

1. 环境的定义

　　环境通常是指围绕人群的空间和作用于人类这一对象的所有外界影响与力量的总和。在《中华人民共和国环境保护法》第二条中,环境的定义为:"本法所称环境,是指影响人类生存和发展的各种天然的和经过人工改造的自然因素的总体,包括大气、水、海洋、土地、矿藏、森林、草原、野生动物、自然遗迹、自然保护区、风景名胜区、城市和乡村等。"环境概念的内涵是强调以人为主体,还包括相对于主体周围存在的一切自然的、社会的事物及其变化与表征的整体。

2. 海洋环境

　　海洋环境是影响人类生存与发展,按自然属性划分的地理空间的总体。海洋环境是指以人类生存与发展为轴心,相对其存在并产生直接或间接影响的海洋自然的和非自然的全部要素的整体。其中包括海洋空间内的水体及其物理、化学、生物要素,海底的地质、地貌及矿产要素,海面及上空的海洋现象等自然固有要素与过程;也包括非海洋自然所固有的,即由人类活动引发的人为因素,如海洋污染、海洋次生灾害等。近代海区沿岸受人类活动的影响越来越大,由此发生了一系列的环境后果,不论是有益的还是有害的,又都成为客观的存在之物,反过来对人类的生存和发展产生或大或小的作用。因此,人为的影响与作用所出现的海洋非自然要素应作为海洋环境整体的组成部分,体现海洋环境对人类行为影响的全面性、客观性。

3. 海洋环境管理的内涵

海洋环境管理是以海洋环境自然平衡和持续利用为基本宗旨,运用法律制度、经济政策与行政管理以及国际合作等手段,维持和实现海洋环境的良好状况,防止、减轻和控制海洋环境的破坏、损害或退化的管理活动过程。它包括三个要点:一是海洋环境管理主要体现国家采取的行政行为,或者是以政府和政府间的海洋环境控制活动为主体;二是海洋环境管理的目标在于或主要在于维护海洋环境要素的平衡,防止和避免自然环境平衡关系的破坏,为人类对海洋资源和环境空间的持续开发利用提供最大的可能;三是实现海洋环境保护的途径和手段是法律制度、行政管理、经济政策,包括科学技术手段以及国际组织、团体合作等控制体系的建立和运用。

二、海洋环境管理的基本原则

考虑到国际或国家环境管理思想和政策的差异,海洋环境状况与趋势的变化,以及海洋科学技术进步、海洋经济的发展要求,海洋环境管理实践中应坚持以下原则:

1. 可持续性发展原则

中国古代哲学家提出的"天人合一"的观点,强调人与自然的和谐相处,这实际上就是萌芽阶段的可持续发展思想。现代可持续发展思想是随着人们对环境认识的深入,在20世纪80年代逐步形成的。可持续发展有多种定义,其中最具有影响的是世界卫生组织(WHO)总干事、挪威前首相布伦特兰夫人与她所主持的联合国世界环境与发展委员会在调查报告《我们共同的未来》中所提出的定义,即可持续发展是既满足当代人的需求,又不损害子孙后代在满足其需求的长久发展。这一概念在1992年联合国环境与发展大会上得到了广泛的接受和认同。

《我们共同的未来》对可持续发展的定义包括两个重要的内涵:一是"需要",尤其是世界上贫困人群的基本需要,应将此放在特别优先的地位来考虑;二是"限制",技术发展状况和社会组织对环境满足眼前和将来需要的能力施加的限制。可持续发展这一概念是有其特定内涵的。它是从环境与自然资源角度提出的关于人类长期发展的战略,而不是指一般意义上的某一发展进程在时间上的可连续性。它所强调的是环境与自然资源的长期承载力对经济和社会发展的重要性,以及经济社会发展对改善生活质量与生态环境的重要性;主张环境与经济社会的协调,人和自然的协调与和谐。其战略目标主要在于协调人口、资源、环境之间和区域之间、代际之间的矛盾,而不是指系统的某一个方面。可见,可持续发展是一个涉及经济、社会、文化、科技、自然环境等多方面的一个综合概念,是以自然资源的可持续利用和良好的生态环境为基础,以经济可持续发展为前提,以谋求社会的全面进步为目标。可持续发展是一个动态的概念,它要求不断地进行内部和外部的变革,即利用现行经济活动剩余利润中的适当部分再投资于其他变革活动,而不是被盲目地消耗掉。可持续发展的观点被广泛接受是人类环境管理思想跃升的重要体现,它使人们从狭隘的环境思维中解脱出来,把环境管理同资源利用、社会、经济发展放在一个完整的大系统中去考虑;把人类当今的发展同未来的持续发展联系起来考虑;把一个国家、一个区域同全球、国际社会的发展持续性结合起来研究。这就是现代环境管理新思维的具体体现,在这种思维体系下的环境问题具有一定的整体性,甚至是全球性的。

可持续发展的观点目前已经被世界上大多数国家或地区的政府所接受,走可持续发展之路是人类文明发展的一个新阶段。可持续发展对中国的发展同样具有重大意义,它是中国摆脱贫穷、人口、资源和环境困境的惟一正确选择。中国政府在1992年联合国环境与发展大会上签署了两个公约,承诺将认真履行会议通过的所有文件。1994年3月国务院批准了全球第一部国家级的21世纪议程——《中国21世纪议程》,它把可持续发展原则贯穿到了各个领域。江泽民总书记在党的十四届五中全会上的讲话——"正确处理社会主义现代化建设中的若干重大关系"中,提出把可持续发展作为一项重大战略。目前我国正在为把这一人类的共同理念变成现实而努力奋斗。

海洋环境的自然属性与特点,使其与陆地环境相比具有更强的全球统一性。"所有海洋是一个基本的统一体,没有任何例外"。各沿海国家直接或间接施加海洋的影响及其造成的危害,决非局限在一个海区之内,往往有着更大范围的区域性,甚至全球性。其基本理由在于:一是海水介质不同尺度的流动,既有全球性大尺度环流系统,也有洋区和海区等较小尺度的流系,它们是物质的输送与交换者,使人类对局部海域的影响结果扩展到更大的范围,从一定意义上讲海水介质的流动性使全球海洋有了共同的命运;二是海洋中相当多的生物种群具有迁移和洄游的性质,其中有的范围小,有的范围大,那些高度洄游种群,如金枪鱼和鲸类等,它们的洄游区域多以洋区为范围,海洋生物的这一特性,决定了人类对海洋生物资源的影响不可能不具广延性。正是由于海水的流动性和海洋生态系的整体性,所以海洋环境管理就需要贯彻可持续性发展的原则。海洋环境问题的解决,应以可持续发展的"需求"和环境与资源的持久支持力为目标,根据国家、地区和国际的政治、经济的客观情况,针对海洋环境不同的区域确定具体的对策和采取不同的管理方式,真正达到海洋环境与资源保护的目的。如目前进行的全球海洋大海洋生态系保护与管理行动计划,即为比较典型的体现可持续发展原则的环境项目。

2. 治防结合、预防为主的综合治理原则

海洋环境管理的重点应放在防患于未然的战略层面上。立足于通过一切措施、办法,预防海洋污染和其他损害事件的进一步发生,防止环境质量的下降和生态与自然平衡的破坏,或者基于能力(包括经济的、技术的)的限制不可避免地遭遇环境的冲击,也要控制在维持海洋环境基本正常的范围内,特别是维持人类健康容许的限度内。

治防结合、预防为主的环境管理工作的指导思想,是人类海洋环境利用的实践经验总结,亦是现实的策略选择。在过去的一段历史时期里,强调生存环境的建设,突出发展为主流,这在一定程度上掩盖了海洋环境危害的发生与治理问题。究其掩盖的缘由,既有主观

认识上的原因,也有客观能力上的限制因素。在海洋环境保护的能力建设方面,主要是两类能力,一是经济能力,二是技术能力。就经济能力来说,不论发达国家,还是发展中国家都会遇到,当然发展中国家更为突出。对于发展中国家,主要是解决人民的基本生存条件,可能没有更多的投资用于海洋环境的保护上。技术能力基本与经济能力的情况相类同,发展中国家更是有着巨大的差距。因此,发展中国家即便想全面深入地开展海洋环境的可持续性保护工作,有时也会因技术条件不具备而难以如愿。两种原因虽然性质上不同,但实际上对海洋环境的影响效果是一样的,都是以牺牲海洋环境为代价以获得一定的发展条件。历史事实已经告诉我们,先污染后治理将要付出更大的财富代价。另外,先污染后治理所造成的生态、环境代价也将难以估算,从全球环境而言,发达国家早期以牺牲海洋环境求得发展,为我们今天酿成了沉重的、灾难性的历史包袱,至今还在继续着,其中包括全球变暖下的全球海平面上升,不少优美海洋自然景观和沿海沼泽湿地的消失,生物多样性减少,一些珍稀海洋物种消亡等。因此,结合当前已经被严重污染的现状,展望未来环境保护的战略性,治理先行,强化预防,治防结合,这是环境实践的要求,也是对历史教训的反思。

海洋环境的污染和破坏,其制约因素是多方面的,引发原因的多元性决定了整治的综合性。所以,在海洋环境恶化的遏制上,欲杜绝或减轻环境继续被破坏,针对性的措施首先是切断污染源和危害环境的各种直接或间接的力量与途径,这是治本的防治办法。海洋环境的组成要素也是极为复杂的。因此,在整治已破坏或受到污染的海洋环境时,就要求海洋环境的治理不能只采取"单打一"的措施,而应该实行综合治理。再者,治理技术的应用和行政管理办法的实施也必须是综合的。在技术上,可以运用工程的方法,修筑海堤、补充沙源以防止海岸侵蚀;应用生物工程,恢复、改善生态系统,提高海域生物生产力;利用回灌技术,制止沿海低平原人为原因的地面下沉,防止海水入侵。在管理上,往往使用法律、经济与行政等相应的手段控制环境非正常事件的发生等。无论从哪一方面考虑,海洋环境的治理都是一项综合性很强的工作。

3. 谁开发谁保护、谁污染谁负责原则

开发和保护是一对矛盾统一体。不论是海洋资源的开发,还是环境的利用,都可能构成对海洋环境的干扰与破坏,甚至打破自然系统的平衡。因此,在开发利用海洋的同时必须对海洋环境保护作出安排。谁开发推保护原则是指开发海洋的一切部门与个人,既依法拥有开发利用海洋资源与环境的权利,也有法律赋予的保护海洋资源与环境的义务和责任。

谁污染谁负责,也是我国环境保护实践经验的基本总结,经实践证明是行之有效的。执行这一原则能够加重开发利用海洋的部门和个人的行为责任,能够唤起开发利用者自觉或约束性的保护海洋环境与资源的意识。若不把"谁污染谁治理"的责任加到肇事者的头上,仅仅依靠一般的环境保护伦理的要求,不足以引起开发者的应有重视。因此必须从法律和管理的角度赋予开发者治理恢复环境的责任。则情形就大不一样。我国《环境保护法》明确规定:"排放污染物超过国家或者地方规定的污染物排放标准的企业事业单位,依照国家规定缴纳超标排污费,并负责治理。"

4. 环境资源有偿使用原则

环境是一类资源,对其开发利用不应该是无偿的。根据《中华人民共和国海洋倾废管理条例》和《中华人民共和国海洋石油勘探开发环境保护管理条例》及其实施办法,制定的《关于征收海洋废弃物倾倒费和海洋石油勘探开发超标排污费》的规定,要求"凡在中华人民共和国内海、领海、大陆架和其他一切管辖海域倾倒各类废弃物的企业、事业单位和其他经济实体,应向所在海区的海洋主管部门提出申请,办理海洋倾废许可证,并缴纳废弃物倾倒费。"出于政策考虑虽然收费数额较低,但这种费用不属一般的管理费,而是因倾废对海洋环境造成损害的付费,它也表明使用海洋环境的代价。

海洋环境的利用变无偿为有偿,其积极的意义在于:(1) 有偿使用海洋空间,环境是强化海洋环境管理的重要途径,也是海洋环保在国际上的通例措施。在《关于环境与发展的里约热内卢宣言》中,就有这方面的原则要求,即"考虑到污染者原则上应承担污染费用的观点,国家当局应该努力促进内部负担污染费用,并且适当地照顾公众利益,而不歪曲国际贸易和投资。"(2) 有利于海洋环境无害或最大减少损害的使用,维护海洋生态健康和自然景观。如海洋环境继续无代价利用,没有反映在经济利益上的约束机制,客观上便失去了保护海洋环境的物质动力,海洋开发利用者很难做到持续不懈地自觉地保护海洋环境。如果能转为有偿、危害罚款并治理恢复,这样一切开发利用的企事业单位或个人,它(他)们即便完全为了自己的利益,也要努力减少危害海洋环境的支出,从而在客观上达到海洋环境保护的目的。(3) 积累海洋环境保护的资金。海洋环境治理工作是一项历史性的任务,需要较多资金,广泛筹备是必要的,但是海洋环境管理内部积累一部分也是重要的来源。执行环境有偿使用,将所收经费用在国家管辖海域的环境损害的治理上,不仅有利于环境维护,而且也有利于活化海洋环境管理。

除上述在海洋环境管理工作需贯彻的原则外,其他还有生态原则、海洋经济建设与海洋环境协调原则、动态原则、海洋自然过程平衡原则等,也是应予贯彻执行的重要原则。

三、海洋环境管理的基本任务

海洋环境管理内容丰富、综合性很强。随着时代的发展、研究的深入和新的环境问题的产生,海洋环境管理的任务也会不断增加。所以不同时期必然有不同的基本管理任务。海洋环境管理因不同的管理对象和地域可划分为不同的类型。按环境管理范围可分为海岸带环境管理、浅海环境管理、河口环境管理、海湾环境管理、海岛环境管理、大洋环境管理等;按管理对象可分为水环境管理、沉积环境管理、生态环境管理、海洋旅游环境管理、海水浴场环境管理、盐场环境管理等;按损害海洋环境的因素可分为陆源污染物排海的防污染管理、海岸工程建设影响海域的环境管理、海洋倾废管理、海洋石油勘探开发防污染管理、防止船舶污染海域的环境管理以及海洋环境质量标准、环境容量和环境影响评价等管理工作。为了与我国海洋环境保护法相衔接,并与现行海洋环境管理已形成的任务相一致,本书宜采用按危害海洋环境的主要因素为主,兼顾近期实践中已成为重要管理内容的实际情况,构建海洋环境管理的基本任务。

1. 陆源污染物管理

陆源污染是指陆地产生的污染物(包括各种含有害成分的废液、废水、城市垃圾、工作废弃物等)通过不同的渠道(包括自然的如江河、溪流等,人为的如倾倒、堆放、污水管道等) 进入并污染海洋的过程和结果。

海洋污染损害绝大部分来自陆地。一般认为约有80％的海洋污染是陆源污染物造成的。在杰拉尔德·J·曼贡所著的《美国海洋政策》一书中,将污染海洋的物质来源归纳为五个方面,其中首要的是陆源污染物。中国沿海污染也主要来自陆源污染物的大量输入。据报道,经河口流入黄海的污染物每年约达 356 638 吨,其中含有机物 35.1 万吨、汞 2.4 吨、铜 259.9 吨、铅 140.7 吨、锌 81 吨、油类 2 109.1 吨、有机氯农药 6.3 吨等。

开展陆源污染管理的核心,是严格贯彻执行有关法律制度。我国 1990 年颁布施行了《中华人民共和国防治陆源污染物污染损害海洋环境管理条例》。该条例的宗旨是"为加强对陆地污染源的监督管理,防治陆源污染物损害海洋环境"。从几年的实施情况来看,这项法规虽有不够完善之处,但若能够切实执法仍可以达到防止陆源污染物损害海洋环境的基本目标。

(1)污染物排放管理

沿海工矿企业、城镇向海洋排放陆源污染物,必须遵守以下规定:首先,要履行申报登记制度。按法规要求:"任何单位和个人向海洋排放陆源污染物,必须向其所在地环境保护行政主管部门申报登记拥有的污染物排放设施、处理设施和正常作业条件下排放污染物的种类、数量和浓度,提供防治陆源污染物污染损害海洋环境的资料,并将上述事项和资料抄送海洋行政主管部门。"主管部门在受理申报时,要对登记单位提供的资料进行核定,特别是处理设施的规格与性能,要测试验证经其处理的废液、废水能否达到国家和地方发布的污染物排放标准和有关规定。第二,对污染物排放实行控制。向海洋排放的污染物,一般都不应该超过国家和地方制定的排放标准和环境标准,如果限于设备技术和其他不可克服的原因而超标排放的,需征收超标排污费,并负责环境损害的治理工作,维持海洋环境的良好状况。第三,对污染敏感区和生态脆弱区实施特别政策,禁止向海洋自然保护区、海洋风景旅游区、盐场保护区、海水浴场、海水增养殖区、重要渔业水域、海洋科学试验区等保护海域排放污染物,不得在这些区域设置排污口,以保护这些区域的自然景观与生态环境。第四,禁止法律允许范围之外的污染物排放,例如禁止向海洋排放含放射性物质的废水。另外,向海洋排放含油废水、含有害重金属废水、含病原体废水、含热废水、富含营养盐和有机质的工业与生活废水,以及其他工业废水等,都必须经过处理,并符合规定标准后才可以向海洋排放,处理过程产生的残渣不得弃入海洋。还有,在排放方式上,禁止使用不正当的稀释、渗透的办法排放有毒、有害废水等。

(2)在沿岸区堆放、弃置和处理固体废物的管理

在沿岸滩涂或其他海岸带区域堆放、弃置或处理固体废弃物,会经过风力、波浪、水流或降雨坡面流等力量搬运入海,或溶解于水中入海。为防止通过这种途径污染海洋,要禁止在岸滩区擅自堆放、弃置或处理固体废弃物。根据需要必须临时堆放和处理固弃物的,应履行审批手续,只有经行政主管部门审查批准后,才可临时堆放和处理。即便批准的,使

用单位或个人,也要按要求建造防护堤主防渗漏、防场尘等设施,保证在使用过程中废弃物不会入海。被批准的废弃物堆放场和处理场,使用单位不得堆放、处理未经批准的其他种类废弃物,也不准露天堆放含剧毒、放射性、易溶解和易挥发的废弃物等。

(3) 充分发挥海洋行政部门对陆源污染物排放的监督作用

陆源污染物损害的最终对象是海洋环境与资源。我国《防治陆源污染物污染损害海洋环境管理条例》的主管部门是各级环境行政部门,因此便出现了三个问题:一是陆源污染物排放虽然是经申报登记或申请审批的,也是按环境标准排入海洋或堆放、弃置滨海的,但是从法的规定和实际工作的运行,均表现出对海洋环境纳污能力、海洋稀释扩散能力的忽视。二是即便所排放的陆源物质,均符合立足于陆地环境制定的技术标准和规范,由于海洋的自然条件同陆地的差异,大量陆源污染物的长期排放,损害海洋环境在多数情况下是难免的。三是对排放单位收取排污费和超标排污费,并不能免除或减轻陆源污染物对海洋环境的危害。实践证明,陆源污染引起的环境灾害事件,很难简单地与某一排污单位直接挂钩,所以事故的法律处理将是困难的。此类问题的存在和解决,都同海洋行政管理部门在陆源污染管理中的作用发挥程度有关系。如果海洋管理部门能够在以下工作上发挥作用,陆源污染的控制毫无疑问可以得到加强:其一,排污口的选择,按照海洋行政主管部门制定、颁布的海洋功能区划,把陆源污染物入海点选定在"排污功能区",使之既避开其他开发和保护区,又得到污染物进入海洋后的较快稀释扩散条件。其二,陆源污染物排放,除了遵守环境标准外,还应遵守海洋主管部门制定的海域污染物容量和排海总量标准。制约陆源污染排放仅仅依靠一般环境标准是不够的,还要根据各海域具有的、客观的环境容量。现实发生的问题,也多是不按海域承纳污染物的容量而造成的。其三,陆源污染动态管理需依赖海上的环境监测监视,只有通过排放影响海域环境要素的变化,才能发现陆源污染物排放应该加强监督管理的问题,这是仅仅依靠陆上或排污口监测无法达到的。在防止陆源污染物排放损害海洋环境的管理中,充分发挥海洋部门的作用是今后要继续理顺,并在法和实践活动上调整、完善的工作。

2. 海洋倾废管理

1972 年 12 月 29 日在伦敦通过的《防止倾倒废物及其他物质污染海洋的公约》(现通常简称为《1972 年伦敦公约》)第三条对"倾倒"表述为:(1) 从船舶、航空器、平台和其他海上人工构造物上有意地在海上弃置废物或其他物质的任何行为;(2) 有意地在海上弃置船舶、航空器、平台或其他海上人工构造物的任何行为。简言之则为:利用运载工具将废弃物倾倒入海,包括类似手段的海上弃置。倾废的概念有其时代的内容,在《1972 年伦敦公约》之后的 20 多年间,海上倾倒的方法有不少变化。因此,该公约的适用范围或包括的内容也有相对需要的变更,比如现在发展很快的管道排污,在适用有关海底管道铺设规定时,就其倾废性质,也应该有倾废管理参与其中,才会产生更好的环境效益。

海上倾废对海洋环境的影响仅次于陆源污染物的排放。世界沿海各国每年都有数量很大的废弃物倾入海洋。近两年我国港口疏浚泥沙和部分生产废渣、粉煤灰等每年倾倒量达八九千万立方米。利用海洋的空间和自净能力分担一部分人类生产、生活必定产生的"三废",是合乎人类总体与长远利益的。近 10 年来,我国海洋主管部门已加强了对海洋倾废的管理,制定了海上倾废管理法规,对海上倾废区的选划,按科学、合理、安全、经济的原则进行严格论证和审批,对倾倒物进行登记,对倾倒进行监督,并开展了倾倒区环境影响的后评估等工作。

为减小倾倒对海洋环境与资源,尤其是生物资源的影响,其基本前提是科学、合理地选划倾倒区,没有相对合理的倾倒区,便不能达到把倾倒的损害降低到最小程度的结果。世界各地海域都有因倾倒区的选定不科学,而产生损害、损失的事例。为此建立以下标准:(1)科学标准。为使倾废区的选划合理,首先要科学地组织论证。根据废弃物的性质、物质成分、数量和在海水中的迁移、扩散、沉降、悬浮、溶解、变化的情况,以及预测可能对海域生态环境、生物资源和其他开发产生的影响等,经调查、资料分析和试验选划出适合于倾倒的区域。(2)安全标准。倾废区选划的安全标准,应包含两个方面:一是倾废区使用后,不会对其他开发利用活动,如航行、养殖等构成妨碍或破坏性的影响;二是对海区的环境、资源的危害最小。(3)经济标准。这项标准,主要是指倾废单位倾倒中的经费支出相对较少。为此,要求倾倒区的距离尽量近一些,以便降低倾倒的运输费用。

在具体实施中主要加强以下几项工作:(1)组织倾废区环境监测。虽然倾废区是经过现场调查、科学论证和环境影响评价之后选划的,但是预测的结果不一定就是事实的结果,由于认识的局限性而发生倾废区选划不当的事例亦不少见。为掌握倾废区使用后的变化情况,必须做好周围邻近海域的环境监测工作,特别是水质、生态系、海底沉积等要素的变化。通过长期监测和资料的分析,了解倾废对周围环境的影响,以便主管部门随时掌握动态、采取对策。(2)建立倾废收费制度。海洋环境是一类综合性的"资源",使用这种资源,尤其是损害性的使用,应该收取一定的补偿费用。收费可以达到以下目的:首先,体现对"资源"的一种所有的关系;其次,向海洋倾倒废弃物,不论经过多么充分的论证,其对海洋的影响和损害是不可避免的,因此,收取一定量的费用用于海洋环境的维护工作是完全必要的;第三,实行收费对控制海上倾倒能够起到一定的制约作用等。正是为了上述目的,经过各方面反复调研和协商,1992年8月,国家物价局和财政部根据海洋环境保护法律法规和我国海洋倾废的实际情况,在听取各方向意见基础上,下达了《关于征收海洋废弃物倾倒和海洋石油勘探开发超标排污费的通知》,规定"凡在中华人民共和国内海、领海、大陆架和其他一切管辖海域倾倒各类废弃物的企业、事业单位和其经济实体,应向所在海区的海洋主管部门提出申请,办理海洋倾废许可证,并缴纳废弃物倾倒费。"

3. 海洋石油勘探开发防污染管理

流入海洋里的石油,对海洋的危害是很大的。所以,加强海洋油气勘探开发防污染管理是海洋环境管理的基本任务之一

(1)海洋石油勘探中的管理

在勘探阶段有两类活动易于造成对海洋环境的威胁,应予以规范和管理。① 人工地震勘探管理。石油普查勘探使用人工地震法找油是比较普遍的方法。以炸药、压缩气体、电火花等为震源的地震勘探对鱼类影响较大,爆炸的巨大冲击波和声响,可以导致鱼虾死亡。据水产部门试验,在水中、海底浅层和海底深层进行爆炸作业,以水中爆炸对渔业资源破坏最大,浅层次之,深层较轻。相同的炸药量,水中爆炸比海底深层爆炸的损害程度要高

出36倍。1千克炸药在水深1.5米处爆炸,在8米半径内,梭鱼死亡50%左右,毛虾死亡率高达88%~94.2%。因此,在《海洋石油勘探开发环境保护条例》中,对使用人工地震进行海洋石油勘探作了专门规定:"海洋石油勘探开发需要在重要渔业水域进行炸药爆破或其他对渔业资源有损害的作业时,应采取有效措施,避开主要经济鱼虾类的产卵、繁殖和捕捞季节,作业前报告主管部门,作业时应有明显标志、信号。主管部门接到报告后,应及时将作业地点、时间等通告有关单位。"石油和渔业都是海洋经济的重要行业,都要发展。管理的责任就是协调两者的矛盾,将人工地震测量作业对生物资源的危害减少到最小程度。在技术上,目前还做不到避免爆炸冲击的情况下,通过石油勘探时间上的调整,避开产卵、繁殖和捕捞时间段,仍不失为好办法。② 控制钻井泥浆的使用。泥浆在钻井中用以冷却、滑润钻头、悬浮携带岩屑、清洗井底、保护井壁、防止井喷等,是必须应用的。泥浆种类很多,常用的有水基泥浆、油基泥浆、乳化泥浆等。钻井使用泥浆较多,每钻一口井需要1 000多吨。泥浆是钻井作业中处理数量较大的一种废弃物。由于各种泥浆及钻井产生的岩屑可能含有有害物质,如油基泥浆等排入海中必然造成污染,因此泥浆的排放是必须关注的防污染工作。《中华人民共和国海洋环境保护法》第五十一条规定:"钻井所使用的油基泥浆和其他复合泥浆不得排放入海。水基泥浆和无毒复合泥浆及钻屑的排放,必须符合国家规定。"

(2) 海洋石油开发中的防污染管理

在海洋石油开发生产中应着重抓好的防污染工作主要有六个方面:① 海洋环境影响评价。油田投入开发之前,进行环境影响评价是国际通例。我国《海洋石油勘探开发环境保护管理条例》第四条规定:"企业和作业者在编制油(气)田总体开发方案的同时,必须编制海洋环境影响报告书",《中华人民共和国海洋环境保护法》规定,海洋环境影响报告书,由海洋行政主管部门核准,并报环境保护行政主管部门备案,接受监督。对油田投产后,开发对周围自然环境、资源和其他开发活动可能会产生什么样的影响,并对可能发生的有害影响制定出防止的保护措施及其预定方案。环境影响评价应由具备环境评价能力、持有环境评价证书的单位承担。由主管部门组织审查、批准后,才能作为开工的必备条件。② 审查溢油应急计划。石油勘探、生产过程中溢油事故发生的可能性和危害都是较大的,因此,必须制定出溢油应急计划,一旦事故发生才能够按计划进行处理。溢油应急计划由石油作业者负责制定,报所在地区的海洋主管部门审查。溢油应急计划的审查通过也是油田投产的必须条件之一。③ 平台含油污水排放和生活废物处理。平台含油污水排放,必须符合《船舶污染物排放标准》、《海洋石油开发工业含油污水排放标准》,不允许不经处理直接超标排放,也不允许通过稀释降低含油量或加入消油剂后排放。在平台生产或生活中所产生的一切废弃物,包括含油垃圾、各种残渣、废料、岩屑、塑料制品等,均禁止弃入海中,要求储存在专门容器里,运回陆地处理;平台也禁止焚烧纸制品、棉麻织物、木质包装材料和有毒化学制品等。平台作业中产生的垃圾、废物的种类、数量都比较多,应分类管理,以免污染海洋。④ 事故处理。油田开发中,开采、运输、储藏等环节易发生溢、漏油事故。按规定要求,发生溢油事故时,作业者一方面要迅速查明原因,采取积极措施切断溢、漏油源,并组织力量回收漂油;另一方面及时向所在海区主管部门报告,将事故时间、位置、原因、溢油情况、数量、已采取的紧急措施和当时的海况等资料一并上报。海区主管部门接到报告后,视情况派出监测力量赴现场调查和实施监视、监测,对无力回收的漂油可能的漂移路径进行预测,通报海区有关部门提早防范,尽量减少损失。同时,作业者要如实地把事故有关资料记载在"防污记录簿"上,并填写"海洋石油污染事故情况报告表"送达主管部门,作为事故处理的依据。⑤ 超标排污费征收。对石油平台不按国家规定标准而超标准排放者,主管部门可征收超标排污费。征收标准按国家物价局和财政部1992年颁发的《关于征收海洋废弃物倾倒和海洋石油勘探开发超标排污费的通知》执行。征收超标排污费的根本目的在于促进油田开发作业者重视海洋环境的保护,自觉地加强管理,严格按法规和标准排放。再者,收取超标排污费,也可以改善国家治理海洋环境的条件,归根结底仍然是维护海洋环境。⑥ 登临检查和巡航监视。为监督平台实施法律制度的情况,主管部门应组织公务人员不定期登监平台现场检查。检查工作要依法进行,了解防污设备、设施和器材是否齐全,运行是否正常,防污记录和操作记录情况等。如有污染事故发生,可向有关人员调查事故的过程,必要时应采集样品,以备分析研究等。现场检查是平台防污染管理的一项不可忽视的工作,适时登检有利于平台防污染的常抓不懈。平台周围海区的环境监测、监视是主管部门掌握开发对环境影响信息的基本手段,经常组织监视、监测才能掌握确切的实况资料,评价海区的环境,如发现异常变化则可及时采取防治措施。

4. 海洋工程建设防污染损害的管理

海洋工程建设,在狭义上指一切在海洋地理区域(含海岸带和海上)进行的基本建设、技术改造和开发利用工程建设活动。若广义理解则可认为:除在海洋区域进行的新建、扩建、改造的基本建设和区域开发利用与保护工程项目外,还可包括需通过海洋才能完成其全部功能的邻接海岸带的陆地区域的建设或开发项目。海洋工程对海洋环境的作用、影响是多方面的,概括起来主要有两方面:(1) 改变海洋的自然条件系统,不论开发利用海洋资源和空间的项目是位于海上,还是位于海岸区域,它们都必然直接地改变海底的地形地貌、海岸景观、动力状况及过程、局部生态系统等。这种改变,除保护环境和减灾目的的工程项目外,绝大部分对海洋环境的平衡是一种冲击和破坏,例如防波堤工程,其修筑固然可阻挡波浪,保持港区海况平稳,但也改变了附近的动力条件,出现新的冲刷、沉积区,这类新的冲淤动态,对不同功能的海岸段其利弊也是不同的。不论客观上的利害如何,对原有的自然过程都必然进行适应性调整。至于河口筑坝和滩涂围垦等工程,其发生的影响更为显著。世界各地沿海都有发生过失败的例子,总结其教训:一是破坏海岸和邻近浅水区生态系,尤其是沼泽湿地和海岸的围垦,使得复杂曲折岸线变得平直单调,降低陆地社会生产与生活同海洋直接接触的几率,河口筑坝,堵死溯河洄游鱼虾的通道,致使河口生态系破坏;二是筑坝、围垦改变区域海洋动力、沉积、地形、海水物理、化学等生态环境状况,甚至使区域地理单元完全改观;三是次生灾害增加等。(2) 污染海洋环境,海洋工程建设和投入使用,可能造成的污染有两类:一是建设施工过程中的污染,比如在港口建设中,一般要疏浚港池淤泥和挖掘航道,所产生的疏浚泥的倾倒,就可能污染海洋环境;二是工程投入运行后废弃物污染,不论工矿企业,还是生活设施,投入使用都会有废弃物,包括废液、废水或固体垃圾等进入海洋,污染环境。有的工程不仅有废弃物污染,而且还可能造成其他污染的发生,例如滨海发电站,大量冷却水入海会形成热污染等。海洋工程建设对近海区域的海洋环境变化影响显著,必须加以控制、管理。

为了在推进海洋资源、环境开发利用的同时,维护海洋生态环境的平衡,减少工程建设项目对海洋环境的有害影响,国家运用政府的行政力量对海洋工程建设进行指导、节制、统筹协调和监督是完全必要的,这一系列的政府职能行为即是海洋工程建设防污染及损害管理。海洋工程建设防污染损害管理的目的有:(1) 合理科学利用海洋环境条件。海洋工程建设同海洋的关系,大体有三种:一是利用海洋的空间布局安排生产和生活建设项目,减少陆地的压力;二是利用海洋资源条件开展的开发工程,比如港口、养殖、围垦等建设项目;三是通过海洋环境条件,为工程建设提供必需或必要的功能要求,以及为建设项目使用后提供便利条件。三个方面,不论是其中哪一种都涉及适度利用海洋自然环境问题。只有在最大可利用限度之内的利用,才是科学合理或是适度的。(2) 尽量不改变或最低限度地改变区域海洋的自然度。此种项目对于海洋工程可能属于较为困难的目标要求。因为有些工程开发项目主要是经改变海岸或海洋某一部分的形态或状态实现的,比如海洋围垦、码头建设、海水养殖工程等,不改变海岸的地形地貌等条件,工程就无法开展。这一目的不能机械地认识和实践,其精神在于一切海洋工程应该把最低限度地改变自然度作为目标。(3) 不伤害或最低限度伤害海洋生态环境。有些工程,如沿岸和浅海生态建设工程(营造红树林、恢复珊瑚群体)、海洋公园和自然保护区建设等,虽然对环境有些影响,基本上可以认为是无害的工程项目。但大多数工程都会造成程度不同的生态环境破坏。针对这一情况,对于管理上的目标,就是要使其伤害程度降到最小的程度。通过调查研究、改进工程设计、最佳布局、利用新技术成果等措施,再经反复比较论证,选择既能满足工程根本目的,又能保护生态环境的最好方案。总之,海洋工程建设防污染管理的目的是实现综合效益。

除上述一般原则外,还必须遵循以下原则:(1) 功能原则。由于各个区域的自然地理及其资源、环境条件的差异,而具有各不相同的功能价值和使用方向。不论在海岸区域,还是在海洋之上进行工程建设项目,都应该根据具体海区的功能区划所确定的开发利用范围组织实施,只有如此才能够使工程活动最好地适应海洋自然环境特征,减少或避免因建设项目带来的不利影响。(2) 协调原则。因海洋的任何区域对社会的作用都是多方面的,其资源具有高度复合与共生性。这一特点,一方面为不同利用目的的海洋工程建设提供了选择的机会,但也往往使不同部门、单位和建设项目在区域选择上产生矛盾,尤其是毗邻大中城市和经济发达地区的海域,矛盾和问题表现得更为突出。在这些地带布局海洋工程,将会遇到大量需协调解决的问题。(3) 预测原则。按照我国基本建设管理规定,工程建设项目正式列入投资计划之前,必须进行项目的可行性论证,以使其建设工程项目建立在科学、可靠的基础上。在建设项目可行性论证阶段所进行的评价工作系为未来评价,亦称环境影响评价或环境预测评价。它是根据工程建设项目的性质、规模、所产生的废弃物种类、数量、排放方式、海区环境条件、资源条件等,对工程项目建设和投入使用后,可能发生的海洋环境影响及其影响后果等,作出科学论断。所谓预测原则,就是指海洋工程的防污染管理必须建立在对环境影响评价而得到的预测结论的基础上,没有科学、合理的预测,海洋工程建设项目是不能实施的。如果硬行施工建设,必将付出环境与资源的损失代价。(4) 法律原则。因海洋工程项目数量大、分布广,加强法制教育仅靠主管部门的行政管理工作是难以管好的。实践证明,实施有效的监督管理,只有法律、法规、标准一旦为工程开发单位所掌握,才能更好落实工程建设防污染的各项环境目标,使维护海洋环境的措施和行动达到经常化和有效性。

第二节　海洋环境管理的基本理论

一、环境管理理论的形成与发展

环境管理的思想和实践有着悠久的历史。如我国古代就有"天人合一"的朴素的自然保护思想。春秋战国时代有"永续利用"思想和定期封山育林的法令。但是,人类真正开始认识环境问题还是在20世纪60年代之后。20世纪40～60年代发生的震惊世界的"八大公害"事件,引起了西方工业国家的人民对公害的强烈不满,促使一批科学家积极参与环境问题的研究,发表了许多报告和著作,如《寂静的春天》、《我们被盗的未来》等,对环境管理思想和理论的发展产生了重要的影响。环境管理的核心是遵循经济学和生态系统规律,协调经济发展与环境保护的关系。具体说,环境管理主要是通过全面规划使人类社会活动与环境系统协调发展。因此,这就需要研究人类社会经济活动与环境系统相互作用的规律与机理,为科学管理环境提供科学依据。目前环境管理理论主要集中在两个领域,这就是生态经济学理论和可持续发展理论,它们共同构成了环境管理的基础理论。

1. 生态经济学理论的主要观点

生态经济学是从经济学角度来研究生态系统、社会系统和经济系统所构成的复合系统——生态经济系统的结构、功能、行为及其运动规律的新经济科学,是跨越生态学和经济学之间的新兴边缘学科。生态经济学是由美国经济学家凯恩斯(B. Kenneth)在20世纪60年代提出的,它将经济学与生态学相结合,以研究生态规律与经济规律的相互作用,研究人类经济活动与环境系统的关系。

生态经济学与生态学在研究对象上有共性但亦有所不同。共同之处在于两者都研究生物之间及生物与非生物之间相互作用的规律与机理的科学,都是研究有生命的系统。不同之处在于,生态经济学研究的不是一般的生命单元,不是以动物、生物与环境的关系作为研究对象,而是研究与自然界进行物质交换的人类同环境系统的关系。所以,在生态经济学的领域里,同环境系统发生关系的主体不是一般的生命,不是自然界具有一定结构和调节功能的生命单元,而是人类,当然生态经济学也注重研究自然界具有一定结构和调节功能的生命单元——动植物和微生物,因为尽管这些生命单元不是生态经济学研究的主要对象,但它们的存在对于人类社会的存在和发展有着十分重要的作用。

生态经济学与经济学的研究目的也有共性和不同之处。生态经济学是经济学的一个分支学科,其研究的最终目的是求得经济稳定持久的发展,以满足人类的需要,这是它与经济学的共同之处。不同之处在于它把生态规律和经济规律结合起来,研究两者之间的相互影响和相互作用的关系,以求全面认识经济规律。

生态经济学的主要研究内容有以下几个方面:一是研究人类经济活动与环境系统的

相互影响、相互促进的关系。人类进行社会经济活动,必须与自然界进行物质交换,也就是对环境系统产生影响。自然界为人类提供所需的各种资源,而劳动把资源变成人们所需要的生产资料和生活资料。人类在从自然界获取资源的过程中,同时又把各种废弃物排入环境。生态经济学研究合理调节人类与自然环境之间的物质交换过程中同环境系统的关系。二是研究如何建立合理的生态经济系统结构。生态经济系统是社会经济系统与生态系统的复合体。生态经济系统的持续稳定发展,依赖于生态经济系统合理的结构和相应的功能,生态经济系统的结构是生态经济系统进行物质、能量和信息进行交换和流通的渠道,是建立系统间联系的桥梁。系统与功能的优劣,很大程度上取决于生态经济系统的结构是否合理。三是研究生态系统与经济系统的内在联系与规律。生态系统与经济系统之间存在着内在的联系,并有着不依人的意志为转移的客观运动规律。如果不了解这一运动过程的变化趋势,不认识这种生态经济规律,就可能顾此失彼,或者受到大自然的惩罚,或者受到经济规律的制裁。因此,必须了解和认识生态系统与经济系统之间的内在联系,掌握和运用它们之间的客观运动规律及其变化趋势,才能实现生态效益与经济效益的协调统一。四是研究经济再生产和自然资源再生产过程的相互协调问题。生态经济学的主要研究对象就是自然生态系统与经济系统的结合,目的是企图通过定量或半定量的分析研究(建立生态经济模型),使经济再生产和自然资源再生产实现最优组合,协调发展。这就是说,对自然资源的开发、加工、利用,直到产品的分配、流通、消费以及废物的排放,整个过程都能和自然生态系统相统一,实现以最少的劳动、最少的消耗取得最大的经济和生态效益。

把人口、资源、能源、生态环境、经济建设和环境建设等问题作为一个整体来研究,找出它们之间的内在联系,使之相互协调发展。综合而言,生态经济学就是探讨发展与资源、人类与环境的相互关系,以求得经济稳定持久的发展。环境管理必须遵循生态经济学揭示的客观规律,才能取得经济、社会和环境效益的统一。

2. 可持续发展理论的架构

随着人口迅速增长和人类对地球影响规模的空前扩大,在人口、资源、环境与经济发展关系上,出现了一系列的、尖锐的矛盾,引起了人们的犹豫和不安。1972 年在斯德哥尔摩举行的环境大会,向人们敲响了环境问题的警钟,有力地推动了资源与环境保护工作。然而,遗憾的是 30 年过去了,尽管人们做了多方面的努力,资源和环境问题,不仅没有得到真正解决,许多新的问题,如臭氧层的耗损、全球变暖、酸雨等不断出现,其发展的速度超过了人们的想像,具有全球规模的特点,其严重后果目前尚难进行准确的预测。严峻的现实迫使人们对过去在资源与环境方面采取的战略和措施,进行认真反思,并探索一条有效的、导致人类繁荣昌盛的道路。"可持续发展"正是在总结了发展与环境相互关系的正反两方面的经验和教训的基础上提出的。可持续发展这一概念已经被在 1992 年 6 月巴西里约热内卢举行的有 183 个国家和地区以及 70 多个国际组织参加的"联合国环境和发展大会"所接受。它与生物多样性的保护、全球变暖问题一起被列为当代生态和环境科学的三大前沿领域。

1992 年联合国环发大会以来,截止到 1997 年,全球已经有约 2 000 个地方针对当地的情况制定了 21 世纪议程。100 多个国家成立了国家可持续发展理事会或类似机构,代表性的主要有美国总统可持续发展理事会、菲律宾国家可持续发展理事会等。许多国家可持续发展理事会受到国家元首亲自关注或由国家议会授权成立。1997 年 3 月，即 1992 年联合国环境与发展大会 5 年之后，来自全球 70 多个国家、地区的国家可持续发展理事会或相应机构、地方政府或社区组织、工商界、主要社会团体、科研机构、非政府组织、金融机构、联合国发展机构等 480 名代表会聚于巴西里约热内卢，举办了"里约＋5 论坛"。这次会议主要评议了 5 年来全球贯彻执行 1992 年联合国环境与发展大会的情况。讨论了地区、国家、区域及全球执行可持续发展的关键性战略和管理机制。探讨了新的合作方式，一部新的全球可持续发展合作纲领性文件——《地球宪章》正在讨论和修改中。

（1）可持续发展定义较具影响的解释与认识

对于可持续发展的概念或定义，全球范围内已经和正在进行广泛的讨论，众说纷纭，从不同的角度对可持续发展进行了阐述。

① 从自然属性定义可持续发展。持续性这一概念是由生态学家首先提出来的，即所谓的生态持续性。它旨在说明自然资源及其开发利用程度间的平衡。1991 年 11 月，国际生态学联合会（Intecol）和国际生物学联合会（Inbs）联合举行关于可持续发展问题的专题研讨会。该研讨会的成果不仅发展而且深化了可持续发展概念的自然属性，将可持续发展定义为："保护和加强环境系统的生产和更新能力"即可持续发展是不超越环境系统的再生能力的发展。从生物圈概念出发定义可持续发展，是从自然属性方面表示可持续发展的另一种代表，即认为可持续发展是寻求一种最佳的生态系统，以支持生态的完整性和人类愿望的实现，使人类的生存环境得以持续。

② 从生态、资源和环境保护角度定义可持续发展。生态学家福尔曼（R. T. T. Forman）认为可持续发展是"寻找一种最佳的生态系统和土地利用的空间构形以支持生态的完整性和人类愿望的实现，使环境的持续性达到最大。"

③ 从社会属性定义可持续发展。1991 年，由世界自然保护联盟、联合国环境规划署和世界野生生物基金会共同发表了《保护地球——可持续生存战略》（Caring for the Earth：A Strategy for Sustainable Living）（以下简称《生存战略》）。《生存战略》提出的可持续发展定义为："在生存与不超过维持生态系统涵容能力的情况下，提高人类的生活质量"，并且提出可持续生存既强调了人类的生产方式和生活方式要与地球承载能力保持平衡，保护地球的生命力和生物多样性，同时，又提出了人类可持续发展的价值观和 130 个行动方案，着重论述了可持续发展的最终落脚点是人类社会，即改善人类的生活质量，创造美好的生活或环境。

④ 从经济学角度定义可持续发展。可持续发展的提出是人们对传统发展模式（主要是经济发展模式）的深刻反思的结果，它对经济学带来了很大冲击，因此可持续发展也是目前经济学家研究的热点。

1993 年，英国环境经济学家皮尔斯和沃福德在《世界无末日》一书中提出了以经济学语言表达的可持续发展的定义："当发展能够保证当代人的福利增加时，也不应使后代人的福利减少。"

爱德华（Edward B. Barbier）在其著作《经济、自然资源、不足和发展》中，把可持续发展定义为"在保持自然资源的质量和其所提供服务的前提下，使经济发展的净利益增加到最大限度。"

经济学家对可持续发展的解释还有如下表述："持续经济增长或社会福利水平的持续提高"、"今天的资源使用不应减少未来的实际收入"、"不降低环境质量和不破坏世界自然资源基础的经济发展"及"社会总资产(包括自然资产和人造资本如技术、机器等)不随时间变化而降低的一种状态"等。

还有的应用经济优化原则将可持续发展定义为"在环境资产不致减少的前提下,资源利用的效益达最大化。"

⑤ 从技术类型定义可持续发展。这类定义有多种表达方式,但都认为可持续发展的核心是经济发展。提出可持续发展是"今天的资源使用不应减少未来的实际收入"。当然,定义中的经济发展已不是传统的以牺牲资源和环境为代价的经济发展,而是"不降低环境质量和不破坏世界自然资源基础的经济发展"。

⑥ 从科技属性定义可持续发展。实施可持续发展,除了政策和管理因素之外,科技进步起着重要作用。没有科学技术的支持,人类的可持续发展便无从谈起。因此,有的学者从技术选择的角度扩展了可持续发展的定义,认为"可持续发展就是转向更清洁、更有效的技术,即可能接近'零排放'或'密闭式'工艺方法,尽可能减少能源和其他自然资源的消耗"。世界资源研究所于 1992 年提出,"可持续发展就是建立极少产生废料和污染物的工艺或技术系统"。他(它)们认为,污染并不是工业活动不可避免的结果,而是技术差、效益低的表现。

1987 年,挪威首相布伦特兰夫人主持的世界环境与发展委员会,在对世界重大经济、社会、资源和环境进行系统调查和研究的基础上,提出了长篇专题报告——《我们共同的未来》。报告采纳了"可持续发展"的概念并进行了推广,对可持续发展给出了定义,即可持续发展是指既满足当代人的需要,又不损害后代人满足需要的能力的发展。

1988 年春,在联合国开发计划署理事会全体委员会的磋商会议期间,围绕可持续发展的含义,发达国家和发展中国家展开了激烈争论,最后磋商达成了一个协议,即联合国环境理事会讨论并对"可持续发展"一词的涵义,草拟出可为大家所接受的说明。1989 年 5 月举行的第 15 届联合国环境署理事会期间,经过反复磋商,通过了《关于可持续的发展的声明》。其全文如下:"可持续发展,系指满足当前需要而又不削弱子孙后代满足其需要之能力的发展,而且决不包含侵犯国家主权的涵义。环境署理事会认为,要达到可持续的发展,涉及国内合作和国际均等,包括按照发展中国家的国家发展计划的轻重缓急发展目的,向发展中国家提供援助。此外,可持续发展意味着要有一种支援性的国际经济环境,从而导致各国特别是发展中国家的持续经济增长与发展,这对于环境的良好管理也是具有很大重要性的。可持续发展还意味着维护、合理使用并且提高自然资源基础,这种基础支撑着生态抗压力及经济的增长。再者,可持续的发展还意味着在发展计划和政策中纳入对环境的关注与考虑,而不代表在援助或发展资助方面的一种新形式的附加条件。"这是经过发展中国家充分说理,并最终得到环境署理事会成员国同意的"协议一致"的声明。

目前,普遍认为可持续发展的核心思想是:"健康的经济发展应建立在生态可持续能力、社会公正和人民积极参与自身发展决策的基础上。"它所追求的目标是:"既要使人类的各种需要得到满足,个人得到充分发展,又要保护资源和生态环境,不对后代人的生存和发展构成威胁。"它特别关注的是各种经济活动的生态合理性,强调对资源、环境有利的经济活动应给与鼓励。在发展指标上,不单纯用国民生产总值作为衡量发展的惟一指标,而是用社会、经济、文化、环境等多项指标来衡量发展。这种发展较好地把眼前利益与长远利益、局部利益与全局利益有机地统一起来,使经济能够沿着健康的轨道发展。

(2)可持续发展战略

可持续发展战略的制定和实施是实现可持续发展的重要手段。可持续发展战略,是指改善和保护人类美好生活及其生态系统的计划和行动的过程,是多个领域的发展战略的总称,它要使各方面的发展目标,尤其是社会、经济及生态、环境的目标相协调。可持续发展战略可以是国际的、区域的、国家的和地方的可持续发展战略,也可以是某个部门或多个部门的可持续发展战略。

一个国家的可持续发展战略应当是未来达到其经济、社会、生态和环境目标而制定的国家政策、计划或行动方案。它的制定和实施,包括政策和行动计划的制定、实施、监督和检查都应是滚动的,需要在实施过程中,随着能力建设的增强、各部门各阶层参与的增加而不断调整和补充。应当明确的是,可持续发展战略是一个行动的过程,而不单纯是一项计划或一个文件。它应建立在现行的各项合理的经济、社会、生态环境政策及计划的基础之上,并与之相协调。

(3)可持续发展内涵所体现的基本原则

一是公平性原则。公平性原则是指发展应满足整代人的需求,而不是一部分人的需求。可持续发展强调本代人的公平、代际间的公平以及资源分配与利用的公平。目前这种全球贫富悬殊、两极分化的世界是不可持续的。因此,要把消除贫困作为可持续发展过程特别优先的问题提出来考虑,要给世世代代以公平的发展权。

二是持续性原则。在"满足需求"的同时,必须有"限制"的因素。即"发展"的概念中包含着制约因素,主要限制因素是人类赖以生存的物质基础,即自然资源与环境。"发展"和"需求"要以生物圈的承受能力为限度,"发展"一旦破坏了人类生存的物质基础,"发展"本身也衰退了。持续性原则的核心是人类的经济和社会发展不能超越自然资源与环境的承载能力。

三是共同性原则。国情不同,实现可持续发展的具体模式不可能是惟一的。但是,上述的公平性原则和持续性原则应是共同的。并且,实现可持续发展的总目标,应有全球的联合行动,认识到我们的家园——地球的整体性和相互依存性。

3. 对环境管理学发展起促进作用的其他相关思想、理论和观点

(1)经济发展决定论——凯恩斯主义学派

传统的经济发展战略是以国民收入的增长为主要目标,以工业化为主要内容,把追求高速增长作为社会发展的第一标志。该学派的代表人物是美国的经济学家凯恩斯,他们认为,经济的增长是一个国家实力和社会财富的体现,是国民生活幸福的象征,"有了经济就有了一切"。他们比喻说,饥饿与空气污染相比,当然面包更重要。这显然就是一种把经济和环境保护对立起来的观点,但这种观点的出现是有其经济背景的。

第二次世界大战之后,西方资本主义经济萧条,开工不足,失业严重,为了摆脱经济困

境,处于战后重建家园的强烈愿望,西方国家普遍接受了凯恩斯的观点。在凯恩斯理论的支配下,特别是在20世纪50年代和60年代,西方世界以国民生产总值或国民收入的增长为主要目标,追求经济的高速增长,出现了一股"增长热"。经济的发展把一个受战争创伤、满目疮痍的世界,在短短二三十年的时间里推向一个新的高度发达的电子时代,创造了前所未有的经济奇迹。

但是人们在庆贺经济这棵大树结出的累累硕果时,经济赖以生存的环境却不断向人们诉说被破坏和毁灭的悲剧。在这种经济高速增长和高额利润的背后,必然出现以牺牲环境为代价,潜伏着严重的环境污染和生态危机的局面。工业发达国家就是沿着这条道路走过来的。人们把这种发展模式称为"先污染后治理"模式,对于这种发展模式,美国的阿尔温·托夫勒切中要害的归结为"不惜一切代价,不顾破坏生态和社会的危险,一味追求增加国民生产总值,成为第二次浪潮后各国政府盲目追求的目标"(阿尔温·托夫勒,《第三次浪潮》,第103页)。

(2)"零经济增长理论"——停止发展学派

① 罗马俱乐部的"世界模型"。该学派的代表人物是美国麻省理工学院工程控制学家詹·福莱斯特尔和他的助手德·米道斯以及罗马俱乐部的学者。福莱斯特尔教授提出一个"世界模型",把人口、工业生产、农业生产、资源和环境污染之间错综复杂的关系用数学模型来表达,然后用计算机模拟。以1970~2100年模拟发展过程为例,增长趋势和过去100年的趋势基本相同,模拟结果表明,资源储量将急剧下降,随着资源价格上涨和矿产的耗竭,用于获得资源的投资越来越多,而新的工业投资越来越少,最后工业投资率赶不上折旧率,工业生产急剧下降,工业生产的下降又影响到依靠工业提供化肥、农药、设备和能源的农业部门和服务部门,由于缺少粮食和医疗卫生服务,死亡率上升,人口急剧下降。研究者把工业和人口的这种急剧下降称为"崩溃",把发生这种崩溃的原因称为"资源危机"。他们提出"宏观平衡论",比如,人口生产率与死亡率平衡,使人口稳定下来,投资率和折旧率平衡,使工业稳定下来。

罗马俱乐部是一个跨国学术团体,起源于1968年4月,由意大利菲亚特公司董事长帕塞伊邀请日本、瑞士、德国、美国等10个西方国家的30多位科学家、教育家、经济学家、人文学家和工业家组成,讨论人类目前和将来处境。罗马俱乐部在1972年出版的《增长的极限》一书提出的论点就是突出的代表。这种论点认为,既然经济和社会发展造成了环境的污染和破坏,那么解决环境问题的出路就在于停止发展。该书说,持续的人口和工业增长将耗尽世界的矿业,并使整个生物界浸没在致命的污染之中。假如目前增长的趋势保持不变,那么今后100年的某一个时刻,将成为这个星球的增长极限。因此,这一模式被称为"世界末日模式"。该书的结论是,增长必须立即停止,不然就只能是文明的毁灭。《增长的极限》于1972年出版后,引起了世界上的广泛和激烈的辩论。零经济增长理论的观点是反对经济持续增长,主张实现零经济增长。显然,零经济增长理论关于增长的悲观论点是错误的,不过他们提出的许多问题是值得注意的,它促使人们认真地思考未来社会经济发展的模式问题,也有其积极意义。

② 《增长的极限》的主要论点和再认识。《增长的极限》的主要论点是:人类社会的增长是由五种相互影响、相互制约的因素所构成,即人口增长、粮食供应、资本投资、环境污

染和能源消耗。这五种因素增长的特点都是呈现指数增长，所谓指数增长系指一个一定的数值在一定时间内按一定百分比递增。如用 P 代表某增长因素基期的数量，r 为每一期的增长率，A 为第 n 年的数量，则指数增长的计算方法为：

$$A = P(1+r)^n$$

而另一个重要特征则是通向极限的突发性。指数增长系动态过程，包含瞬间即变的突发因素。在单一目标的系统中，引起增长的原因及增长过程都较简单明了。但在多目标的复杂系统中，各种影响和制约的目标因素纵横交错，使增长原因和过程的分析变得复杂化。

动态理论认为，任何一个指数增长系统都由一个正反馈环和一个负反馈环构成。人类社会五种发展趋势的增长量构成了正反馈环，且均以指数增加特征发展。人口翻一番所需时间由 17 世纪中期的 250 年缩短到 20 世纪中、后期的 40～50 年。人口增长和人均生活水平的提高，需要更多的粮食和工业产品，从而使耕地需要量和工业生产量也呈指数增长。工业的发展，不可再生资源消耗的增长，使排入环境的污染物增长，使生态环境日益恶化。由于环境破坏是受上述多种趋势综合作用的产物，其增长速度将超过人口增长和工业增长。由于地球的有限性，这五种趋势的增长是有限的。如超越这一极限，后果很可能是人类社会突然地无可挽救地瓦解。但是，在任何一个有限的系统中，都必定存在一些足以阻止指数增长的障碍，这些障碍即所谓负反馈环。当增长越来越趋于人类环境的最终极限时，负反馈环的作用将变得越来越强；当负反馈环平衡或压倒正反馈环时，增长就停止了。在人类—环境系统中，负反馈环包括环境污染加剧，不可再生资源枯竭和饥荒等。

人类社会的许多地方已经感到来自负反馈环的压力，这个压力阻止着增长。人们为了追求经济增长，开始着手对付并采取各种措施来削弱负反馈环的作用，以保持继续增长的势头。如以发展科学技术来解决环境问题。科学技术能够解决某些当前的问题，但不可能从根本上解决发展的无限性与地球的有限性这一基本矛盾。科学技术只能推迟"危机点"的出现，延长增长的时间，但它无法消除"危机点"。因此，人口和经济的增长是有限度的，一旦达到这个限度，增长就会被迫停止。由此，《增长的极限》得出结论，人类社会经济的无限增长是不现实的，而等待自然极限来迫使增长停止又是难以接受的。出路何在？人类社会应走最可取的道路——人类自我限制增长。

《增长的极限》所提出的思想和理论，被后人称之为"零经济增长"学派。《增长的极限》出版后，引起了世界上广泛的、激烈的辩论。虽然众说不一，褒贬不一，但其所提出的五种发展趋势被人们归纳为"人口、资源、发展、环境"，成为世人关注的"四大"爆炸性全球问题。毫无疑问，被后人称为环境保护的先知先觉的罗马俱乐部的各国学者，在唤醒世人的环境意识方面具有功不可没的历史地位。他们的研究，引发了第一次环境管理思想的革命，促进人们认真地考虑未来社会的发展模式，促进了可持续发展战略的提出。当然，由于历史的局限性和思想的局限性，"零增长"派对人类发展产生悲观厌世的思想，提出了"负增长"的错误观点。诚然，发达的资本主义国家，实行高生产、高消费政策，过多地浪费资源，应该适当限制。而发展中国家的环境问题，主要是由于贫困落后、发展不足和发展中缺少妥善管理环境所造成。因此，要在发展中解决环境问题，也只有处理好发展与环境的关系，才能从根本上解决环境问题。

（3）新古典经济学派

在对"零增长"派所提出的"自我限制"方案的争议中,西方一个经济学术团体应用古典经济学的基本观点,他们在自己的理论与建议中,以不同形式提出了当前生态问题的尖锐程度,主张采用国家调节的方法作为对形成"社会—自然"关系的资本主义市场机制的补充,以促进人类对自然资源利用加强干预,保证经济进一步发展和技术进步,并把这些措施与保护私人企业的经济利益结合起来,他们对经济发展与生态环境关系的认识,比停止经济学派更科学、更现实一点。

与此观点相近的还有制度—技术学派,它形成于接近国家机关的一些阶层,他们主张国家对自然资源利用加强干预,其特点是主张行政直接调节与激励,把强制经济单位遵守自然资源保护法与经济杠杆相结合,以便激起防治环境污染的各种活动,保证经济的进一步发展和技术进步。他们对经济发展与生态环境关系的认识,比"零增长"学派更科学、更深刻。其对于国家宏观调控自然资源的一些思想和方法已被采纳接受,并对协调发展与环境的关系起到促进作用。

新古典经济学派的代表人物是著名的法国经济学家西蒙·巴尔。他指出,我们的社会问题从增长的理论的观点来看,是很难解决的,只有在成功地掌握了人们之间的社会关系时,才能把握住人类与环境的关系。这种主张采用国家垄断管理的控制方法来解决发展与环境这对矛盾的管理思想被称为"新古典经济学派"。

但应指出,在"人类—社会—自然"复合系统中,采用国家垄断管理的控制方法,主张加强国家干预,并不能从根本上解决经济发展与生态环境的矛盾和对付生态危机。这是因为:第一,国家宏观干预的办法如在传统发展模式没有根本转变时,环境政策不可能真正纳入国民经济的总体发展规划,不可能进入国家政策的决策机构,因而国家干预往往成为一句空话;第二,国家干预不可能代替全球的联合行动,因而也就不可能解决日益加剧的全球性环境问题;第三,国家垄断资本主义不能消灭市场的无政府状态,垄断资本主义手中继续掌握能影响环境的技术手段和资本,使其在本质上仍具有对自然资源滥肆开采之权力。

（4）只有一个地球

《只有一个地球》对现代环境管理思想的产生和发展的影响是极其深远的。这本著作是英国经济学家B·沃德和美国微生物学家R·杜博斯受联合国人类环境会议秘书长M·斯特朗的委托,为1972年人类环境会议提供的背景材料。该书是在58个国家152位专家组成的通信顾问委员会的协助下编写完成的。从整个地球的发展前景出发,从社会、经济和政治的不同角度,评述经济发展和环境污染对不同国家产生的影响。该书指出了人类所面临的环境问题,呼吁各国人民重视维护人类赖以生存的地球。《只有一个地球》是一本讨论全球环境问题的著作,其中所阐述的许多观点对现代环境管理思想和理论的形成与发展产生了重要影响。

二、海洋环境管理的理论概述

由于海洋环境是一种公共资源,并具有外部性等原因,政府必须对海洋环境进行管理。政府在海洋环境管理过程中,是管理责任的主要承担者,是后代人环境资源的托管者。

倡导进行综合管理,其主要目的是在总体社会政治和经济的目标下,能够有效地、合理地利用海洋环境资源,充分发挥海洋的功能,在可持续的理念下满足人类生产和生活的需要。

本节研究政府从宏观上对海洋环境进行科学管理决策,综合运用产业政策和技术政策,及经济激励手段和行政命令手段,对污染物排放标准等进行强制性管理,以对污染源、污染物总量进行控制,并结合海域功能、环境容量及入海排污口的污染治理等,通过对所构建模型的综合分析,研究所涉及的海洋环境管理政策以及有效性,进而提出一些海域环境管理的针对性政策建议。

1. 海洋环境管理的理论分析

有效地解决环境问题的途径和方法,不论有多少,其核心还是加强环境的管理。正如联合国海洋保护科学问题专家组所提出的:防止海洋环境污染,保护海洋环境质量,持续开发海洋资源是20世纪七八十年代世界各国海洋开发的经验教训,也是90年代国际社会追求的目标,要能达到既保护海洋,又合理开发海洋资源的目的,必须使用正确的海洋管理方法。其中沿海和近海环境管理是一个非常重要的环节。海洋环境的重要性和海洋环境存在的问题,要求加强海洋环境管理。

(1)影响海洋环境质量的因素分析

影响海洋环境质量的因素是多方面的,既有宏观的,也有微观的。下面我们主要从现时期对海洋环境管理影响较大的几方面进行分析。宏观方面主要有经济与科技的发展状况;微观方面主要在于企业与政府行为的影响。

① 海洋经济的发展。海洋经济与陆域经济存在着密切的产业关联,它们都是国民经济的重要组成部分。在现阶段的经济活动中,陆域经济所产生的污染物成为海洋环境污染的主要来源,诸如大量的工业废水、生活污水直接或间接排入海洋,其中含有过量的重金属、氮、磷、石油烃、BOD等。海洋环境的污染对海洋产业的发展造成损害,制约着海洋经济的发展。为减少海洋环境污染,就必须投入大量的人力、财力进行污染治理技术以及清洁生产技术的研究,兴建污染治理和环境保护工程等。而这一切均有赖经济的发展。所以,制定海洋环境管理政策,不能忽视海洋经济的发展规模和水平。

② 科学技术水平。人类在海洋开发利用活动中,对环境造成影响的程度大小,在一定意义上取决于技术水平和管理水平,所以技术水平与海洋环境有着密切的关系,尤其是海洋高新技术的推广应用,为改善海洋环境提供了更为良好的保证条件。因此,推进技术进步是制定政策要考虑的重要因素之一。

③ 企业行为。企业大体上有以下四类行为:(a)捕获行为,即对海洋中各种生物资源的捕获行为。捕获行为对海洋环境(含资源)具有双重作用。一方面,合理的捕获有利于推动海洋生物种群的新老更替,保持种群活力;另一方面,过度的捕获行为可能会导致种群数量的衰竭甚至灭绝,最终可能导致海洋环境中生态链的破坏。(b)物理采掘行为。主要指海床采矿、采砂及从海洋中提取各种物质(如盐、微量元素等)。采掘行为关键在于适当,否则,作为伴随影响还有可能影响其他海洋功能的实现。(c)改造行为(alienation)。改造行为包括多方面的内容,如在海岸带上建造大堤大坝、在大海滩建设养殖场、建造海洋工

作平台等。改造行为对海洋环境的影响不容忽视,它可能直接或间接造成海洋污染损害环境质量。(d)陆源性污染行为。很多企业的行为不直接作用海洋,但是它的废弃物,尤其是排入海洋中的污水损害了海水质量。

④ 消费者行为。消费者在消费过程中,可能产生环境污染并对海洋环境直接或间接地造成污染。若消费者提高环保意识,优化消费倾向,将对企业从事绿色产品的研制、开发和生产起到极大的推动作用。因此,对消费倾向进行合理引导,应是政府为实现海洋环境管理目标须考虑的问题之一。

⑤ 政府行为。在海洋环境管理过程中,各级政府是管理职责的承担者。政府管理行为的主要目的是维护海洋环境功能的充分发挥,以持续地满足人类生产和生活的需要。对于海洋环境,政府作用的关键是在对海洋环境多功能认识的基础上,科学合理地制定长远规划和措施,制定保护海洋环境的法律、标准,实现直接或间接治理和控制污染等;对于企业,政府在引导企业进行科学生产以实现产值最大化的同时,核心是为企业制定排污标准,控制污水、污物的排放,并制定出必要的经济措施如税、费等、或直接采取管制措施如限制有关工艺和原料的使用等;对于消费者而言,主要是引导消费者提高消费意识,防止不良消费倾向导致间接的污染行为的随意发生。在具体的管理过程中,地方政府行为有时因地方保护主义等原因亦可能偏离科学化的管理方向,这种非科学化的管理行为通过影响企业行为而间接对海洋环境造成污染。因此,对政府行为的监督非常必要。

海洋环境质量影响因素的多样性,表明要对海洋环境进行科学管理,必须兼顾各相关因素,以保证政策对头、措施到位。

(2) 海洋环境管理的理论内容

① 海洋环境管理的定义。在多数情况下,大多数人一般认为海洋环境保护即是海洋环境管理。1992年联合国环境与发展会议通过并签署的《21世纪议程》对海洋环境保护特别强调以下问题:建立并加强国家协调机制、制定环境政策和规划、制定并实施法律和标准制度、综合运用经济、技术手段,以及有效的、经常性的监督工作等来保证海洋环境的良好状况。这其实是一种海洋环境管理的概念。

② 海洋环境管理的目的和任务。海洋环境管理的基本目的是通过建立健全海洋环境管理的运行机制,保护海洋环境及资源,防止海洋污染损害和环境退化,保持生态平衡,保障人体健康,实现海洋经济的持续发展和海洋资源的永续利用,促进经济社会的发展。具体管理对象包括陆源污染物入海管理、海洋倾废管理、海洋石油勘探开发防污染管理、海洋工程建设防污染损害管理、防止船舶污染管理、海洋产业自身造成的污染的管理、海洋自然保护区的管理,等等。海洋环境管理的总任务是:综合运用各种管理手段,维护海洋生态系统健康,减少和控制进入海洋环境有害物质的总量,保护和改善海洋环境质量。尤其是重点海域生态环境的整治与恢复;维护海洋生态的健康与完整,保护人民身心健康;提高可再生资源的可持续供给能力,促进海洋经济的可持续发展。具体任务为制定海洋环境管理政策、规划。海洋环境管理政策是国家在一定历史时期为保护海洋环境、提高海洋环境质量、保持生态平衡所规定的行动准则和战略目标。国家以本国的海洋环境调查、监测和科学研究为依据,综合考虑本国经济发展水平、科学技术能力、海洋资源开发状况及海洋环境保护的需要而制定适合本国国情的海洋环境政策。海洋环境规划的目的在于将

海洋环境保护工作纳入有秩序而全面发展的轨道,避免发生混乱及顾此失彼的现象。规划的内容包括海洋污染控制规划、污染治理、污染调查监测、海洋环境科学技术发展、海洋环境保护设施及海洋自然保护区等。

海洋环境标准的制定与监督实施。海洋环境标准包括海洋环境质量标准、海水水质标准、海洋沉积物标准、海洋生物质量标准、船舶排污标准、海上石油平台污水排放标准、海洋污染调查规范等。具体地讲,要控制陆上生产活动对海洋环境的污染损害,对污染物排放浓度和排海总量实行控制;对超过或接近环境质量标准的污染物,制定排放标准和区域总量控制标准;对城镇生活污水进行处理,对工业废物进行综合处理和陆上处置技术研究与开发;控制和减少农药的使用等等;通过政府和企业双方努力,使重点污染企业得到治理,使海洋环境污染恶化趋势得到减缓,并逐渐恢复其生态系统的结构与功能,达到可持续利用的生态环境。

查明海洋环境质量状况,预测发展趋势,制定防止海洋环境质量退化的政策、法令并组织有效的执法管理和监督检查;海洋行政管理部门依据协议规定,定期对企业执行海洋环境标准的情况进行抽查、监测,对于评估和检查的结果应及时向社会公开,以利于舆论监督和公众举报;依据法律和协议规定,对造成污染损害的企业追究法律责任和赔偿责任,同时对治污效果显著的企业和行为予以奖励。

海洋环境科学技术管理。主要是制定海洋污染防治技术政策,明确海洋环境科学发展的方向和目标,组织海洋环境保护技术服务、合作与交流;引导企业开展清洁生产,进行海洋产业清洁生产的宣传和培训,改变单纯在生产尾端进行污染控制和观念,在海洋产业的生产全过程中重视节约资源、减少废物,实现清洁生产和生产绿色食品;制定海洋产业清洁生产的标准和法规,研究和开发清洁生产技术、装备工艺,为海洋产业的清洁生产和生产绿色食品创造条件。为此,需要改进生产工艺、优化生产环节、交叉利用可再生资源及其他方式,使单纯尾端污染控制转向全过程污染控制,减少海洋产业自身产生的污染物总量,防止海洋产业污染损害海洋环境。

开展区域陆海环境综合整治,协调沿海经济与海洋环境的同步发展。

2. 海洋环境投入—产出模型

目前认为,污染的治理应从源头抓起。从产品的设计、生产、包装到销售,采用绿色技术,减少生产和消费过程中污染物的排放量,最终使污染物达到零排放,这是科学家追求的目标,但存在着技术上可行和经济效益等方面的问题。目前限制污染物排放量是减少环境污染实际可行的办法,对污染物排放量制定一个标准,超标准收费成为政府采用的环境管理政策之一。制定允许排放量标准的宽与严对环境和经济都会产生影响,两者之间如何权衡,从超标准收费中得不到答案。

在20世纪60年代,一些经济学家开始研究如何将环境因素纳入投入—产出的系统。例如,坎伯蓝(J. H. Cumberland)建议在流量矩阵中增加三个行向量:一是某些经济部门造成的环境效益的货币估价,其二是防止环境质量恶化所需的费用构成,其三是描述可作为有关的收益与费用之间的差额。这个建议虽然有吸引力,但难以应用。

维克托(P. A. Victor)建立了有40个部门和27类残余物的投入—产出表,运用"累积"函数方法评价部门结构变化对污染水平的间接影响。里昂捷夫(1974)提出了世界污染模型。尽管这些研究还不能作为实用的规划和预测工具,但是它展现出投入—产出模型在环境管理中的巨大潜力。

在我国,陈锡康等首先将投入—产出方法应用于环境保护,在钟契夫等人编写的《投入—产出分析》一书中,对此作了详细的描述。书中介绍了两种处理的方法,在理论上都是可行的。由于这两种方法都增加涉及关于污染部门的投入产出的三个矩阵,这些矩阵建立需要投入大量的人力和财力,建立这种投入—产出表很困难。目前,我们还没有得到环境投入—产出表。

在海洋环境管理中应用投入—产出表,主要是从宏观上研究产业结构和技术治理对海洋环境的影响。在没有环境投入—产出表的现实情况下,我们通常只能得到某年的价值型投入—产出关系,即 $AX+Y=X$,还可以收集到如表6.1和表6.2所示的统计数据(年度)。

表6.1　环境主要污染物年度统计表

指标名称		环境主要污染物			工业废水排放总量(万吨)	其中直接排入海的(万吨)	所占比重
		1	2 … m				
产业	1						
	2						
	⋮						
	n						

表6.2　废水处理设备年度统计表

指标名称	废水处理设备原价(万元)	本年运用费用(万元)	工业废水中污染物去除量		直接排入海中工业废水污染物去除量	
			1	2… m	1	2… m
产业	1					
	2					
	⋮					
	n					

另外,还可知道排入海中的生活污水总量,但不知其中所含污染物的组分。

用上述数据构建一个适用于海洋环境数理模型会遇到一些困难,因为,投入—产出关系中系数矩阵A的变化难以确定,主要有以下几个原因:① 因年度不同,产业结构和技术进步的变化会引起系数矩阵A的变化,其改变量难以确定。② 废水处理设施设备的折旧及运行费用的投入—产出表中已包含,如将废水处理设备的运行费用等从中扣除,也会使系数矩阵A有所变化,但其数量级相对环境主要污染物很小。③ 关于生活废水对海洋环境污染的影响难以确定。排入海中的废水中,生活废水占有很大比重。生活废水中所含污染物的组分对海洋环境质量有较大影响,尽管生活废水中污染物组分与消费结构有关,但仍难于准确确定其污染物的数量与组分。当然,污水集中处理厂提供的数据可以参考。④对第j产业而言,废水处理运行过程都使用了其他产业的产品,在统计中没有分解,都归于第 j 产业的消耗。

基于上述理由,我们只能构建一个"近似"的模型,假设投入—产出系数矩阵 A 不变;每个产业单位产值的污染物不变,基于上述理由,我们只能构建一个"近似"的模型,假设投入—产出系数矩阵 A 不变;每个产业单位产值的污染物不变,记为 $P_{ij}=\dfrac{P_{ij}}{X_i}$,它组成的污染物矩阵为 $P=(P_{ij})$;每个产业废水处理运行费用主要是人工费用,单位费用出物的数量与结构不变,记为:它组成的去除污染物矩阵为 $\overline{P}=(\overline{P}_{ij})$;排入海中生活用水的污染物总量 $Q^T=(Q_1,Q_2,\cdots Q_m)$。海域自净能力去除污染物总量 $S^T=(S_1,S_2,\cdots S_m)$ 为已知。

假设规划年度最终需求可以在某一范围内波动,其下限组成最终需求向量表示为 Y_1,其上限组成最终需求向量用 Y_2 表示。$R^T=(R_1,R_2,\cdots R_m)$ 为规划年度污染物残留总量,于是得到模型:

$$\min\ (\beta P)^T X+Q-S \tag{6.1}$$

$$\max\ \sum_{k=1}^{r} X_{ik} \tag{6.2}$$

$$s.t.\ p^T X-(\overline{cp})^T X\leqslant R \tag{6.3}$$

$$Y_1\leqslant (E-A)X-CD\leqslant Y_2 \tag{6.4}$$

$$X\geqslant 0,C\geqslant 0 \tag{6.5}$$

其中 $\beta=\begin{bmatrix}\beta_1 & \cdots & 0\\ \cdots & \ddots & \vdots\\ 0 & \cdots & \beta_n\end{bmatrix}$,$C=\begin{bmatrix}C_1 & \cdots & 0\\ \cdots & \ddots & \vdots\\ 0 & \cdots & C_n\end{bmatrix}$,$D=\begin{bmatrix}1\\ \vdots\\ 1\end{bmatrix}_{n\times 1}$,$E=\begin{bmatrix}1 & \cdots & 0\\ \cdots & \ddots & \vdots\\ 0 & \cdots & 1\end{bmatrix}_{n\times n}$

这是多目标线性决策与投入—产出相结合的一个模型。目标向量模型(6.1)表示海洋环境污染物最小,实际上可以制取其中两种主要污染物即可;$X_{i_k}(k=1,\cdots r)$ 表示海洋产业产值;模型(6.2)表示希望海洋产业产值最大;约束条件模型(6.3)表示对环境质量的要求,模型(6.4)表示产业最终需求满足规划要求。这个模式反映了决策者在满足经济发展、环境质量较好的前提下,追求海洋环境有较好的质量并使海洋经济得到尽快的发展。

3. 海洋环境管理静态模型及其应用

(1) 海洋环境管理静态模型构建

对海洋环境评价,通常采用多目标评价体系。在环境评价过程中,为理论研究上的方便,经常采用环境质量概念。本节用污染物的排放总量来描述环境污染状况。我们在构建模型时,仅考虑了直接向海洋排放污染物的产业。设有 n 个表示向海洋排放污染物的产业,第 i 个产业的生产函数为 $f_i(R_{1i},R_{2i},L_i,T_i)$,产品价格为 $\overline{P_i}(i=1,2,\cdots n)$,$R_{0i},R_{1i},R_{2i}$ 分别表示第 i 个产业使用的陆地资源量、可再生海洋资源和不可再生海洋资源,fL_i,T_i 分别表示第 i 个产业的劳动力数和所采用技术,$C_i(R_{1i},R_{2i},L_i,T_i)$ 表示 i 产业的生产成本。设第 i 个产业单位产品产生的排入海中的污染量为 P_{i_0},则排入海中的污染总量为 $\sum_{i=1}^{n}P_{i_0}f_i$。这些污染物造成的损失可用损失函数,$D=\sum_{i=1}^{n}P_{i0}f_i$ 表示。

政府在经济发展的同时希望环境质量有所改善,试图采用征税的方法,通过设定对排

放单位污染征收税率(假定为 T),是污染的外部型内部化,以便将污染排放总量控制在一定的水平上,则构造的基本模型为:

$$\max \sum_{i=1}^{n}\left[\overline{P}_if_i(R_{0i},R_{1i},R_{2i},L_i,T_i)-C_i(R_{0i},R_{1i},R_{2i},L_i,T_i)\right]-T\sum_{i=1}^{n}P_{i0}f_i \qquad (6.6)$$

$$\sum_{i=1}^{n}R_{0i}\leqslant R_0,\ \sum_{i=1}^{n}R_{1i}\leqslant R_1,\ \sum_{i=1}^{n}P_{2i},\leqslant P_2,\ \sum_{i=1}^{n}L_i\leqslant L,\ \sum_{i=1}^{n}P_if_i\leqslant P$$

$$R_{0i},R_{1i},R_{2i},L_i\geqslant0 \qquad i=1,2\cdots n$$

式中,R_0,R_1,R_2 分别为陆地资源、海洋可再生和不可再生资源限制使用量,L 为社会劳动力,最后一个约束条件表示污染总量不超过 p,其余的都是资源约束条件。

(2) 海洋环境管理静态模型的应用及分析

因为构建模型所考虑的因素和所达到的目标不同,所得到的结果及含义也各不相同。传统经济学仅考虑了经济的发展,由市场机制按资源的边际贡献来配置资源。由于没有考虑污染的外部不经济性,各利益主体只寻求经济效益,往往造成生态环境的恶化,这样反过来又制约着经济的发展。历史上"先污染,后治理"发展模式的教训,迫使政府感到有必要对污染排放量进行限制。从这个模型中,我们可以分析政府在制定海洋环境管理政策时所发挥的作用和所要解决的问题。

从目标函数中可以看出,由于政府对企业派出的单位污染物取决于税收 T,导致了产业的发展规模缩小;产量的减少,又会导致产品价格上扬,在新的价格、产量条件下,市场达到均衡,引起市场资源配置结构变化。

政府确定税率 T 的大小是一个关键因素。政府在确定税率 T 时,受到很多因素的影响,同时,它与污染总量的限制相关。若政府税收等于损失函数,即:

$$T\sum_{i=1}^{n}P_{i0}f_i=D\sum_{i=1}^{n}P_{i0}f_i \qquad (6.7)$$

实际政策运动中是很难做得到的。要使这个等式成立,有以下困难:

① 哪些物质会造成污染,随着科学的发展才会逐渐认清。

② 这些污染物造成的直接损失和间接损失如何计算,才能不产生遗漏和重复。

③ 污染物有许多种,如何能归结为统一的计算标准,这也使污染总量 $\sum_{i=1}^{n}P_{i0}f_i$ 的估计不准确。

④ 确定损失函数 D 的本身是一件难以精确化的问题。这个模型反映出税收促使污染内部化解决,也可以看出在实施中的困难。

模型 (6.6) 中,仍未考虑到各个产业自觉或被迫进行污染治理。设 $y=\overline{c}_i(P)$,表示第 i 个产业污染治理费用函数,即当排放污染总量为 P 时,所需投入的治理污染的费用为 $\overline{c}_i(P)$。假设 $\overline{c}_i$ 有二阶连续偏导数,显然 $\overline{c}_i(P_{i0}f_i^{*})=0$,$\frac{\partial\overline{c}}{\partial p}<0$,$\frac{\partial^2\overline{c}}{\partial p}>0$,$f_i^{*}$ 表示由模型 (6.6) T=0 时所确定的第 i 个产业的产量。$\overline{w}_1(P_{i0}f_i^{*},P_i)$ 表示污染治理由总量 $P_{i0}f_i^{*}$ 降为 P_{i0} 时所得到效益,主要包括综合利用、"变废为宝"所产生的价值以及产品的环保标志而产生的附加值,另外还可以包括政府对采用清洁技术的企业所给予的补贴等。

下面讨论政府在决定污染总量时所遇到的新问题:当总量 P 确定以后,各产业存在公平与效率的问题。若记 $\bar{C}(P) = \sum_{i=1}^{n} \bar{C}_i(P_i), \bar{w}_1(P_{i0}f_i^*, P_i)$，从社会角度来看，当 $-\dfrac{\partial c(P)}{\partial P} = \dfrac{\partial \bar{w}(P)}{\partial P}$ 时，对污染治理从经济上是有效的。但在模型（6.6）所决定的资源配置的同时，污染物排放量也进行了分配 $(P_1^*, P_2^*, \cdots P_n^*)$。由于产业不同，治理污染的难度和收益也各不相同，因而具体到第 i 个产业 $-\dfrac{\partial c_i(P_i^*)}{\partial P_i} + \dfrac{\partial \bar{w}(P_i^*)}{\partial P_i} = 0$ 就不一定能成立。若 $-\dfrac{\partial c_i(P_i^*)}{\partial P_i} > \dfrac{\partial \bar{w}(P_i^*)}{\partial P_i}$，第 i 个产业治理污染就没有效率；反之，第 i 个产业治理污染是有效率的。从这里可以看出，对企业污染排污权建立交易市场，可以提高污染治理的经济效率。这也反映了各产业治污技术水平不同，将直接影响到治污费用的结构。

另外，技术水平在模型中作为参数，由于 $\dfrac{\partial f_i}{\partial T_i} > 0$，尽管式中没有明确写出参数 T_i，经过计算可以看出，技术水平对资源配置和污染物配额都有正的影响。

从上面的讨论可以看出，海洋环境与经济发展存在密切的相互作用关系，由于环境的外部性，政府必须对环境进行管理。本节所构建的模型，为管理政策制定中的主要参数提供了理论依据：① 税率的确定及所产生的影响；② 各产业排污量的确定；③ 各产业排污权可进行交易，这样有利于提高污染治理的经济效益。

为此，政府在制定经济发展规划中，应确定环境质量指标、排污总量和治理费用，使排污总量逐渐实现负增长，使海洋环境日益改善。为实现双负增长的目标，政府应对排污水进行改革，对不同的排污物设计不同的税率及相应的补贴政策，以推动企业进行技术改造，加速清洁技术的推广。

4. 海域环境管理模型初探

海域环境管理是一项系统工程，涉及因素很多，使得海域环境管理建模成为一个很困难的工作。我们暂不考虑不确定性因素，从污染源方面分析，要考虑下面几个因素。首先，按可持续发展的思路，确定与经济社会发展总目标相协调的环境质量。这里涉及产业结构及产业布局调整的动态变化，污染总量及结构的动态变化等相关因素。其次，对某一个时期而言，产业结构、产业布局和技术结构决定了污染物的总量和结构，最后排入海中排污口位置、流量的确定。排污口选择的有关参数可借鉴历史上或习惯等综合因素确定。

从污染物的处理方面分析，要考虑下面几个因素。首先是排污口入海处、海域环境容量的确定。它涉及该海域的物理、生物和化学自净能力等因素，环境容量的确定本身就是自然科学中的一个跨学科的研究问题。在海域环境管理中，我们只能借用已得的结果。其次是该海域的功能区划，这是对海洋进行综合管理的重要手段，对海洋开发利用的整体布局具有重要的指导意义。不同的海域功能对允许排污的标准也不相同。最后是对污水的处理。其处理能力大小，处理后水质标准与投入治理的费用多少有关（当然也与处理技术、设备有关，最终转化为费用多少），对污水处理设施要进行费用数量分析，要针对具体问题进行分析。

在上述概念模型的基础上，可以将问题简化。设有 k 个排污口，第 i 个排污口的日排

污量为 P_i,其海域的环境容量为 $e_i(P_i \geqslant e_i)$,单位减污费用为 $c_i(i=1,2,\cdots,n)$,d_i 为第 i 个排污口污水处理设施减污数量,则问题转化为规划问题:

$$\max \sum_{i=0}^{n} d_i$$
$$\text{s.t.} \quad P_i - d_i = e_i \quad i=1,2,\cdots,n$$
$$\sum_{i=0}^{n} c_i d_i \leqslant F$$

式中,F 表示税收。

这个规划设定海洋环境治理一次达到标准,但在实践中很难实现。其主要原因一是超标严重,二是治理费用少,三是工程实施需要较长的时间,四是产业结构调整成本高、时间长。

从上述分析可以看出,海洋环境管理应当根据不同的海域功能,优化产业结构、技术结构和排污结构,在海洋经济发展的同时,保持海洋生态环境的可持续利用。如果将上述模型与投入—产出模型相结合,可以得到更接近实际的模型。

三、环境管理的微观决策

在市场经济条件下,企业在市场上的竞争就是争夺消费者的竞争。消费者的消费偏好决定了市场需求结构。我国实施可持续发展战略以来,公众环保意识的提高及自身健康的关注是人们对绿色产品的需求增加,正在形成"绿色消费"的潮流。我国已加入 WTO,外国对产品有关污染物的限制标准将成为非关税壁垒,会影响我国企业在国际市场上的份额。因而,研制和采用清洁技术、生产绿色产品已经成为有战略眼光企业家进行决策的重要因素。

通常,这类研究的一个基本前提是无论采用还是不采用清洁技术,所产生的商品是同质的,需求函数是线性的。本书对此作了改进,首先是引入了消费者关于环境的偏好,消费者、生产者与政府同时参与环境保护行动;其次,认为采用清洁技术和传统技术所生产的产品不是同质的。公众的环保意识不同,对产品的选择标准也不是仅以商品价格为标准的。政府在这个现实基础上,为推进清洁技术的研制同时采用补贴办法与"谁污染、谁付费"的政策。

1. 消费者行为模型

假设消费者对市场商品有完全信息,市场中用传统技术生产的甲产品其价格为 P_1($P_1 < P_2$),用清洁技术生产的甲产品价格为 P_2,消费者使用传统技术生产商品是其环境偏好 E_1,使用绿色产品环境偏好为 $E_2(E_2 > E_1 = 1)$;另外,有价格为 P_3 的乙产品,进一步假设消费者的小用函数为 Cobb-Douglas 形式:

$$U = U(q, q_3, E) = (qE)^{\alpha} q_3^{\beta} \quad (\alpha > 0, \beta > 0, \alpha + \beta = 1) \tag{6.8}$$

式中,q,E 分别表示消费者消费甲产品的数量和环境效益,q_3 为消费乙产品的数量。

假设消费者收入为 y,用 E 表示消费者的环境偏好。一个消费者环境偏好参数 E 的大小取决于它的环保意识、收入状况、受教育程度、对公益事业的关心程度等个人因素;另外,社会关于环境保护知识的宣传、教育和制度等因素也会对他的 E 的大小产生影响。一个消费者是否选购绿色产品,取决于他的环境偏好 E 和 $\frac{P_2}{P_1}$ 的大小。若 $\frac{P_2}{P_1}=1$,则消费者肯定选购绿色商品;若 $\frac{P_2}{P_1}>M>1$,则消费者认为绿色商品的定价太高,不选购绿色商品。假设环境偏好为 E 时,消费者可以承受的两种商品价格比为 $\theta=\frac{P_2}{P_1}$,一般说来 $E=q(\theta)$。为简单起见,假设 $E=\theta$,即当 $\frac{P_2}{P_1}\leqslant\theta$ 时,偏好为 E 的消费者会选购绿色商品。不同的消费者具有不同的 θ,假设 θ 在 $[1,M]$ 上的密度函数为 $f(\theta)$,分布函数为 $F(\theta)$,显然 $F(1)=0$,$F(M)=1$。假设消费者是理性的,消费者根据自己的购买能力和对环境的偏好来决定选购传统商品还是绿色商品,使其数用最大化。在购买传统商品是,就转化为优化问题。

$$\max U(q_1,q_3,1)=q_1^\alpha q_3^\beta \tag{6.9}$$

$$p_1q_1+p_3q_3=y \quad q_1\geqslant 0,q_3\geqslant 0 \tag{6.10}$$

式中,y 表示消费者收入,式(6.9)是消费者的购买约束。用通常的求 Lagrange 条件极值方法,可以得到:

$$q_1=\frac{\alpha}{\alpha+\beta}\cdot\frac{y}{P_1},q_3=\frac{\beta}{\alpha+\beta}\cdot\frac{y}{P_3} \tag{6.11}$$

将式(6.11)代入式(6.9),得到:

$$U=(\frac{\alpha}{\alpha+\beta}\cdot\frac{y}{P_1})^\alpha(\frac{\beta}{\alpha+\beta}\cdot\frac{y}{P_3})^\beta \tag{6.12}$$

类似的,当消费者选购绿色商品时,其优化问题为:

$$\max U(q_2,q_3,E)=(q_2E)^\alpha q_3^\beta \tag{6.13}$$

$$p_2q_2+p_3q_3=y \quad q_2\geqslant 0,q_3\geqslant 0$$

同样可以得到类似结果:

$$q_2=\frac{\alpha}{\alpha+\beta}\frac{y}{P_2},q_3=\frac{\beta}{\alpha+\beta}\frac{y}{P_3} \tag{6.14}$$

将式(6.14)代入(6.13)式得到:

$$U^*=(\frac{\alpha}{\alpha+\beta}\cdot\frac{y}{p_2})^\alpha(\frac{\beta}{\alpha+\beta}\cdot\frac{y}{P_3})^\beta \tag{6.15}$$

消费者会比较式(6.15)与式(6.13)的大小,据此决定是否选购绿色商品,即

$$\frac{U^*}{U}=(\frac{P_1}{P_2}E)^\alpha$$

当 $E\geqslant\frac{P_1}{P_2}$ 时,消费者会选购绿色商品;当 $E<\frac{P_1}{P_2}$ 时,消费者选购传统商品。若市场上有 N 个消费者,其收入均为 y,则选购绿色商品的总量为:

$$q_2\cdot N\cdot\left[1-F(\frac{P_1}{P_2})\right]=\frac{n\alpha y}{\alpha+\beta}\cdot\frac{1}{P_1}F(\frac{P_1}{P_2}) \tag{6.16}$$

购买传统商品的总量为:

$$q_1\cdot N\cdot F(\frac{P_1}{P_2})=\frac{n\alpha y}{\alpha+\beta}\cdot\frac{1}{P_1}F(\frac{P_1}{P_2}) \tag{6.17}$$

由式(6.16)和式(6.17)可以看出,$\dfrac{P_1}{P_2}$和消费者的偏好决定市场上关于甲产品的结构。

2. 厂商博弈模型

传统生产厂商(厂商1)其单位产品成本为c_1,排放污染物为b_1,政府对排放污染物收费税率为q,厂商1面临如何确定其产品价格p_1,使净收益最大,即:

$$\max_{p_1}\prod_1 = (p_1 - \tau b_1 - c_1) \cdot q^1(p_1, p_2)$$

$$= (p_1 - \tau b_1 - c_1)A \cdot \frac{p_2 - p_1}{p_1^2}$$

考虑其一阶条件为0,得到:

$$\frac{2}{p_1} - \frac{1}{p_2} = \frac{1}{\tau b_1 + c_1} \tag{6.18}$$

说明厂商1决定其产品单价时,不仅要考虑本厂产品的单位成本,还要考虑厂商2的单价。

厂商2采用清洁技术进行生产,它需要研究与开发费用x,生产出有绿色标志的商品,其单价为$p_2(p_1 < p_2)$,同时比用传统技术生产单位产品减少排放污染$b_2(x)$(显然$b_2(0) = 0, b_2'(x) > 0, b_2''(x) < 0$),单位产品的生产成本为$c_2$,厂商2对商品单价$p_2$的决策为:

$$\max_{p_2}\prod_2 = (p_2 - \tau(b_1 - b_2(x)) - c_2) \cdot q^2(p_1, p_2)$$

$$= (p_2 - \tau(b_1 - b_2(x)) - c_2)A \cdot \frac{Mp_1 - p_2}{p_1 p_2}$$

考虑其一阶条件为0,得到:

$$\frac{p_2}{p_1} = \frac{M[\tau(b_1 - b_2(x)) + c_2]}{p_2} \tag{6.19}$$

有类似式(6.18)的解释,这是厂商1和厂商2在市场上的价格博弈,求得Cournot数量博弈结果,即式(6.18)与式(6.19)构成的方程组,将其转化为二次方程,令$\dfrac{1}{p_2} = z$,得:

$$2M[\tau(b_1 - b_2(x)) + c_2]z^2 - z - \frac{1}{\tau b_1 + c_1} \tag{6.20}$$

记　　　　　　　　$\Delta = 1 + 8M\dfrac{\tau(b_1 - b_2(x)) + c_2}{\tau b_1 + c_2}$

从而得到:

$$p_2 = 4M\frac{\tau(b_1 - b_2(x)) + c_2}{1 + \Delta}$$

$$p_1 = 16M\frac{\tau(b_1 - b_2(x)) + c_2}{(1 + \Delta)^2} \tag{6.21}$$

$$\frac{p_2}{p_1} = \frac{1 + \Delta}{4} \tag{6.22}$$

3. 厂商决策模型

厂商2为研究开发清洁技术投资x,政府为鼓励厂商采用清洁技术,对厂商给予补贴,其补贴率为s,则厂商2需要决策投资额x的数量,即:

$$\max\Pi(x)=\Pi_2(x)-(1-s)x \qquad x>0$$

由(6.22)化简,并考虑一阶条件为0得到:

$$\Pi'(x)=(\frac{1+\Delta}{2M}-2)\frac{M-\frac{\tau}{k}}{\Delta\tau b_1+c_1}x^{1.5}-(1-s)=0 \qquad (6.23)$$

存在有效解x,并可以验证$\Pi''(x)<0$,x即为厂商2的最优投资决策。

第三节　海洋环境保护与监测

一、海洋环境保护的一般概念

1. 海洋环境保护的目的及基本任务

海洋环境保护是人类为维持自身生存和社会经济可持续发展,运用法律、行政、经济、技术等手段,解决海洋污染和海洋生态破坏问题,预防和减轻各种海洋环境灾害的一切活动的总称。其基本目的是:保护海洋环境及资源,防止海洋污染损害和环境退化,保持生态平衡,保障人体健康,实现海洋经济的持续发展和海洋资源的永续利用,促进社会经济的发展。

海洋环境保护的基本任务是:(1)掌握人类活动对海洋生态系统和海洋环境污染与损害的原因、过程及规律,寻求减轻和控制海洋污染来源和海洋环境损害的方法与途径;(2)查明海洋生态系统和海洋环境质量(或健康)状况,预测发展趋势,制订海洋生态系统和防止海洋环境质量退化的政策、法令,并组织有效的执法管理和监督检查;(3)开展区域陆海环境综合整治,协调沿海经济与海洋环境的同步发展。

2. 我国海洋环境保护的方针、政策与目标

(1)海洋环境保护方针

我国政府历来十分重视海洋环境保护,早从20世纪70年代初就开展了海洋污染调查、监测和一系列的防止海洋污染的科学研究,并成立了专门的保护机构,采取了许多行之有效的保护措施。1983年由全国人大通过并颁布实施的《中华人民共和国海洋环境保护法》标志着我国的海洋环境保护工作步入了法制的轨道。由于该法的实施,我国海洋整体环境质量退化的势头在一定程度上得到缓解,局部海区环境污染还有所减轻。

海洋环境保护是我国环境保护的一个重要方面,是"基本国策"的有机组成部分;我国环境保护总的指导方针,即"经济建设、城乡建设和环境建设同步规划、同步实施、同步发展,实现经济效益、社会效益和环境效益的统一",这也是我国海洋环境保护的指导方针。

为贯彻这一指导方针,协调沿海社会经济发展与海洋环境保护的关系十分重要。

海洋的巨大社会和经济价值随着人类对海洋认识的不断深化和作用能力的不断提高而日益显露出来。但由于陆源污染、技术水平不高,加之海域管理的一些问题,致使我国近海资源破坏严重,环境遭受污染,不仅大大降低了海域的综合效益,也带来诸多影响深远的不良后果。为此,必须搞好海域的功能区划,通过功能区划解决目前存在的资源开发利用不合理、生产力布局不均衡、自然资源条件与开发承载力失调、资源综合性与开发单一性、以及开发低效益和环境质量下降等问题,逐步提高海域的综合效益,保护海洋环境。

(2) 海洋环境保护的政策与措施

我国海洋环境保护的主要政策和措施是:

① 提高海洋意识,正确处理海洋开发与保护的关系。

——加强宣传,认清海洋国土资源在我国经济发展中的重要地位。

——保护环境与开发海洋资源同步规划,协调发展。避免片面强调保护,抑制沿海经济的发展;反之,也要避免只顾盲目开发,造成海洋生态环境的损害。

——充分利用海洋环境资源的特殊性、整体性、综合性和多层次、彼此交叉的特点,在保护环境的同时,合理利用其自净能力和环境容量,在开发资源的同时,充分注意海洋其他合法利用和资源恢复再生的条件,使保护与开发并进,环境效益和经济效益两全。

② 预防为主,防治结合、综合整治,把"三废"的数量控制在最低水平。海洋环境的保护,主要是预防。

——控制、减少污染物的入海量。严格禁止有毒有害物质排放入海,允许排放的物质应达到国家规定的排放标准。

——超过标准排放要征收超标排污费,收取的排污费必须按规定用于治理污染的项目上,长期超过标准的应给予处罚。

——实行排污总量控制制度,制定特定海域环境质量标准。依据特定海域环境容量,确定主要污染物的排海总量控制目标。

③ 调整污染源的布局,采用科学合理的排放方式。

——严格审查海洋、海岸工程建设项目的环境影响评价报告书(表),制定海洋、海岸工程项目对海洋环境影响评价技术指南。凡环境影响评价不合格或评价结论对环境产生不可接受影响的项目一律不予动工。

——已构成污染源过于集中,布局不合理的区域,要减少污染源数量,或提高排放标准,使排污总量不超过海域的纳污容量。

——对正在兴建的排污管道工程项目,要严加控制。直接入海排污管道的污水应进行综合处理,达到国家规定的排放标准,管道排海口要选择水动力条件好、利于污水稀释扩散的海域,并采用科学的排放方式。

④ 确定重点保护海区,控制主要污染源,确保典型的海洋生态环境和重要海域的环境质量。

——重要保护海域为近岸海域、重要河口、海湾和大中城市毗连海域、海岸、重要水产基地、渔场、海水养殖场、海洋自然保护区、海滨风景区以及其他重要海区。

——控制的重点是陆地污染源,包括直接排放入海的排污口和主要河流入海口。同时依法加强对海上船舶排污、石油平台排污和海洋倾废活动的管理。

——消除重大污染事故的隐患,控制、减少海洋污染事故的发生。分级制定海上污染事故处理的应急方案,及时清除污染,减少污染损害。

⑤ 建立健全海洋环境保护与资源开发管理的法规体系,依法进行管理。

——完善海洋环境保护法规、标准、技术指南,制定管理办法和管理程序。依据法律的规定,追究违法行为和造成污染损害的肇事者的法律责任和赔偿责任。

——加强全国海洋污染监测、监视网的建设,及时掌握环境和资源的状况及发展趋势。监督违法行为和环境异常现象,并及时、准确的取证。建立海上统一(或联合)的执法监察队伍。

——建立公众举报制度,发挥群众的监督作用。

⑥ 开展海洋环境保护科学研究,加强国际交流与合作。引进先进技术,促进我国海洋环境保护管理。

——发展海洋环境保护产业,提高海洋环境监测、监视技术水平和能力。

——开展主要污染物入海途径、迁移规律、污染机制和归宿的研究,海洋污染动力学和海洋污染生态学研究,赤潮发生机制和防治技术研究,海洋环境监测、监视技术研究等。

——加强国际合作,引进先进技术和方法、吸取经验,参加相关的国际或地区性环境合作组织(政府间和非政府间),通过国际会议及其合作项目,争取我国的环境利益和权力。

(3)海洋环境保护目标

我国是一个发展中的社会主义国家,人口众多,资源相对贫乏,经济还比较落后,发展是第一位的。对环境保护目标的过高要求,不仅投资过大,为国家经济能力和技术水平所不及,而且还会延缓沿海经济发展和海洋开发的过程;然而过低的海洋环境保护目标,又将导致生态破坏加剧、海洋污染的加剧,资源进一步破坏,生态环境质量继续恶化,甚至达到不可逆转的地步,这就必将反过来更严重地制约经济的持续、快速、健康发展。

根据目前我国的海洋环境状况和发展趋势,以及预计今后若干年内可能达到的综合国力水平,在今后10年左右的时间,我国海洋环境保护工作的目标是:从整体上减缓近岸海域污染和生态破坏发展的势头,继续保持外海水质良好状态,使部分污染比较严重的重点河口、海湾的环境质量有所好转,努力防止新经济开发区邻近海域的生态环境破坏;力争减轻海洋环境灾害程度,努力改变海洋环境质量与沿海经济社会发展不相协调的局面。同时,对我国管辖的全部海域逐步实施环境管理。

到2020年,即我国经济发展的第二步战略目标实现时,海洋环境保护的目标是:控制近岸海域环境污染和生态破坏程度,使重点河口、海湾环境质量明显好转,溢油和赤潮等环境灾害程度明显降低,海洋环境质量与沿海经济发展进一步协调。

众所周知,海洋环境保护工作是一个综合性很强的复杂系统,必须用系统科学的观点和方法加以对待。这就要求首先从宏观上,即从整体规模上用普遍联系的观点对待研究的对象,确定系统总的目标和功能。然后将系统分解成不同层次、在纵向和横向上相互作用、有机联系的组成部分——子系统,并明确各层次子系统的目标和功能。但是,我们以往的工作基本集中在海洋环境保护的个别特定领域、专业、学科和课题,虽然在一定程度上深化了我们的认识水平,但这种"只见树木,不见森林"的观点却出现了缺乏战略眼光与忽视完整性而不利于整体事业协调发展的问题。发展到了一定程度,就必然阻碍个别特定领域、专业、学科和课题的更深入发展。

二、海洋环境的管理技术

在海洋环境管理活动中,人们通过经济、行政、法律、教育、技术等手段,协调经济发展与海洋环境保护的关系,处理国民经济各部门、各社会集团与个人间的海洋环境行为,在发展经济满足人们的物质、文化生活需要的同时,防治海洋环境污染和维护海洋生态系统的健康与完整。海洋环境管理的技术寓于所有海洋环境管理行为之中,以下仅就海洋管理实践中较常运用的部分——海洋环境管理技术、措施进行讨论。

1. 海洋环境标准

(1) 环境标准的意义和作用

环境标准是有关控制污染、保护环境的各项标准的总称。它应当解决的主要问题包括:人类健康及其生命支持系统和社会财产不受损害的环境适宜条件是什么?为了保障社会持续发展,人类的生产、生活活动对环境的影响和干扰应控制的限制和数量界限是什么?

前者是环境质量标准的任务,后者是污染物排放标准的任务。由这两方面的含义出发环境标准可被定义为:为保护人类及其生命支持系统和社会财产,对环境中有害成分或有害因子的存在强度及其在排放源的发生强度所规定的阈值和与实现阈值或阈值测量有关的技术规范。

环境标准在环境管理中起着重要的作用。它在控制污染、保护环境中的作用主要表现在如下方面。

① 环境标准是制定环境规划、计划的主要依据。在制定环境规划时,需要有一个明确的目标,而环境目标就是根据环境质量要求提出来的。如同制定经济计划需要生产指标一样,制定保护环境的计划也需要一系列的环境指标,环境质量标准和按行业制定的与生产工艺、产品产量相联系的污染物排放标准正是起到这种作用的指标。有了环境质量标准和排放标准,国家和地方就可以较为容易地根据它们来制定控制污染、改善环境的规划、计划,也就便于将环境保护工作纳入国民经济和社会发展计划中。

② 环境标准是环境执法的尺度。环境标准是环境保护的技术规范和法律规范有机结合的综合体,因此,它也是环境法规的组成部分。环境标准是用具体数字来体现环境质量和污染物排放应控制的界限、尺度。超越这些界限,污染了环境,即违背了环保法。环境法规的执法过程与实施环境标准是同一过程,如果没有各类标准,这些法律将难以具体执行。据统计,世界上制定环境标准的近百个国家中,半数以上国家的标准属于法律范畴。

③ 环境标准是科学管理环境的技术基础。环境的科学管理包括环境立法、政策制定、环境规划、环境监测和环境评价等方面。环境标准是环境立法、执法的尺度,是环境决策、环境规划所确定的环境质量目标的体现,是环境影响评价的依据;监测、监督环境质量和污染源排污是否符合要求的标尺。因此,环境标准是科学管理环境的技术基础,是评判环

境质量优劣的依据,如果没有切合实际的环境标准,这些工作的效果就很难评定;也难以进行科学的环境管理。

(2) 制定海洋环境标准的原则和程序

国家技术监督局对环境标准化工作实行统一领导,负责组织国家环境标准的制定、审批、发布,并根据科学技术的发展和环境建设的需要适时进行复审,以确认现行标准继续有效或予以修订、废止。

省、自治区、直辖市人民政府对国家环境质量标准和污染物排放标准中未作规定的项目,可以制定地方环境质量标准和污染物排放标准。对国家环境质量标准和排放标准中已作规定的项目,根据当地特殊条件和技术经济分析结果可以制定严于国家环境标准的地方标准。

① 制定环境标准的原则:(a) 制定环境标准要贯彻国家环境保护方针、政策和法规,要结合我国国情,做到环境效益、经济效益和社会效益相统一;(b) 标准的制定要建立在科学实验、调查研究的基础上,做到技术上可靠、经济上合理,以保证标准的科学性和严肃性;(c) 制定环境标准须做到与其他相关标准协调配套;(d) 鼓励积极采用国际环境标准。

② 制定环境标准的程序:组成多学科标准编制组,制定工作计划。全国开展调查研究工作,这是编制工作的技术基础,有如下几个方面:(a) 环境基准研究。通过基础实验和对他人基准资料进行研究、综合分析,主要确定分级界限值,如制定我国"海水水质标准"时,就大量参考了"美国联邦水质基准",并补充开展了大量基础实验工作。(b) 污染现状调查及评价。主要内容是调查、分析、研究历年的监测资料和各部门掌握的数据。确定环境介质中的主要污染物、背景值、污染现状水平和扩散稀释的特点和规律。目的是确定标准中污染物项目,掌握特定分级、分区标准的基础资料。(c) 监测方法研究。包括布点、频率、采样、分析测试、数据处理等的方法,这是必须与标准同时确定的。(d) 技术经济调查。初步掌握要达到各级标准的污染物削减量和与之对应的有哪些工艺、技术和综合防治手段,并考察其经济性。

③ 初拟分级标准。在全面调查和专题研究的基础上,进行综合分析,初步拟定分级标准值。

④ 可行性调查验证。可组织召开专家评审会,听取专家评审意见,向全国省、市、各部门、各有关科研、监测单位发出征求意见稿,不同地区的意见听取会、典型地区(水域)调查验证等几种形式。验证标准可行性是很重要的工作环节。国际标准在制定过程中要经过多数国家的验证认定后,才能投票表决。全国性的标准一般选择典型地区(水域)进行验证。验证工作量大,需要时间长。因环境质量标准起到管理环境的作用,一般来说要通过排放标准的实施才能实现;而排放标准的制定又受到质量标准的约束,二者互为检验。各典型地区(水域)经检验证明标准可行即可进入审批阶段,最终经主管部门批准和发布。

(3) 环境标准体系

人们根据环境标准的特点和要求,将颁布的或计划制定的各种环境标准进行全面规划,统一协调,按照它们的性质、功能和内在联系进行分级、分类,构成一个有机联系的统一体,称之为环境标准体系。

我国目前的环境标准体系,由两级五类构成:两级是国家环境标准和地方环境标准;

五类是环境质量标准、污染警报标准、污染物排放标准、环境保护基础标准和环境保护方法标准。

① 环境质量标准。指在一定的时间和空间范围内,对环境质量的要求所作的规定。或者说,它是为了保护人体健康、生态平衡和社会物质财富,对环境中各种有毒有害物质或因素的容许强度作出的规定。环境质量标准可以主导、影响制约其他环境标准,为环境保护管理部门提供工作方向和依据。

环境质量标准分为国家环境质量标准和地方环境质量标准两级。前者是指国家对各类环境中的有毒有害物质或因素,在一定的条件下容许浓度所作的规定。如1997年我国经修订颁布的《海水水质标准》,其中根据不同情况和要求,将海水水质标准分为四类。同时,国家环境质量标准还包括中央各个部门对一些特定的地区,为了特定的目的要求而制定的标准,如《渔业水质标准》等。

我国地域辽阔,环境情况复杂,国家环境质量标准不可能包揽全部。对于那些没有规定的项目,地方可按照法定程序,结合当地的环境特点制定地方环境质量补充标准即地方环境质量标准。它是国家环境质量标准的补充和完善,是制定地方污染物排放标准的依据之一。

② 污染物排放标准。为了实现环境质量标准,结合技术经济条件和环境特点,对污染源排入环境的污染物或有害因素的浓度实施控制的标准,或者说是对排入环境的污染物的允许排放量或排放浓度。它的制定对直接控制污染、保护和改善环境质量、防治环境污染具有重要作用。因为污染物排放标准是实现环境质量标准的重要保证,规定了污染物排放标准,有效控制污染物的排放,环境质量标准的实现才有可能;同时,污染物排放标准又是控制污染源的重要手段。它的制定和执行,使对污染源排污进行强制性控制,包括超标征收排污费等,有了依据能促使排污单位采取各种有效措施加强治理,使其污染物的排放达到国家规定的标准。

污染物排放标准也分为国家污染物排放标准和地方污染物排放标准两级。

为了实现国家环境质量标准的要求,以常见的污染物为主要控制对象而制定的标准,规定了污染源排放污染物的浓度和数量,适用于全国,这是国家污染物排放标准。如由国家环境保护局批准颁布的的《中华人民共和国国家标准——污水综合排放标准》,该标准适用于排放污水和废水的一切企、事业单位。

除上述污水综合排放标准外,我国还制定了部分行业的污染物排放标准,如1983年颁布的10项工业污染物排放标准;通用专业污染物排放标准,如全国电镀专业污染物排放标准,全国噪声、震动、电磁波辐射等物理污染标准等。

地方污染物排放标准是指地方控制污染源排放污染物所制定的标准,它既要根据国家环境质量标准和污染物排放标准,又要符合地方环境质量标准,还要结合地方环境特点和技术经济条件的可能性。它是实现国家环境质量标准和防止地方产生新污染源的可靠保证,因而它对地方污染源排放污染物具有直接的法律约束力;同时,它补充和完善了国家污染物排放标准。

③ 污染警报标准。污染警报标准是指环境污染物造成环境状况恶化,其污染水平达到一定程度而报警的规定。这种污染物或指单一或指两种以上的,其数量和浓度达到某种

危害水平的值,此限值就是污染警报标准,并有必要在污染区城内,及时向社会发出警报。根据环境恶化的不同程度,将环境警报标准分为警告、紧急和危险三种标准。它对于防止污染事故的发生,避免或减少损失,有针对性地治理污染都将起重要的作用。

④ 环境保护基础标准。指在环境保护工作范围内,对有指导意义的有关名词术语、符号、指南、导则等所作出的规定。在环境标准体系中它处于指导地位,是制定其他环境标准的基础。如我国1983年颁布的《制定地方水污染物排放标准的技术原则与方法》就是环境保护基础标准。

⑤ 环境保护方法标准。指在环境保护工作范围内,以试验、分析、抽样、统计等方法作为对象而制定的标准,包括分析方法、取样方法等。如国家海洋局1991年发布、1992年开始实施的《海洋监测规范》。有了统一的环境保护方法标准,才能提高环境监测数据的准确性,保证环境监测质量;否则,对于复杂多变的污染环境因素的存在,将难以或无法执行标准。

各种环境标准之间互相联系、互相依存、互相补充、共同构成一个统一的整体,具有配套性;同时,各个环境标准之间又互相衔接、互为条件、协调发展,又具有协调的特性。但是,这个体系不是一成不变的,它与社会发展的每个时期的科技和经济发展水平,以及环境污染对人类危害的状况相适应。同时随着人类社会的发展,尤其是科技的进步和经济的发展,以及环境保护的需要,这个环境标准体系也将不断变化、充实和发展。

(4) 各项环境标准间的关系

① 五类环境标准的相互关系。五类环境标准的关系是互相联系、互相制约的。环境质量标准是环境质量的目标,是制定污染物排放标准的主要依据;污染物排放标准是实现环境质量标准的主要手段和措施;污染警报标准,实际上是污染物排放标准的另一种表达形式,它的制定依据是环境质量标准,并为环境质量目标服务;环境保护基础标准是制定环境质量标准、污染物排放标准、污染警报标准、环境保护方法标准的总体指导原则、程序和方法;环境保护方法标准是制定、执行环境质量标准、污染物排放标准、污染警报标准的重要技术根据和方法。

② 两级环境标准的相互关系。国家制定的全国环境质量标准、污染物排放标准、污染警报标准、环境保护基础标准、环境保护方法标准,在全国各地或特定区域执行。当地方执行国家环境质量标准、国家污染物排放标准或污染警报标准不适于地方环境特点和要求时,省、自治区、直辖市人民政府有权组织制定地方环境质量标准、污染物排放标准、污染警报标准。此时,国家环境标准则成为制定地方环境标准的依据,是指导标准,而地方环境标准则是执行标准。国家环境标准的执法作用,通过地方环境标准对污染源的控制而实现。在制定地方环境质量标准时,对国家没有规定的项目,可制定补充标准;对已确定的项目一般不宜变动。当国家环境标准和地方环境标准并存的情况下,要执行地方环境标准;没有颁布地方环境标准的地区或地方环境标准没有规定的,仍然执行国家环境标准。这在我国《环境保护法》第十条中也有规定:"凡是向已有地方污染物排放标准的区域排放污染物的,应当执行地方污染物排放标准"。

环境基础标准和环境方法标准则由国家统一颁布,适用于全国。前者如《环境标准管理导则》,后者如我国的《海洋监测规范》。

总之,国家环境标准是按全国一般情况制定的,而地方环境标准是紧密结合地方环境特点,以及科技、经济条件等制定的。两者是一般和特殊、共性和个性的关系,前者是后者的根据,后者是前者的补充和完善,是一完整的统一体。

2. 污染物排放量、排放浓度的计算

污染物的排放量、排放强度可以通过实测法、物料平衡法和外推法求得。

(1) 实测法

通过连续或间断采集样品,分析测定排污口外排的废水和废气的量和浓度。污染物排放量按下述公式计算:

$$E_i = C_i Q_i \times 10^{-6} \quad (废水:吨/年,或吨/天) \tag{6.24}$$

$$E_i = C_i Q_i \times 10^{-9} \quad (废气:吨/年,或吨/天) \tag{6.25}$$

式中: E_i ——i 种污染物排放量;

C_i ——实测 i 种污染物浓度(废水:毫克/升,废气:毫克/立方米),是天或年的加权平均浓度;

Q_i ——i 种污染物废水或废气排放流量(立方米/年,或立方米/天),是天或年的排放总流量。

如果一天或一年内共进行几次测定,则

$$C_i = \frac{C_{i1} Q_{i1} + C_{i2} Q_{i2} + \cdots + C_{in} Q_{in}}{Q_{i1} + Q_{i2} + \cdots + Q_{in}}$$

式中: $C_{i1}, C_{i2}, \cdots C_{in}$ 分别表示第 1,2,$\cdots$n 次测定的 i 种污染物浓度; $Q_{i1}, Q_{i2}, \cdots Q_{in}$ 分别表示第 1,2,$\cdots$n 次测定的 i 种污染物的排放流量。

(2) 物料衡算法

物料衡算法的基本原理是,投入产品生产的物料量与产出产品的物料量和流失量相等。基本公式为:

$$\sum E_{原料} = \sum E_{产品} + \sum E_{流失} \tag{6.26}$$

实际计算时,物料衡算法分为两类:

① 定额法。定额法的计算依据是一个工厂在正常生产情况下,生产过程排放的污染物是有定额的。计算公式如下:

$$E_i = e_{i定} \times M \tag{6.27}$$

$$E_i = [F_i - (a_i + b_i + c_i + d_i)] M \tag{6.28}$$

式中: E_i ——某污染物排放量;

$e_{i定}$ ——某污染物的定额排放量;

M ——调查期产品的产量;

F_i ——某污染物的单位产品用量;

a_i ——进入单位产品中的某污染物量;

b_i ——进入单位副产品或回收物中的某污染物量;

c_i ——生产过程中单位产品分解或转化的某污染物量;

d_i——单位产品的某污染物的治理量。

如果对于各种产品制定相应的单位产品的 F_i, a_i, b_i, c_i, d_i 的定额值分别是 $F_定, a_{i定}$, $b_{i定}, c_{i定}, d_{i定}$,则污染物的流失量为:

$$E_i = e_{i定}M = [F_i - (a_{i定} + b_{i定} + c_{i定} + d_{i定})]M$$

计算中采用的各种定额值按下述方法计算:

$$F_{i定} = U_1 H_1 K_{S1} K_{H1} + U_2 H_2 K_{S2} K_{H2} + \cdots + U_n H_n K_{Sn} K_{Hn} \tag{6.29}$$

式中: U——原料在生产过程中的转化率(%);

　　　H——单位产品所消耗的物质量(千克/吨);

　　　K_S——原料主要成分的纯度(%);

　　　K_H 为当量换算系数。

$$K_H = \frac{W}{E+W} \text{ 或 } K_H = \frac{W}{W-E}$$

式中: $E+W$——构成污染物的化合物的质量;

　　　$W-E$——产生污染物的化合物的质量;

　　　W——污染物量。

单位产品中的物质定额量按下式计算:

$$a_定 = 1\,000 M_S K_M (\text{kg/t})$$

式中: M_S——主产品中与某种物质有关的主要成分的纯度(%);

　　　K_M——当量换算系数;

副产品和回收物中某物质的定额量:

$$b_定 = F F_S K_F (\text{kg/t})$$

式中: F——副产品、回收物品的回收定额

　　　F_S——副产品、回收物品中某种物质的主要成分纯度(%);

　　　K_F——当量换算系数。

产品生产中某种物质的转化定额:

$$c_定 = L \cdot L_S \cdot K_L$$

式中: L——分解定额;

　　　L_S——主产品中与某种物质有关的主要成分的纯度(%);

　　　K_L——当量换算系数。

确定去除量或净化定额:

$$d_定 = (L_a - L_e)\frac{Q}{M}$$

式中: L_a——治理前的污染物浓度;

　　　L_e——治理后的污染物浓度;

　　　M——产量;

　　　Q——处理量。

物料衡量法目前还只在化工企业中使用。

② 排污系数法。排污系数法是根据单位产品或产量排出污染物量的指标计算总排放

量,其计算公式为:

$$E_i = MR_i \qquad\qquad (6.30)$$

式中:R_i——某污染物的单位产品排污量,即排污系数。

其他符号意义同前。

排污系数与前面介绍的排污定额是有区别的,后者是根据正常运行时工艺规定的定额指标计算出来的,前者由同类企业或行业排污统计结果计算所得出的。

③ 类推法。类推法是根据已建成投产的类似工程项目的实际排放情况进行推算的方法。在资料缺乏的情况下常使用此法,但使用时要注意生产规模、产品种类、工艺、操作和管理条件的差异。

3. 污染源评价

(1) 评价目的

污染源评价是在污染源和污染物调查的基础上进行的。污染源评价的目的是要确定主要污染物和主要污染源,为污染源治理和区域污染治理规划提供依据。

各种污染物具有不同的特性和环境效应,要对污染源和污染物作综合评价,必须考虑到排污量与污染物危害性两方面的因素。为了使不同的污染源和污染物能够在同一个尺度上加以比较,要采用等标污染负荷这个特征参数来表示评价结果,或者说要对污染物和污染源进行标准化比较,其目的就是使各种不同的污染物和污染源能够相互比较,以确定其对环境影响大小的顺序。

(2) 评价项目

原则上要求一地区内污染源排放出来的大多数种类的污染物都进入评价。但考虑到区域环境中污染源和污染物数量大、种类多,因此,在评价项目选择时,应保证本区域引起污染的主要污染源和污染物进入评价。科学地、客观地选择评价参数是十分必要的,也是污染源评价应首先解决的问题。考虑到我国现有监测能力和环境标准现状,评价参数选择要遵循如下原则:① 根据区域环境质量现状及主要环境问题选择评价参数;② 根据污染物本身的理化性质及特点选择评价参数。

(3) 评价标准

为了消除不同污染源和污染物因毒性和计算单位的不统一而导致的不可比,评价标准的选择就成为衡量污染源评价结果合理性、科学性的关键问题之一。在选择标准进行标准化处理时,一要考虑所选标准制定的合理性,二要考虑到各标准能否反映出污染源在区域环境中可能造成的危害的各主要方面,同时还要使应选的标准至少包括本区域所有污染物的80%以上。

环境承受污染物排放之后,严重地影响其质量,有碍各种功能的实现。因此在评价污染源时,应考虑到环境功能的不同,从不同侧面反映出污染源潜在的污染能力。总之污染源评价标准的选择,应根据"功能分区"和"多用途环境目标"的原则,选用多个标准系列参与评价。

评价废气:要选用车间允许浓度,居民区允许浓度和排放标准。

评价废水:可供选用的标准有"毒性标准"、"感官标准"、"卫生标准"、"生化标准"、"海水水质标准"、"渔业标准"、"排放标准"等。

为了使各地区的污染源能相互之间比较,这就需要有一个全国范围的统一标准。国家环保局污染源调查领导小组在《工业污染源调查技术要求及建档技术规定》中根据全国的具体情况制定了污染源评价标准。

（4）评价方法

综合评价的过程就是确定等标污染负荷、等标污染负荷比,最终得出主要污染源和主要污染物。

① 等标污染负荷。污染物对环境的影响是由污染物浓度和污染物总量决定的,为了描述总量的影响,引入等标污染负荷的概念。

等标污染负荷的计算公式为:

$$P_{ij} = \frac{C_{ij}}{C_{oi}} Q_{ij} \tag{6.31}$$

式中:P_{ij}—第 j 个污染源中第 i 种污染物的等标污染负荷;

C_{ij}—第 j 个污染源中的第 i 种污染物的排放浓度;

C_{oi}—第 i 种污染物的评价标准;

Q_{ij}—第 j 个污染源中第 i 种污染物的排放流量。

应注意等标污染负荷是有量纲的数,它的量纲与计算流量的量纲一致。

若第 j 个污染源中有 n 种污染物参与评价,则该污染源的总等标污染负荷为:

$$P_j = \sum_{i=1}^{n} P_{ij} = \sum_{i=1}^{n} \frac{C_{ij}}{C_{oi}} Q_{ij}$$

若评价区域内有 m 个污染源含第 i 种污染物,则该种污染物在评价区内的总等标污染负荷为:

$$P_i = \sum_{j=1}^{m} P_{ij} = \sum_{j=1}^{m} \frac{C_{ij}}{C_{oi}} Q_{ij}$$

$$P = \sum_{i=1}^{n} P_i = \sum_{j=1}^{m} P_j$$

② 等标污染负荷比。为了确定污染源和污染物对环境的贡献,还要引入等标污染负荷比的概念。

等标污染负荷比的计算公式为:

$$K_{ij} = \frac{P_{ij}}{P_j} \tag{6.32}$$

K_{ij} 是一个无量纲数,可以用来确定第 j 个污染源内部各种污染物的排序。K_{ij} 较大者,对环境贡献较大。K_{ij} 最大者,就是第 j 个污染源中最主要污染物。

评价区内第 i 种污染物的等标污染负荷比 K_i 为:

$$K_i = \frac{P_i}{P}$$

K_i 被用以确定评价区内的主要污染物及其排序。

评价区内第 j 个污染源的等标污染负荷比 K_j 为:

$$K_j = \frac{P_j}{P}$$

K_j 可以用来确定评价区内的主要污染源及其排序。

③ 评价方法。按评价区域污染物等标污染负荷(P_i)大小排列,计算累计百分比。累计百分比大于80％的污染源列为评价区的主要污染物。按评价区污染源的等标污染负荷(P_j)大小排列,计算累计百分比。累计百分比大于80％的污染物被列为评价区的主要污染源。

采用等标污染负荷法处理容易造成一些毒性大、流量小、在环境中易于积累的污染物列不到主要污染物中去,然而对这些污染物的排放控制又是必要的,所以通过计算后,还应作全面考虑和分析,最后确定出主要污染物和主要污染源。

评价标准采用国家污染源评价标准。根据等标污染负荷和等标污染负荷比公式计算。

三、海洋环境监测

1. 海洋环境监测的概念及其在海洋环境保护中的地位与作用

(1) 海洋环境监测的概念

海洋环境监测的涵盖面很广,它既包括传统的一些海洋观测,又包括近几十年来所进行的海洋环境污染监测或称海洋环境质量监测,我们这里所说的海洋环境监测主要指后者。

环境监测是随着环境科学的形成和发展而出现的,并在环境分析的基础上逐步发展起来的。海洋环境监测是环境监测的分支和重要组成部分,就其对象和目的而言,海洋环境监测与传统的海洋观测有着本质的不同。海洋环境监测的对象可分为三大类,即:① 造成海洋环境污染和破坏的污染源所排放的各种污染物质或能量;② 海洋环境要素的各种参数和变量;③ 由海洋环境污染和破坏所产生的影响。

对海洋观测来说,其对象仅为第二类中的海洋自然环境要素部分。就目的而言,海洋观测主要是了解和掌握海洋自然环境的变化规律,趋利避害,为海洋的开发利用服务。而海洋环境监测则以了解和掌握人类活动对海洋环境的影响为主,保护海洋环境是其主要目的。

根据其目的、对象和手段等,海洋环境监测可定义为:在设计好的时间和空间内,使用统一的、可比的采样和检测手段,获取海洋环境质量要素和陆源性入海物质资料,以阐明其时空分布、变化规律及其与海洋开发利用和保护关系之全过程。简单地说,就是用科学的方法检测代表海洋环境质量及其发展变化趋势的各种数据的全过程。

(2) 海洋环境监测的地位和作用

海洋环境监测是海洋环境保护的"耳目",是海洋环境管理的重要组成部分。海洋环境管理必须依靠海洋环境监测,具体表现在如下三个方面:第一,及时、准确的海洋环境质量信息是确定海洋环境管理目标、进行海洋环境决策的重要依据,这些信息的获取要依靠监测,否则很难实现科学的目标管理;第二,海洋环境管理制度的贯彻执行要依靠环境监测,否则制度和措施将流于形式;第三,评价海洋环境管理和陆源污染治理效果必须依靠海洋环境监测,否则很难提高科学管理的水平。由此可见,海洋环境监测是海洋环境管理的重要支柱。海洋环境监测的这些重要作用决定了其在海洋环境保护事业中的基础性地位。

2. 海洋环境监测的目的和基本任务

(1) 海洋环境监测的目的

海洋环境监测的目的是及时、准确、可靠、全面地反映海洋环境质量和污染物来源的现状和发展趋势,为海洋环境保护和管理、海洋资源开发利用提供科学依据。

(2) 海洋环境监测的基本任务

海洋环境监测的基本任务如下:① 对海洋环境中各项要素进行经常性监测,及时、准确、系统地掌握和评价海洋环境质量状况及发展趋势;② 掌握海洋环境污染物的来源及其影响范围、危害和变化趋势;③ 积累海洋环境本底资料,为研究和掌握海洋环境容量,实施环境污染总量控制和目标管理提供依据;④ 为制订及执行海洋环境法规、标准及海洋环境规划、污染综合防治对策提供数据资料;⑤ 开展海洋环境监测技术服务,为经济建设、环境建设和海洋资源开发利用提供科学依据。

3. 海洋环境监测的分类

(1) 按其手段和方式可分为三类

① 对海洋生态环境各种组分(水相、沉积物相、生物相)中污染水平进行测定的化学监测。

② 测定海洋环境中物理量及其状态的物理监测。

③ 利用生物对环境变化的反应信息,如群落、种群变化、生长发育异常、致畸、致突变、致癌等作为判断海洋环境污染影响手段的生物监测。

(2) 按其实施周期长短和目的性质可分为四类

① 例行监测。例行监测是在基线调查的基础上,经优化选择若干代表性测站和项目,对确定海域实施定期或不定期的常规监测。它既包括应用常规手段对一般污染指标实施的例行常规监测,也包括为特殊目的而实施的例行专项监测。例行监测是确定区域、甚至全海域环境质量状况及其发展趋势的最重要的监测方式。这类监测一般通过完整的多级监测网来实施。其实施目的一是在确定海域内,按固定频率和测站,观察和测定已知污染物指标的量值及其污染效应等的空间分布和时间的变率;二是判断环境质量变化趋向,检查控制和管理措施的效果。该类监测是海洋环境监测中主要的工作内容。

② 临时性监测。临时性监测是一种短周期监测工作,其特点为机动性强,与社会服务和环境管理有着更直接的关系。它适用于以下情况:(a) 当出于经济或娱乐目的对特定海域提出特殊环境管理要求时,可通过临时性监测提供环境可利用性评估;(b) 对即将有新的海洋开发活动或近岸工业活动的周边海域,通过此种短周期临时性监测,可掌握区域环境基线资料并提供环境预评价;(c) 用于监测局部海域已经受纳的额外污染物增量或局部海域海洋资源受到的意外损害程度及其原因,这种增量或损害可能来自临时性经济活动的短期影响、新经济活动的初始影响或较大型污损事件带来的滞后影响(不同于应急监测),也可能源自目前尚不清楚的原因。

③ 应急监测。应急监测是指在突发性海洋污染损害事件发生后,立即对事发海区的污染物性质和强度、污染作用持续时间、侵害空间范围、资源损害程度等的连续的短周期观察和测定。应急监测的主要目的,一是及时、准确地掌握和通报事件发生后的污染动态,为海洋污损事件的善后治理和恢复提供科学依据;二是为执法管理和经济索赔提供客观公正的污损评估报告。

④ 研究性监测。研究性监测又叫科研监测,属于高层次、高水平、技术比较复杂的具有探索性的一种监测工作。如确定污染物从污染源到受体的运动过程、鉴别新的污染物及其对海洋生物和其他物体的影响、为研制监测标准物、推广监测新技术等而进行的监测活动。

除上述分类外,还有按监测介质分类的水质监测、沉积物监测、生物(残毒)监测和界面大气监测;按监测功能和机制分类的控制性监测、趋势性监测和环境效应监测;按监测工作深度和广度划分的基线调查、玷污监测、生物效应监测和综合效应监测等等。

4. 中国海洋环境监测的发展战略

(1) 战略目标和任务

海洋环境监测必须以实现我国国民经济的发展目标为基点,以国家海洋环境保护目标为依据,依需要和可能相结合的原则,密切结合海洋环境管理的需要,逐步提高监测质量和效能,逐步完善监测机制,逐步与全球(或区域性)海洋环境监测体系接轨;不断满足海洋环境管理的需求,不断推进海洋环境保护工作的发展,不断协调环境与发展的关系。其基本战略目标应是:加强我国海洋环境监测网络能力建设,实现海洋监测以近岸和近海为重点,覆盖我国管辖的全部海域,尽量采用先进的监测方法与技术,实现水质、底质、生物、大气和污染源监测互补,建立趋势性监测、控制性监测和污染效应监测的多功能监测机制,建立完善监测数据传输网络、信息网络和管理系统,显著增强信息开发和监测产品加工能力和服务效率,大幅度提高监测质量和效能,为经济建设和环境管理的多种需求提供可靠依据。

实现上述战略目标,我国的海洋环境监测将能较好地承担起下列任务:① 掌握主要入海污染物的入海量和我国管辖海域环境质量状况的中尺度、长周期变化趋势;② 检验海洋环境保护政策与污染防治的区域性效果,反馈宏观管理信息;③ 监控可能发生的主要环境与生态问题,为早期警报提供依据;④ 确保各类海洋开发利用区功能的正常发挥。

(2) 战略方针

① 总体布置、分步实施。为实现上述战略目标,必须对我国的海洋环境监测工作做出长期规划。其主要依据是:(a) 我国沿海地区经济高速发展,海洋开发日新月异,既对海洋环境造成了与日俱增的压力,又提出越来越高的要求;(b) 根据《联合国海洋法公约》,我国可管辖海域约300万平方千米。这就为将海洋环境管理拓展到我国管辖的全部海域提出了新的紧迫要求;(c) 我国近海海域的环境质量不断下降,生态破坏,环境问题频频出现,并有继续发展势头,海洋环境保护面临严峻的形势;(d) 海洋环境监测能力建设有待加强。应当从资金、技术、人员等方面加强我国海洋环境监测网络。

② 突出重点,控制一般。近岸海域经济地位重要,生态脆弱,又是污染严重的地区。因

此,近岸海域是我国海洋污染防治和生态整治的重点,也是海洋环境监测的重点。其中尤应突出污染较严重的河口、海湾、工业城市毗邻海域,以及海水增养殖区、滨海旅游区、海洋自然保护区等。近海区是反映我国海洋环境质量状况的主体,在考虑监测覆盖面的前提下,要重点突出重要渔场、石油开发区和海洋倾废区,同时对主要的海上运输线附近海域加强监测。外海区监测的主要目的是维护国家海洋权益,了解大面积海域环境质量的基线状况,与周边国家毗邻的海区是监测的重点。

③ 多需求兼顾,多介质互补。海洋环境管理对监测的需求有多重性,即掌握海域环境质量的中尺度长周期变化趋势;监控污染源治理、倾废区管理自然保护区和风景旅游区的环境保护,以及渔场和海水养殖场的污染防治;为富营养化和赤潮、生物资源受损、生态恶化等环境间飘问题的早期警报提供信息等。任何一种单介质的监测均无法同时满足上述多种需求,必须实行多介质监测互补。建立以水质监测为主体的控制性监测机制,以底质监测为主要内容的趋势性监测机制和以生物监测为骨架的(环境)效应监测机制,从而形成兼顾环境管理多种需求的多功能一体化的监测体系。

④ 科研先行,试点推广。我国的海洋环境监测能力距国际先进水平尚有一定差距,国家对此十分重视,已将海洋环境监测纳入海洋高技术和科研攻关计划中。提高监测质量必须以科研为先导,既要将现有的成熟科技成果推广应用于监测实践,又要根据环境管理和监测的需要组织科学研究活动。对关键技术要通过组织攻关,逐步形成科研—监测—管理三位一体的合理运行机制。

增加重要的监测内容和项目或采用重大的监测技术,要选择适当的海区进行试点,取得成功的经验后推广。

第四节　海洋自然保护区与海岸带综合管理

一、海洋自然保护区的概念与作用

1. 海洋自然保护区的概念

目前还没有关于海洋自然保护区的统一的或权威性的定义。由于不同的认识,而给海洋自然保护区以不同的定义。

1982 年联合国经社理事会海洋经济技术处提出,海洋自然保护区系根据专门立法授权所划定的、予以"特别保护"的海岸(包括沙滩、沙丘、沼泽、湿地等)及水域(动植物区系等)区域。这些区域有时也被称为"特别关心的区域"、"保留海岸"、"纯净地带"等。

应 国际自然和自然资源保护同盟1982 年在印度尼西亚巴厘召开的世界国家公园大会的要求,由资深的海洋生物学家R・萨尔姆博士整理完成的《海洋与海岸自然保护区》一书,对海洋自然保护区的基本概念进行了如下阐述:"海洋和海岸生态环境可以通过国家或地方的保护系统加以保护。这些保护系统的成就依赖于适当的法律体系和保护区的管理系统。而这些法律条例是被当地居民所承认的。这样就使得保护区能在一定程度上作为一个独立的单位和一个有效的和实力雄厚的管理系统。任何特别保护区可以用以下一个或多个理由确定:① 它是一个典型的重要生态系统或生境类型;② 它具有很高的物种多样性;③ 它是一个频繁的生物活动场所;④ 它为特殊的物种或种群提供了关键的生境;⑤ 它有着特殊的文化价值(如历史的、宗教的或是娱乐性的地点);⑥ 它促进了必要的科学研究或是确定了'自然'基线状态。"

1993 年 4 月我国国家海洋环境监测中心为辽宁省编制的《辽宁省海洋自然保护区规划研究》中,对海洋自然保护区的定义归纳为:"海洋自然保护区是以保护海洋自然为目的,在海域、岛屿和海岸带内对选择的保护对象划出界限,通过立法手段,加以特殊保护和管理的区域。这既能较为完整地为人类保存一部分海洋自然生态系统'本底',为以后评价人类活动的优劣提供比照标准,又能减少或消除人为的不利影响,改善海洋环境,维持生态平衡,从而使物种为人类持续利用。同时,保护历史遗迹和风景名胜,使其免遭破坏,为后人留下珍贵的自然和文化历史遗迹。因此,建立海洋自然保护区对促进海洋资源开发、科学研究、文化教育和旅游事业等均有重要意义。"

目前,我国海洋管理部门和大多学者认可的海洋自然保护区定义是"指以海洋自然环境和资源保护为目的,依法把包括保护对象在内的一定面积的海岸、河口、岛屿、湿地或海域划出来,进行特殊保护和管理的区域"(《国家海洋局自然保护区管理办法》,1995)。

2. 海洋自然保护区的作用

海洋自然保护区作为海洋自然环境和资源的一种特殊的保护和管理手段,其基本作用主要有七个方面:

(1) 保护海洋生态过程和生命维持系统

海洋,特别是沿岸区域生态系统是比较脆弱的。人类开发及其活动对海洋生态系统的影响,不论是整体的,还是部分的,都不同程度地破坏着海洋的生命维持系统,降低生态系生产力。为维护海洋生态系健康和生态系生产能力,需要运用建立、管理海洋自然保护区的方式,来强化对那些具有代表性、典型性和高生产力的海洋生态系统进行富有成效的保护。目前,世界不少沿海国家和多国联合组织选划、建立了许多不同类别、尺度规模的海洋生态系与生态环境保护区,最近,为加大保护力度、提高保护成效,又开始了自然地理相对完整海域的大海洋生态系的保护工作。这些活动对全球海洋生态系统健康、恢复、改善都起到了积极的推动作用。

(2) 海洋生物多样性的重要基地

生物多样性的价值和作用在《联合国生物多样性公约》中有很好的论述,该公约认为,生物多样性有着"生态、遗传、社会、经济、科学、教育、文化、娱乐和美学"等多方面的价值,对生物的进化和保护生物圈生命系统;对满足世界日益增加的人口的粮食、健康和其他需求;对人类继续发展提供更多的可能和机会等都是至关重要的。可是,由于自然或人为的原因,现在地球生物物种在不断减少,生物多样性的丰富度在降低。据研究资料,近 5000余年来,尤其是最近 100 年来的工业大发展时期,全球生物多样性遭受到前所未有的破坏,以惊人的速度减少。因人类活动所造成的物种灭绝的速度竟然比自然原因灭绝高1 000多倍。与全球生物多样性的整体形势一样,海洋生物多样性也遇到类似的命运。海洋生物多样性保护是一项综合性工作,既有对人类损害行为的控制,也有对自然危害事件的预测、预防。但比较各种途径与方法,选划、建设以生物多样性保护为目标的自然保护区,仍是一项最为有效的措施。

（3）保留海洋自然条件以及天然"本底"和"原始"风貌

为了探索海洋资源、空间和环境的科学合理开发利用模式,研究海洋自然演变历史和环境对比分析,以及参观、欣赏等,需要保留、保存一部分天然的海洋"本底"和"原始"的海洋自然景观风貌。否则,在研究海洋自然环境与资源变化过程及规律中,将失去天然状况下"本底"参照,而不得不借助历史上的记载、考古资料或残留下来的某些自然特点和现象,借以推测、判断消失在自然历史中的原始海岸、海岛和海区的景观、环境与资源的面貌和情况。可以想像,这种推测、判断,不论所依据的资料和材料有多么丰富,逻辑性多么强,但毕竟是间接性思维推理,一般都无法得到验证。

虽然海洋中至今仍能保持原始状态,或者基本未受人类活动影响的区域已经不多了。但现代海洋开发,还只能说处在初期阶段,世界海洋中有一部分尚未开发,所受到影响较小,还能够反映海洋自然的天然状况,如果不能尽快地把那些可以保护的天然"本底"和景观保护起来,不会太久人类将再也不能看到原始的或接近原始的、天然的海岸、海岛风貌了。为避免这种情况的发生,建立海洋自然保护区,把一部分海域的天然"本底"和原始的海岸、海岛环境留存下来,可谓是一种不可替代的有效方法。

（4）科学研究的天然现场

海洋自然保护区内保存着完整的海洋生态系统、丰富的生物物种、各类生物群落及其赖以存在、发展的生境;保存着海陆变迁史的各种遗迹、剖面及现代过程;保存着典型的、优美的海洋地形地貌及其独特自然景观等。在海洋自然保护区可以进行海洋生物生产力、自然生态过程及平衡、最优生态结构、生物与环境之间关系、环境因子改变对生态系统影响等问题的研究;可以利用保护区里的沉积、地貌、地形、地质构造、剖面、古生物遗迹、遗物进行区域海洋演化史、古地理、古气候、古生物、古环境等问题的研究。例如1992年国务院批准建立的"天津古海岸与湿地海洋自然保护区"和"福建深沪湾海底古森林遗迹自然保护区"等即属此类的海洋自然保护区,其中"天津古海岸与湿地海洋自然保护区"所保护的古贝壳堤,计有四条自海向陆的,由贝壳和贝壳碎屑组成的堤状堆积体,大致与今天的海岸线平行。它们分别形成于距今700～500年、2500～1100年、3800～3000年、5200～4000年之前,离现代海岸线的距离最远已35千米以上了。这些古贝壳堤准确地记载着勃海西岸海陆变迁的历史。自然保护区内的这类实物对象,是任何文字资料都无法比拟的,对于海洋科学研究的作用是巨大的。

（5）观赏、娱乐和旅游价值

自然保护区内往往分布着具有很高观赏、娱乐价值的对象。自然保护区虽然按位置和功能习惯或惯例上划分为核心区、缓冲区和实验区三个区域部分。而在一般要求上,核心区是严格受保护的;缓冲区位于核心区的周围,一方面防止核心区受到干扰破坏,起到保护核心区的缓冲作用,另一方面又可开展某些试验性或生产性的开发研究和可能的生产开发工作;实验区是缓冲区的外围,或在与缓冲区连续的区域划出,用作同保护区具体任务相衔接、协调的实验研究工作,为开发利用或保护当地资源探索经验。但是,在海洋自然保护区开展的旅游活动中,必须加强管理,制定出专门办法,避免对保护区造成损害。

（6）宣传教育的基地

每一个海洋自然保护区都是一个内容丰富、材料生动的自然博物馆。它们汇集了许多典型的海洋自然要素，每一个要素都代表着海洋自然演变过程中的某些重要事件，是一部没有文字的实物教科书。另外，不少的保护区还包含着（或分布有）人类开发利用海洋、与海洋自然斗争的历史遗迹，如宁波镇海涌江口海洋自然保护区，除其海洋自然要素对象外，在保护区内还保留有比较完整的早期修筑的古海塘、古炮台等历史文化古迹，因此，这类海洋自然保护区又可成为历史博物馆。

海洋自然保护区拥有的自然或历史的保护对象，是开展群众性的宣传教育工作的极好场所。利用自然保护区进行宣传教育还可达到两个社会目的：一是通过保护区介绍海洋科学文化知识，提高群众对海洋自然保护区的认识和了解，为开发利用海洋和爱护、保护海洋奠定群众基础；二是加强或侧重作好对自然保护区附近地区的人民群众的宣传，让他们熟悉保护区的情况、目的、意义和作用，以及与他们当前和未来的关系，让当地群众正确地认识自然保护区的工作，进而关心、支持海洋自然保护区的建设。例如"海南三亚珊瑚礁海洋自然保护区"前几年的境遇就说明了这一问题。由于当地群众认识不到保护珊瑚的重要性，错误地认为建立保护区断了其经济收入的一方面来源，不仅不能配合保护区的建设，反而不断偷挖保护区的珊瑚，继续造成三亚保护区珊瑚的破坏。后经加大宣传力度，情况逐渐得到好转。

利用海洋自然保护区的条件，开展群众性的宣传教育，不仅是保护区管理部门的一项社会工作职责，也是自身建设的一项必须的措施。

（7）促进自然资源的持续利用

如果说海洋自然保护区所保护的区域面积相对于广阔的海洋只是较小的有限的一部分，而对全部海洋生态健康和自然平衡的作用不宜过高的估计的话，那么海洋自然保护区对海洋生物物种和种群的保护作用，则具有普遍的意义。其中，特别是拥有商业价值的物种保护，对人类的持续发展更是至关重要。

海洋生物种中的濒危种，通常指在生物分类表上接近灭绝的物种。但对持续发展的资源永续利用而言，还应该补充另外的两个含义：一是"经济性灭绝"物种。"许多有商业价值的物种现在并没有受到生物物种灭绝的威胁。但是由于它们受到了大量的开发，因此仍然被国际自然和自然资源保护同盟列在濒危种的'红皮书'中的'受商业性威胁'类。"受商业性威胁，指那些作为永续的商业资源的种群的大部分或全部已受到威胁，或将受到威胁，除非控制对它们的开发。二是海区濒危物种。同一物种或种群，在某些海区可能属于正常生物种，而对于另外一些海区，因开发或其他原因使种群数量严重下降，不仅失去经济上的商业价值，而且甚至已濒临在海区消亡的境地。以上两种物种濒危的情况，虽然和通常物种濒危的含义不同，但在所指的条件下，也属一种类型的生物物种濒危。"经济性灭绝"和区域性物种濒危，是当前海洋生物资源持续利用的两大威胁，为保持资源的商业开发价值，当前的有效方法还是建立保护区，把濒危资源生物种的繁殖和活动区保护管理起来，然后再通过一定方法将其分散到繁殖开发区内，使开发区的这类生物种群得到恢复发展。实践证明利用建立繁殖保护区进行受商业性威胁生物种群恢复是成功的。

总之，海洋自然保护区在全球自然和区域海洋自然的保护中，在对社会、经济、科学、文化的发展中,在对人类维持、改善生存条件中,均已成为一项战略性的措施和切实可行的方法,海洋自然保护区事业必将获得进一步发展。

二、海洋自然保护区的建设与管理模式

1. 海洋自然保护区的选划

(1)海洋自然保护区的类型划分

根据海洋自然保护区的主要保护对象,我国将海洋自然保护区划分为三大类别、16种类型(见表6.3)。

表6.3 海洋自然保护区类型划分表

类　别	类　型
海洋和海岸自然生态系统	河口生态系统 潮间带生态系统 盐沼(咸水、半咸水)生态系统 红树林生态系统 海湾生态系统 海草床生态系统 珊瑚礁生态系统 上升流生态系统 大陆架生态系统 岛屿生态系统
海洋生物物种	海洋珍稀、濒危生物物种 海洋经济生物物种
海洋自然遗迹和非生物资源	海洋地质遗迹 古生物遗迹 自然景观 非生物资源

(2)自然保护区的分类

参考国内外划分自然保护区类型的标准和方法,结合我国海洋自然保护区的具体情况和管理体制的特点,本着划分类型有利于促进自然保护区的建设和管理,能较明确地反映自然资源的特点、保护对象的性质及被保护程度为原则,国家海洋局将我国海洋自然保护区划分为三个系列,即自然保护区系列、自然资源管理区系列和自然保护公园系列。

自然保护区系列以保护典型的、具代表性的自然生态系统为主,通过对环境和物种的保护,使各种自然生态系统在不受人为干扰的条件下自然演替,使各种珍稀野生物种的遗传物质得以保留和延续。此外,也保护具有重要科学价值的自然历史遗迹。在经营方针方

面,要求最大限度地发挥生态效益,最大限度地保护物种等保护对象,并努力为科研、教学服务。对于旅游业等开发利用活动,则需要在保护好的前提下、在有条件的保护区局部地进行。在自然保护区内,对于那些与保护管理关系不大的设施项目,不予以建设,避免对自然景观的破坏。

(3) 海洋自然保护区的选划条件

《中华人民共和国海洋环境保护法》第二十二条和第二十三条作了明确规定:

第二十二条　凡具有下列条件之一的,应建立海洋自然保护区:

(一) 典型的海洋自然保护区域、有代表性的自然生态区域,以及遭受破坏但经保护能恢复的海洋自然生态区域;

(二) 海洋生物物种高度丰富的区域,或者珍稀、濒危海洋生物物种的天然集中分布区域;

(三) 具有特殊保护价值的海域、海岸、岛屿、滨海湿地、入海河口和海湾等;

(四) 具有重大科学文化价值的海洋自然遗迹所在区域;

(五) 其他需要予以保护的区域。

第二十三条　凡具有特殊地理条件、生态系统、生物与非生物资源及海洋开发利用特殊需要的区域,可以建立海洋特别保护区,采取有效的保护措施和科学的开发方式进行特殊管理。

(4) 海洋自然保护区的建区程序

① 分级。海洋自然保护区分国家级和地方级。国家级自然保护区的建立需经国务院批准;地方级海洋自然保护区需经沿海省、自治区、直辖市人民政府批准。

② 建区调查:建立自然保护区须事先对自然环境、自然资源、社会环境等问题进行调查。

(a) 自然环境与自然资源调查。这是保护区建立中的一项基础工作。如果对保护区的自然环境和自然资源不清楚,就难以确定该保护区的建立是否够格。自然环境和资源的调查内容和要求,要根据保护区的类型及主要保护对象的特点而定。

——生态系统自然保护区:就一般的生态系统自然保护区的调查而言,在环境方面应包括:地理环境概况(地理位置、地形、入海径流等);水文要素(水温、盐度、跃层现象、水色、透明度和水深等);海水化学(海水中的溶解氧、营养盐和 pH 等);沉积物特征(沉积物类型、粒度和分选性、有机质、硫化物和氧化还原性等);在生物方面的调查内容必须包括:初级生产力及浮游植物、浮游动物、底栖生物、微生物的种类组成和数量分布。另外,要根据主要保护对象增加一些特殊的调查项目。

——野生生物自然保护区:野生生物的调查内容,主要是珍稀濒危物种等主要保护对象的分布(包括数量分布与时空分布)、生物学测定,以及栖息地的主要环境条件。由于不同的生物种类对环境条件的要求不同,环境调查项目必须依具体保护对象而定。

——自然历史遗迹保护区:由于不同的自然历史遗迹的保护区差别大,因此建区调查项目必须根据各自保护对象的情况而定。在一般情况下,查明保护对象的真面目是调查的重点。

(b) 社会调查:社会调查的主要内容有社会经济和资源开发利用状况。社会经济状况包括人口,经济构成,产值,农业(含渔业捕捞和水产养殖)、工业、固定资产投资和建筑业、运输业、旅游业、商业、经济贸易和科技文化事业等概况;保护区资源开发利用状况包括目前开发活动对保护区环境与资源的影响、当地与保护区有关的开发建设规划、当地政府和居民对建立自然保护区的反映等。

③ 建区可行性论证。在建区调查报告基础上,对自然环境、自然资源及社会经济状况等资料进行科学的分析,编制建区论证报告。根据国家海洋局《关于转发〈全国海洋自然保护区工作座谈会纪要〉的通知》,建区论证报告的提纲如下:

(a) 拟建保护区的名称、所属级别和类型;

(b) 拟建保护区的自然条件、自然资源和社会经济状况,海洋开发利用现状及目前和潜在的影响;

(c) 保护对象及其生存条件现状、保护意义,现有保护能力和建区依据,限制活动类型和限制程度;

(d) 保护区面积、边界范围(分核心区、缓冲区和实验区),附略图;

(e) 当地政府及人民群众意见;

(f) 保护区的管理机构及人员编制;

(g) 基本建设项目及投资概算;

(h) 效益分析;

(i) 提议单位。

国家级海洋自然保护区的申报书及论证报告,由国家海洋行政主管部门聘请有关部门代表和专家组成海洋自然保护区评审委员会负责评审,由国家海洋行政主管部门按规定程序报国务院审批。地方级海洋自然保护区的申报,由地方海洋主管部门组织论证审查后,报同级人民政府批准,并报国家海洋行政主管部门备案。

2. 海洋自然保护区的管理

海洋自然保护区的管理大致可分为两大部分,一部分是保护区内部的行政管理,其目的是保证保护区的整体工作能正常运行;另一部分是业务管理,目的是使保护区内的主要保护对象能够得到有效的保护。其中业务管理则包括法制管理、保护管理、科学研究、经营管理等。

(1) 保护区的管理目标

自然保护区管理的基本目标和要求可归纳为10个方面:

① 一区一法:即建立一个自然保护区,也要由批准建立保护区的人民政府或同级人大颁布一项专门的法规,纳入自然保护区法规体系,以使保护区管理工作走上法制轨道。

② 一区一处:经批准建立的自然保护区,按级别设置精干的保护区管理处或相应的管理机构(局、站),统一管理本保护区的自然保护工作和有关科研、试验和生产经营活动。

③ 一区三带:在自然保护区内,一般划分为核心带(或核心区,下同)、缓冲带、实验带(或称经营区)。对核心区的管理,保护从严。

④ 一区四界:明确自然保护区的范围,划定四周边界。

⑤ 一区数项:"项"指科研项目。一个自然保护区建区之前的考察、评价、规划、论证到

建区以后的管理、保护以至专业经营活动,都要以科研、实验为基础。离开科研、实验项目的支持,自然保护的价值就无从谈起。

⑥ 一区一园:"园"指国家公园。园址应选在除核心区以外的缓冲区、实验区。在方法上不搞闭区锁园,但要支持定点定线,严格管理。

⑦ 一区一馆:"馆"指博物馆或电化教育馆。专业博物馆以本保护区的主要保护对象为主线,布置系列展品和图片,开展专业性宣传教育和科学普及活动。

⑧ 一区一库:以物种保护为宗旨的保护区,都是天然种质库,立足于这个资源条件,有计划地把基因库建立起来。

⑨ 一区一品:以保护区的优势资源为基础,以科研、实验工作为先导,逐步发展有特色、有销路的产品系列,这是增强自然保护区经济活动的必由之路。

⑩ 一区一业:形成一定规模的相对独立的产业,如蛇岛自然保护区在开发蛇毒蛇药的基础上,建立蛇岛医院。

以上10条中的前5条是对自然保护区的普遍要求,后5条各保护区可根据自己的情况确定目标。

(2) 管理机构

一个海洋自然保护区对所保护的对象能否起到保护作用,首要的问题是必须建立一个有效的管理机构。自然保护区管理机构的作用和职能有以下几方面:

① 运用科学方法、措施和手段,对自然保护区内保护对象的保护及自然环境进行有效的管理。

② 通过管理人员的工作,使国家有关自然保护方面的法律、方针、政策和规定得以贯彻和执行。

③ 制订适用于本保护区的管理规定和措施。

④ 负责保护区内各保护、管理、科研、宣传、教育等设施的建设及维护。

⑤ 执行管理计划及监督管理计划的实施。

⑥ 做好保护区内各项有关的调查统计和监视监测等工作。

⑦ 组织接待在保护区内进行有关科研或教学等活动。

⑧ 防止危及主要保护对象的情况发生(包括环境或范围受到破坏或改变、污染、非法及不合理地利用海洋自然资源等)。

(3) 监视和执法

自然保护区的监视就是利用各种手段对危及保护对象的人为活动和自然变故进行监视的行为,其目的是为了保证保护对象的本身及其赖以存在(或繁衍)的环境不受影响或破坏(损害)。执法的目的是利用法制手段来实现对保护对象的保护,维护现行自然保护法规的严肃性,宣传国家有关自然保护的法律和法规。监视和执法管理包括如下内容:

① 制定并实施监视计划。监视行动必须要有计划地进行,海洋自然保护区每年都应当根据自然保护的法规、保护区的管理条件和监视执法工作的要求,制定出具体的监视计划。并指定船只或其他交通工具和专职工作人员,对已经上级批准的计划进行认真实施。监视计划不是固定不变的。当保护区的自然环境或开发活动出现变化时,或违法事件的发生频率有明显变化、或上述变化与敏感资源发生冲突时,应及时调整监视计划。

② 监视执法人员的培训。在保护区中参加监视和执法的人员应当接受适当的训练。训练内容包括对每项法规及管理条例的正式解释和政策的管理事务、联络、执行法律及其相应的法律程序等。监视和执法人员的训练工作应由较高层管理机构的主管部门负责，并纳入整个管理规划。

③ 情况报告和趋势分析。对保护区不同部分的监视、执法活动等进行统计和总结，以形成文字报告。监视报告的格式及监视执法的可靠方法由保护区上一级机构统一决定，或由保护区与上级机构共同决定。对违反保护区有关法规和管理条例的事件，应以文字记录在案，并按保护区和上级机构的主管部门的决定予以处理。保护区的监视执法活动应形成月报告、季度报告和年度报告，编辑成册以便于评价违法趋势和整个监视及实施计划的有效性。

（4）科研与监测

在保护区内，一个经过充分设计的科研规划可以改善人们对资源情况的了解和指出易受干扰的敏感物种，科研成果有利于改进和更新管理条件，并能及时地增加资源的管理能力。科研结果还可以帮助保护区管理人员发现资源变化在该系统中的重要意义。同时，科研活动及其结果也是保护区内宣传教育源源不断的资料来源。保护区的监测工作，既服务于科学研究，为科研提供可靠的实测资料，又服务于保护管理，为保护管理及时提供保护区内有关情况的变化。

① 专题科学研究。专题研究可集中在如下几个方面：资源的一般特性及分布；资源的长、短期变化（包括丰度、分布、物种组合的变化）；自然变化及人类干扰对资源的影响；资源变化的因果关系、趋势、预测的可行性及方法；保护区内资源的演化历史。

② 基线调查和分析。基线研究是为了对自然保护区资源有个基本的了解。研究内容包括物种丰度、分布和迁移；生境特征及生境与种群的关系。

③ 资源开发利用的研究。保护区内的资源开发必须在不破坏保护区的自然环境和主要保护对象的前提下进行。其研究工作可围绕区内资源可开发项目、开发方式及可行性；生物驯化及生产意义等方面的内容。

④ 监测研究。监测研究是海洋资源管理是否成功的基础，如通过定期地记录生物的丰度或群落物种的多样性，可能发现生态上的变化。一个良好的监测数据库，有助于发现正常的或天然周期和趋势，以及异常的变化及这些变化与一个或几个干扰因素的关系。

⑤ 宣传教育。海洋自然保护区的建设是全民的事业，只有通过公共宣传和普遍教育活动，引起全社会对海洋自然保护工作的重视，才能使公众了解并自觉遵守国家海洋自然保护管理的各项法规。一般说来，自然保护区的宣传教育有以下一些方式：出版关于海洋自然保护区的书籍、资料；举办报告会和讨论会；充分利用当地的新闻媒介，如电台、电视、报刊等报道有关保护区的消息；在自然保护区中为中、小学生开办野外自然课，编印有关材料，讲解海洋自然保护区的知识等；有选择地开辟大中专教学基地或科研基地；开辟旅游景点，对旅游者进行普及性海洋自然保护宣传。印制各种具有知识性、趣味性的宣传材料或旅游指南和旅游纪念品，免费散发或廉价出售；举办标本、图片展览。有条件的地方可开展电视、电影教育活动；与国际自然保护组织及同类保护区之间建立友好联系。以上的宣传，无论采用何种宣传形式，都要力求取得较好的宣传效果，千万不要流于形式。

（6）国际合作

自然保护行为本身就具有世界意义，在地域上往往超越国界。对海洋自然保护来说，就更为明显。由于水体的连通，某些生态环境变化，物种分布及迁徙等，本来就不存在国界，如辽东湾的斑海豹，每年秋季水温开始下降后，由日本海进入中国海区，12月至次年4月在辽东湾繁殖后代，5月以后离开辽东湾。因此，海洋自然保护需要国际上的密切合作，才能实现自然保护的总目标。为了适应这一形势，一些国际自然保护组织相继成立，如国际自然和自然资源保护联盟（IUCN），世界野生生物自然基金会（WWF），《关于（特别是）作为水禽栖息地的国际重要湿地公约》秘书局、国际《人与生物圈》计划执行局（MAB）、《濒危野生动植物种国际贸易公约》秘书处、国际水禽研究局（IWRB）、国际鹤类基金会（ICF）、亚洲湿地局（AWB）等。国际合作的形式，不外乎以下几种：

① 联合保护：有些洄游性海洋动物，其洄游路线可能贯穿两个以上沿海国家的海域，在国际间都确认该类动物为保护对象时，有关国家自行联合或通过国际有关组织协调，使该类动物得到联合保护。这样，每年参与保护的国家，其所建的保护区都是联合保护的一部分。那么，在管理方法、保护技术条件及有关的科学研究等方面，彼此可以互相沟通或交流。

② 国际赞助：所谓国际赞助，是指国际有关组织对一个保护区（或某类保护对象）提供经费、技术条件和保护设施等，其中技术条件包括提供技术资料、派遣专家指导或与保护区共同进行科学研究等。如世界野生生物自然基金会为热带雨林保护，濒危动植物保护提供资金、设施及派遣专家等。我国大熊猫繁殖区的保护及雪豹的保护也得到国际赞助。由国际自然保护组织负责对参与自然保护的人员进行各种形式的培训，因此人员培训也是国际合作的内容之一，是推动国际自然保护的有效措施之一。

三、环境保护与海岸带综合管理

1. 海岸带环境问题

当前，我国海洋环境的总体状况是：近岸海区环境质量逐年退化，近海污染范围有所扩大，外海水质基本良好；重金属污染得到较好控制，油污染重点向南部海区转移，营养盐和有机污染呈上升趋势；海洋自然与生态破坏加剧，赤潮发生的频率和范围加大。目前我国海岸带环境污染问题主要集中于以下几个方面：

（1）海水溶解氧的低值区

我国沿岸海域的海水溶解氧基本处于饱和状态，变化较小，含量属于正常富氧型。但也存在少量低值区，如大连湾顶部，夏季底层溶解氧出现1.28毫克/升的低值，饱和度为26％的贫氧（低值）区。低值区与有机物污染（大连湾顶部）、污水排放（天津塘沽）等有关。

（2）pH值（酸碱度）高值区

大洋水pH值通常为7.6～8.4，海岸带大部分海域的海水pH值在正常范围。pH值大于8.6，影响浮游植物的生长。津、苏、闽、粤、桂的局部岸段海域，均有pH值大于8.6的记录，直接影响海洋初级生产力。

（3）磷酸盐过高

磷酸盐是海洋浮游植物繁殖的物质基础,但海水中含量过低或偏高会造成不利影响。含量过低会抑制浮游植物的繁殖;含量过高使浮游植物迅速繁殖,会激发赤潮,给水产养殖带来危害。

（4）"三氮"过量

三氮(NO_3^-,NO_2^-,NH_4^+)为海水中重要的生物生长要素,与磷酸盐相似,为浮游植物的营养要素。浮游植物生长对氮和磷的摄取量有一定的比例,大多为16∶1,海水中氮的浓度过高会导致局部海域富营养化,在适宜的温、盐条件下,也会导致赤潮的发生。

（5）硅酸盐

硅酸盐也是海水中重要的营养盐,含量过高、过低都对浮游植物的生长和繁殖有重要的影响。

（6）沿海地区地下水质污染

地下水质污染的污染物主要有"三氮";其次为铁、锰、重金属、砷、氯离子和有毒化合物酚、氰,等等。此外,辽宁大连附近、小凌河扇地前缘有海水入侵、地下水有咸化现象;山东无棣、东营一带及日照市石臼所附近地下淡水碘含量较高;浙江沿海平原地下水"三氮"污染较严重。

（7）有机物污染严重

海岸带污染源调查表明,沿海工矿企业排出的废水中化学耗氧量(COD)含量占排出污染物总量的98.8%,占城市生活污水的99%以上。通过江河或直接排入沿海的工业废水和生活污水多数未经处理,其中含有大量有机污染物。

（8）油污染

油是沿海较普遍的污染物质。据监测,有的港湾海水中油的含量超过0.1毫克/升,渤海个别港湾可达0.4毫克/升,为一类海水水质的标准值的8倍,根据各地近几年的调查,油污染有加重趋势,不少港湾和河口,海水中油含量超过了0.2毫克/升。

从上述我国海岸带目前的环境状况看,我国对海岸带进行综合管理,保护海岸带生态环境的工作已刻不容缓。

2. 海岸带综合管理

海岸带是海洋国家宝贵的国土资源。这里资源丰富,景色优美,地理位置和建设条件十分优越,而且交通方便,是当前人口、资源、能源的重要流入地带,也是海洋开发和海陆经济联系的基地,又是对外贸易的通商口岸与国际文化交流的纽带,还是国家生产力集聚的重要地带。海岸带综合管理可被定义为一个连续的动态过程,通过它来决定海岸带和海洋区域资源的可持续利用和保护。对于海陆交界面的管理,各部门分别管理的方法具有先天的不连贯性,而不同政府部门的管理往往是相互割裂的。海岸带综合管理的首要目的就是克服这个不足。海岸带综合管理的关键部分是通过人们普遍接受的各种手段,逐步形成一种制度,通过该制度的实施来达到不同行业部门开发利用的协调。

（1）海岸带综合管理的起因

在某一特定国家进行海岸带综合管理有多种原因。海岸带和海洋资源的耗竭(如过度捕鱼、过度开采珊瑚礁等)是一个重要原因。另外一个重要的促进因素是人口的增长危及到了公众健康,对依赖水体的产业如捕捞业、养殖业和旅游业等构成了威胁。而人类利用海岸带和海洋(如通过养殖业、水上旅游业等)实现经济增长的需求使对海岸带综合管理的计划和管理的要求更加突出。还有一个因素可能是某些国家对未开发的海岸带和海区的开发需求,如开采海底石油和其他矿藏、海水养殖、不同海区和未开发种群的新式捕鱼方法等。

　　(2)海岸带综合管理的含义

　　海岸带区域可以分为五个主要地带:内陆区,主要通过河流和非点源污染影响海洋;海岸区,包括湿地、沼泽及类似地貌,在该地区人类活动非常集中并直接影响到临近水体;海岸水域,主要是河口、泻湖和一些浅水区,该地带也受到陆地活动的显著影响;近海,主要指延伸到国家管辖海域(200 海里)的水体;公海,指超出海岸带管辖海域范围的海域。

　　虽然这五个地带的自然过程在很大程度上相互交错,但由于各地带所有权、各部门的利益不同,跨区的综合管理还是有很多困难。大致说来,可以把海岸带地区的所有权问题统一考虑:在内陆地区,私有权占比重较大;海岸地区,倾向于公有和私有的共存;海岸带浅水区和海区,多属公有地带。当然,根据不同国别文化背景对公有和私有权的不同理解,这个概括也有所区别。例如,在南太平洋许多岛屿,通常是由年长人士组成的村庄委员会来对海岸带的土地和水体进行管理。

　　从政府利益的性质来看,地方机关的权力在内陆地区比较大,而海岸带地区和水体,则受到地方和国家权力的共同影响。继续往外延伸,直到大陆架水体和远海,国家和国际权力就占了绝对优势。不同地带的政府机构也有所不同。陆地上,通常由地方级政府建立完善的多目标机构来调整土地利用和各种不同利用方式间的矛盾。而水域上,通常只有省和国家级的单目标机构,主要关心海洋的利用问题,如渔场运转,油气开采等。考虑到这些不同,五个地带的管理虽然有很多差异,但也需要互补一致的管理方法和机构。

　　作为海岸带综合管理方法的有机组成,需要注意以下几个方面的综合问题:

　　① 各部门综合。生物保护、运输业发展等的横向综合,海岸带、海上部门、对海洋有环境影响的陆上不同部门的综合包括了不同海岸带和海上部门(如油气生产、渔业、海滨旅游、海洋养殖、盐业、农业、林业、采矿业等)的综合。不同部门的综合还涉及不同部门与政府机构之间的矛盾冲突的解决。

　　② 政府间综合。即不同级别政府(国家和地方各级)的综合。国家、省和地方政府各有不同的作用,各自重视的角度不同,公众需求不同。这种不同,通常给国家及其所属部门对政策的协调、发展和实施造成一定困难。

　　③ 空间综合。即海岸带陆地和海区的综合。陆上活动和海上活动,如水质、鱼类生产等之间存在着密切的联系。同样,所有海洋活动以海岸带陆地为依托。海岸带地区的陆向和海向均有不同的所有权系统和政府管理机制,这通常使得目标和政策达到一致更加复杂。

　　④ 管理科学综合。即对海岸带和海洋管理有重要作用的不同学科(如自然科学、社会科学、工程学等)和整个管理实体的综合。

　　⑤ 国际综合。当多国边界环绕或半围绕同一海洋水体,或因捕鱼活动、越境污染、边

界确定、航船等其他事务引起国际争端时,就需要国际性综合管理。多数情况下,每一国家管辖区(200海里内的专属经济区,外延捕鱼区)内的海岸带和海洋管理问题都由该国各级政府负责,但很多国家也面临与其周边国家相关的海岸带海洋管理事务,必须通过国际条约来解决。一般来说,国家政府在上述条约的签订中占主导作用。

（3）海岸带综合管理的目标

海岸带综合管理的目标是达到海岸带和海区的可持续发展;增强海岸带及其栖息生物对自然灾害的防御能力;保持重要的生态过程、生命支持系统、海岸带和海区的生物多样性;提高海岸带各管理部门和海洋活动之间的联系和协调性。

（4）海岸带综合管理的内容

海岸带综合管理最本质的意义在于对特定海岸带和海洋的各种资源和活动的相互作用和区域管理。由于海岸带的陆地和水体之间具有复杂的相互作用过程和影响,海岸带综合管理必须同时包括二者,但海岸带综合管理在岸上和水下的作用范围仍要随具体情况而定。

在海岸带和海洋进行的多种活动及资源开发(如渔业、不可再生资源、旅游业、农业、水产业)、住宅和贸易等实业的发展、海上运输和娱乐业等特定活动,都已经置于某个特定机构的管理之下。总的来说,海岸带综合管理不会干涉这些专门机构的管理,而是对之进行补充、协调和统筹安排。如渔业管理部门可以继续进行他们的渔业分配等活动,而海岸带综合管理委员会主要负责陆源污染对养鱼区的影响以及渔业与其他利益的协调(通过强制或协商的方式)。

（5）海岸带综合管理的功能

部门管理方法一般只强调海岸带特定资源和水生环境的单一用途,海岸带综合管理与之不同,它提出了与总体利用相关的多个重要功能,如陆上和海上地区生态合理性,重要海洋生物的保护等。综合管理的功能和任务(表6.4,表6.5)、方法和最终结果都不尽相同。

（6）海岸带综合管理实施原则

环境与发展里约热内卢宣言制定了27条原则,用以指导全球首脑会议所有参与国的国内与国际的环境、发展和社会问题。其中,有一些原则是新制定的;有一些在已有的国际法律中有所体现;还有一些改变了现存国际法律中的条款。它们为实现可持续发展提供了一系列的准则。

① 相互联系和综合原则。虽然该原则并没在里约热内卢宣言中明确提出,但相互联系和综合的原则是整个可持续发展的中心内容,是里约热内卢宣言和《21世纪议程》的重要主题,它意味着我们必须在考虑环境与发展问题时重视相互联系、相互支持;这有别于过去的理论和实践,再也不能把环境保护和发展当做完全割裂的活动,二者必须相互合作。

② 代际和代内公平原则。代际和代内公平原则涉及到环境和发展问题的公平和公正。代际公平原则反映了作为当代的成员,我们拥有地球,但还应尊重后代在地球上的生存权利,我们不能剥夺后代的权利。代内公平是指我们有兼顾其他社会成员需求的义务,尤其是在分配发展利益之时。

③ 发展权利原则。该原则强调每一个人都拥有基本的生存权利和潜在的以保证其有尊严的生活在世上的权利。这是里约热内卢宣言的首要原则。

④ 环境安全原则。该原则强调通过一定的先期措施保护环境,减少由环境灾害造成的损失,而不是通过事后努力来修补或提供补偿金。环境安全原则与预防原则和其他两项里约热内卢宣言的原则有密切联系,都要求各国制定和实施有效的环境法规、预防环境灾害越境。

表6.4　海岸带综合管理的主要功能

功　能	具　体　任　务
区域规划	对海岸带和海上地区当前和未来利用的计划,提出长远构想
促进经济增长	使海岸带和海洋地区的利用更加合理(如海洋水产业和生态旅游业等)
资源管理	保护海岸带和海洋生态环境,保持生物多样性,确保可持续利用
平息冲突	协调和平衡现存和潜在的各项资源利用,注意解决海岸带和海区利用的冲突
保护公共安全	保护海岸带和海区的人财安全,避免自然和人为重大灾害
陆地和水体的公共所有权	由于政府通常是特定地区的全权所有者,可对公有地区的资源进行合理分配,并给公众带来良好收益

表6.5　海岸带综合管理活动

功能分类	详　细　描　述
区域规划	海岸带环境及其利用研究、利用方式分区、新的利用方式预测和策划,海岸带开发项目及其接近岸线的规章,海岸带和海区价值的公共教育,公众进入海岸带和海洋的规章
资源服务管理	进行环境评价,进行风险评价,环境指标的建立和执行,海岸带水体质量(点源、非点源)的保护和改善,建立和管理海岸带和海洋保护区,海洋生物多样性的保护,海岸带和海区环境的保护和恢复(红树林、珊瑚礁、湿地等)
促进经济发展	工业、渔业、观赏性渔业、大旅游业、生态旅游业、海水养殖,航海业,港口发展,海上娱乐,海底采矿,海洋研究,物种资源,近海矿物等
解决冲突	多种利用方式及其相互影响的研究,应用解决矛盾的方法,减轻某些利用方式不可避免的副作用
淹没水体和陆地的所有权	为公有海岸带及海区资源和空间筹集贷款和基金,为开发不可更新资源(如海底石油等)设立合作资金
保护公共安全	增强对自然灾害和全球变化(如海平面上升)的抵御能力,用"回防线"等方法管理高风险地区的发展,建立海岸带防护措施(如防波堤、坝等),海岸带突发事件时的撤退等安全措施

⑤ 预防原则。根据预防原则,缺少充分科学性依据并不是拖延采取措施、避免潜在重大和不可挽回的环境损失的理由。里约热内卢宣言第十五条原则规定:"当有严重和不可挽回的灾害威胁时,缺少科学的确定事实不能作为理由来拖延采取低于成本的措施防止环境退化。"

⑥ 污染者付费原则。该原则认为很重要的一点是:经济活动的环境成本,包括潜在危险的避免和保护,应该内部消化而不是由整个社会负担。这个原则最早是由经济合作和发展组织提出的,主要为确保每个公司在没有国家补贴的情况下,支付足够的污染控制成本。该原则主要在国内实施而不是在国际。里约热内卢宣言第十六条原则提出,应在发达

国家严格执行谁污染谁治理方针;它敦促国家当局"努力促进环境成本内部化和利用经济机制,探索实施谁污染谁承担治理成本的途径。"

⑦ 透明原则和其他过程定向原则。该原则要求全方位的公众参与,以公开透明的方式进行决策。它与其他许多相关原则联合起作用,鼓励所有重要团体(包括妇女、儿童、年轻人、地方人士和团体、地方当局和其他单位)与个人参与,使公众有得到环境信息的权利,为决策者和公众参与环境影响评价提供信息。

参考文献

1. 鹿守本.海洋管理通论.北京:海洋出版社,1997

2. 张德贤,陈中惠,戴桂林,等.海洋经济可持续发展理论研究.青岛:青岛海洋大学出版社,2000

3. 张　帆.环境与自然资源经济学.上海:上海人民出版社,1998

4. 经济合作与发展组织.环境管理中的经济手段.北京:中国环境科学出版社1996

5. 许涤新.生态经济学.杭州:浙江人民出版社,1987

6. 国家海洋局人事劳动教育司编写.海洋环境保护与监测.北京:海洋出版社,1998

7. 国家海洋局.中国海洋21世纪议程.北京:海洋出版社,1996

8. 欧阳鑫,杜玉贞.国际海洋环境保护法.北京:海洋出版社,1994

9. 国家环保局.中国环境保护21世纪议程.北京:中国环境保护出版社,1995

10. 中国21世纪议程编制组.中国21世纪议程——中国21世纪人口、环境与发展白皮书.北京:中国环境科学出版社,1994

11. 杨金森,刘容子,等.海岸带管理指南.北京:海洋出版社,1999

12. 国家海洋局.中国海洋政策.北京:海洋出版社,1998

13. 陈静生,蔡运龙,王学军.人类—环境系统及其可持续性.北京:商务印书馆,2001

第七章 海洋科技及其产业化管理

第一节 海洋科技发展与海洋技术创新

一、海洋科技发展状况

海洋产业的兴起与发展,科技进步起着决定性的作用。自20世纪60年代以来,随着海底油气、深海矿床、南极磷虾等战略资源相继被发现,并形成有关的海洋产业,使海洋资源开发进入一个崭新的阶段。特别是近年来,海洋生物技术、海洋卫星遥感技术、深海钻探技术、海洋农牧化技术、海洋信息技术、海水淡化技术、水声技术等海洋高新技术的发展和应用,极大地加速了海洋开发步伐,形成了海水增养殖、海洋油气、海洋矿产、海洋药物等一批新兴海洋产业,并为深海采矿、海洋能利用和海水资源利用等未来的海洋产业做了技术准备工作。

但应该看到,海洋产业往往是综合性强、技术密集的高科技产业。海洋环境的严酷性和海洋资源的特殊性,决定了海洋开发对科学技术的依赖性比较大。海洋科技涉及众多学科、跨越许多领域,很多属于高新技术范畴。

目前,世界上有100多个国家把开发海洋确定为基本国策。竞相制定海洋科技"开发规划"、"战略计划"等,把发展海洋科技摆在向海洋进军的首要位置,把海洋科技作为世界新技术革命最重要的内容来对待。当前,海洋科学和技术正以前所未有的速度向前发展着,新观点、新理论大量涌现,新的研究领域不断开拓,新的海洋技术体系正在形成,在一些重要领域取得了令人瞩目的开创性成就。

在海洋科学方面,海洋物理学已从定性描述发展到定量研究,从研究局部海区变化发展到研究全球各种尺度的海气相互关系。大洋涡旋的发现,改变了大洋环流的传统观念,这是20世纪70年代海洋科学发展史上的重大事件,大洋涡旋的研究,推动着海洋预报、大洋环流理论及气候模式论的发展。

海洋地质学是近30年来成果最显著的领域之一。在基础理论方面,海底扩张理论、板块构造学说、海洋沉积学等的研究都取得了新成绩,提出了新见解。特别是板块构造学说的兴起,使长期悬而未决的海洋起源问题找到了新的答案。在应用科学方面,海洋油气资源的勘探与评价,海底金属矿床成因等研究有了新进展。

近年来,世界发达国家在海洋化学方面的研究各有侧重。美国侧重深海远洋和从全球角度进行海洋化学研究,而日本更重视实用海洋化学的研究。当代海洋化学家为从化学观点了解海洋环境,以及定量预测海洋环境受到扰动(自然过程和人类活动)的后果,已采用现代的新型分析设备,研究海洋化学的过程和机制。

海洋生物学基本上从定性描述发展到定量分析和预测研究。当今海洋生物学研究的主流是海洋生态系统。近20年来,较深入地研究了整个海洋生态系统的结构、功能,特别是对系统内各营养层间能量流和物质循环规律的动力学分析,因而建立了预测数量变化趋势的数学模型。

在海洋技术方面,尤其引人瞩目的是高新技术得到迅速发展。海洋卫星遥感技术进入成熟应用阶段。世界上第一颗海洋卫星是美国1978年发射的SEASAT—1,这颗卫星的发射,标志着海洋环境探测进入了空间遥感时代,这是海洋科技发展史上的重要事件。利用卫星进行海洋遥感探测,不受天气、海况的影响,可实现快速、同步、大范围、连续的海面监测,具有海面现场探测技术无法比拟的优点,可获得海面、底形、海温、海水、海洋近表层浮游植物色素浓度等参数。1991年,欧洲空间局发射的ERS—1卫星代表了世界20世纪90年代海洋微波遥感技术的水平,它增进了人们对海岸带和全球海洋过程的科学认识,为海洋开发提供各种海洋环境参数,使海洋开发获得了更大的经济效益。

2002年5月15日,"长征四号乙"运载火箭在太原卫星发射中心成功地将我国第一颗海洋探测卫星"海洋一号"和气象卫星"风云一号D"送入太空。"海洋一号"探测卫星的发射成功,结束了我国没有海洋卫星的历史,标志着我国在海洋卫星遥感应用领域迈入了世界先进行列。

海洋生物技术是20世纪80年代末发展起来的新兴技术,被看做是海洋经济起飞的希望。目前其主要发展方向是优良品种选育、新品种开发、海洋生物性别控制技术开发、海洋医药开发,等等。比如,在转移鱼类生长激素基因研究方面已取得突破,把红鳟鱼的生长激素基因移植到鲇鱼体中,使养殖周期缩短了半年;应用重组DNA技术,使鲍的产量提高了25%;通过细胞工程技术,明显提高了珍珠的成珠率,等等。

深海采矿技术从20世纪70年代开始发展,目前这类技术日趋成熟。通常,深海采矿技术由集矿、输送和采矿船三部分组成。较经济实用的采矿办法有三种,即水力提升法、空气提升法和连续链斗法。日本在1989年宣布开发成功了可在5 000米深水处作业的液压提升式深海锰结核开采系统。德国也研制成功了包括集矿、提升、控制和加工多金属结核的开采系统。英国正在开发日提升矿石10 000吨的气压提升法。另外,1990年芬兰和苏联合作研制了作业水深可达6 000米的采矿深潜器。法国研制出PKA2-6000型深海采矿潜水器,可在6 000米深的海底高速采矿,作业完毕能自动返回海面。

深海油气开发技术包括钻探和开采两方面。海上的钻探技术,在100米水深内多采用自升式平台,而超过100米水深则采用半潜式平台或钻探船,有的船还配备动力定位系统,能在更深的海域作业。海上油气开采技术,大油田采用固定式采油平台,在较深海域作业中还采用一种新型的张力腿平台,作业水深可达520米。近年又设计了一种海底采油系统,把生产井口装置安装在海底进行生产,通过管道运输石油。

水声技术弥补了电磁波在水中衰减快的不足,作为海底探测的主要手段,已经在海底地形、地貌、地质等研究领域得到广泛应用。美国研究出的Hydrosweep多波束声纳,使扫描波束由16个增至59个,可测出海底30英尺高的隆起及其坡长、斜率等数据。目前,水声技术的一个重要发展方向是海洋水声层析技术。这是一种迅速、同步观测广阔海域立体空间的高技术。

海洋信息技术包括信息传输、接收和处理技术。现代海洋监测系统的发展,使海洋环境信息量成百、成千倍地激增,在传输、接收和处理方面,广泛采用电脑等高新技术,开创了海洋信息技术的新局面,如美国和法国合作研制的 ARGOS 系统,用于传输和处理由卫星、浮标、调查船上采集到的海洋信息。

海洋再生能源开发技术目前的研究热点是海洋热能发电技术,它是利用海洋表层和深层的温度差产生的热能驱动涡轮机带动发电机的发电技术。美国经过10年研究之后,于1979年建立了一个50千瓦的小型海洋热能试验发电站,目前正在建设一个4万千瓦的这种发电站。日本继20世纪80年代初建成两个小型海洋热能电站之后,于1990年在冲永良部岛又建成世界上最大的海洋热能发电站。此外,法国、芬兰、比利时也开始着手研究这项技术。

深潜技术是海洋研究开发的共用性复合高技术,是海洋开发技术水平和开发能力的重要标志,也是世界各主要海洋国家竞争的焦点。它涉及到人工智能技术、新材料技术、电子计算机技术、自动化技术、通讯及能源技术等。目前水下作业主要以载人深潜器为主。美国、日本、法国、俄罗斯等国已相继开发成功了6 000米级载人深潜器。另外,美国、日本、法国、德国、英国、加拿大、瑞典、澳大利亚、荷兰正在开发使用无人深潜器。无人深潜器将是21世纪深潜技术开发的方向。

改革开放以来,我国的海洋科技事业得到快速发展,海洋科技面向海洋开发和经济建设,工作重点从以往的基础性调查研究,转向以应用基础和技术开发为主的研究,特别是"九五"和"十五"期间,国家将海洋高技术研究列入"863计划",加大了对海洋高新技术以及重大基础研究和攻关科研计划的支持,取得了显著成绩。

在物理海洋学方面,我国的海洋学家在大量研究中国海及邻近大洋水文和动力学特征的基础上,深入研究了潮汐预报、风暴潮预报、海浪预报和海流模式,以及海洋和大气流结合的数值模式等,都获得重大进展。如风暴潮数值预报方法研究及预报结果的统计检验和模式性能的动力检验方案与客观标准,在理论和实际应用方面都达到世界先进水平。

在海洋地质学方面,我国在河口及其三角洲的调查研究,特别是珠江、长江、黄河三大三角洲的水动力条件、沉积序列模式和第四纪地层划分,以及海陆第四纪地层对比方面都取得了重要进展,对近海大陆架含油气盆地的研究也取得较好的成果。

在海洋生物学方面,重点研究了中国海及邻近大洋的海洋动植物分类区系、海洋生态系、重要经济海洋动植物生态和生活史,基本查明了我国近海海域生物的种类、数量、分布以及主要经济生物资源的变动规律。特别是对藻类学的研究,近年来取得长足进展。在人工养殖海藻、对虾、扇贝、海洋动物多倍体细胞工程等基础理论与养殖生产结合方面,都取得了令人瞩目的成就。

在海洋声学方面,开展了海洋水声物理特性及声传播规律的实验研究和理论研究,取得了各种典型水文条件下的传播衰减、混响强度及海洋环境噪声数据,提出了一些浅海声场理论。

我国采取引进先进技术与自主开发相结合的方针,使海洋油气开发技术从无到有,目前就总体看已接近于国外20世纪90年代初的水平。在勘探技术方面,应用大型电子计算机处理地震资料的技术达到国际先进水平。特别是钻井技术,其丛井斜井的速度快、质量好,已跨入国际先进行列。

在海洋生物工程技术方面,20世纪70年代开始了海带、裙带菜的体细胞和单倍体育种,培育了"单海1号"海带新品种。20世纪80年代又进行了裙带菜、海带的体细胞组织培养,获得再生植株。海洋动物的生物技术研究如牙鲆、牡蛎、扇贝、鲍鱼和对虾的三倍体诱发,对虾雌核发育的诱导,以及对虾精荚移植的成功、激光诱导鱼卵细胞的融合等都居于国际先进水平。

近年来,我国深潜技术取得突破性进展。我国深潜技术的开发工作是从20世纪70年代初开始的,那时仅能研制拖曳式潜水器。20世纪80年代开发出系列无人潜水器和深潜救生艇。1990年又开发出观测型无人遥控潜水器和深潜救生艇。我国自行研制开发的深海潜水器已成功地用于太平洋海底矿区的调查,深潜的深度可达6000米。

应该看到,在总体上,我国海洋科技与国外先进水平相比还有差距,据有关专家估计,大体要落后10～15年,不少领域尚处于空白状态或起步阶段,许多关键技术尚未过关。由于受海洋开发技术落后的制约,我国的海洋产业,尤其是新兴海洋产业规模还很小,水平尚低,海洋资源开发利用率不高。即使是已开发的资源,效率也很低,资源浪费问题严重存在。因此,必须依靠科技进步,大力发展海洋科技特别是海洋高新技术,走"科技兴海"的道路。

二、海洋科技发展战略

21世纪是海洋的世纪,海洋将成为21世纪竞争的焦点。海洋领域内的竞争,无论是政治的、经济的还是军事的,归根到底是科技的竞争。而海洋科技竞争之焦点在于海洋高新技术。海洋技术与原子能、宇航科技一起被称为当代世界三大尖端科技领域。发展海洋技术,尤其是海洋高新技术已成为世界新技术革命的重要内容,受到许多国家的高度重视。目前,世界上有100多个国家把开发海洋定为基本国策,竞相制定海洋科技"开发规划"、"战略计划"等,把发展海洋科技摆在向海洋进军的首要位置,把海洋科技作为世界新技术革命最重要的内容来对待。

1. 世界海洋科技发展的趋势

世界各国在发展海洋科技方面呈现出以下新趋势:一是在竞争的同时,增强区域集团化,加强国际合作。全球目前主要有欧洲联盟和以美国、加拿大、墨西哥为核心的北美统一市场两个主要区域集团。在区域内,按各个国家的优势和特点,对重大海洋科技项目进行分工,投资分摊,并采取统一行动一致对外。二是到海外设立研究机构,以此获得他国技术。三是强化科技管理,政府直接出面领导海洋高新技术研究开发工作。由于海洋高科技开发成本很高,各国在选择研究开发项目时都比较慎重,有的国家如美国,组织各方面专家成立专门机构用于选择关键技术项目。四是增加研究开发经费。海洋科技成果,尤其是海洋高科技成果的多寡与优劣,与科技经费的投入有直接关系,日本、美国、法国在海洋科技研究开发上不惜投入重金,而且每年都以4%左右的速度增加。五是激烈争夺人才。20世纪90年代以来,随着高科技的迅速发展,全球面临着科技人才短缺的问题。发展中国家人才流失严重,为此,各国纷纷采取措施吸引科技人才。即使是美国、日本等发达国家,也颇感缺乏科技人才尤其是一流的高科技人才。近几年,美国政府制定了许多吸引人才的特殊政策。

2. 我国海洋科技发展战略及其目标

要保证我国海洋科技事业的快速、健康发展,首要的任务是制定好指导海洋科技事业发展的总方针、总计划——21世纪海洋科技发展战略。

我国海洋科技发展的总体目标是:不断提高对海洋资源的勘探和开发水平,提高国民经济对海洋的依存度;实现海洋科学技术与海洋经济一体化发展,形成海洋科技向现实生产力转化的竞争机制;逐步提高海洋科技在海洋经济中的贡献率,推动海洋高新技术产业快速增长;提高海洋服务和保障技术水平,实现海洋观测、监测、预报和信息传输现代化;提高海洋资源和环境保护水平,保障海洋资源的可持续利用;大力提高海军高科技水平,为海军装备的现代化提供可靠的技术保证,促进我国海洋事业的持续、快速、健康发展,具体分为三个步骤:

第一步,2015年以前,海洋生物技术、海洋药物制造技术、海水直接利用及淡化技术、海洋精细化工技术达到世界先进水平,海洋经济中的科技贡献率达到60%。

第二步,到2030年,海洋石油勘探开采技术、海洋监测和信息技术、海洋调查技术、海洋环境保护技术等达到世界先进水平,海洋经济中的科技贡献率达到70%,海洋新兴产业和高科技产业进入全面发展阶段,海洋资源开发和环境保护协调发展。

第三步,到21世纪中叶,深潜技术、海洋矿产勘探开采技术、海洋核能技术、海面及海底空间利用技术、海军高科技等达到世界先进水平,海洋经济中的科技贡献率达到80%以上,沿海经济高度发达。

3. 我国海洋科技发展战略的重点海洋技术

在新的世纪,我国海洋科技发展战略的重点海洋技术有以下七种:

(1) 海洋生物技术

海洋生物技术主要包括海洋生物优良品种的培育技术、海洋农牧化技术、海水养殖病害防治技术、海洋生物制药技术等。海洋生物优良品种培育技术包括重要养殖生物类的性状改良技术、新优品种开发技术、种质资源(基因库)保护技术。这些技术是海洋生物高新技术的高层次研究领域,是当今国际上关注和竞争的热点之一。海洋农牧化工程是集约化、自动化、生态型、大规模的海水增养殖工程。我国虽为海水养殖大国,但海洋农牧化技术水平不高,受自然因素影响大、生产规模小、方式单一、自动化程度和效率不高。针对我国国情,要开展海洋农牧化系统工程研究,开展海洋农牧化示范工程建设,提高集约化、自动化生产水平,探索最佳养殖模式,增强技术开发和技术推广能力,形成合理的养殖开发布局,建立集约型、生态型、"两高一优"海洋农牧场示范体系,推动海洋农牧化进程。在海水养殖病害防治技术方面,要重点研究重要病原体的病原及传播途径,开发重要流行性病害的诊断、监测和检疫技术、重要养殖对象的无特异性病原种苗生产技术和重大流行性病害的防治技术。在海洋生物制药技术方面,要重点发展药用海洋生物高密度、大规模细胞培养技术,攻克共生藻类和海洋动物细胞培养的难点,发展海洋生物反应和分离技术,以结构和疗效已知的药物为目标,发展抗癌、治疗心血管病、防治老年痴呆症或改善智力发育的药物原料的生产技术,发展海洋活性物质提取技术。

（2）海洋油气勘探开发技术

近期重点开发具有20世纪90年代国际先进水平的数控成像测井技术,使我国的石油测井装备的技术水平上一个新的台阶,为海洋石油勘探开发提供更丰富、更准确的地质资料。针对我国海洋中、小油田多的特点,重点开展海洋边际油气田开发的智能决策及生产控制技术、海洋钻井新技术以及海洋新型采油装置技术的研究。为了更有效地开发深海油田和边际油田,降低开发成本,要开发将多相流油气采、集、输设备放置于水下的多相流油气开采技术。针对极浅海自然环境条件恶劣、软土层厚、大部分地基承载力低、地貌复杂、受海洋动力作用影响大的特点,发展集多种高新技术于一体的滩海爬滩装置、滩海高效开发装置、滩海运载器等,开发完整的极浅海油气资源开发作业系统。

（3）海水资源开发利用技术

解决沿海地区淡水紧缺的有效途径是以海水代替淡水作为城市工业冷却用水,发展海水淡化技术,实现对淡水的开源节流,要重点解决海水循环利用中的防腐、防生物附着、防盐雾飞溅、防盐沉积技术,完成海水循环技术系统的试验。海水中含有丰富的化学资源,我国陆地资源紧缺的钾、溴、锂、铀在海水中却非常丰富,发展从海水中提取这些元素的技术,是满足国内工农业生产需要、解决资源浪费、保护海洋环境的重要途径。海水不仅具有丰富的淡水资源和化学资源,而且储有丰富的低值热能。在引进国外关键设备的基础上,要进行大容量热泵技术的应用研究,以及相应配套技术的研究,并建立相应的示范工程。

（4）海岸带环境资源可持续发展关键技术

海岸带是海洋开发活动的重点区域,也是环境脆弱的区域。中国海岸带面积约30万平方千米,对于沿海地区可持续发展具有极为重要的经济意义和战略意义。随着我国沿海地区人口的不断增加,海岸带的岸线、滩涂、浅海等各种资源必将面临多行业、高强度开发,生态环境面临巨大压力。为提高海岸带环境资源可持续发展的能力,要利用全球定位系统、地理信息系统和遥感技术开展海岸带资源和环境的监测,建立区域的海洋地理信息系统。要重点开展海岸带及邻近海域资源现状和资源再生过程与环境演变规律的研究、特定海域养殖容量和生产潜力及生物资源补充过程的研究,开发海岸带脆弱性评价技术、海洋环境质量评价与污染防治技术、溢油动态数值预测技术、大规模养殖区有害赤潮发生机制及治理技术、城市污水离岸排放扩散模式及污水海洋处置工程对海洋环境和海洋生态系统影响的评估技术、近海海洋灾害预测模型技术、湿地和红树林保护技术。

（5）深潜技术和深海采矿技术

开展深潜技术研究,研制可在6 000米水深及更深水域海底作业的遥控潜水器和自控无人水下潜艇;利用人工智能等新技术,研制在外部不提供能源和指令的情况下进行海底资源调查的自动控制深海调查船,提高深海矿产勘探水平;研制可以挖掘海底表层矿藏的采矿机及把海底矿藏从采矿机输入海上船只的输送设备,开发其安装和计测控制技术;同时研究开发海底矿产冶炼技术和废物利用技术。

（6）海洋信息技术

海洋信息技术在海洋事业发展中具有十分重要的地位,涉及各个方面,包括海况、海洋环境及灾害的监测、分析、预报,海洋通信及导航、定位,海军侦察,海洋资料及情报管理等。发展海洋信息技术,应充分利用现代通信高技术成果,发展海洋卫星遥感、卫星观测、卫星导航定位、海洋及海岸数据采集与分析、海上通信、海上定位等技术,研究海洋环境监测技术及相应的通信技术,研制可布设于沿岸、近海海域的海洋环境监测系统。

(7) 传统海洋产业更新改造技术

在重视发展海洋高新科技、发展新兴海洋产业的同时,把高新科技的成果应用于海洋捕捞、海洋交通运输、海洋盐业等传统海洋产业,开展科技创新,推广应用新的、适用的科技成果,对提高整个海洋产业的现代化,提高国有大中型企业的经济效益具有深远的意义。在这方面,要重点开发应用自动化技术、电子信息技术、计算机应用技术、先进制造技术、新型能源技术、节能降耗技术和环保技术,加快设备和工艺的更新改造,促进传统产业的升级换代。

4. 实施海洋科技发展战略的保障措施

实施海洋科技发展战略,必须采取相应的保障措施,使海洋科技发展达到预期的战略目标。这些保障措施主要有以下几个方面:

(1) 将海洋高科技纳入国家高科技计划,大力加强海洋高科技研究开发

海洋的竞争实质上是高科技的竞争。按《联合国海洋法公约》的规定,属于我国管辖的海域面积约相当于我国陆地面积的1/3,要管好、用好这片海域,必须大力发展海洋高技术,特别是海洋生物技术、海洋环境探测技术、资源调查技术、油气开采技术以及深潜技术等。1996年,经国务院科技领导小组批准,海洋技术作为第八个领域列入了国家高技术研究与开发计划("863"计划),着重开展了海洋监测技术、海洋生物技术、海洋探查与资源开发关键技术的研究,取得了一批突出的成果,大大提高了我国高技术的研究能力和水平。"十五"期间,国家继续把海洋高技术研究纳入高新技术研究计划,并大大增加了经费的投入。建立强有力的海洋高科技研究开发体系,选择有条件的院所,采取国家、部门(地方)、院所共同投入的机制,建立一批海洋科技重点实验室或基地,作好基地运行机制的设计,实现人才、资金、技术、资源的优化配置,使基地成为海洋高科技研究开发的主体。

(2) 大力实施"科教兴海"战略,加快海洋高科技产业化进程

海洋科技要服务于"兴海",要以"兴海"为目的。因此,要研究市场、分析市场、开拓市场,建立起以市场为导向的,研究、开发、经营一条龙的海洋开发体系,使海洋经济上规模、上效益、上质量、上水平,成为我国和沿海地区新的经济增长点。海洋高科技项目,一开始就要搞好市场选择,选择一批适合中国国情、有战略作用、有经济效益和市场前景的项目,在条件较好的沿海开放城市,建立和完善一批具有国际水平的海洋高科技园区和开发区,形成产、学、研、管一体化的合作机制,努力实现海洋高科技的产业化、商品化和国际化。

(3) 加强海洋科技人才的培养

海洋高科技的竞争的实质是知识和人才的竞争,是人们掌握和运用最新技术能力的竞争。从根本上说,海洋科技的发展,海洋经济的振兴以及社会的进步,都取决于劳动者素质的提高和大量合格人才的培养。加快海洋开发,必须把培养海洋科技人才作为一项极为重要的战略任务来对待。人才的培养离不开教育。在普及教育的同时,国家应重点培养急需的各类海洋科技人才。同时,要创造人才成长的新体制,改革人事管理体制,变静态管理为动态管理,建立双向选择的用人机制。同时要制定平等竞争的用人政策,以及对人才聘

任和解聘制度,吸引国内外优秀海洋科技人才,促使人才结构保持活力和不同学科相互渗透,创造一个良好的人才成长环境。

（4）深化海洋科技体制改革

目前,我国海洋科技体制与海洋大开发的形势还有很多不相适应的地方,需要加以改革完善。一是海洋科研机构分属很多不同的部门,力量分散,不少研究项目存在着低水平重复的问题,形不成研究合力,建议有关部门成立海洋科技指导委员会,赋予它较大的人事和财务权力,以加强对海洋科技工作的统筹协调。二是科技投入渠道方面尚存在不少问题,真正落实到科技研究和开发项目上的资金不多。在这方面,除了国家要不断增加对海洋科技的投入外,还要鼓励和倡导企业和社会对海洋科技的投入,形成多渠道、多层次的海洋科技投资体系。三是要切实加强对科研项目的立项、审批、研究工作进展、经费开支、成果验收等环节的督促检查,当前尤其要提倡踏踏实实、埋头苦干、勇于创新的精神,防止急躁、弄虚作假的作风。四是要建立海洋科技成果推广和科技成果转化新机制。要加强海洋科技成果推广服务体系的建设,形成以科研、技术推广机构为中心,各类基层科技组织为骨干,多层次、多形式、专业化、系列化、社会化的科技服务体系,避免成果"库存"和技术"积压",促进科技成果尽快地向生产力转化。

（5）加强对海洋科技工作的领导

大力发展海洋科学技术,尤其是海洋高科技,需要加强政府领导。各级政府要加大对海洋科技工作的支持力度,加强海洋科技规划和实施方案的制定,加强对海洋科技工作的领导,使发展海洋科技成为政府行为。各级领导要亲自抓海洋科技,把海洋科技与当地的经济发展紧密地结合起来,把海洋科技作为发展当地经济的重要战略举措来抓。海洋科技工作需要多个部门的配合、协调,需要各部门的理解、支持,这样才能得到更快、更好的发展。

三、海洋技术创新

1. 技术创新

技术创新的概念源于熊彼特的创新理论。美籍奥地利经济学家J·A·熊彼特（J. A. Schumpeter）于1912年在其所著《经济发展理论》一书中首先提出了"创新理论"。他认为,创新是企业家对生产要素的重新组合,其形式主要有引入新的产品或提供新的产品质量（产品创新）、采用新的生产方法（新技术创新）、开辟新的市场（市场创新）、获得新的供给来源（原材料创新）和实行新的组织方式（组织创新）。创新能导致经济增长,并使经济增长呈现周期性。

在熊彼特的创新理论中虽然蕴涵了技术创新含义,但未明确提出技术创新的概念,技术创新概念是由熊彼特的追随者们在20世纪80年代提出的。美国学者曼斯菲尔德（Mansfield）认为,当一项发明被首次应用时才称为技术创新。斯通曼（Stoneman）认为,技术创新是首次将科学发明输入生产系统,并通过研究开发努力,形成商业交易的过程;我国学者傅家骥认为,技术创新是企业家抓住市场潜在的盈利机会,重新组合生产条件、要素和组织,从而建立效能更强、效率更高和生产费用更低的生产经营系统的活动过程。

　　我们知道,研究与开发 (R&D)活动的结果是新产品、新工艺、新生产经营管理等的新发明,新发明仅是技术创新过程的开始。这些新发明能否转化为现实生产力,还要同时经受两方面的检验:一是新发明的技术可行性检验;二是市场需求的检验。只有这些新发明同时通过这两方面的检验时,才会被引入生产经营系统,并经企业家重新组合生产要素,才能转化为现实生产力。至此,技术创新过程并未结束,基于创新的扩散本质属性,只有技术创新再通过市场扩散和商业化,并逐步建立起一个新产业时,才是技术创新过程的结束。

　　基于以上讨论,我们认为,技术创新是基于市场需求,或由基础研究、应用研究开始,或综合已有的科学技术,通过整合研究,探索满足市场需求的新产品、新工艺、新技术、新管理方法,并引入生产经营系统,实现生产力转化,再通过市场扩散,实现商业化、产业化的一系列创新过程。

2. 海洋技术创新及其特点

　　开发海洋,发展海洋经济,必须提高我国海洋技术的创新能力,惟此,才能提高我国海洋产业的市场竞争力。海洋技术创新活动包含了研究、开发、生产、经营等多方面的内容,它具有市场性、创新性、系统性、综合性,因此,海洋技术创新对于我国海洋科技工作提出了更高的要求,它要求海洋科技工作要更好地与经济结合、与市场结合。海洋技术创新具有以下特点:

　　(1) 高投入。海洋技术创新需要较高的人力投入、物力投入和时间投入。技术创新从投入到产出需要较长的周期,投入多,耗费大,见效时间长。

　　(2) 高风险。海洋技术创新是高风险活动,因为技术创新受到许多不确定因素影响,既有来自技术本身的不确定性,也有来自市场、社会和海洋环境的不确定性和易变性,往往难以使技术创新的投入得到相应的回报,能否获得成功,产生效益,难以把握。

　　(3) 高收益。海洋技术创新是高收益的活动,与高风险并存。据有关资料显示,技术创新有20%左右的成功率就可收回技术创新的全部投入并取得相应的利润。因此,许多企业以技术创新高收益性为准则进行技术创新,求得大发展。

　　(4) 超前性。海洋技术创新是一种超前行为,不具有超前性的技术创新是原有技术的低级繁衍,难以生产出满足变动中的市场需求的商品,难以提高企业的竞争能力。只有具有超前性的技术创新,才能使创新者占领竞争的制高点,并能在竞争中取胜。

3. 海洋技术创新的阶段

　　海洋技术创新是一个完整的行为过程,在整个过程中包含着几个阶段。根据技术创新的一般理论,我们可以将海洋技术创新过程分为四个阶段:第一个阶段是感性阶段,即提出技术创新的思想;第二个阶段是概念化阶段,在这一阶段,在对创新思想进行可行性论证的基础上,确定创新的技术、商业和组织,并形成创新思想的依据和实现方法的报告;第三个阶段是开发阶段,即由报告转为试验阶段,为是否进行投资或大规模组织新产品生产做出决策;第四个阶段是作业阶段,将创新与企业日常活动衔接起来。

　　在技术创新的感性阶段,首先必须有一个创新的思想和推动这一思想向前发展的环境。这些环境因素包括：创新者必须有足够的时间和足够的信息资料；创新者要有危机意识，居安思危，时刻感到生存受到威胁；创新者对企业情况和发展前景有新认识，有做出成绩的强烈愿望。在上述创新环境下，产生新的思想。

概念化阶段，就是创新思想的形成阶段。在这一阶段，项目领导者要使创新思想更有说服力，这时要利用组织能力使自己的下属支持这一创新项目。具体工作包括：要对创新项目进行全面评估，主要对资源的技术（设备、技术、诀窍）、商业（用户特征、期望、销售渠道、潜在市场）、组织（受创新影响的企业内部决策程序和结构）三个方面进行评估；企业经营者要制订一个评估准则，以使创新者正确地分析自己的项目。

开发阶段，即创新的实物性实现阶段或者是创新的物化阶段。在这一阶段，要抓好的工作有：建立一种组织，并通过组织使人力资源、资金及其他要素富有成效地组合起来，而这个组织是一种完成特定目标所需要的暂时结构，其内部结构和程序相当明确，人人皆知，并且具有自主性，进行自我控制；企业经营者要完成决定目标、配置资源、支持和控制的任务，使企业其他部门支持创新项目，排除对创新项目的干扰；对技术、商业和组织领域给予注意，特别要注意市场需求的变化，新技术的产生，以便改进项目。

作业阶段，也是最后阶段。在这一阶段，技术创新已不再是一个特定项目，它已成为企业现有活动的一部分，因此要使技术创新与企业日常活动相融合。为此，要做好以下工作：建立新的生产结构体系，或者通过建新厂，或者是对原生产结构进行调整，加强技术方面的投资，获得制造生产手段；加强销售方面的投资，加强组织方面的投资，实行新的管理、监督和决策程序；有效地培育市场，包括广告、推销战略、培育用户等。

许多企业技术创新的实践表明，明确技术创新阶段的划分，了解技术创新的完整过程，对于提高技术创新能力，达到技术创新目标是十分必要的。

4. 海洋技术创新的类型

海洋技术创新，可以划分为以下几种类型：

（1）原创性创新。原创性创新又称独创性创新。它是在基础研究成果的基础上进行的新技术原理创新活动。由于是开创新的技术原理，是技术的突破性进展，如能成功，将带来巨大的技术经济效益。进行独创性创新需要较强的基础理论研究能力、雄厚的技术创新力量和资金。

（2）局部性创新。局部性创新是在不改变原有技术原理的条件下进行的技术革新和改良，其目的是提高和完善己有技术原理的有效性和可靠性。一项技术的局部性创新，其技术性能因受其技术原理的限制，总会达到饱和并逐步衰退，因此，局部性创新应作好前景预测。

（3）综合性创新。综合性创新是将多种技术进行有机的匹配和组合，形成具有新功能的技术系统。"综合就是创新"，谁能把过去到现在已有的科学技术原理综合起来，谁的综合能力强，谁就能出奇制胜。技术合理组合的次数越多，突破和发明就越多。

（4）移植性创新。它是把一个领域成熟的技术移植到另一个领域，并使被移植的技术在新的领域中结合新的条件和目的进行局部性创新。与移植性创新相联系的是技术引进。要想移植成功，必须做好消化、吸收及再创新工作。

第二节　海洋科技产业化管理

一、海洋科技产业化

　　海洋科技产业化,是企业家抓住市场的潜在盈利机会,以获取商业利益为目标,组织生产条件和生产要素,建立起效能强、效率高、费用低的生产经营系统,从而推出新产品、新的生产工艺方法或者开辟新市场。它是包含科技、组织、商业和金融等一系列活动的综合过程。

　　海洋科技产业化始于研究开发,而终于市场实现。每一个具体的高新技术产业化过程,最初通常表现为一种技术创新的发展过程,始点是研究开发,经过产品的导入、中试、发展和成熟等若干阶段,体现为最终产品结构或产品性能的改善或成本的降低,等等。

　　海洋科技产业化是经济行为而不是单纯的科技行为,科技行为是先导,经济行为是目的。海洋科技产业化的过程,是把发明或其他科技成果引入生产体系,利用那些科技成果制造出市场所需要的商品,从而使生产系统产生质的跃升。在市场经济中,科学技术只有最终转化为满足市场需要的产品,亦即推进其产业化进程,才能真正创造价值。因此,海洋科技产业化必须与经济效益的提高相联系,才能有良好的发展前景;在海洋科技产业化的过程中,发挥主导作用的是企业家,而不是发明家和革新者。企业家应用高新技术制造出新产品或引入新工艺,可以获得比现有市场上已有的产品更高的利润;另一方面,获得潜在的超常规的利润是企业家推动海洋科技产业化的根本动力。

二、海洋科技产业化过程

　　按照高新技术产业化的特点,我们可以将海洋科技产业化过程从以下几种角度划分为不同的阶段。

1. 按照高新技术发展的阶段划分

　　一项高新技术的产业化,通常划分为四个阶段:技术酝酿与发明阶段、技术创新阶段、技术扩散阶段和工业化大生产阶段。在高新技术产业化的各个阶段的每一个环节,都必须顺利通过,才能保证价值实现过程的完成。每一阶段所需的时间长短可以有很大不同,而且不排除某些技术发展过程可以自动地跨越某些阶段。

2. 按照高新技术产业化的资金投入阶段划分

　　对应高新技术产业化发展过程的各个阶段,都需要有追加资金投入,体现为不同数量不同形式的资金追加投入,没有这种追加投入,创新过程就会中断。每一阶段的完成和向后一阶段的过渡,都需要资金的配合,而每个阶段所需资金的性质和规模都是不同的。从投资者的角度,一般可以把高新技术产业化过程中的资金投入期划分为:(1) 种子期(研究开发产生初步成果);(2) 创建期(产品导入前后);(3) 成长期(中试完成前后);(4) 扩张期(形成经济规模前后,可能上市);(5) 成熟期(产业化完成阶段,可能上市)。

3. 按照高新技术企业的发展阶段划分

对应高新技术产业化的不同发展阶段,由于规模以及其他差异,所需的资金数量不同;由于风险形态不同和距离预期上市时间上的差异,所需的资金形态也不同。因而可以将进行高新技术产业化的创新企业的发展过程划分为如下四个阶段:

(1) 创建阶段。创建阶段一般在一年左右。在这一阶段,高新技术的技术发展还处于不成熟的初期,技术产品的市场前景还很不明朗,同时高新技术产业化的载体——初创企业本身也很不成熟,因而处于此阶段的高新技术产品的产业化前景非常不明朗,初创企业具有很高的发展风险,失败率非常高。

(2) 成长阶段。这一阶段,产品或服务进入开发阶段,并有数量有限的顾客试用,费用在增加,但仍没有销售收入。至该阶段末期,企业完成产品定型,着手实施其市场开拓计划。在此阶段,高新技术本身的技术风险已经大大降低,同时,新创企业的工作重点,逐渐转向市场的开拓和建立规范的企业管理体系,以保证企业的顺利发展,但仍然具有很高的风险。

(3) 产品销售阶段。在这一阶段,企业开始出售产品和服务,但支出仍大于收入。同时,企业的生产、销售、服务已具备成功的把握,此时高新技术产业化的重点,已经转为加强对企业的经营管理,希望组建自己的销售队伍,扩大生产线,增强其研究发展的后劲,进一步开拓市场,拓展其生产或服务能力。上述特点,已使企业发展风险大大降低。

(4) 获利阶段。在这一阶段,企业的销售收入高于支出,产生净收入。对于企业来讲,此时筹集资金的最佳方法之一是通过发行股票上市。成功上市得到的资金,一方面可为公司发展增添后劲,拓宽运作的范围和规模;另一方面,也为高新技术产业化的早期投资者的退出创造了条件。处于此阶段的高新技术企业的发展风险,比产品销售阶段又有了一定程度的降低,进入此阶段的企业失败率一般低于10%。

三、海洋科技产业化管理

1. 海洋科技产业化风险投资管理

海洋科技产业化具有很大的风险因素,为了克服产业化过程中固有的技术风险、管理风险、资金风险和市场风险,需要建立综合的高新技术产业化的社会保障体系,这种保障体系应该是涉及科技、法律、金融、教育、人文等社会各个方面的综合体系。而风险投资体系的建立,则是其中最关键的一环。

在海洋科技产业化过程中,客观存在着大量的资金需求,同时高科技企业在启动阶段既无厂房、仪器可作抵押,又无贷款资信可供查询,很难获得银行借款。因此,高科技企业启动阶段的资金短缺状况,成为海洋高新技术产业化过程中的普遍现象。在这种情况下,风险投资应运而生。

所谓风险投资,是把资金投向潜伏着失败危险的高新技术及其产品的研究开发领域,旨在促使高新技术成果尽快商品化,以取得高资本收益的一种投资行为。

一般情况下,风险投资以股权、准股权或有附带条件的债权等金融工具,投资于高新技术项目或未来前景具有高度不确定的项目,并通常以较高程度介入投资项目的经营管理,期望所投资项目具有高速成长特性,并最终通过出售所持有股权来实现较高的中长期高收益。

风险投资具有这样一些基本特征:投资对象是高科技含量、高风险(即项目未来具有高度不确定性)、高期望回报和较长持有期限(即项目投资具有较低的变现性和流动性)的项目,以及投资者较高程度地介入项目经营管理。由于风险投资一般投资于企业发展不成熟的前期,因而在其发展过程中必然具有较低的投资流动性和较高投资风险,同时,高速成长企业一般在资本市场上表现为较高的资本利得和较低现金红利分配。所以,风险投资项目的期望回报主要通过资本利得来实现。

在海洋科技产业化过程中特别需要风险投资者,风险投资者在海洋技术产业化的过程中主要有以下几方面的作用:① 风险投资者投入高新技术企业所需的初期资金;② 风险投资者用他们长期积累的经验、知识和信息网络,帮助企业管理人员更好地经营企业;③ 风险投资者协助策划、包装企业上市融资。

风险投资的特点使其在海洋经济体系中占有独特的地位。它通过加速海洋科技成果向生产力的转化,推动着高科技企业从小到大、从弱到强的长足发展,进而带动整个海洋经济的蓬勃发展和兴旺发达。风险投资这种重要作用,已为越来越多的人所认识。

在一般情况下,风险投资者所从事的工作包括:筹资、管理资金、寻找最佳投资对象、谈判并投资、对投资进行管理、实现其投资目标。在海洋科技成果到现实生产力的转化中,针对某个投资项目,风险投资者的投资运作和管理程序一般包括以下步骤:

(1)初审。风险投资者在拿到项目计划后,往往只用很短的时间走马观花地浏览一遍,以决定在这件事情上花时间是否值得。项目计划要吸引风险投资者,必须经过充分的可行性论证,并提出切实可行的投资回报率预测。

(2)风险投资者的磋商。在大的风险投资机构,相关的人员会针对项目计划聚在一起,对通过初审的项目建议书进行讨论,决定是否需要进行面谈,或者回绝。

(3)面谈。如果风险投资者对企业家提出的项目感兴趣,便与企业家接触,直接了解其背景、管理队伍和企业,这是整个过程中最重要的一次会面。如果进行得不好,交易便告失败。如果面谈成功,风险投资者会希望进一步了解更多的有关企业和市场的情况,或许还会动员可能对这一项目感兴趣的其他风险投资者参与投资。

(4)责任审查。如果初次面谈较为成功,接下来便是风险投资者开始对企业的经营情况进行考察,以及尽可能多地对项目进行了解。通过审查程序,对意向企业的技术、市场潜力和规模以及管理队伍进行仔细的评估。这一程序包括与潜在的客户接触,向技术专家咨询并与管理队伍举行几轮会谈;还包括参观公司、与关键人员面谈、对仪器设备和供销渠道进行估价;还可能包括与企业债权人、客户、相关人员以及雇主进行交谈,这些人会帮助风险投资者做出关于投资风险的结论。

(5)条款清单。审查阶段完成之后,如果风险投资者认为所申请的项目前景看好,那么便可开始进行投资形式和估价的谈判。通常企业家会得到一个条款清单,概括出涉及的内容。这个过程可能要持续一些时间,因为,企业家可能并不了解谈判的内容,他将付出多少,风险投资者希望获得多少股份,还有谁可能参与项目等。对于企业家而言,应该花时间研究这些内容,尽可能将条款减少。

(6) 签订合同。风险投资者力图使其投资回报与其所承担的风险相适应。根据切实可行的计划,风险投资者对未来3～5年的投资价值进行分析,首先计算其现金流或收入预测,而后根据对技术、管理层、技能、经验、经营计划、知识产权及工作进展的评估,决定风险大小,选取适当的贴现率,计算出其所认为的风险企业的净现值。基于各自对企业价值的评估,投资双方通过谈判,达成最终成交价值。通过讨价还价后,进入签订协议的阶段。签订代表企业家和风险投资者双方愿望和义务的协议。一旦最后协议签订完成,企业家便可以得到资金,以继续其经营计划中拟定的目标。

(7) 投资生效后的监管。投资生效后,风险投资者便拥有了风险企业的股份,并在其董事会中占有席位。多数风险投资者在董事会中扮演着咨询者的角色。他们通常同时介入好几个企业,所以一般没有时间扮演其他角色。作为咨询者,他们主要就改善经营状况以获取更多利润提出建议,帮助物色新的管理人员(经理),定期与企业家接触以跟踪了解经营的进展情况,定期审查会计师事务所提交的财务分析报告。由于风险投资者对其所投资的业务领域了如指掌,因此其建议会很有参考价值。

(8) 其他投资事宜。有些风险投资机构,有时也辅以可转换优先股的形式入股,有权在适当时期将其在公司的所有权扩大,且在公司清算时,有优先清算的权力。为了减少风险,风险投资者们经常联手投资某一项目,这样每个风险投资者在同一企业的股权额在20％～30％之间,一方面减少了风险,另一方面也为风险企业带来了更多的管理和咨询资源,而且为风险企业提供多个评估结果,以降低评估误差。

推进海洋科技产业化,亟待建立规范运作的海洋科技产业化的风险投资体系,这一风险投资体系能确保资金投向最有发展前景,即最可能提供高额回报的风险项目。这种风险投资体系应该充分利用市场机制,促使海洋高新技术产业化所需的资金、人才、管理、技术、设备等各方面的资源均能够得到有效的保证。

2. 海洋科技产业化战略管理

随着现代海洋科技的不断发展,海洋科技产业的规模在不断扩大,涉及许多行业、许多产业领域,在国民经济中的地位不断提高,对国家综合经济实力和国际竞争力的影响也在增加,因而提高海洋科技产业化的管理水平,具有十分重要的战略意义。

从宏观管理的角度去观察,海洋科技产业是从无到有的新兴产业,是从小到大的成长性产业,是开拓新市场的创新性产业,又是具有高风险的产业。为了实现海洋经济发展目标,政府在发展海洋科技产业中必须持积极的态度。政府要制定海洋科技产业发展战略;要创造海洋科技产业的发展环境,制定和实施支持性、保护性政策;要在利用海洋资源、海洋产业布局、优化海洋产业结构等方面进行引导;要在海洋投资风险防范、海洋产业安全运行等方面进行必要的干预。

从微观管理的角度去观察,海洋科技产业管理有其自身的特性。一是创新性。在海洋科技企业管理中,必须形成一条获取知识、利用知识、推广知识的链条,形成科技成果转化为产品,占领新市场的链或者网,即“科技创新链”。二是价值实现的特殊形式。在海洋科技企业的生产要素中,最重要的要素是知识,这种知识包括科学知识、技术知识、管理知识、商品知识等。知识是存在价值的,其价值的实现反映在企业利润、效益中,海洋科技产业管理必须形成以知识为基础、以价值创造和价值实现为主要内容的服务业务,简称为"价值链"。三是海洋科技企业资源上的特殊性。高新技术企业的资源最重要的是智力资源和知识资源。智力资源即具有获得、利用、推广知识的劳动者。海洋科技企业的管理,要充分利用智力资源和知识资源,充分发挥科技人员的积极性,设计新的组织形式,建立知识产权管理与保护制度。另外,海洋科技企业在资金管理、市场营销、技术贸易、信息网络等方面都有其特殊的要求。

为了提高海洋科技产业化的成效,参照国外海洋高技术产业化的经验,从我国国情出发,需要围绕影响海洋科技转化的因素和环境,有针对性地采取以下措施:

(1) 优化科技结构。所谓科技结构,是指科技资源在不同系统、领域和环节上的配置及其比例关系。我们要本着"稳住一头,放开一片"的总方针,通过政策引导、市场牵引、典型示范、舆论推动、行政干预,实行先放后导,多渠分流,在转化链各环节上合理配置资源。在稳定重点科研院所,抓好重大基础研究课题的同时,着重加强下游薄弱和"瓶颈"环节,加强实验中心和中试基地建设,培育多层次的海洋技术推广体系,建立健全国家级和省级实验中心。有条件的企业也可以建立自己的技术中心和生产力促进中心。在发挥专门科研机构优势的同时,要着重发展企业和行业研究开发机构。大力发展民办科技组织和科技实体,并要上规模、上水平、上效益,向大型科技产业集团发展,并纳入科技主管部门,归口统一管理。

(2) 强化资金投入。没有一定的资金投入,海洋高新技术产业化就是纸上谈兵。由于高技术产业是高收益也是高投入、高风险的产业,容易使人在投资问题上望而却步。作为发展中国家,资金短缺是一个普遍性的问题。在海洋科技产业发展问题上,应主要优化资金投向结构,解决资金配置不合理,在中试和推广环节上资金偏低的问题。强化资金投入,一是资金要向科技倾斜;二是在科技体系内部向经济转化倾斜。要广辟资金来源,建立健全社会多元化、多层次的科技投入体系,既有政府财政,又有金融贷款;既有社会筹集,又有自我积累;既有资金直接投入,又有政策间接投入;既有中央投入,又有地方投入;既有国内资金,也有国外资金。

(3) 理顺管理体制。适应社会主义市场经济的要求,推动科技进步和海洋产业发展,根本出路在于深化科技体制改革和经济体制改革,建立起有利于科技成果转化的运行机制。要在改进行政管理的同时,抓住"课题市场化"、"技术商品化"的势头,着力发育技术市场、人才市场、保护知识产权。"看得见的手"、"看不见的手"并用,解决科研机构重复设置、力量分散、科技与经济两张皮的问题,促进科技对经济的介入和经济对科技的吸纳。本着整体推进、分步实施、逐步到位的原则,可先在海洋高新技术园区进行试点,取得经验再逐步推广。要推行技术合同制、承包经营责任制、招标制、股份制和人员聘任制,扩大科技单位自主权。开发型科研机构,实行企业化管理,要使科技单位成为技术成果商品化的主体,使企业成为技术成果产业化的主体。

(4) 扩大国际合作。海洋资源是沿海各国的共同财富,许多大尺度的海洋开发保护问题,靠一个国家的科技力量是无法解决的,需要开展国际科技合作。高新技术产业的国际化,是高技术推广的高级形态,要把高技术的合作研究、合资开发和技贸合作作为重点突出出来。例如,山东毗邻日、朝、韩等海洋国家,可以利用海洋科技优势和资源以及区位优势,开展国际合作,大力发展海洋高新产业。此外,必须在观念上自觉地把科技兴海与发展外向型经济两大战略结合起来,把利用外资、国外技术开发海洋作为指导思想,并进行整体规划。要加大对外宣传力度,有计划地组织大型招商活动,推出海洋开发重大项目。要培植高技术含量出口产品、出口企业,扩大技术出口,发展技术劳务输出,在国际合作中要尽可能吸收国外的先进技术和管理经验。

(5) 健全服务体系。海洋高新技术发展及成果转化是一项社会系统工程,需要一套健全的社会服务体系来支撑。这一服务体系包括教育、培训、信息情报、技术市场、政策、法律、鉴定、评估、仲裁机构等。这些社会服务部门可以是公益性的,也可以是商业性的。科技成果产业化过程中遇到困难,都可以从社会性服务机构得到帮助。随着社会主义市场经济的发展,社会服务体系需要不断完善、更新,评估、鉴定、仲裁等机构需要加快发展。

参考文献

1. 王诗成. 建设海上中国纵横谈. 济南:山东友谊出版社,1995
2. 王诗成. 海洋强国论. 北京:海洋出版社,2000
3. 张金锁主编. 技术经济学原理与方法. 北京:机械工业出版社,2001
4. 蔡齐祥,邓树增主编. 高新技术产业管理. 广州:华南理工大学出版社,2000
5. 傅家骥主编. 技术创新学. 北京:清华大学出版社,1998
6. 徐质斌,孙吉亭主编. 山东海洋产业结构与布局优化研究. 北京:海洋出版社,1998

第八章 海洋经济管理

第一节 海洋产业发展现状与发展战略

一、海洋产业发展现状

海洋产业是指开发和利用海洋资源形成的产业,主要有海洋渔业、海洋交通运输业、海盐和盐化工业、海洋油气业、滨海旅游业、滨海砂矿开采业、船舶修造业、海洋服务业等。与陆地相比,海洋是人类新的开发领域,在海洋开发领域内,新兴产业不断涌现、蓬勃发展,海洋产业产值增长迅速。

由传统的海洋经济活动到现代大规模的综合性海洋开发活动的转变,导致了一系列崭新的海洋产业的崛起,使现代海洋经济形成了一个内容丰富、结构不断完善的经济体系。现代海洋经济的产业结构主要包括如下一些主要产业领域:

(1) 海洋渔业。海洋渔业主要包括海洋捕捞、海水增养殖等产业。近二三十年以来,由于近海捕捞生产长期处于效益低下的状态,一些渔业发达国家纷纷把目标转向了外海、远洋,使世界外海和远洋渔业有了长足发展。同时,为了维持和恢复海洋自然生产力,一些濒海国家积极发展海水鱼、虾、贝、藻类增养殖,很快形成了较大规模,海洋渔业开始由"狩猎型"向"农牧化"转变。近些年来,世界海水养殖业发展较快,中国、日本是世界海水养殖产量最大的国家。中国海水养殖产量约占世界海水养殖总产量的50%。发展海水增养殖,实现海洋农牧化,是海洋渔业发展的方向和重点。随着分子生物学和基因工程等高新技术的发展和应用,海水养殖在不久的将来会出现一个巨大的飞跃。

(2) 海洋石油天然气开采业。据估算,世界海洋石油地质总储量可达1 050亿吨,近海天然气储量为30.1万亿立方米,全世界已有6 500多座产油平台,钻井水深达到200米。进入20世纪90年代,世界上一部分产油平台的水深达到200~350米,并逐步向超过1 000米的深海发展。目前,海洋石油年产量约占世界石油总产量的35%。海上石油勘探正由大陆架向大陆坡、大陆隆发展。据预测,今后全世界发现的石油资源中,海洋石油将占2/3,而海洋石油资源中将有50%来自超过200米水深的陆坡区。海洋油气开发将是一种占主导性的海洋产业。

(3) 海洋固体矿产开采业。海洋固体矿产资源的商业性开发取得了重要进展。世界上已开发的滨海砂矿主要有锡砂、金红石、锆石、独居石、钛铁矿和砂金等。目前,大洋多金属结核处于试采阶段。日本、法国、德国在深海采矿研究上居于领先地位。预计大洋多金属结核在21世纪将成为世界稳定的金属供给源,届时其开采设施的水下部分将采用水下机器人、碎石机和液压采掘机等装置来完成。

(4) 海洋制药业。近些年来,海洋制药业不断取得了技术上的突破,并迅速形成产业规模,新产品不断涌现,成为现代海洋经济发展的一个新的增长点。种类繁多、结构新颖且生理活性独特的海洋天然产物是人们期望解决许多疑难病症的药源。由于生化分离技术和波谱鉴定技术的长足进步,分离和鉴定一个化合物进而确定其分子结构相对说来并不困难,因此,海洋生理活性物质的研究能够为人们提供大量药用化合物的分子模型,启发人们在此基础上进行合成或对现存分子进行化学修饰,达到我们需要的目的;同时,利用现代生物技术手段——基因工程、细胞工程等培养新的药源生物,也能解决获得大量海洋天然产物的药源问题。海洋制药业是以生化分离技术、波谱分析技术、化学合成和半合成技术、化学工程等为基础的高新技术产业。

(5) 海水资源利用。海水资源利用主要包括从海水中提取盐、溴、镁和海水淡化以及海水直接利用等。目前,世界海盐年产量5 000多万吨,占世界盐类总产量的1/3。世界上99％以上的溴资源都蕴藏在海洋里,目前年海水提溴约10万吨。世界海水提镁的年产能力达270万吨,约占世界镁总产量的1/3强。在海水淡化中,蒸馏法、电渗析法、反渗透法等都已经达到工业生产规模。沿海国家都十分重视海水的直接开发利用,目前主要是用海水作工业冷却水,开发较多的国家有日本、美国、英国、意大利等,有的已经用海水解决了工业用水量的40％～50％。

(6) 海洋能源利用。海洋能源利用一般是指利用海水中的波浪能、潮汐能、潮流能、温差能和盐差能来发电。据测算,世界海洋能源的理论蕴藏量为1 500多亿千瓦,可开发利用的有73.8亿千瓦。目前,世界上潮汐能发电技术已较成熟,并逐步向大型化发展。其他海洋能利用尚处于开发试验阶段。

(7) 海洋空间利用。海洋空间可以用作海洋交通运输,进行生产、生活、娱乐、储藏、通信和电力输送等。目前,整个世界的港口吞吐能力和海上运输能力不断提高,在新型海洋运输线路开发中,将建造一批海底隧道、海上桥梁、海上机场。全世界已建造了许多人工岛和上千个海洋娱乐和旅游中心,其中有200多个海洋公园;铺设了几十条海底光缆。随着人们生活水平的提高和业余时间的增多,海上娱乐空间的利用将加快发展,目前已设计了一种用透明材料作车厢的海底公共汽车,能在水下30米深处运行。

20世纪90年代初,世界海洋经济产值已达7 000亿美元。有关专家预言,海洋将成为21世纪大规模开发和国际竞争的重点领域,海洋经济产值到21世纪初可达3万亿美元,在世界经济总产值中的比重将超过10％,21世纪的人类社会将进入海洋时代。

我国是一个海洋大国,海域辽阔。在我国辽阔的海域中蕴藏着极为丰富的海洋资源。尽管我国对海洋资源的开发利用有着悠久的历史,但一直未能获得突破性进展。建国以来,我国组织了大规模的近海综合调查,制定了海洋科技发展规划,海洋开发能力不断提高,但总的说来,我国海洋产业的发展还较为落后。钱学森等著名科学家曾指出,我们必须像当年发展核工业、航天工业那样去重视和发展海洋事业。近些年来,我国的海洋经济得到了较快发展,开发海洋、发展海洋经济的意识和观念空前增强。沿海各省(市、区)纷纷制定了适合本地区情况的海洋开发战略,提出了建设“海上山东”、“海上辽宁”、“海洋大省”、“海洋强省”等发展战略目标,同时加大了海洋经济发展的力度。

还应指出,我国海洋产业的结构和布局也不够合理。海洋第一产业(海洋渔业、海水增养殖业、海水种植业等)、海洋第二产业(海洋水产品加工业、海洋机械制造业、海盐及盐化工业、海洋油气业、船舶修造业、海洋矿产业、海水直接利用和海洋能工业等)、海洋第三产业(海洋运输业、滨海旅游业、海洋商业、海洋服务业等)的比例为5:1:4。海洋第二、三产业亟需加快发展,扩大规模;海洋第一产业也存在技术装备落后,产业内部结构不合理的问题。从总体上看,我国海洋产业尚存在规模不大、新兴二、三产业起步晚、高科技含量不高、发展缓慢、清洁生产水平低、污染严重等问题。

加快发展海洋经济,对于我国经济建设,具有重要的战略意义。第一,发展海洋经济有助于维护国家海洋权益。历史表明,一个濒海国家如果只限于在陆地发展,而忽视发挥海洋的优势,就必然走向衰弱;反之,注重开发利用海洋资源,实现陆地与海洋的一体化发展,才能繁荣和壮大国家经济。海洋经济发展起来,才能更好地维护国家的海洋权益。第二,发展海洋经济,有助于增强国力。从历史上看,由于造船和航海业的发达,使一些西方国家成为世界上最强大的殖民国家。我国海洋资源丰富,但开发利用程度还低于发达国家,如果国家能够充分重视海洋开发,大力发展海洋高新技术,必将大大增强我国的经济实力。第三,发展海洋经济有利于我国产业结构的优化和调整,对于经济合理布局和产业结构的调整具有重要作用。一方面,海洋开发要求海洋高科技要先行,而海洋高新技术的进步,不仅为海洋产业,同时也为其他相关产业提供了科技准备;另一方面,海洋产业的发展需要一些相关产业的支持,同时海洋产业的发展也会带动其他相关产业的发展,从而实现整个经济结构的调整和优化。第四,发展海洋经济,有助于增进国际合作,扩大对外开放。海洋环境和海洋资源的特点,决定了在海洋科研和开发上,需要国际间的密切合作。加快发展海洋经济,能够促进和加强这种国际合作,这对于引进外资、外国先进技术、加强人才培训等都具有重要意义。改革开放以来,我国的国际海洋经济技术交流与合作日益活跃,在海洋开发方面,通过引进外资和技术,也加快了我国的海洋开发进程。第五,发展海洋经济,有助于提高我国国民的身体素质和健康水平。充分而全面地开发利用海洋资源,从海洋中获取不断丰富的海产品,对于调整和改善我国人民的食物结构、提高国民的身体素质具有重要意义。海产品具有高蛋白低脂肪的特点,并且具有多种药用价值。海产品中含有DHA等物质,有助于提高人的智力水平和健康水平。随着海洋产业结构的丰富和海产品的不断开发,我国人民的生活质量与水平必将有一个大的飞跃。

二、海洋产业发展战略

我国海洋产业发展的战略目标是:根据我国国情和海洋开发的特点,从现在起到21世纪中叶,海洋产业产值的年增长速度比我国国内生产总值的增长速度高出5~10个百分点。到2010年,海洋产业产值的年均增长速度保持在18%~20%,海洋第一、二、三产业的比例由目前的5:1:4调整为3:3:4,海洋产业产值占国内生产总值的比例达到10%,海洋开发总体实力达到发达国家2010年的水平。到2020年,海洋产业产值的年均增长速度保持在16%~20%,海洋产业产值占国内生产总值的比例约达到15%,海洋开发的总体实力与发达国家的距离进一步缩小,海洋第一、二、三产业的比例调整为2:3:5。到21世纪中叶,海洋产业产值的年均增长速度保持在13%以上,海洋产业产值占国内生产总值的比例约达到20%,海洋开发总体实力达到世界海洋强国之列。具体分三个阶段进行。

第一阶段,2001~2010 年为起步阶段。这个阶段的发展战略目标是使海洋经济增加值占国内生产总值的10%左右;建立起以市场为导向、以效益为中心、结构合理、协调发展的海洋经济产业化体系,海洋综合管理得到进一步强化,海洋综合管理体制形成,多职能、现代化的海洋执法队伍初具规模。

第二个阶段,2016~2020 年为全面发展阶段。新兴的海洋高新技术产业形成,一个各具特色的临海经济产业群、高新技术产业带和海陆一体化城镇体系基本形成。这个阶段的海洋经济增加值占国内生产总值的15%左右,海洋产业成为国民经济的支柱产业。海洋外向型经济、海洋综合管理、海洋环境管理达到沿海发达国家水平。

第三个阶段,2021~2045 年为海洋事业全面腾飞阶段。这个阶段海洋经济增加值占国内生产总值的20%左右,新兴海洋高新技术产业进入全面开发阶段,海洋研究、海洋开发、海洋保护、海洋管理、海洋环境、海洋产业综合实力居世界前列,海洋国防实现现代化,中国由一个海洋大国步入世界海洋强国之列。

为实现上述海洋产业发展的战略目标,国家应采取相关措施,大力发展海洋高新技术,组织实施五大开发工程:

(1) 实施海洋生物资源开发工程。实施海洋生物资源开发工程,是弥补我国人均耕地资源不足、提高人们生活质量的重要措施。目前世界水产品产量有1 亿多吨,其中,我国水产品产量达4 000 万吨,居世界第一位。我国海洋国土辽阔,发展包括海洋捕捞业、海水增养殖业、耐盐作物种植业等在内的海洋农业潜力巨大。到21 世纪30 年代,可把全国20 米以内的约2 亿亩浅海大部分开发利用起来,建成人工海洋牧场;把3 200 万亩滩涂的大部分建成鱼、虾、贝类养殖基地;把渤海建成我国海上最大的"菜篮子"基地;把黄海、东海、南海三大渔场建成定额捕捞的生产基地;在四大洋建立国际渔业合作基地;争取到21 世纪中叶全国海洋水产品产量达到亿吨以上(品种结构亦趋向优化)。

(2) 实施海洋油气基地建设工程。能源是国民经济的血液,是21 世纪的重要战略资源。据国内外9 家科研单位预测,到2010~2020 年,国内年石油供需缺口为0.8 亿~1.3 亿吨,天然气500 亿~800 亿立方米,能源正成为制约我国国民经济发展的瓶颈。鉴于目前我国在海洋油气勘探开发方面已具备寻找复杂地质条件下大中型构造油气田的能力,自营开发海上油气田的能力,初步形成承包海上作业的国际竞争能力,初步具备开拓海外石油资源的能力,因此国家在油气开发指导思想上,要坚持"保陆拓海、保近海拓远海"的原则,放慢陆域油气开发速度,加快我国大陆架、专属经济区内海洋油气的开发,实施我国能源工业的外向型开发战略。

(3) 实施港口和海运开发工程。建国以来,特别是改革开放以来,我国的港口建设和海运事业有了显著的发展,以港口为中心形成的港口经济在国民经济中的地位越来越突出。从全国改革开放的总体格局来看,建设亚欧大陆桥,使中亚国家借道中国作为其出海口,加快环渤海(两岛一湾)开发和长江大走廊开发,对外开拓,对内辐射,构筑连接五大洲四大洋的海上黄金大通道,具有重要的战略意义。但是,目前我国的港口建设以及海运业发展,还远远不能适应经济发展特别是外向型经济发展的需要,海运业仍是制约国民经济发展的瓶颈产业。从港口分布看,我国远远低于发达国家水平,目前我国海港分布密度为6.3%,日本为3.2%,法国、意大利和美国均为2%,我国不但岸线长、港口少,而且是小港多、大港少。与其他经济发达国家相比,港口在经济发展中举足轻重的地位还远没有得到充分体现。充分利用我国海岸带的优势,尤其是上海市洋山港的建设,是21世纪的中国经济全面走向世界的需要,应予以大力支持。要确立港口群的双重职能,一方面积极发展外向型产业,加速同世界各国的往来,进口原料、材料,大力出口产品,形成群体合力,积极参与国际竞争;另一方面,发挥港口群的辐射作用,带动港口周边区域的相关产业的发展,使其形成一个科技、资金、人才力量雄厚的高新技术产业带,并向建设具有中国特色的港口板块经济带迈进。

(4)实施滨海旅游开发工程。海洋景色优美、壮观,气候宜人,是人类极为重要的旅游资源。全世界已有上千个海上娱乐和旅游中心,其中有200多个海洋公园。我国海洋旅游胜景很多,具有"滩、海、景、特"四大特点,进入20世纪90年代,我国的滨海旅游业蓬勃兴起,沿海及海岛各地都把滨海旅游业作为经济发展的先导产业来抓。统计资料表明,沿海及海岛地区近年来接待的游客人次以每年高达20%~30%的速度递增。我国滨海旅游在迅速发展的同时,还存在很多亟待解决的问题,主要是:条块分割,缺少统一规划;滨海旅游资源开发利用程度低;配套设施发展缓慢等。根据我国海洋旅游资源的特点和发展现状,争取到2030年,将我国各类滨海旅游景点基本开发出来,使滨海旅游景点的交通、通信等基础设施和服务实现现代化,在全国绵长的海岸线和众多海岛上形成一大批布局合理、功能齐全、设施配套、技术先进的海滨浴场、海上娱乐场、滨海度假旅游区,使滨海旅游地带成为我国对外开放的门户和创汇基地,使滨海旅游业在产业规模、接待水平、创汇能力等方面跻身于滨海旅游发达国家的行列。为此,国家应重点规划和建设好五个具有不同特色的旅游带,即:以大连、营口、丹东、秦皇岛、唐山、天津、烟台、威海、青岛、日照等城市为中心的两岛(山东半岛、辽东半岛)一湾(渤海)旅游带;以连云港、南通、上海、杭州、宁波、舟山、温州等城市为中心的苏沪浙滨海旅游带;以福州、厦门和台北、基隆为中心的海峡两岸旅游带;以香港、澳门、广州、深圳、珠海、汕头、湛江、北海为中心的珠江三角洲沿海旅游带;以海口、三亚为中心的海南岛旅游带。要达到上述目标,国家应实施滨海旅游开发工程,并将滨海旅游纳入国民经济发展计划,优先安排,加大投入,尽快建立起具有中国特色的外向型滨海旅游经济带,以带动海洋第三产业的快速发展。

(5)实施海洋综合开发工程。海水是取之不尽、用之不竭的资源,在缓解陆上淡水不足、提供工业原料等方面,开发前景广阔。我国陆地资源缺口较大的固体矿产资源、石油天然气资源和淡水资源,在海洋里储量惊人。我国已发现的滨海砂矿的种类达60种以上,具有工业开采价值的矿种主要有钛铁矿、锆石、金红石、独居石、磷钇矿、铌铁矿和石英砂等。我国滨海砂矿探明储量约15.25亿吨。我国海洋矿业的发展,要按照勘探与开发同步,利用与保护并重的原则,加快勘探开发步伐,综合开发和利用资源,形成规模。海洋矿产勘探,近期以沿岸和近海勘探为主,搞好大陆架地质调查,做好海底调查的前期工作,开辟新矿源,扩大远景区。要跟踪世界海洋矿产开发的新动向,积极开展对大洋锰结核的调查,为今后进行调查、勘探、开发提供依据。加快矿产资源评价的进度,为工业开发提供可靠的地质资料,争取更多的新矿种进入工业利用领域。

海水资源利用,主要包括从海水中提取盐、溴、镁、氘、氚和海水淡化以及海水直接利用等。海洋再生能源包括潮汐能、波浪能、潮流能和风能资源。开发利用海洋能,对减轻沿海煤炭运输压力、加强环境保护、增加能源供应,具有重要意义.国家有关部门应借鉴国际先进技术,重点建设一批大中型海洋潮汐电站,在沿海地区、海岛推广风力发电,在有条件的沿海或岛屿开发海洋波浪能,建立波浪能电站,以解决沿海地区能源不足的问题.

第二节　海洋经济管理

一、制定海洋经济发展规划

我国的海洋经济产业门类较多,从形成的时间上可划分为传统海洋产业、新兴海洋产业及未来海洋产业三种类型.传统海洋产业主要包括海洋捕捞业、海洋盐业、海洋交通运输业;新兴海洋产业主要包括海水增养殖业、滨海旅游业、盐化工业、海洋油气业、滨海砂矿业、船舶与海洋机械制造业、海洋药物业、海洋水产品加工业、海水直接利用业和海洋服务业;未来海洋产业主要包括深海采矿业、海水化学资源开发业、海洋再生能源工业等.海洋经济的主要产业是海洋渔业、海洋交通运输业、海洋油气开采业、海洋盐及盐化工业、滨海旅游业、海洋矿产业(包括滨海砂矿业和深海采矿业)、海洋再生能源工业.在这些产业中,我国的海洋渔业、滨海旅游业、海洋交通运输业和海上油气开采业目前居主导地位.海洋经济发展规划是区域性规划,要解决的主要问题应该是海洋的区域开发和海洋产业的发展,规划的内容应该包括海洋资源勘探开发和海洋产业发展、海洋生态环境保护事业、以及相关的支持领域和重要措施,其核心是发展海洋产业,引导沿海地区形成各具特色的海洋区域经济.

制定海洋经济发展规划,要使海洋经济发展规划很好地与有关涉海行业规划相衔接,与沿海地方的海洋规划或经济规划相衔接,同时弥补其不足,使各行业、各地区协调发展,为涉海各行业、部门和沿海地区提供服务和支持.

制定海洋经济发展规划,要遵循以下基本原则和思路:

(1)把发展海洋经济作为规划的核心内容.制定海洋经济发展规划要坚持以经济建设为中心的原则,把发展海洋经济作为规划的核心内容,各项海洋工作都要根据海洋经济发展的需要来安排,使海洋经济持续快速发展,成为国民经济的新增长点.持续快速发展海洋产业,特别要重视海洋高新技术产业的发展.为了保证海洋产业发展对海洋资源的需求,要加强海洋资源勘探,不断发现新的可开发海洋资源,重点是海洋油气资源、天然气水合物资源、海底金属矿产资源等.积极发展为海洋经济发展服务的公益事业,保证海洋产业顺利发展.

(2)突出海洋产业的合理布局和协调发展.海洋开发涉及行业多,综合性强,制定和完善宏观指导性海洋经济发展规划,必须突出解决科学合理地使用海域问题,海洋产业合理布局和协调发展问题.因此,制定海洋经济发展规划,要加强规划的宏观指导和约束作用,创造良好的政策法规环境,保证各行业合理用海,使海洋产业协调发展.

(3)加强海洋经济发展的宏观调控.为适应我国社会主义市场经济体制不断完善的需要,以及经济全球化趋势的发展,要加强政府对海洋经济发展的宏观调控作用.在规划中,要包括必要的相关措施,如清理现行法规和政策,营造各类海洋经济主体公平竞争的环境;减少政府的行政审批事项,加快海洋领域行政程序立法,规范行政权力,增加行政透明度,严格依法行政;为海洋经济发展提供及时、公正的司法服务;培育一批在国际国内市场上有竞争力的大型海洋经济企业,建设有特色的海洋经济区和一批重大基础工程。

(4)引导沿海地区发展各具特色的海洋区域经济。发挥海岸带向海背陆的区位优势和资源综合优势,进一步发展外向型经济,发挥在全国经济增长中的带动作用;加快大陆架油气资源的勘探开发,合理开发保护专属经济区的生物资源,形成管辖海域的战略性资源开发基地。沿海地区要根据本地区海洋环境和资源的比较优势,发展具有市场竞争优势的产业和产品,形成各具特色的海洋区域经济,包括有特色的海洋水产品生产基地、海洋旅游娱乐基地、港口经济等。

(5)重视培育海洋经济市场。按照建设统一、开放、公平的国内市场的要求,大力整顿海洋经济领域的市场秩序,培育多层次的海洋经济市场,完善市场运行机制,包括发展经济的资本市场、海域使用市场、海洋科技市场等,为国内外企业进入海洋经济领域创造良好的环境。

(6)继续实施科技兴海战略。加强海洋科学技术的研究和开发,发展海洋高技术产业,改造传统海洋产业,提高海洋产业的竞争力。重视海洋基础理论研究、发展海洋高技术和关键技术,做好重大海洋基础调查工作,形成为海洋经济服务的科技支撑系统。要瞄准国际海洋科学技术发展的大方向,开展创新研究,力争在我国有优势的领域有所突破,推动海洋经济的快速发展,保证海洋资源和环境可持续利用,提高我国海洋经济的国际竞争能力。

(7)走可持续发展之路。体现可持续发展原则的海洋经济发展规划要有综合性目标体系,包括海洋经济发展总量目标、产业发展目标、经济效益目标、海洋科技教育目标、生态环境建设目标等,以及实施规划的战略措施。沿海地区各级人民政府要不断加强可持续发展的能力建设,提高综合决策、统筹规划、政策导向、法规保证、检查督促、发挥管理部门作用等方面的能力,形成可持续发展的整体合力,保证海洋经济的可持续发展。

二、制定海洋产业政策

要推动海洋经济的发展,要做好海洋产业结构的更新换代和海洋产业在空间地域上的合理分布,离不开产业政策的引导。海洋产业门类繁多,海洋空间广阔,对海洋产业结构与布局进行优化,必须有一整套切合实际的、能够调动各方面积极性的、有力的政策体系来保障实施。

1. 制订海洋政策应坚持的原则

制定海洋产业政策,引导海洋产业发展,应坚持以下几项原则:

(1)海洋资源可持续利用和海洋经济可持续发展的原则。海洋资源有的是可以再生的,有的是不可再生的,但无论是可再生资源,还是不可再生资源,都必须合理开发利用,否则资源就会衰退和枯竭。众所周知,海洋中有很多生物资源,它们都属于再生资源,但其再生需要一个周期,只有在合理利用的基础上,才能保持其再生能力。如果不加保护地酷渔滥捕,则会使资源枯竭。从这种意义上讲,海洋生物资源也是有限的。海洋除了再生资源之外,还有不可再生资源,例如滨海砂矿等。现在不少地方不顾海洋资源状况,乱挖海滩砂石,这不仅破坏了滨海旅游资源,而且造成了海滩侵蚀。海洋是海洋开发的载体,如果海洋资源受到破坏,那么开发利用海洋资源就无从谈起。因此,各级政府和有关部门必须采取有力措施,保护海洋资源,使海洋资源得到永续利用,使海洋各产业得到可持续发展。这就要求我们在制定海洋产业政策时,既要强调经济效益,又要强调生态效益。

(2)一切从实际出发的原则。制定海洋产业政策,要实事求是,一切从实际出发。目前,人们对发展海洋经济的战略意义认识比较清楚,但科技、人才、资源等很多因素还在制约着现实的海洋开发,我们只能根据现有的条件,稳步加以推进。另外,对海洋开发规律也需要进一步地认识,凡是不顾客观实际,盲目开发,违背自然规律,都会遭到自然规律的惩罚。强调一切从实际出发,需要把握好两个方面的原则,一是各地的产业结构和布局一定要从各地区以及不同海域的实际情况出发,如果脱离了实际,照搬外国的、外地的经验,或在政策上搞一刀切,或急功近利,超越发展阶段,都会导致海洋开发误入歧途;二是要掌握海洋经济与海洋科技的发展水平,探索海洋开发的客观规律,并尊重这一规律,制定出既符合海洋经济发展规律,又符合沿海各地实际情况的产业政策。

(3)适应社会主义市场经济要求的原则。制定海洋产业政策,要使其适应社会主义市场经济的要求,依据价值规律和市场机制,引导和调节海洋产业结构的更新换代和产业布局的合理化。是否符合市场经济的要求,应成为检验我们所制定的政策优劣的标准。贯彻市场经济原则的一个重要问题是将政府在海洋开发中的行为规范到市场经济的要求之中,政策制定本身就是一种政府行为,这一行为本身能否符合市场经济的要求,对于推动海洋经济的发展至关重要。如果政策赋予各级政府以行政职权,主要以行政命令干预海洋开发,则会与社会主义市场经济相违背。贯彻市场经济的原则,就应该根据市场的需要,通过制定调整海洋开发的各种政策,运用经济杠杆推动和规范海洋经济的发展,通过有关政策引导海洋产业的合理布局,确定海洋产业的发展目标。在市场经济条件下发展海洋产业,政府的主要职能是进行宏观调控,其主要手段应该是经济政策和经济法规,比如利用投资政策、产业政策、税收政策、收入分配政策等来引导海洋经济的发展。

(4)轻重有序的原则。制定海洋产业政策,必须突出重点,轻重有序。首先,在资金短缺的情况下不分轻重缓急,将海洋产业布局全面铺开,势必造成资金分散,形成一些"胡子工程"。其次,海洋开发受到科技发展水平的限制。目前,海洋开发的手段还相对落后,对许多领域中的资源开发还束手无策,因此,在这些领域中不具备全面开发的条件。第三,海洋开发还受到市场的限制,海洋产品只有找到市场,才能迅速地开发,并带动产业的发展。鉴于这些限制,必须把那些投资效益好、技术水平高、有市场的海洋产业或项目确定为一定时期的开发重点,把那些不具备上述条件的产业和项目作为非重点或者等将来开发。在确定重点开发的问题上,还应注意为未来的海洋产业保留可供选择的机会,考虑到海洋开发的延续性和海洋产业的长期合理布局。

2. 发展海洋经济的海洋产业政策

从我国海洋经济发展现状出发,制定海洋产业政策,主要应考虑如下几个方面:

(1)海洋产业结构政策。与陆地产业相比,海洋产业发展起步较晚,早期的海洋经济发展具有自发性,总体规划不强。海洋产业进入高速发展时期以来,由于经济利益的刺激,在短期内迅速发展起来的海洋开发,导致了产业结构的比例失调,海洋开发无序、无度。海洋产业结构的演变发展取决于海洋经济技术的发展水平及其潜力。在目前的海洋产业发展中,海洋第一产业比重过大,第二、三产业的比重较小,因而需要制定政策来鼓励和推动海洋第二、三产业的发展,其中重点是大力推动海产品加工、港口建设、海洋运输、海洋科技与服务等产业的发展。

(2) 落后产业的退出政策。所谓海洋落后产业,是指在海洋产业结构中处于发展停滞乃至萎缩的产业。海洋产业政策既要扶持战略重点产业的发展,又要加快处理好海洋落后产业的退出问题。落后产业目前主要表现在近海捕捞业上,近海渔业资源因为酷渔滥捕,已经严重衰竭,所以近海捕捞所能捕到的产品大多是幼龄鱼和低质鱼类,而水产资源食物链呈金字塔型,如果处于金字塔底部的低质鱼类捕捞过多,就会使海洋优质鱼类再无繁衍扩大种群的可能。现在沿海各地小马力渔船在海洋捕捞总吨位中占有很大比例,只有通过适当的政策引导,如在政策上向发展远洋捕捞或海水养殖上倾斜,才能使渔民从近海捕捞中转移出来。

(3) 吸引内资和外资下海的政策。应把海洋产业作为外引内联的重点产业,积极创造外引内联的条件,对引进项目大力支持。与陆地产业相比,海洋产业发展的基础不够雄厚,发展水平也相对落后,仅靠现有的海洋企事业投资海洋开发,难以形成较大的开发规模。应该制定有关优惠政策,吸引内资和外资下海,并积极创造良好的投资环境。

(4) 深化对外开放的政策。发展海洋经济,必须充分发挥沿海地区的区位优势。沿海地区是我国对外开放的前沿,与发达国家和地区来往密切。应该充分发挥港口的作用,开发港口在对外开放中的新功能;应该制定有关设立自由港的政策。另外,要加快海岛的对外开放,将有条件开放的海岛及时地面向国外游客开放,为此,也必须制定相关的政策加以引导。

三、对海洋产业进行合理的布局

海洋产业及其区域布局是否科学合理,直接影响到海洋经济的发展。合理的、科学的布局能够最佳地利用海洋资源、保护海洋生态环境,取得最大的社会效益、经济效益和生态效益。

海洋产业合理布局的指导思想是:充分发挥海洋区位优势和资源优势,以提高海洋经济的整体效益为中心,遵循经济效益、社会效益和生态效益相统一的原则,高新技术产业优先的原则,以及远近结合的原则,坚持依靠科技进步,重点支持能全面带动海洋各产业发展的海洋主导产业,大力调整和改造传统海洋产业,积极支持新兴海洋产业和未来海洋产业的发展,从而促使海洋产业布局合理科学,产业结构逐渐向开发型、外向型、集约型和效益型的结构转变,形成第一、二、三产业结构合理、协调发展的海洋产业体系。

海洋产业区域布局的指导思想是:坚持因地制宜、择优安排的原则,以海岸带和近海开发为重点,坚持开发与环境保护、资源保护同步规划、同步实施,确保海洋资源的永续利用;突出海岸带在海洋开发中的特殊地位,强化沿海城市的海洋开发功能,重视外海和远洋开发的基地建设,按海岸带、滩涂、海岛、近海、外海和大洋等区域进行布局。

对海洋产业合理布局,应遵循以下基本原则:

(1)根据经济发展的平衡原则,均衡配置生产力要素。在海洋经济发展中,各海洋生产力要素间的绝对优化组合是不现实的,但相对优化是完全可以实现的,只有在海洋生产力平衡发展的前提下,沿海经济子系统的正常运转才有可能实现。当然这里所说的平衡发展并非人们一般理解上所指的齐头并进或大而全、小而全的全面发展,而是依据海洋经济系统需要,在整个海洋经济系统范畴内做到有重点地优化配置海洋生产力要素,在突出重点的同时,也要突出地域特色,促进各海洋生产力要素间的协调与推进,减少不必要的要素磨擦,从而达到海洋生产力要素最大程度的利用。这种海洋生产力要素的均衡配置不仅要体现资源开发利用的价值观,也要体现环境和社会价值。只有做到了各种生产力要素均衡下的优化,才有可能真正达到海洋生产力的优化布局。

(2)遵循地域分工规律,发挥优势,突出重点。地区经济的发展应看做是一个相对独立的子系统,只有突出各自的地域特色,并在统一协调的基础上扬长避短,才能充分发挥整个地区经济发展的优势。在海洋经济发展中,沿海地区应按照各自的地域分布,资源优势,有重点、有计划地配置海洋生产力要素,做到各自的特色鲜明,优势突出,这是海洋生产力地区合理布局的先决条件之一。充分优化各地域海洋生产力要素的配置,这不但符合经济区域发展的规律,也是市场竞争的需要,海洋生产力合理布局能充分发挥各自的地域优势,共同形成整体优势明显的地区经济子系统,以抗御各种环境及社会、经济不利因素的影响,减少风险因素,从而最终达到地区经济的持续发展。

(3)遵循劳动生产率规律,实现合理布点。社会经济的发展离不开劳动生产率的提高。劳动生产率的提高除了科技、资金因素外,生产力的水平高低也是相当重要的一个因素,沿海地区国民经济系统中海洋劳动生产率的提高不可避免地要受到海洋生产力的制约。要想达到较高水平的劳动生产率,不仅要提高海洋生产力素质,同时也要优化海洋生产力结构和布局,其中,海洋生产力布局的优化对于提高海洋劳动生产率的作用相当明显。地域不同,资源状况不一样,社会经济发展水平也不一样,同一海洋产业在不同的地域其发展水平与趋势有明显差别,在适宜的地域,劳动生产率很高,不适宜的地域,由于各方面制约因素较多,从而导致了劳动生产率的低下。对海洋产业合理布点,实现海洋生产力的优化配置,直接影响到劳动生产率的高低,要提高海洋劳动生产率,必须对海洋生产力进行合理配置,对海洋产业进行合理布点,明确海洋经济发展的重点领域和重点项目。

(4)遵循经济规律和生态规律,确立海洋生产力布局的整体观念。海洋产业的发展必须适应市场的要求,必须符合经济规律的要求,没有市场的产品形不成产业,没有产业群体也谈不上海洋生产力,就更不用说产业布局了。首先,海洋生产力的发展布局必须以市场需求为导向,结合本地实际进行,必须要见效益,切实推动海洋经济的发展。其次,海洋生产力的布局要注意环境因素,要注意保护生态平衡,因海洋生产力的布局不合理导致生态环境的破坏是不可取的,只有实现了经济和环境效益的整体优化才能保证海洋经济的持续发展,只有这样的海洋生产力布局才有其生命力。第三,海洋生产力的布局要遵循全局观念,尽管有时一个地方可能适于多种海洋产业的发展,但要从全局出发安排好自己的发展重点,这样才能提高海洋产业的竞争力,因此海洋生产力的布局要按照均衡原则进行,在有条件的前提下也不要一哄而上,要有远见,从全局考虑问题,按国民经济发展的实际及远景规划要求来进行合理分布,从而避免过于集中或过于分散,从而增加海洋生产力的整体活力。

四、海洋经济管理手段

有效保护和利用近海资源,实现海洋经济可持续发展,需要全面加强海洋经济管理。也就是说,要运用行政的、法律的和经济的手段,从不同方面和不同层次上对海洋开发活动进行有效监管,使海洋经济活动与海洋资源和环境保护相协调、相统一。搞好我国的海洋经济管理,主要要完善三种管理手段,即法律手段、行政手段和经济手段,并把三种手段有机地结合起来。

法律手段。与《联合国海洋法公约》接轨,依法治海,依法管海,最终达到依法振兴海洋事业的目的,是加强海洋经济管理的最基本手段。要将符合国情的发展海洋经济的方针、政策及行之有效的重大管理措施用法律形式固定下来,为科学、合理开发利用海洋提供重要的法律依据。法律手段具有稳定性、公正性和强制性的特点,它不以某个单位、某个领导人的主观意志为转移,从而可解决海洋开发的盲目性和随意性。这样不仅可以全面地体现国家政策的要求,而且也能为海洋经济管理的其他手段如行政、经济等手段提供法律依据。

行政手段。所谓行政手段是国家行政主管部门,根据法律的授权和国家行政管理部门的职责,在海洋经济管理活动时采取的行政行为。它包括行政命令、指示、组织计划、行政干预、协调指导等。其中,协调是海洋经济管理机构的一项基本职能,被广泛地用于调整国内各地区、各部门、各产业之间的关系和开发利用海洋的各种活动。在协调的同时,国家海洋管理部门还可采取行政干预措施,直接干预海洋开发活动和海洋产业的发展,以确保海洋及其资源的合理开发和利用,使各海洋产业及其开发利用活动不仅符合地方和部门的当前利益,而且符合国家的发展目标和长远利益。

经济手段。运用经济手段有效保护和利用海洋资源,是海洋经济管理的一个发展趋势,并且海洋经济越发展、越发达,这一管理手段和管理方式就越是能够发挥出更大的作用。那么,怎样运用经济手段去实现对海洋经济活动的有效管理呢?从广义上说,有以下几方面的内容:

(1) 明晰产权,强化产权约束。这里所说的"产权"主要是指对海洋资源的经营权、占有权、使用权。明晰产权和强化产权约束,首先要明确界定海域使用许可证的审批权限,明确地方对海域的管辖权限。对于地方管辖的海域使用,凡符合国家海洋产业政策、国家和地方海洋开发规划的,可全部交给地方审批管理。对改变海域属性、严重影响海洋生态环境以及国家重点工程项目和重大涉外活动等使用海域的行为,应由国家直接控制。同时,国家要对地方审批管理加强指导和监督,明确各级地方审批原则和具体标准,加强统计、检查工作,对地方在海域使用管理中出现的带有倾向性的问题要及时予以纠正。其次,要全面实施海域使用许可制度。通过海域使用许可管理,使各种海洋开发活动,如海洋倾废区和排污区的划定、海洋捕捞、海水增养殖、海洋石油勘探和开发、海岸和海岛重大工程建

设、港口建设、盐田建设、滩涂围垦、滨海采矿、海洋自然保护区建设等,纳入制度化管理的
轨道。对于海洋渔业资源的利用,更要实施严格意义上的许可制度,并严格配额许可管理,
通过实施海域使用许可制度,能够逐步解决海域功能紊乱、近海资源破坏和浪费的问题,
彻底改变海洋开发无序、利用无度、使用无偿的状况。

(2)全面实施海域有偿使用制度。对开发利用海洋资源的单位和个人,依法收取海洋
资源补偿费;对国家投资建成的基础设施(如港口、码头等)可将所有权与经营权分离,以
出让一定期限经营权的形式回收资金。要按照"取之于海、用之于海"的原则,将收取的有
偿使用的海洋资源费和基础设施使用费用于海洋开发与保护。实施海域有偿使用制度,首
先要科学规范收费标准。由于受地区经济发展差异、行业发展不平衡性和用海类型的复杂
性等多种因素的影响,收费标准的确定在操作上难度较大。一般来说,要根据区域经济发
展水平、企业和个人的实际承受能力和产业发展政策,加以科学合理地确定。其次要合理
制定海域使用费的上缴和地方留成比例。目前,我国地方海洋行政管理工作,从总体上看
基础薄弱,手段落后,人员缺乏专业培训,因而需要较大的经费收入。考虑到这种情况,国
家应从支持建立全国海洋综合管理体系的全局出发,调动基层海洋主管部门的工作积极
性,尽量给地方留存发展基金,海域使用费的上缴比例应适当降低,地方留成比例应考虑
进一步提高。

(3)运用产业政策调整和引导海洋产业发展。目前海洋产业发展中存在着多种结构
性矛盾,如资金短缺与畸形膨胀的投资并存;生产技术落后、设备老化与科技成果不能在
生产中转化应用并存;能源、原材料短缺与使用中的浪费现象并存等。因此,要制定面向海
洋经济可持续发展的新的海洋产业政策,对传统产业要加大技术改造力度,有重点地发展
新兴产业,开拓新的产业领域,特别是应注重发展海洋服务业。在海洋产业结构调整中,还
应把发展海洋环保产业放在突出位置。建议国家设立近海海域环境治理专项基金,重点用
于涉海环保产业高新技术的应用研究,同时应积极开展国际间环境保护的合作研究,吸引
外资搞好环保产业开发。在产业政策中,要保证资金投入向新兴海洋产业倾斜。国家和省
基本建设投资、技术改造投资和财政支农资金等,每年要安排一定数量比例用于扶持新的
海洋开发项目,并创造条件建立有关的专项基金。同时,应增加海洋产业信贷规模,对经济
效益好、还贷能力强的海洋开发项目,实行优惠政策、倾斜投资;对传统产业改造、新兴产
业培育和高新技术开发中的重点项目和重点资源开发基地建设,实行集中投入。

(4)运用经济杠杆调控海洋产业发展。要善于运用税收、利率等经济杠杆,抑制传统
的落后的海洋开发项目,扶持新兴海洋产业的发展,引导国内外大企业、大财团以及个人
向海洋高新技术产业投资。对于海水养殖、水产品储藏和加工等要在海关税、渔业税、所得
税上给予一定期限的减免,培养企业自我积累、自我发展的能力;属于海洋资源新开发的
项目,地方财政应预支部分垫底资金,同时应从有效益的年份起开征所得税和物产税;对
于那些危害生态环境、没有宏观经济效益和社会效益落后的海洋开发项目,应提高和加大
税收幅度,同时要加强信贷控制,以抑制其盲目膨胀和发展。

第三节　海洋经济管理信息化

一、提高海洋经济信息化程度

　　信息、物质和能源是人类社会发展的三大资源,在人类社会发展过程中,信息资源所处的地位各不相同,但有一共同点,即对信息资源的利用和开发程度均反映出经济发展的不同层次。在工业社会信息被当做是一种劳动手段,而在知识经济时代,信息则主要是劳动对象和劳动成果。信息作为一种独特的资源,进行着独特的生产,是经济发展的主导性资源。

　　21 世纪是海洋世纪,海洋将是决定我国经济实力和政治地位的重要因素。开发利用海洋的历史证明,对海洋进行开发利用成功与否,往往取决于建立在全面深入了解海洋状况基础上的科学技术水平,海洋高新技术的发展是为了通过对海洋的探测获得更多的海洋信息,海洋信息的获取、加工、处理直至应用技术将成为海洋科技、海洋产业发展的重要组成部分。

　　海洋是一个巨大的资源宝库,在陆地资源被大规模开发利用的今天,海洋以其丰富的资源和巨大的开发潜力,向人类展示了广阔的开发前景,成为人类社会可持续发展的重要基地。近海由于靠近人类生活密集区,是人类开发海洋的最集中地带,近年来这一区域的资源开发过度,环境遭到破坏,制约了海洋经济的健康发展。因而,实施可持续发展战略,加强近海资源环境保护,就成为当前海洋资源开发与管理的重要任务。现代海洋高新技术的发展,使海洋探测获得了更多的海洋信息,如:海洋声学技术已可以使水底观测能精确地定位,并被广泛应用于研究海底底质和探测石油天然气资源、多金属结核的勘探与开发、海洋生物资源的调查与开发;将要发射的水色卫星将为海洋渔业开发和渔业管理等提供丰富而可靠的空间手段和资料,并能较好地反映海洋渔业资源的分布,主要经济鱼类的洄游路径、产卵场、渔场及水色、叶绿素等环境背景信息等。历次有关海洋资源不同类别的调查、观测和统计数据的信息化处理,以及主要海洋矿产资源、油气资源、主要渔业资源、滩涂资源以及其他资源分布的数据库建立与电子地图显示等,是海洋资源合理开发利用的可靠支撑。海洋保护区现状、海洋主要资源开发现状、自然资源非法开采与破坏案例、处理方案与建议等可靠信息,有利于海洋管理部门了解各类海洋资源的分布、储存和开发情况以及对所在海区的环境的影响,从而做出有利于海洋资源可持续利用和环境保护的科学决策。海洋环境保护与治理还需要信息服务与信息产品作技术支撑:准确反映我国海洋环境和环境质量状况、主要污染区、污染源(如倾废区、排污口、溢油区等)的现状及时空分布;分析主要海洋污染物质漂移扩散趋势;给出海域环境纳污承载能力分析结果和倾废区、排污口选划方案和优化布局等。所有这些都为掌握海洋环境状况、产业规划布局和海洋环境整治提供必要的信息产品。

　　随着国家对海洋开发重视程度的日益提高,对海洋信息资源的需求将愈来愈大。传统的海洋信息资源开发利用方式,已满足不了日益发展的海洋开发需求,海洋信息资源向信息化转变已势在必行。海洋信息资源开发利用必须全面实现数字化和信息化,从而适时、准确、高效地提供多种海洋空间的动态的资源与环境等信息服务,最终将各类海洋信息资源送入信息高速公路,使人类最大限度地了解并有效利用海洋资源。总之,现代海洋管理对海洋信息服务的需求越来越大,要求越来越高,海洋管理和决策部门急需得到全面、科学、快速的海洋综合信息和信息产品服务,因此,加快海洋信息资源的信息化建设势在必行。

提高海洋开发和海洋经济的信息化程度,需要采取以下几个方面的措施:

(1) 推进信息技术在海洋经济和各产业中的广泛应用。广泛应用现代信息技术是推进海洋经济信息化的关键。首先,要加快信息技术改造和提升传统产业。紧紧围绕海洋经济结构调整,大力推进信息技术和信息产品在海洋各产业中的应用。围绕降低能耗,节约资源,提高效益,加强技术改造,实现产业升级和结构优化,推动海洋经济增长方式由粗放型向集约型转变。其次,要积极推动企业应用信息技术。促进数控系统、生产过程控制、计算机辅助设计、计算机辅助工艺、计算机管理信息系统、计算机集成制造系统和电子商务等技术在海洋企业的广泛应用。将信息技术与现代管理技术和制造技术相结合,应用于企业开发、生产、销售和服务的全过程,通过信息集成、过程优化及资源优化配置,实现物流、信息流和价值流的集成和优化,提高企业市场应变能力和竞争能力。

(2) 抓紧建设现代海洋经济信息基础设施。信息基础设施是推进信息化的前提条件。要尽快建立具有相当规模、面向未来、结构合理、高速宽带的海洋经济信息基础设施,为全面推进海洋经济信息化奠定基础。第一,建设高速宽带传输网络,发展高速互联网。大力推进用户接入网的建设,以尽量靠近用户为原则,因地制宜采用多种接入方式,促进通信、广播电视、综合数据等多种业务的综合接入。依靠自主开发与引进相结合,积极建设以IP为基础的宽带超高速互联网,逐步形成从中央到地方的国家主干高速信息通道,构建安全、迅速、便捷的信息网络基础设施,建立健全信息网络体系。第二,推进电信网、电视网和计算机网的三网融合。充分利用现有公用电信网、专用通信网、广播电视网、计算机网等网络资源,统筹规划,优化布局,采用新技术,从政策上引导业务的互相渗透,不断完善网络结构,积极推进相互融合。第三,提高通信普遍服务水平。以农村和落后地区为重点,积极发展固定电话网。加快移动通信网的建设,发展数据通信网,建设地理空间信息网和基础地理信息网,健全国家公共信息网。进一步提高电话普及率,增加有线电视用户,扩大数据多媒体及互联网用户,提高上网用户普及率。第四,确保信息、网络安全。合理优化网络布局,综合利用光缆、微波、卫星多种通信手段,加强传输网络路由保护,提高网络安全可靠性,保证信息通信安全畅通。不断提高拥有自主知识产权的设备在网上的装备率。加大对信息安全保障系统及防范技术的开发应用力度,进一步完善有关信息安全认证系统及防范措施。

(3) 加速发展海洋信息产业。信息技术和信息产品是信息化的支撑和保障。为满足海洋经济信息网络建设和信息化高速发展的需求,必须加速发展海洋信息产业。第一,推进信息技术产业化。建立并完善以企业为主体,产、学、研、用相结合的技术创新体系,促进不同专业技术融合,加强信息技术的研究和开发,加大新业务开发与应用的力度。第二,加快发展软件产业。软件产业要以人才为核心、以技术为支撑、以市场为导向,实施产业化专项工程。第三,提高信息化装备能力。调整产业结构和布局,重点发展为海洋经济信息化服务的通信、计算机及网络产品,大力发展具有自主知识产权和自主品牌的产品,逐步掌握关键技术和核心技术,提高信息化装备能力和系统集成能力。第四,加快产品更新换代。积极引导和推动数字技术的应用,加速视听产品由模拟向数字化过渡,不断推出多种技术融合的新型信息终端产品,满足发展海洋经济和进行海洋综合管理的需要。第四,积极发展信息服务业。结合信息技术的推广应用、信息基础设施建设和信息产品制造业的发展,促进信息资源开发利用和信息服务的产业化,大力发展计算机应用服务业,加快发展信息网络服务业。

二、海洋经济信息的处理

海洋的流动性、多变性和全球共有性决定了海洋开发具有投资大、效益高、风险大、技术要求强等特点,这意味着海洋开发对信息的依赖性大,对信息的准确性、及时性要求也相当高。可以说,在当今的海洋开发活动中,信息已成为一种不可缺少的要素。信息不仅是领导决策的依据,也是生产活动的指南,更是在竞争中取胜的法宝和获取最佳经济效益、社会效益和生态效益的前提。

1. 海洋经济信息资源

从事海洋管理、海洋研究、海洋开发活动的单位和部门,都会不断地发出海洋经济信息。海洋经济信息的接收、传递和处理,沟通着从事海洋开发与管理活动各部门间的关系,反映着海洋开发与管理各个方面、各个环节之间的变化情况。海洋经济信息资源主要包括以下几方面:

(1) 海洋资源信息。海洋资源信息包括海洋自然地理、海洋国土、海洋矿产、海洋捕捞及养殖、海岸带及海岛资源、南极考察、滨海旅游、海洋能、海洋物理、海洋水文、海洋气象、海洋生物、海洋地质和地球物理等方面的信息。

(2) 海洋经济活动信息。海洋经济活动信息包括沿海省、市、县社会经济概况、海洋机构和人员、海洋投入经费、海洋设施、海洋各产业生产经营活动、海洋服务、海洋环保、海洋开发等方面的信息。

(3) 海洋管理信息。海洋管理信息包括海洋法律、法规、规章和地方规范性文件,海洋监视监测条例,海洋自然保护区,中外合作海洋科学调查,海域划界,海洋资源开发利用,海洋开发规划,海洋倾废,海上溢油等方面的信息。

(4) 海洋科技信息。海洋科技信息包括海洋人才、海洋专利、海洋高新技术、国内外海洋科技和教育的新动态、新工艺、新发明、新成果、新材料、新方法等方面的信息。

(5) 政策信息。政策信息是指国家和地方政府的方针政策,特别是与海洋开发有关的方针政策等。

2. 海洋经济信息的处理

将海洋经济信息应用于海洋经济管理,有一个对海洋经济信息进行处理的过程。海洋经济信息处理是指按照应用的需要,采用一定的方法和手段对信息进行收集、加工、存储、传输和输出这样一个过程的总称。下面对信息处理的具体内容作一简要介绍。

（1）信息收集。信息收集也可称为原始数据的收集，是信息处理的第一环节，也是十分重要的环节，信息的质量在很大程度上取决于原始数据的收集是否及时、完整和真实。信息收集通常包括数据的识别、整理、表达和录入。识别是指面对大量的数据，要选择那些有价值，能正确描述事件的数据；整理是指对识别获得的数据进行分类整理，便于对数据进行进一步加工；表达是指对整理后的数据采用一定的表达形式，如数字或编码、文字或符号、图形或声音等；录入是指将数据输入系统中，要求避免差错，在这一阶段，必须考虑如下内容：收集数据的手段是否完善，准确程度和及时性如何，具有那些校验功能，记录数据的手段是否方便易用，数据收集人员的技术水平要求如何，数据收集的组织机构和制度是否完善，等等。

（2）信息加工。信息加工是信息处理的基本内容，它的任务是根据处理的要求，对数据进行鉴别、选择、排序、核对、合并、更新、转储、计算，生成适合应用需要的形式。信息加工往往不是一次完成，在许多情况下，是根据不同的需要逐步分层进行的。例如，生产现场的数据，经过整理、统计，可以得到反映全面情况的企业综合指标；根据历年的数据，运用一定的模型，可以进行模拟预测以及导出一些优化决策方案。因此，在信息加工过程中，常常会应用许多经济数学方法和运筹学模型进行各种预测和优化决策。

（3）信息储存。信息储存是指对获得的或加工后的数据暂时或长期保存起来，以备下次运用。这一阶段主要考虑信息的物理存储以及逻辑组织两个方面，物理存储是指寻找适当的方法把信息存储于磁盘、光盘、缩微胶片等介质中；逻辑组织是指按信息逻辑的内在联系和使用方式，把信息组织成合理的数据结构，以便快速存取。

（4）信息传输。信息传输是指采用一定的方法和装置，实现信息从发方到收方的流动。信息的传输实现了系统内部各个组成部分之间的信息共享与交换以及系统与外界的信息交流。对信息传输的要求主要是及时、迅速、安全、可靠，这样才能保证信息流动的畅通。

（5）信息输出。信息输出是指将处理后的信息按照工作要求的形式和习惯，将信息提供给有关的使用者。例如，采用屏幕显示后打印输出，形式可为表格、文字、图形、声音等。该阶段的关键在于必须充分研究使用者对信息输出的要求。

三、建立海洋经济管理信息系统

信息系统是从系统的观点出发，以电子计算机和通信技术为手段，运用数学的方法，为管理决策提供服务的人机系统。信息系统由信息源、信息处理器、信息用户、信息管理者四大部分组成。在组织内部和外界环境中对信息进行识别和收集产生信息源，通过信息处理器的传输、加工、存储，为各类管理人员即信息用户提供信息服务，而整个的信息处理活动由信息管理者进行管理和控制；信息管理者与信息用户一道依据管理决策的需求识别、收集信息，并负责进行数据的组织与管理，信息的加工、传输等一系列信息系统的分析、设计与实现，同时在信息系统的正式运行过程中负责系统的运行与协调。

1. 海洋经济管理信息系统的子系统

由于信息系统是为管理决策服务的，而管理是分层的，因此信息系统也可以分解为若干个子系统,如企业管理信息系统可分解为销售市场子系统、生产子系统、财务子系统、其他子系统等。每个子系统又支持从作业处理到高层战略计划的不同层次的管理需求,一般来说,作业处理层所处理的数据量很大、加工方法固定。而高层的战略计划处理量较小、加工方法灵活,但比较复杂。

信息系统有不同的类型,但在结构和功能上有一些共同之处,以下是信息系统不可缺少的组成部分和基本功能。

(1) 收集信息的子系统。这是信息系统进行业务活动的起点。任何信息系统,如果没有实际的信息,那么它的功能再强,也没有任何实际用处。

(2) 存储信息的子系统。计算机术语称为数据库管理子系统。信息系统必须具有某种存储信息的功能,不然它就无法突破时间和空间的限制,发挥提供信息和支持决策的作用。

(3) 加工信息的子系统。除了极少数最简单的信息系统,如简单的小型查询系统外,一般来说,系统总需要对已经收集到的信息进行某种加工,以便得到某些更加符合需要或更加反映事物本质的信息。

(4) 传递信息的子系统。信息传递是信息系统必须具备的一项基本功能。实际上,信息传递与信息存储常常是密切相联的。

(5) 提供信息的子系统。信息系统的服务对象是用户。它的功能在于向信息的最终用户提供所需要的各种信息服务。

2. 加强对管理信息系统的研究

管理信息系统的研究离不开信息技术,因此往往被人们认为它是一门技术性的学科。事实上,对管理信息系统来说,更为重要的是对信息的研究,而且是对管理信息的研究,这包括许多非技术性的内容。所以,从全局角度看,一方面管理信息系统是信息技术应用的结果,没有信息技术的支持,管理信息系统就无从谈起;另一方面,管理信息系统是用于一个组织的信息系统,组织的目标、组织的环境、组织的结构、组织的行为、组织的文化以及与信息系统的关系等,都是需要研究的课题。因此,除了在信息系统的结构和功能设计上,应努力做到信息资源开发利用的充分、合理与有效,在信息系统的开发环境建设上,应注意协调信息系统与组织管理模式的关系。

3. 建立海洋信息处理和传递的新机制

目前,我国海洋信息处理和交换工作有了很大发展,初步实现了信息录入、处理以及生成的计算机化,基本完成了所有非实时资料的规范处理和计算机储存;海洋信息技术的发展,已由重视计算机传输网络建设等硬件转向人工智能、全功能查询、检索和信息应用研究推理判断的软件方向;海洋信息存储的大容量的高密度化、信息存取的高速化和信息产品输入、输出方式多样化以及视频数据传输卫星通讯引入海洋信息领域,使各类海洋信息产品的管理、生产和服务向半自动化和自动化的方向发展。另外,海洋报刊业也有了较大发展,在普及和提高海洋科技知识、交流经验、推广科技成果等方面发挥了重要作用。然而,与国际先进水平相比,我国现有的海洋信息传递体系和服务在信息的种类、数量、质量、采集处理能力、服务手段和效率等方面还有不少差距,这些方面还不能满足我国海洋经济发展的需要。

发展海洋信息产业,建立传递海洋信息新机制,要按照建立社会主义市场经济的要求,进一步发展现代信息技术、扩大信息源、提高信息产品加工能力和质量,综合利用多种信息传递手段,实现各种网络之间、海洋信息资料部门之间的计算机联网检索和国际联机信息检索,逐步建成与现代海洋产业发展相适应的海洋资源与环境信息系统、海洋经济和统计信息系统、海洋文献档案信息系统、海洋法律和法规信息系统、海洋科技信息系统、海洋遥感遥测信息系统、海洋开发管理信息系统、海洋预报和咨询信息系统、海图和信息产品制作系统、海洋信息技术支持系统等服务系统。要充分利用各种媒介,全方位、多形式地扩大信息覆盖面,快速、高效地交流和传播海洋信息,更好地为海洋经济建设服务。

4. 发挥各级政府在建立海洋经济管理信息系统方面的引导职能

在建立海洋经济管理信息系统方面,要发挥好政府的引导职能。第一,各级产业主管部门,要在原有计算机、通信、统计、信息等机构的基础上,成立与重建海洋信息中心,以具体履行政府信息引导职能;第二,建立国家、海区、省、市、县、乡、生产单位等多级计算机信息网络,并将其并入各级政府的信息系统网;同时,在国家和省两级建立国际联机终端及传真终端,收集和传递各种海洋信息,分析国内外海洋开发趋势和发展新动向,研究和提出预测信息,为领导决策提供可靠依据;第三,充分利用海洋无线电台、海洋广播电台、电话传真机、计算机通信网络、电视台、报纸杂志等多种传媒和手段发布海洋开发信息,沟通海洋产业产、供、销企业间的信息交流和企业间的了解与联系,提供贸易机会,促进海洋产业产品、原料等商品的流通,为海洋开发、生产经营者提供信息服务;第四,检查指导海洋产业内部各种信息网络的运作情况,协调与其他产业信息网络的关系,使之符合国家海洋政策、法律、法规和国家海洋经济发展战略的要求。

参考文献

1. 郑贵斌,徐质斌主编.“海上山东”建设概论.北京:海洋出版社,1998
2. 王诗成.建设海上中国纵横谈.济南:山东友谊出版社,1995
3. 王诗成.龙,将从海上腾飞——21世纪海洋战略构想.青岛:青岛海洋大学出版社,1997
4. 徐质斌,孙吉亭主编.山东海洋产业结构与布局优化研究.北京:海洋出版社,1998
5. 蒋铁民,王志远主编.环渤海区域海洋经济可持续发展研究.北京:海洋出版社,2000
6. 孙义福,等主编.山东海洋经济.济南:山东人民出版社,1994

第九章 海洋人力资源管理

第一节 海洋人力资源开发

一、人力资源的概念及其作用

1. 人力资源的概念

人力资源是指在一定时空范围内的人口总体所具有的劳动能力之总和。从动态的角度讲,人力资源既包括符合法定劳动年龄、正在为社会创造物质和精神文化财富的人,也包括潜在的人力资源,即尚未达到进入劳动岗位年龄的或因各种原因退出劳动岗位的人。

人力资源通常具有以下几方面的特征:

(1)人力资源具有能动性。人具有协调、综合、判断和想象的能力,当一部分人力资源进入生产过程后,他在一切活动中居于中心位置,起着主导作用,能够发挥引导、操纵、控制其他资源的功能。人力作为一种资源,与物力资源和财力资源一样,是可加以利用的。但是物力资源和财力资源只能被人所利用,而人力资源不能被其他资源所利用,只有人才能利用自己的潜在能力。所以人力资源对其他资源的控制是全面的,人的因素可以决定整个工作的绩效。因此,人是参与现代化生产的各种要素中最关键的并占支配地位的要素。

(2)人力资源具有差异性。人力资源的差异性既包括个体、群体、组织的差异性,也包括时代的差异性。任何人力资源的成长与成熟,都是在一个特定的背景下进行的。一个时代的社会状况会影响和制约这个时代形成的人力资源,培养出一代或几代人力资源特定的价值观、道德观和认知方式,并体现在他们的工作行为和劳动态度上。即使在同一时代,由于所受的教育和生长的环境不同,不同的人工作能力也有很大的差别;再者,即使同一个人在不同的单位、不同的岗位上发挥的作用和带来的效益也是不同的。

(3)人力资源具有成长性。人力资源与其他一切资源的不同之处还在于,其"发展"不是外界所给予的,而是一种成长过程,人的成长是内部因素和外部因素相协调的结果,其中内因是主导性的。因此,工作的设计和安排必须有利于激励人的内在动因,只有这样才能最充分地利用人力资源的特殊属性。

2. 人力资源的地位和作用

(1)人力资源的地位

在海洋资源开发中,有五大资源可以利用,即人力资源、物力资源、财力资源、信息资源、文化资源,其中人力资源是最重要的资源,是第一资源;也是最关键的要素。当今和未来的国际竞争,说到底是人才的竞争。

首先，人力资源是影响一个组织工作成绩和效果的决定性的关键因素。人操纵机器设备，人开发海洋产品，人为海洋开发提供各种相关的服务，人还决定经济组织的目标和经营策略。任何一个组织，没有必备的人力资源，没有人力资源同其他资源的有效结合，要实现组织目标是根本不可能的。

其次，对大多数的组织来说，人力资源的费用是该组织所提供的产品或服务中的主要成本。据统计，在化工和石油企业中，劳动力成本占总成本的25％～30％。而在一些劳动力集中的组织机构中，如在科研机构和咨询服务型企业中，劳动力的费用占总成本的75％～85％。

第三，也是最重要的，即人的创造力、潜能的发挥是一个无限的要素。它建立在包括管理、自身素质、目标激励、群体和组织影响等各种因素交叉作用的基础之上。人的这种潜能一旦转化成现实生产力，就成为企业最可宝贵的财富。

（2）人力资源的作用

世界银行把社会的财富价值赋予到自然资源、人造资源和人力资源三个方面。自然资源（如海洋生物资源、海洋矿产资源等）是存在于自然界并可用于人类社会活动的自然资产。人造资源是由人类经济投资活动所创造的社会物质财富。而人力资源是对人力投资所形成的以人的智能和技能为基本形态的资产，是人类社会总资本中最主要的构成成分，也是人类财富中最大的资产，人力资源利用中的最大特点在于可控性和能动性。在自然资源、人造资源、人力资源三种资源的相互转化、相互增殖中，基于三种资源的特点和功能，人力资源不仅具有突出的社会资本价值地位，而且其能动性又决定了在相互转化过程中最具活力。人力资源结构决定着人造资源的分布结构，也决定着对自然资源的利用结构。

据世界银行分析，受教育年限和程度与人力资源剩余相关系数R_2达0.74，表明受教育的水平高低与人力资源积累多少是成比例的，受教育较高的人力群体即高知识的人力群体在人力资源开发中处于轴心层次。

人类已跨入知识经济时代。知识经济的发展主要依托的资源是智力资源，但必须要求配以相应的资金和自然资源。知识经济时代的到来，既为"科教兴海"、开发利用海洋提供了前所未有的机遇，同时也对从事海洋管理、开发、保护等工作的人力资源的水平提出了新的、更高的要求。

新中国成立以来，特别是改革开放以来，党和国家对人才建设高度重视，人才队伍建设取得了显著成绩，人才素质不断提高，结构得到改善。到2000年底我国具有中专及以上学历的各类人员达到6 360万，其中党政干部585.7万，企业经营管理人员780.1万，专业技术人员4 100万，其他人员894.2万人。进入新世纪，尤其是加入WTO后面临国际性的人才竞争日益激烈。针对我国人才队伍现状同新形势、新任务的要求还不相适应的状况，国家提出了"人才强国"的战略，制定了《2002～2005年全国人才队伍建设规划纲要》（以下简称《纲要》），明确了当前和今后一个时期人才队伍建设的指导方针、目标任务和一系列政策、措施，是今后几年全国人才工作的指导性文件。《纲要》中所提出的"人才总量相对不足、结构不够合理、创新能力亟待提高，人才工作的制度和机制不够健全，人才的积极性、主动性、创造性还没有得到充分发挥，"也完全符合我国海洋人才队伍的现状。

我国海洋人才主要分布在青岛、广州、上海、厦门、北京、大连等大中城市。以海洋人才最为集中的青岛市来说,海洋理科人才偏多、工科人才不足,海洋经济、海洋法律、海洋文化人才甚少,而海洋企业经营管理、有国际影响的企业家更是奇缺。因此,把人力资源视为第一资源,从"人才强国"战略高度来抓人才队伍建设,是我国海洋事业发展的关键。

二、海洋人力资源的开发战略

1. 整体规划设计战略

整体规划设计,就是按照国家或地区经济技术和社会发展目标的要求,进行海洋人力资源相配套规划设计。把对人才的培养与教育、预测与规划、管理与使用开发有机地结合起来,整体考虑、系统规划,配套逐步实施。应当从"人才强国"战略的高度,根据国家和地区海洋事业发展的目标和任务,按照《2002~2005年全国人才队伍建设规划纲要》所提出的方针、目标、任务、制定海洋人才建设的规划,并切实加以实施。

2. 政策性战略

改革开放以来,国家为推动人力资源开发,制定了一系列有关吸引人才、培养人才、用好人才、充分发挥人才积极性的政策和制度。主要包括培养、使用、保护、支持、尊重、保障等方面的内容。其中关于"政府津贴制度"、"百千万人才工程"、"职称改革与资格制度"、"留学人员规定"等,极大地推动了人才为经济及各项事业发展作贡献的积极性。选择这样一个战略,无论对国家还是对企业、事业单位都将是极有价值的选择。

3. 技术开发战略

技术开发是指在人才的具体管理与开发中运用先进的技术代替传统的管理方法,在注意定性管理的基础上,实行定量化、科学化的现代管理手段。目前,我国已提出了10项新的人事制度(即规划设计、考试录用、能力测评、心理测试、业绩考核、潜能开发、培训教育、薪资设计、信息统计分析、综合监控等),运用于各类人员的管理和人事工作。

4. 人才分类开发推进战略

要着重抓好三支队伍的建设,即党政人才、企业经营管理人才、专业技术人才三支队伍,并对这三支队伍提出不同的要求。党政人才队伍的重点是加强党政领导人才队伍建设;企业经营管理队伍的重点是培养造就优秀企业家;专业技术人才队伍的重点是培养造就优秀学科带头人。

5. 创新体系战略

培养人才的创新精神,开发人才的创新能力,是人力资源建设的主题。海洋科技创新是推动海洋企业发展的革命性手段。组织管理人员、技术人员及生产工人积极参加创新活动,是调动他们积极性、挖掘他们的聪明才智最生动的实战性过程。创新活动必须同实现事业目标、知识产权保护、企业经济效益结合起来,同国家、企事业单位的奖励制度结合起来。

三、大力推进海洋人力资源开发

我国沿海地区经济比较发达,人口素质较高,但是,沿海人口中绝大部分从事陆地产业。就海洋开发而言,人力支撑条件相对薄弱,使我国海洋开发基本上处在传统海洋开发水平上。

推进海洋人力资源开发,首先要重视海洋基础教育。要拓宽专业设置,改革教学方式,编写有关海洋教材,逐步纳入中、小学课程,在广大青少年中树立牢固的海洋观念。

推进海洋人力资源开发,要加强宣传教育。多年来,由于宣传教育不够,国民海洋意识比较薄弱。这主要表现在:对海洋是国土资源的重要组成部分认识不足;对相当于我国陆地面积1/3的、属于我国管辖范围的海域所蕴藏的资源状况了解不多;对海洋资源开发利用的经济价值及其对国民经济发展所起的作用重视不够;对日益兴起的海洋开发热以及"21世纪将是海洋开发的新世纪"的思想准备不足等。只有提高全民的海洋意识,才能调动上上下下各个方面的积极性,为此,应广泛利用各种传媒普及海洋知识,办好各类海洋报刊和重视广播、电视在这方面的宣传,兴建海洋博物馆和举办海洋展览会,开展海洋日、海洋宣传周、海岛巡礼、海岸带万里行等活动。

在海洋科研领域内推进海洋人力资源开发,除抓好基础研究和应用基础研究外,更应侧重于高、新技术和实用技术的研究与推广。其中包括海洋生物工程技术、海水淡化及综合利用技术、海洋精细化工、海洋船舶及构造工程技术、海港及海岸工程技术、海洋物探及钻探技术、深海采矿技术、海洋动能和热能开发技术、海洋遥感技术、海洋深潜技术、海洋信息工程技术等。在科技兴海过程中,一方面要积极创造条件,使海洋适用技术和高新技术迅速转化为生产力;另一方面要重视培养各种专业人才,其中更要侧重培训海洋开发生产第一线所急需的科技力量,加强教育与生产的结合,引导海洋专业教学改革朝更加有利于海洋开发的方向发展。

推进海洋人力资源开发,特别要注意外向型经营人才的培养。随着入世和全球经济一体化进程的加速,企业与企业、企业与消费者,特别是国内外企业之间以及它们与消费者之间的距离缩短。海洋开发与生产、海洋产品的销售和消费的国际化使得众多海洋企业的发展都离不开国外市场的开拓与先进技术的引进和利用,企业经营活动有可能在全球范围内进行。因此,现代企业必须树立具有全球意识的国际化经营与竞争观念,制定带有全局性的、分步实施的发展战略和策略,并把培养国际化人才作为战略重点。作为海洋企业经营者,要注意不断提高自身的国际化经营素质,提高自身的国际竞争能力。

第二节　人力资本的战略管理

一、人力资源战略管理的基本含义

要从"人才强国"的战略高度,按照分类管理的原则,实行重点带动,整体推进,促使人才队伍建设全面发展。对一个企业而言,应从整体战略中分解出来的人力资源按职能进行分层次管理,为企业赢得人力资源竞争优势,并最终转化为企业竞争优势的一种人力资源管理模式。人力资源管理的核心任务是构建智力资本优势,实现人力资源管理者的角色多重化和职业化。

人力资源管理可以分为三个部分:一是专业职能部门的人力资源管理工作;二是高、中、基层领导者承担履行人力资源管理的责任;三是员工实现自我发展与自我开发。人力资源管理的一项根本任务,就是如何推动帮助企业的各层管理者及全体员工去承担人力资源开发和管理的责任。

二、人力资源管理的发展趋势

在经济全球化的大背景下,人力资源管理呈现全球化与信息化的特点。经济全球化,必然要求人力资源管理策略的全球化,这是因为:

(1) 员工与经理人才的全球观念需要进行系统整合与管理。通过人力资源的开发与培训使得我们的经理人才和员工具有全球的概念。现在,人力资源本身也需要进行系统的思考,即我们应该建立一种什么样的理念,如何使得企业的核心价值观、共同远景能够系统地落实到员工日常的行为过程中,这就需要对经理人才和员工的理念进行系统的整合与管理。

(2) 人才流动国际化、无国界化。也就是说,我们要以全球的视野来选拔人才,来看待人才的流动,尤其是在加入 WTO 以后,我们所面对的就是人才流动的国际化以及无国界化。

(3) 人才市场竞争的国际化。国际化的人才交流市场与人才交流将出现,并成为一种主要形式。人才的价值(价格)就不仅仅是在一个区域市场内来体现,它更多的是要按照国际市场的要求来看待人才价值。

(4) 跨文化的人力资源管理成为重要内容。

(5) 人才网成为重要的人才市场形式。人才网要真正实现它的价值,就要最终走出"跑马圈地和卖地"的方式,真正通过利用网络优势来加速人才的交流与流动,并为客户提供人力资源的信息服务。

(6) 以信息网络为工具的虚拟工作形式呈不断增长趋势。

三、人才管理的误区

在经济高速发展、商业竞争日益激烈的今天,人才管理已经变得非常重要。缺乏有效的人才管理机制去正确引进、开发和使用人才,是当今企业面临的一个重要问题。目前,在人才管理方面存在以下六大误区:

1. 偏重引进或内部开发

国家重视开发利用国际、国内两个人才市场,两种人才资源。就一个单位而言,人才的来源可有两种途径:外部引进和内部开发。这两种途径各有其优缺点,不可偏废。注重引进外部人才,可在短期内拥有大量人才并可降低培训费;注重内部人才的开发,可减低人才投资,并能提高使用效率。但只注重外部引进,会挫伤内部职工的积极性,只重内部开发,企业会失去活力。

2. 重学历、轻能力

许多人在实际工作中积累了丰富的实践经验,工作能力强,但由于种种原因没有学历或文凭,因而无法提拔和重用。有些单位在用人时,往往只注重人才的学历,而忽视人才素质和实际能力。在选拔人才时侧重学历条件,忽视人才道德修养,致使一些不合格的人走上重要岗位甚至领导岗位,造成单位管理的混乱以致带来工作和经济上的损失。

3. 重人才投资,忽略施展环境

引进或培养人才也是一种投资,必然会给企、事业单位带来效益,但需要一定的条件。条件不仅包括生活方面的工资、福利、住房,更重要还在于工作中的权、责范围、人际关系等方面。工作环境和条件是人才发挥效能并带来效益的关键所在。有些单位以高工资、高福利来吸引并安置人才,但并没有为人才创造发挥才能的环境,使得不少人才发出"英雄无用武之地"的感慨。吸引人才、培养人才、用好人才三个环节缺一不可。

4. 害怕人才流动

人才流动是社会生产发展的必然结果。单位从自身角度出发,一方面需要稳定的人才队伍,以维持正常活动的开展,另一方面应借助人才流动调整和优化人才结构。有些单位从组织人事角度出发,为人才流动设置障碍,以避免由此带来的损失,同时尽可能减少人才流动。这种做法实际上大大降低了单位对人才的吸引力和自身的活力。

5. 重使用而轻价值

人才的价值不仅表现在对社会和单位承担的责任以及作出的贡献,也反映出社会和单位对人才的尊重以及需要的满足。实际工作中,有的单位不能正确看待人才价值,重视人才的贡献,却忽视人才的个人需要,从而挫伤了人才的积极性。

6. 重物质、轻精神

物质激励和精神鼓励是常用的激励手段。为吸引人才常采用提高工资、改善福利等手段进行物质奖励,往往能够取得一定效果。但精神鼓励对于激发人才的工作热情、满足自我发展需要、提高工作效率更具有不可忽视的作用。

四、人力资源的战略管理

人力资源管理在组织中的战略地位上升,使之真正成为部门或企、事业的战略性资源,人力资源管理要为战略目标的实施承担责任。

1. 人力资源的评价体系

人力资源的评价,是指通过价值评价体系及评价机制的确定,使人才的贡献得到承认,使真正优秀的、为企、事业所需要的人才脱颖而出。

目前,部分国内企、事业,由于没有建立起一套科学的价值评价体系及职位评估体系,因而在确定员工的工资时,往往带有主观随意性,对一些关系比较亲近,或善于吹牛拍马"顺着杆子往上爬"的人给予高工资,而实际上,这些人的工作并没有为企、事业带来较高的价值与利益。相反,有的员工扎扎实实做好本职工作,实实在在为单位带来了价值和利益,但因为不善于揣摩领导的心思,不善于取悦领导,因而只能领取比较低的工资。

要解决以上问题,关键在于建立起科学的价值评估体系和价值分配体系,才能形成有效的激励机制,从而推动企、事业员工,特别是企业家和知识创新者创造更多的价值,作出更大的贡献。

科学的评价体系一般包括个性特质评价、职业行为能力评价和关键业绩指标考核。

第一,个性特质评价。即评价员工是否具备某一职务所要求的个性特质,或者说是"主题特征"。进行个性特质评价首先要建立单位内部各种职务的素质模型。比方说企业,开发岗位要求任职者具备创新、追求成就、重团队协作、善沟通、好学等方面的个性特质;中试岗位要求任职者具备爱挑毛病,穷根问底,影响需求高于亲和需求,影响冲动强于避免讨厌的冲动等方面的个性特质;销售岗位要求任职者具备主动性、敏感性,能把握商机,对别人施加影响,能经受挫折,不怕被拒绝,善于谈吐等个性特质。在这个基础上,也就可以建立相应的测评体系,用以测定有关员工是否具备某一职务所要求的个性特质。

第二,职业行为能力评价。即评价员工是否具备某一职务所要求的职务行为能力。职业行为能力评价的前提是对单位的所有职务进行横的和纵的划分以后,明确各种职务的角色定位和价值要求,进而制订出各种职务的行为能力标准,并用它来衡量应聘者或拟任者是否具备相应的职务行为能力,凡符合标准的,证明其具备这种职务行为能力,因而也具备这一职务的任职资格;凡不符合这一标准的,则证明其不具备这种职务行为能力,因而也不具备这一职务的任职资格。

第三,关键业绩指标考核。即考核员工的工作是否达到某一职务所要求的关键业绩指标。对员工进行关键业绩指标考核的基础是在单位内部建立一个关键业绩指标体系,在这个体系中,个人目标、部门目标与单位总的目标之间保持高度一致。以企业为例,也就是说,企业先要根据不同时期的战略目标和管理重点制订出某一段时期(如某一年度)的关键业绩指标系统。这一指标系统的确立决不是某个领导人拍脑袋想出来的,而是经过对企业成功的关键要素及重点业务进行分析、研究后确定关键业绩指标的项目,进而确定这些项目的测量标准。接着,要把企业的关键业绩指标分解到各个部门和单位,最后分解到每个员工,要使不同功能领域的员工相互合作,把力量集中在争取企业的共同成果上。

2. 人力资源管理战略

(1) 人力资源管理的重心——知识型员工

企业是海洋开发的主体,企业的核心是人才,人才的核心是知识创新者与企业家。人力资源管理要关注知识型员工的特点,其重点是如何开发与管理知识型员工,对知识型员工采用不同的管理策略。知识型员工的特点及其管理策略包括:

① 知识型员工由于其拥有知识资本,因而在组织中有很强的独立性和自主性。

② 知识型员工具有较高的流动意愿,不希望终身在一个组织中工作,由追求终身就业饭碗,转向追求终身就业能力。

③ 知识型员工的工作过程难以直接监控，工作成果难以衡量，使得价值评价体系的建立变得杂而不确定。知识型员工更加关注个人的贡献与报酬之间的相关性，这就要求企业建立公正、客观的绩效考核体系。在知识创新型企业中，每个人在企业中的位置，不再是按照工业文明时代企业严格的等级秩序和细致的分工体系下的精确定位，而是按照现代数学的模糊定位。

④ 知识型员工的能力与贡献差异大，出现混合交替式的需求模式，需求要素及需求结构也有了新的变化。

(2) 人力资源管理的核心——人力资源价值链管理

人力资源管理的核心是价值链管理，价值链本身就是对人才激励和创新的过程。只有建立起科学的价值评估体系和价值分配体系，才能形成有效的激励机制，从而推动企业员工，特别是企业家和知识创新者为企业创造更多的价值。这条价值链上有三个主要环节，第一个环节是"价值创造"，第二个环节是"价值评价"，第三个环节是"价值分配"。

"价值创造"强调的是创造要素的吸纳与开发，价值创造就是在理念上要肯定知识创新者和企业家在企业价值创造中的主导作用，企业人力资源管理的重心要遵循2：8规律，即我们要关注那些能够为企业创造巨大价值的人，他们创造了80％的价值，而在企业人员数量中仅占20％，却能带动企业其他80％的人。注重形成企业的核心层、中坚层、骨干层员工队伍，同时实现企业人力资源的分层分类管理模式。

价值评价问题是人力资源管理的核心问题，就是指要通过价值评价体系及评价机制的确定，使人才的贡献得到承认，使真正优秀的、为企业所需要的人才脱颖而出，使企业形成凭能力和业绩吃饭的人力资源管理机制。

价值分配就是要通过价值分配体系的建立，满足员工的需求，从而有效地激励员工，这就需要提供多元的价值分配形式，包括职权、机会、工资、奖金、福利、股权的分配等。要注重对员工的潜能评价，向员工提供面向未来的人力资源开发内容和手段，提高其终身就业的能力。

五、海洋科技人力资源盘活的战略架构

1. 海洋科技人力资源的现状

改革开放20多年来，海洋科技的整体发展，包括科技体制改革，都取得了可喜的进展。但海洋科技管理体制和海洋科技发展水平难以满足国民经济和社会发展的客观要求，更难适应海洋经济可持续发展的运行要求。其主要表现在：

(1) 海洋科技机构隶属多门，设置重复

据《海洋研究与开发机构统计资料》显示，在专门从事海洋研究和技术开发的58个科研机构中，有31个隶属于国务院各部、委、局和中国科学院等8个主管部门，27个机构隶属于沿海十几个省、自治区、直辖市。虽然各海洋科技机构的研究领域各有侧重，但也存在着明显的相似或相同的重叠现象，其中尤以中国科学院与国家海洋局各科研机构的研究领域重叠较多。海洋科技机构隶属多门化，研究领域的重叠化，除了导致科技力量分散、设备闲置，造成科技资源浪费外，由于各部、委、院的海洋科技机构多设置于沿海各省市，其科研、开发方向存在着"游离"于地方经济发展的倾向,科技成果难以为"当地化"发挥应有的转化效应。

（2）海洋科技机构的内部结构不尽合理,科研与生产结合不密切

统计资料显示,海洋科技机构中管理与后勤服务人员所占比例过大,占19.9%,应用研究人员为15.1%,科技服务人员为13.5%,成果应用人员为12.5%,生产经营人员为11.3%,从事试验发展的人员为8.8%,基础研究人员为6.2%。由此可见,从事基础研究的人员比例偏低,从事应用、试验、成果推广、生产经营和科技服务的人员比例达到61.1%,而管理与后勤服务人员的比例偏高,加上列入从事其他活动的人员数,两项比例约占31.7%,使海洋科技机构人员的分工不尽合理。

（3）海洋科技人员老龄化趋势突出,后备力量薄弱

全国58个海洋科研机构中,离退休人员与在职人员比例为1：3.79。随着今后几年离退休高峰期的到来,如不尽快采取有效的措施吸收人才,扩充海洋科技队伍,出现人才严重断层现象是不可避免的。这种变化趋势显然与21世纪海洋的持续发展是极为不相称的。

针对现有海洋科技体制所存在的不足,现实的选择在于"盘活"已有的海洋科技人力资源。"盘活"海洋人力资源的关键条件又在于海洋科技体制创新：一是在海洋科技管理结构层次上的创新,包括对政府海洋科技管理机构的重新设置与权限划分,各科技机构间的重新建构,乃至各科研院所内部管理机构的设置与权限界定等,以盘活海洋科技人力的"存量"；二是在运行层次上的系列改革,通过科研任务的确定与落实、科技资源的优化配置、科技成果的转移与使用等环节,实现人力、信息、资金、物资等要素的有效流通与配置,特别是激发科技人力"活力"。其目的是推进海洋科技人力资本积累和结构优化的持续性进程,使人类第二生存空间——海洋早日步入可持续的开发和利用轨道,并使海洋产业成为区域经济发展的主导产业。

2. 科技人力资源盘活的途径

海洋科技的发展面临着深化体制改革和科研机构调整、人才分流两项战略任务。其实施的技术途径有两种：

（1）突出结构调整

以科研机构调整、人才分流为实施重点,将实现其配套政策作为保障措施,采取"试点引路,由点到面"的模式方法,在管理职能部门的直接控制下组织实施。一旦机构调整、人才分流的硬任务完成,建立新型科研体制的软任务也可以随之告成。由于科技工作的复杂性和特殊性,按照对未来各类海洋科研机构大致规模与比例作出初步规划的体制创新,难以设计出科学合理的科研机构设置的具体方案。再者,机构调整、人才分流仅仅是目前海洋科研机构隶属多门的一种重组方式,其与整合海洋科技人力资源是两个不同的层面。这种计划模式下的体制创新途径值得进一步商榷。

（2）培育海洋科技新体制

这一途径以创建新的海洋科技管理体制,特别是培育新的运行机制为重点,将科研机构调整、人才分流看做是新运行机构培育过程中重新构建的必然结果。该模式显然比机构

调整、人才分流更具根本性,但也更为艰巨。它要求打破旧的高度集中计划体制下海洋科技机构的设置格局,以宏观政策引导为手段,创造有明确导向的政策环境,促使海洋科技人员和机构在有充分自主权的条件下主动地进行分流与重组,即在受控自组织中实现体制创新。从改革的实践看,自1985年中共中央《关于科学技术体制改革的决定》发布以来,陆续推出的科研机构事业费控制制、拨改贷款制、基金制、院(所)长负责制等改革措施所引起的科技系统的重大变化,足以说明受控自组织模式的可行性。

3. 政府在科技人力资源盘活方面应实施的战略

立足于"盘活"海洋科技人力资本运行机理的探讨,政府应当实施以下战略:

(1) 构建海洋科技人才的第一性地位

应当全面正确地树立海洋科技人力资源的价值观念,建立健全海洋科技人才成长的培育机制,构建起海洋科技人力资源开发在可持续利用海洋资源、实现知识经济高效运行中的第一性地位。广大的海洋科技人员要转变意识,勇于承担时代赋予的历史责任,充分发挥主观能动性、积极性和创造性。科技人员既是"盘活"的对象,亦是"盘活"战略实施的主体。全社会新型人才观的树立,科技人员自主意识的强化,是区域"蓝色"战略实施的前提和根本。

(2) 推进海洋科技体制改革

在目前较为普遍采取的是将科研机构定编、事业费投入与其近期取得的科技成果相挂钩,这一关键性政策实施的同时,对独立海洋科研机构的科技成果进行客观的测定与科学的评估,对人员编制与事业费投入模型中的参数实行动态调整,使科研机构运行逐渐步入以市场需求为取向,依法(政策)自主运行的协同体系。企业追求技术进步的内在动力是一国或区域能否实现技术进步的核心所在,也是扩大科技需求的主体。今后的海洋科技体制应该是一个开放的体制,在开放的"科技机构+企业"体制下,科研机构"技术溢出"与企业"干中学"的合作,对于提高科技资源配置效率及推进企业的技术进步,具有双重的积极作用。

就科技队伍市场化整合的建制而言,应当着重抓好三个层面的工作:一是以鼓励高水平研究人员取得世界领先的科技成就和在技术商业化推广中取得经济成就为导向的政策倾向,将促使海洋科技队伍内部的经济收入拉开档次,从而保持海洋科技领域对其他领域就业条件的竞争力;二是在海洋技术推广领域要保持和发展专业技术骨干网络,大力提高人员素质,改善能级结构与增加人员数量;三是将社会海洋科技知识传播系统和技术推广基层组织培育成市场经济基础上的一个极有生命力的先进生产技术普及网络,不仅使之成为新的海洋科技就业增长点,而且成为培训合格的生产者、鼓励企业和渔民应用先进技术的"天地"。

(3) 强化海洋R&D研究有效需求的引导,加强海洋产业需求为导向的技术开发

从全国的情况看,一方面人们大声疾呼海洋科技人员严重短缺,另一方面许多海洋科技人员在科技研究领域从业待遇较低,因而不断流向其他领域。从劳动力市场关系的角度分析,产生这种现象的根本原因是科技研究的有效需求不足。目前维持海洋科技人力资源的经费投入和市场购买力均呈疲软状态。我们认为海洋科技研究的有效需求不足是影响

当前海洋科技人力资源发展的主要矛盾。R&D/GDP指标连年下降,说明科学技术市场有效需求的相对量也呈下降趋势,也反映出科学技术在国家整体发展中的实际地位。

科技有效需求不足是由区域发展所处的一定阶段,以及经济、社会等条件的制约所决定的。同时,政府的科技发展政策也是影响科技有效需求的重要因素。民众、企业和政府的多种需求分别通过市场和国家计划实现供求结合。因此,简单地计算出各方面对于科技发展(包括科技人力资源)的需要只是一个不可能达到的上限。在利益和需求的比较过程中,这些需要量之间相互压缩,直至达到可支付资源总量的范围之内。在民众、企业和政府的不同层次上,科技需求以责任转嫁的方式,被层层压缩,从而导致科技研究的有效需求严重不足。一般认为,当使用价值的客观需要和有效需求严重背离的情况出现时,即表明政策体系的内部平衡失调。当前科技研究人员的就业状况恶化仅仅是一种现象。它所反映的是整个社会的深层问题。不认识这一点,就很难把握科技政策研究的根本,也难以展开科技人力资源的政策研究。

(4)切实落实"以质促量"的海洋科技人力资源近期发展策略,促进自组织体制的建立

长期以来,科技人力资源的预测和计划工作主要是基于对科技需要这一单一因素的粗略估计作出的。因而在科技人力资源政策方面,追求数量上的外延扩张已经成为政策设计的主调。我们认为,在当前海洋科技投入近期难有实质性突破的情况下,海洋科技人力资源政策设计在注重人员数量稳步发展的同时,应重点投入有限资金,用于提高现有海洋科技人员的就业质量,充分调动其积极性,从而营造吸引人才的良好环境。这应当是近期海洋科技人力资源发展的主导策略。科学技术领域的就业容量应有一个适度范围。在就业资源没有大的变化情况下,大量增加从业人员的供应量,只能加剧领域内部的就业竞争,导致就业状况恶化,其结果必然是一部分专业技术人才流失。在传统的计划经济体制下,人员的数量增长常常作为事业兴旺发达、机构蓬勃向上的标志和领导政绩。争取本机构、本领域或行业的人员额度增加,就意味着可以从政府获得更多的经费。有时甚至把人员的数量增长作为部门、机构之间进行资源和利益争夺的一种"政治策略"。这种状况在市场经济过渡的进程中正在发生变化。科技人力资源发展的评价标准和发展战略也应逐渐随之改变,质量型增长应当成为科技人员政策设计的基调。

(5)加强海洋科技骨干队伍建设,建立起"梯度"结构的人才体系

海洋科技骨干年龄结构呈"两头高、中间低"分布的现实是"文革"的遗留问题。由于在海洋科技人员的政策上存在着诸多问题(包括培养、使用、职称、待遇等),极不利于年轻一代海洋科技人员的成长。据统计,目前承担国家重点课题的课题负责人高峰区年龄在52~62岁之间,占课题负责人总数的一半以上。与此同时,中青年骨干不稳定,流动过频也是大问题。如不能尽快解决这两个问题,则"青黄不接"的问题将是十分严重的。无论从国外经验和国内实际情况来看,还是从人才本身的成长规律来看,30~40岁的科技骨干是有能力挑起这副重担的。当然,知识、经验、能力要有一个逐步积累的过程。因此,为避免海洋科技骨干"青黄不接"的问题,如何采取有效对策已成为非常紧迫的问题。

第三节　海洋教育

一、我国海洋教育的发展与现状

海洋教育是推进海洋人力资源开发的重要手段。随着科学技术的不断进步，人们对海洋资源潜力的认识在不断加深，海洋教育的范围已不仅仅局限于对海洋科学知识的传授，现在几乎在自然科学领域及工程技术领域重大的最新科研成果和技术发明，都很快地在海洋研究与开发方面得到推广应用。因此，现代海洋教育并不是人们通常理解的行业教育，它比大多数部门的行业教育要广泛得多，实际上包括众多涉海部门的相关的各类教育内容。

海洋教育概念的内涵也由传统的海洋学科领域延伸为包括海洋科学、海洋交通运输、海洋工程技术、海洋水产以及海洋社会科学等领域的众多相关学科。据统计，我国目前涉及海洋领域的高等学校有中国海洋大学、大连海事大学、浙江海洋学院、湛江海洋大学、哈尔滨工程大学、上海水产大学等37所，涉及海洋教育领域的中等专业学校有29所。上述大、中专学校与开展学位教育的各类海洋研究院（所）构成了我国现行海洋教育体系的主体，每年为海洋科技应用领域培养大批的专业技术人才。

国家海洋局在加强局系统海洋管理人才培养的同时，还为沿海省市海洋管理机构培养了数百名海洋监察员，加强了沿海省（市、区）的海洋执法管理工作。农业部渔业局对海洋捕捞、水产养殖和水产加工等20余个专业技术岗位上的渔民开展了技术资格证书培训（通称为绿色证书），近万人取得了绿色证书，提高了渔业劳动者的科技文化素质。同时，国家对青少年也加强了海洋国土意识教育，新修订的粤版《新三字经》增补了海洋国土的内容，并且作为附录收入全国小学六年级语文课本。同时，在中国海洋大学成立了全国海洋观教育基地。

海洋教育的快速发展，得益于国家的"科教兴国"战略，它促进了科技、教育与经济的紧密结合。海洋产业作为高技术产业，必然对海洋教育的发展起着引导作用。另一方面，全国海洋经济的快速增长为海洋教育提供了广阔的人才需求市场。据统计，"八五"期间我国海洋产值以每年16％以上的速度增长，远高于我国平均10％的增长速度。海洋经济产值也由20世纪80年代末占国内生产总值的3％提高到2000年的约5％。增长速度虽高，但主要仍为投入性增长。因此，只有加大技术、智力资源的投入，加速发展海洋教育，才能真正实现海洋事业可持续发展。

目前，我国海洋教育体系已基本形成，各类海洋高等教育、职业技术教育与成人教育都已具有相当规模，初步形成了与我国海洋事业同步发展的运行机制。如果说在本世纪末经过各涉海行业、部门教育工作者的努力探索，形成我国海洋教育的基本框架，那么，进入21世纪的我国海洋事业将会有一个坚实的发展基础。到那时，我们可以说海洋教育为适应知识经济和我国海洋事业可持续发展作出了很大的贡献。

二、21世纪初海洋高等教育面临的新挑战

面对21世纪,海洋高等教育面临着新的机遇和挑战,不论是教育思想、教育观念,还是教育制度、教育方法都将发生重大变化。

1. 科学技术的突飞猛进和信息革命浪潮的兴起对海洋高等教育产生了深刻的影响

当代世界科学技术的发展日新月异,一些尖端的科技成果已突破了20世纪工业文明单纯严格的科学界限,正在改变整个社会的生产方式、生活方式和学习方式。科学技术的突飞猛进使得学科不断分化、综合和交叉,又以综合为主。信息革命使得知识急剧增长,知识老化速度加快。信息技术的发展为知识的创造、储存和传播提供了新的手段与工具。这就促使高等教育在教学内容、教学方法和课程体系等方面进一步深化改革。要精选教学内容,在更高层次上回归基础,注重方法和方法论教育;要发挥学校的综合优势,改革人才的培养模式,以适应现代科学技术的发展。海洋高等教育也应如此。

2. 海洋知识经济的挑战

知识经济是前所未有的经济,是指建立在知识和信息的生产、分配和应用之上的新型经济。它以智力资源为首要依托,知识超越资本、资源和劳力,是创造财富的最基本的生产要素,其他的生产要素都必须靠知识来更新和装备。海洋环境的复杂性,多变性和高风险性,决定了海洋的开发和海洋经济的发展必须紧紧依靠海洋高技术的发展。从某种意义上讲,现代海洋经济是以知识增长和高技术发展为基础的知识经济。要适应海洋世纪和知识经济时代的要求,必须大力发展科学技术,实施“科教兴海”战略,重视海洋教育和人才培养。我们要转变教育思想观念,加强学生综合素质的培养;要把过去海洋专业单一的教学体系改变为兼容人文、经济管理和环境等内容的综合教学体系;改变“知识继承”和“单向灌输”等传统的教学观念和教学方式,在教学中形成自由思考的氛围,鼓励学生的独立探索,培养学生的创造性;着力加强教育中的实践环节,培养学生从事海洋科学研究和社会活动的能力。

三、海洋高等教育展望

知识经济时代的经济竞争,归根结底是高水平人才的竞争,而高水平的人才取决于教育,这比其他任何时候更要求人才的创造性。面对知识经济的挑战,要发展海洋高科技产业,必须大力发展海洋高等教育,培养一大批具有创新精神的海洋科技人才,参与国际竞争。另一方面,知识经济时代要求教育必须打破学校的一次性教育,向教育终身化、学习社会化迈进。

在知识经济社会,科学技术以前所未有的速度发展,新成果、新行业层出不穷。海洋科学的发展也同样具有加速和急剧变化的特点。今天,一个大学生在学校里所学的专业知识,无论多么“现代化”,若干年后,都会不可避免地遇到相对应用领域专业知识过时的问题。据统计,现在大学生在校学到的知识中,属于科学史上继承性的知识所占比例不断下降,而现代科学技术知识所占比例与日俱增。只靠在校学习,也就是说“一次教育”的观念

已经过时了,应该提倡"回归教育",即"终身教育"。终身教育使教育成为与人的一生相伴的活动,使教育成为国家和社会对每个公民所承担的终身责任。也就是说,教育是全社会的责任。终身教育的思想响应了未来世界急速变革的挑战,而受到世界各国的普遍关注,并被许多国家以法律形式加以确立。同时,海洋教育应体现为区域经济建设服务,适应区域经济建设和发展对人才的需求。

四、海洋科学的教育模式

构筑新型的海洋教育观。资源与环境是制约人类社会可持续发展的两大科学问题,海洋科学在解决这一世界热点问题上起着愈来愈重要的作用。更重要的是海洋科学的发展有赖于21世纪的海洋科学教育,所以我们必须从战略的高度上认识海洋科学教育与改革,不仅坚持以开放的思想对待海洋科学教育和改革,而且要在海洋科学教育中充分体现爱国主义旋律。海洋占地球表面积的71%,随着信息技术的发展,海洋资料、研究成果、海洋教育将成为人类的共同财富。21世纪的海洋科学是开放的,海洋科学教育也必然是开放的,因此我们努力使海洋科学教育和改革适应这种开放性,使学生能够从思想到知识、从独立工作能力到合作精神都适合海洋科学的开放性。

坚持拓宽口径、多学科交叉渗透的方向。海洋是一个开放的系统,与地球上的其他系统相互作用,因此海洋科学是一个多学科交叉的学科,海洋科学教育也必须与之相适应。根据海洋科学发展的趋势和国家经济建设、科技进步及社会发展的需要,今后应加大海洋科学人才培养的力度,按照"厚基础、宽口径、高素质、强能力"的培养目标,争取培养出更多具有创新精神、实践能力和能够参与国际竞争的高素质海洋科学专门人才。

专业设置是实现人才培养模式的重要组织形式。1999年国家颁布了新的专业目录,为了满足21世纪国家对海洋科学高水平人才的需求,按照"加强基础、拓宽专业、协调发展、整体优化,提高素质、增强能力、因材施教、突出特色"的原则,修订了海洋科学教学计划。然而,随着国家社会、经济可持续发展的需要,特别是我国加入WTO后所面临的新环境,以及维护我国海洋权益和近海海洋生态环境保护等的需要,有必要继续完善海洋科学专业设置,如增设海洋管理和海洋军事学专业。随着海洋管理事业的发展,现有的海洋管理队伍已不能满足现代海洋管理的要求,而且现有海洋管理队伍也存在人才结构不尽合理,知识结构偏窄,海洋综合管理人才相对缺乏,中青年高层次、高素质人才比较匮乏的问题。2001年青岛海洋大学组建了30人的海洋管理专业班,开创了我国海洋管理教育的先河,并且已与国家海洋局商定,共同向教育部申报在海洋科学学科中设立"海洋管理"专业。

此外,我国是一个拥有300万平方千米可管辖海域和3.2万千米(大陆和岛屿)海岸线的海洋大国,但是我们还远远没有达到一个海洋强国的水平,我们的海防还不能够充分保障我国的海洋权益和安全。随着我国海军现代化武器装备水平的不断提升,对各种海洋环境参数掌握程度的要求也不断提高。然而,我国极度缺乏熟悉武器装备与海洋环境之间关系的专门人才,这在很大程度上限制了现代化武器装备效能的发挥,甚至制约了我国海军现代化的进程。为此,中国海洋大学近年来通过不断扩大与军事院校(如大连舰艇学院)的合作,计划共同创立和发展我国的军事海洋学。

第四节　建立适应21世纪海洋事业发展的人才队伍

一、21世纪海洋科学的发展趋势

如何适应21世纪新的海洋事业发展的需要,如何建立适应21世纪海洋事业发展的人才队伍,已是一个摆在我们面前的很严峻的问题。

目前,世界上大约有60%的人口居住、几乎50%的百万人口的城市坐落在离海岸100千米的海岸带上。在"人—地系统"中,世界人口的这种分布格局,极大地增强了人与海洋相互依存的关系。另一方面,现代社会面临的人口、资源和环境三大问题日趋严重,再加上海洋拥有丰富资源的诱惑,这就使各国政府不能不把海洋研究与开发放在相对重要的战略地位。世界科学技术的迅猛发展,特别是近10年来海洋科学的发展,已为未来的海洋科技快速发展奠定了必要的基础。自20世纪70年代以来,海洋卫星的发射,使人们具有大范围连续观测海洋的技术能力。深潜技术的进步,使人们有可能对更广阔的深海区进行调查,现代的科技进步为21世纪的海洋科学发展准备了必要条件。

1. 海洋科学将进入一个快速发展的新时期

在未来的海洋开发中,人类可以从海洋中获得陆地上所有能获得的一切自然资源。在人类社会人口急剧增加,被过度消耗的陆地资源已日趋贫乏的情况下,海洋的丰富资源乃是人类继续生存和社会经济持续发展的希望所在。社会的需要是发展科学技术最强大的推动力,20世纪科学技术的发展,已为21世纪海洋科学的快速发展提供了必要的理论和技术基础。在科学技术高度分化和高度整合的世纪之交,知识经济浪潮扑面而来,必然使海洋科学进入一个快速发展的新时期。

2. 海洋科学研究的多学科综合与交叉的特征将更加明显

海洋是一个开放的、具有多样性和特殊性的复杂系统。在这个系统中有多种不同时空尺度和不同层次的复杂的物质存在和运动形式。海洋的这一基本属性客观地注定了海洋研究的多学科综合与交叉的特征。但是,在海洋研究的早期活动中,这种特征是不可能充分表现出来的,只有当海洋科学发展到一定水平,这种特征才会随其自身的发展而日益明确起来。在已推出的各种海洋国际合作研究中,这种特征得到了充分反映。近十几年海洋学界提出的一些问题,如厄尔尼诺现象、海平面变化和全球海洋生态系等问题无一不具有多学科综合与交叉的特征。全球海洋生态系统问题就是一个生动的实例。这个问题的初步研究表明,它不仅涉及物理的、化学的、地质的、生物的诸多基础学科,而且还涉及到信息论、控制论等学科以及众多学科之间的彼此融合。至于"人—地系统"中人与海洋的相互作用问题的研究,不仅涉及自然科学,还不可避免地涉及社会科学。可以预料,随着海洋科学的迅速发展,多学科综合与交叉将更为突出。

二、21 世纪海洋事业发展对人才队伍的要求

1. 海洋科技人才的培养目标

为了适应21世纪海洋科学的快速发展以及知识创新和发展的挑战,21世纪的海洋科技人才需要怎样的知识结构呢?

从科技人才知识结构的历史演变看,曾推崇过"T"型知识的结构。"T"型中的一横即"一"表示博,一竖即"I"表示专,这在一定时期与人们的认识和社会发展的需要相适应。随着科学技术日新月异的发展和社会主义现代化建设的深入,对科技人才知识结构提出了新的要求,应运而生的"图钉"型知识结构具有相对合理性、稳定性和适应性。显而易见,上述"T"型知识结构是二维的、平面的,而"图钉"型知识结构是三维的、立体的。这种科技人才知识结构强调了博识的重要性,以更好地适应综合性、跨学科研究的需要,能够较好地解决和处理复杂问题。

21世纪海洋科学研究的多学科综合与交叉特点,决定了海洋科技人才具备"图钉"型知识结构,更能适应现代化科学技术发展的高度综合、高度分化和高度整合,更能适应海洋知识经济和可持续发展的需要。因此,必须切实转变教育思想观念,深化教育改革,加强海洋科技人才的综合素质培养,尤其是创新意识、创新能力的培养,以适合知识经济时代的需要。具体地讲,在本科生培养阶段,应强调"培养德智体全面发展,具备海洋科学的基本理论和基本技能,基础宽厚、整体素质高、创新意识及综合能力强的复合型高级专门人才";对硕士研究生,强调创新能力的培养;而对博士研究生,则应要求他们在研究方向上做出创造性的成果。

2. 海洋科学教育市场的需求和教育规模

自1959年以来,中国海洋大学(1959年为山东海洋学院,1988年1月更名为青岛海洋大学,2002年10月起为现名)为国家培养了数万名涉及物理海洋学、海洋化学、海洋生物、海洋地质、海洋水产、海洋工程、海洋气象等专业的海洋科学研究、教学和管理的专门人才,其中一些优秀代表已成为我国科学院和工程院院士、长江学者特聘教授、国家杰出青年基金获得者等海洋科学的栋梁之才,多数都在海洋科学研究、教学、生产和管理等岗位上发挥着骨干作用。由于高水平的人才质量,海洋科学的各类毕业生,包括本科生、硕士生和博士生都受到了用人单位的广泛欢迎和高度评价,特别是近年来出现了供不应求的局面。以中国海洋大学海洋学及海洋化学"国家理科人才培养基地"为例,就业率达100%,升研率平均达62%,硕士与本科在校生比例接近1:1。

进入21世纪,随着海洋科学研究的深入,领域的扩大,以及海洋资源的开发和海洋环境保护力度的加大,国家对海洋科技人才的需求不断增大,由此必然带动海洋科学教育规模的增大。这不仅需要物理海洋学、海洋化学、海洋生物、海洋地质、海洋水产、海洋工程等专业的专门人才,也需要具有海洋科学、海洋技术、海洋经济、海洋法律、海洋保护等综合知识的海洋管理人才,同时也迫切需要具有海洋科学和军事学等复合知识的专门军事海洋学人才。可以预计,随着我国海洋科学专业设置的完善以及教育质量的提高,会极大促

进我国海洋科学研究、教学、开发、生产和管理等水平的提升,尽早实现我国的海洋强国战略和祖国的统一大业。

三、海洋人才队伍的建设策略

1. 实施海洋人才战略,促进海洋事业长足发展

在2001年2月召开的国家海洋局人事工作会议上,国家海洋局党组书记、局长王曙光同志明确提出了"要增强责任感,抓紧培养一批高素质的优秀人才,实施国家海洋局海洋人才战略"的工作方针。这一方针体现了21世纪的时代要求。

20世纪80年代以来,我国海洋经济以高于整个国民经济的增长速度蓬勃发展,已经成为国民经济新的增长点,2000年全国海洋产业总产值达到4 000亿元。在这个新的世纪里,科学技术对国民经济和社会发展的影响将更加深刻,世界政治多极化、经济全球化趋势也将更加明显,海洋事业迎来了难得的机遇,也面临着严峻的挑战。因此,认真实施"海洋人才战略"意义重大,影响深远。

近些年来,我国海洋人力资源开发的成绩明显,但是也存在着诸多问题,如人才结构不尽合理,海洋法律人才、海洋综合管理人才相对缺乏,中青年高层次、高素质人才比较匮乏;人才流动渠道不够顺畅,引进困难与人才流失并存;用人机制有待创新,论资排辈、人才浪费现象依然存在。新世纪的海洋事业对国家海洋局的人才资源开发提出了新的要求。实现观念创新、机制创新、管理创新,成为当前人事工作面临的一项重要课题。

"海洋人才战略"目标就是要优化人才配置,提升人才优势,建设一支素质优良、结构合理、总量优化的海洋人才队伍,创造一个人才辈出、人尽其才的机制和环境。具体而言,就是要建设一支高素质的海洋管理人才队伍(包括各级政府海洋行政管理人才、企业经营管理人才)、一支高质量的海监执法队伍、一支高水平的海洋科技队伍。

那么如何实施好这项战略呢?国家海洋局将这一战略概括为:"一个规划、五个突破":

"一个规划",即各单位要按照《国家海洋局2000~2010年人才资源开发规划纲要》和《国家海洋局干部教育培训五年规划纲要》的精神,根据海洋工作的新形势和本单位的主体工作,遵循海洋事业的发展规律和人才成长规律,制定好本单位的人才发展规划,力争使人才资源的总量、素质、结构与海洋事业的发展相协调。

"五个突破"是:

(1)人才观念上的突破。要牢固树立人才是最重要的战略资源的观念,形成尊重人才、尊重知识的良好氛围,为整个人才群体成长创造良好的政策和法制环境,要注重挖掘现有人才的潜力,充分调动现有人才的积极性,特别是对入选国家海洋局"双百人才工程"的人员,要关心他们的学习、工作和生活,加大培养力度,突出"事业留人、感情留人、待遇留人"的政策。

(2)用人机制上的突破。要树立正确的选人、用人观念,建立公正的激励和竞争机制,注重群众公认,以实绩任用人才。同时要注意从重大项目上发现人才,在专业技术资格的评定上,要加大破格晋升的力度。要创造留住人才、鼓励创业的大环境。

(3)人才培养上的突破。用人单位要以提高素质为核心,制定并完善人才培训政策,

通过进修班、研讨班、培训班或出国培养等多种形式,学习政治理论、现代科学技术和专业知识,努力培养素质型、复合型人才。

（4）人才引进上的突破。要树立"为我所用重于为我所有"的观念,进一步拓宽人才引进渠道,采取多种途径招贤纳士、网罗精英,特别是要吸引海外和留学的拔尖人才为我国海洋事业服务。

（5）人才待遇上的突破。鼓励用人单位实行多元化的分配制度和向"精英人才"倾斜的分配激励机制,最大限度地开发、激励和发挥人才的工作能力。

搞好海洋人力资源的开发,为新世纪的海洋事业提供人才保证这项开拓性的工作已经紧迫地摆在我们面前。各级政府和有关部门要组织广大人事干部努力学习、勇于创新、不断提高自身修养和综合素质,以海纳百川的胸怀和知人善任的慧眼,以满腔的热情和扎实的作风,抓住机遇、乘势而上,实施好"海洋人才战略",为海洋事业的持续发展提供有效的人才智力保障。

2. 转变教育思想观念,培养跨世纪海洋科技人才

世纪之交,社会经济、政治、科技、文化的快速发展和巨大变革,对高等教育产生了深刻的影响,使得高等教育的一些传统的教育思想和教育观念面临严峻的挑战。面对挑战,为培养面向 21 世纪的海洋科技人才,我们应在以下几个方面转变教育思想,更新教育观念。

（1）拓宽专业口径,增强学生适应性

我国高等教育的学科和专业划分经历了漫长的发展过程。20 世纪50 年代学习前苏联的专业设置及教学模式,曾培养了大批当时国家急需的专业人才,起到了一定的积极作用。进入90 年代,随着快速发展面临的各种严峻挑战,对高等教育跨世纪人才提出了新的要求。为适应两个根本转变,必须要树立适应的观念,改变原有狭窄的专业设置和狭隘的"专业对口的观念",同时还必须注意克服"功利主义"的倾向。另一方面,在知识经济时代,社会是开放的,知识是共享的,知识的更新速度在加快,高等海洋教育必须拓宽专业口径,打好基础,才能增强人才的适应性。

（2）加强人文精神和综合素质的培养

在海洋人才培养过程中,应处理好科学与人文的关系,要激发学生的求知动力,引导学生去求"真"和求"美",帮助学生树立高尚的科学道德,锻炼正确的思维方法。

素质教育的提出是时代的产物,教育从着重传授知识,到在知识基础上注重能力的培养,再到重视、加强素质教育,是教育更接近其本质的观念性变革。多年来教育的一个主要偏差就是在于对综合素质的割裂,片面地强调智育和业务知识的一面,而忽视思想道德素质和文化素养的教育。在综合素质教育中德育应为先,在培养学生的过程中,首先要教育他们打好做人的基础,然后是做事和做学问的基础。就做人而言,应该具有正确的政治方向,高尚的思想道德和严肃的敬业精神;就做事而言,应具有较强的解决实际问题的能力并善于与人共事;就做学问而言,应有宽厚的理论基础,基本文化素养,基本专业知识和技能,科学的治学态度,尤其是创新意识。

随着海洋科学的发展,需要吸引更多的优秀学生,立志献身于海洋科学事业,踊跃报考海洋专业,攻读海洋科学各级学位。海洋科学研究是十分艰苦的工作。因此,在海洋科学高层次人才培养的过程中,应教育学生热爱海洋事业,以振兴海洋科学、造福人类的宏伟事业为己任,发扬老一辈海洋科学家艰苦奋斗的敬业精神,提高学生的综合素质,才能造就一大批志在献身海洋科技,适应"海洋开发的新世纪"需要的高级海洋科技人才。

（3）加强对学生创新精神和创新能力的培养

江泽民主席指出:"创新是一个民族进步的灵魂,是国家兴旺发达的不竭动力。"知识经济的核心是创新,其中包括知识创新、技术创新和体系创新,创新的关键是培养有创新意识和创新能力的新型人才。而我们的教育的最大缺陷是不能培养创新性的人才,所以在海洋科技人才的培养过程中,首先要加强学生的创新能力培养,要做到这一点,应营造宽松的学习环境,加强智能和技能教育。

宽松的环境是产生创造性的重要外因。有了宽松的环境,才会有自主学习,才会有创新意识,才会有创新能力。在加强学生科学基础知识教学的同时,对学生进行智能教育,是海洋创新人才培养的基础,主要是培养学生的自学能力、研究能力、思维能力和表达能力。现代社会的实践表明,一个高层次人才在他的工作中,智能的应用远远超过纯知识的应用。高等海洋教育应重视实践能力的培养,也就是要加大技能教育的力度。

当前教学改革的发展趋势已从重教转向重学,应不断改革教学方法和手段,调动学生学习的积极性、主动性,培养学生的自学能力,启迪学生的创造性思维。从讲授、辅导、自学、利用信息技术、教学评价等方面综合地改进教学方法。在现有海洋学科硕士、博士点的基础上,通过学科交叉扶持新的学科生长点,再建立一批硕士、博士点。知名教授、专家要指导学生研究更深层次的问题。同时要积极创造条件,加强国际海洋科学研究生的合作培养。

3. 深化海洋教育的改革,加速海洋人才的培养

要使21世纪海洋科学的发展适应知识经济时代的要求,海洋高等教育要加大改革力度,在内部优化结构,调整专业培养目标,发挥各自学科的专业特色,根据社会需求,为海洋经济建设培养各类高层次的基础与应用人才。在外部走共建、联合之路,增强办学活力,使现有的教育资源得以充分运用。

（1）要办好综合性海洋高等院校

海洋科学多学科综合和交叉的趋势,预示着海洋研究的领域在不断扩大,内涵不断深化。另一方面,海洋与人类的相互作用不可避免地要涉及人文社会科学,如法律、管理、经济等,从而在现有海洋学科的基础上将会产生新的学科。因此,单一海洋学科的高等院校是很难适应21世纪海洋科学人才培养需要的。海洋学科设置齐全,理、工、水产、人文社会科学等学科兼容的高等院校,在培养海洋科学人才、进行海洋研究等方面具有的优势将会越来越明显。

（2）产学研相结合,实现海洋教育与科研、经济一体化

高等海洋教育必须主动出击,为科技、经济发展提供智力支撑。产学研结合是培养优秀人才的有效途径,也是当今教育发展的必然趋势。只有三者结合,才能有效地进行知识创新;也只有三者结合,才能培养既有知识、又有能力的人才。高校要加强与企业和社会的

联系,积极开拓新领域,充分发挥产学研结合对培养和锻炼学生的作用。校内科研工作和校办高新技术产业也要为人才培养提供良好环境,让学生较早地参与科研及对外服务,开阔视野,培养能力,克服学生轻视实践的弱点。

(3)建设一支适应21世纪海洋科学发展需要的水平较高的教师队伍

教师队伍建设在教育工作中处于核心和基础地位,所以,要深化高等教育改革,提高教育质量,关键是要建设一支适应改革需要的水平较高的教师队伍。各级领导,教育和教学主管部门都要尊重知识,尊重人才,努力提高教师的待遇,加强优秀青年教师和学术带头人的选拔和培养,培养和造就适应知识经济要求的一流的学术带头人;要建立一流的研究创新基地,为教师进行教学和科研营造一个良好的学术氛围和优良的环境;要注重年轻骨干教师的选拔和培养工作,形成一支学术水平高、教学水平高、教学效果好的年轻教师队伍,为海洋事业的大发展奠定坚实的基础。

第十章 海洋执法管理

第一节 海洋执法管理的原则

一、海洋执法管理的概念

海洋执法管理是国家行政执法管理的一个重要分支,在国家管理功能和执法体系上与普通行政执法是类同的,是加强法制建设、实施依法治国的国家基本功能和政府重要职能。

海洋执法管理内涵丰富,有不同的表述,归纳起来有以下说法。

海洋执法管理是海洋综合管理的重要组成部分及依法管理海洋的重要环节和步骤,也是确保海洋法律、法规得到遵守和执行、实现海洋管理目标与任务的主要管理行为。

海洋执法管理是由负有国家海洋管理职能的机关,按照法律程序,依据已有的法律、法规,遵循一定的原则,针对特定的调整和管理对象实施的一系列行政管理行为。

海洋执法管理的宗旨在于把一切在海洋或从事与海洋有关的人类的一切活动纳入一定的社会规范,建立良好的海洋开发利用秩序,实现维护国家海洋权益、保护海洋环境、合理开发利用海洋资源、防止和减少海洋灾害。也就是说执法管理旨在实现法律规范在社会生活中的贯彻实行。从这个意义上讲,海洋执法管理应包括管理者和被管理者。但是在这里,海洋执法管理的主要活动和行为习惯上主要还是针对在海洋或从事与海洋有关的一切活动的人之行为的调整、控制,即针对管理对象而言的。

由于历史的原因,我国对海洋的认识长期停留在"渔盐之利,舟楫之便"的原始水平,而如何通过社会对海洋活动的管理特别是海洋执法管理,实现其多功能的永续利用,在我国还是近年来才作为国家管理职能实现的行政行为。因此,海洋执法管理无论是在立法的深度和广度,执法管理机构的设置、执法队伍的建设与管理方面,还是公民依法用海的观念上都还存在诸多不足。而对海洋执法管理理论和方法的研究工作还相对较薄弱,尚未形成一套完整的理论体系。根据《联合国海洋法公约》规定,与国家法律的实践积累结合起来,海洋执法管理可以表述为:负有国家海洋管理职能的机关依照法律授权,通过建立一定的法律规范并使之正确地贯彻到人类开发、利用、保护海洋和维护海洋权益的全部活动中去的管理行为,即为海洋执法管理。

国家海洋局是国家的海洋行政主管部门。但是目前作为国家海洋执法管理的主体并不是惟一的。由于海洋自然属性的多功能性,决定了人类海洋活动的多重性和海洋事业的综合性;另外,在国家海洋管理体制的形成与变革中,各种法律法规的先后建立、国家海洋管理机构的设置和调整都是一个历史过程。在这个过程中,各种涉海的管理机构随着管理法律、法规的建立应运而生,有的即使是一部法律,其执法管理的职权也由多部门分工执行。目前,我国在海洋法律、法规的执法管理上涉及到的国家管理部门在15个以上。因而形成了我国海洋执法管理主体出自多门的特色。至于由此产生的社会利弊则智者见智、仁者见仁。但在管理上的矛盾交错,造成被管理者的难以适从是显而易见的。

海洋执法管理应包括海洋行政立法、海洋行政执法和海洋行政司法以及与之相关的管理体制、队伍建设、科学技术、海洋规划、发展计划等多方面的管理。本章重点介绍海洋行政立法、执法和司法。

二、海洋执法管理的原则

海洋执法管理的原则是指国家在依法管理人类的海洋活动中,在海洋法律法规的适用和实现上应该遵循的基本原则。一般性执法管理原则适用于海洋执法管理,但因特殊的海洋自然属性以及人们从事的海洋活动或从事与海洋有关的活动不同于陆地活动,所以在海洋执法管理方面既要遵循一般执法管理原则,同时也要遵循其特殊原则。但无论如何,有效管理人们的海洋活动,保护海洋的永续利用,是海洋执法管理应遵循的最基本原则和终极目的。

1. 合法性原则

海洋执法管理是通过执行法律管理人类的海洋活动,所以前提必须是依据国家海洋法律实施海洋执法管理,即依法行政。必须做到在以下几个方面合法。

(1) 海洋执法管理的主体合法

海洋执法管理主体的设立及其职权的确定必须要有法律依据或具有法律效力,也就是说,海洋执法管理机关必须是依法组成的机关或者是法律授权或依法委托的机关和组织。

我国目前参与海洋执法管理的国家机构设置是经全国人民代表大会常务委员批准、由国家编制委员会确定设立的。各部门作为海洋执法管理的主体,其职责是由两种合法形式确定的:一种是由编制委员会明确其职能和职责,如国家海洋局是主管全国海洋事务的职能机构(国发[1993]26号)。再一种是以法律条文予以明确的,如《海上交通安全法》第三条规定,中华人民共和国港务监督机构,是对沿海水域的交通安全实施统一监督管理的主管机关;再如《渔业法》第六条规定,国务院渔业行政主管部门主管全国的渔业工作,等等。

县级以上地方人民政府有关海洋执法管理机构的设置和职责除用上述两种形式确定外,有的也可以由法律、法规授权或由上级行政机关合法委托而成为在一定范围内的海洋执法管理的主体。如沿海省(市、区)人民政府的海洋与渔业、交通、环保、国土资源等管理部门。

(2) 海洋执法管理的内容合法

国家海洋执法管理机关的执法内容即管理权限、职责、义务及其负责管理的内容范围也必须由法律、法规确定或由国家编制委员会予以明确。也就是说海洋执法管理的内容必须是确定的和有法律依据的。尽管各海洋执法管理机关管理调整的对象都是在我国管辖海域或从事与海洋有关活动的人们,但是各自管理的内容是有明确分工的,各管理部门的职责也是不同的,在管理工作中不得越权行事或干预、阻碍其他部门履行自己的管理职责。

在我国现行管理体制下,各管理系统内部也大都实行分级管理,相关法律、法规也明确了各级管理机构管理的职权、职责和管理内容,上下级之间的权限划分也是法定的,在实施管理中不得混淆、倒置。

在现行海洋法律、法规中,有的法定执法管理主体并非一家,而是由多家共同分工行使其法定管理权限。如《海洋环境保护法》第五条对国务院环境保护行政主管部门、国家海洋行政主管部门、国家海事行政主管部门、国家渔业行政主管部门、军队环境保护部门负责管理的内容,作出了明确的分工规定,同时还对沿海县级以上地方人民政府行使海洋环境监督管理权的部门职责的确定办法作出了规定。各部门在保护海洋环境的执法管理工作中,必须依照《海洋环境保护法》规定的分工职权内容开展工作,切实履行职责,不得超越职责范围。

(3) 从事海洋活动或与海洋有关行为的人或组织必须具备法定资格、符合法定条件

海洋法律、法规以及各有关海洋行政规章事实上是规定了对一般个人和组织的行为的禁止,而对于特定对象在符合相关法律条件的情况下,可以解除"禁止"。这种特定对象,就是指具有相关法律法规规定的从事某种海洋活动的资格和条件的人或组织。如《中华人民共和国领海及毗连区法》第十二条规定:"外国航空器只有根据该国政府与中华人民共和国政府签订的协定、协议,或者经中华人民共和国政府或者其授权的机关批准或者接受,方可进入中华人民共和国领海上空。"这一条规定实际上是禁止外国航空器自由进入我国领海上空。而对于经两国政府间协定、协议或经政府批准者,即符合法定资格和条件者,则经批准允许进入我国领海上空。又如《中华人民共和国海上交通安全法》第四条规定:"船舶和船上有关航行安全的重要设备必须具有船舶检验部门签发的有效技术证书。"第五条规定:"船舶必须持有船舶国籍证书,或船舶登记证书,或船舶执照。"第七条规定:"船长、轮机长、驾驶员、轮机员、无线电报务员、话务员以及水上飞机、潜水器的相应人员,必须持有合格的职务证书。其他船员必须经过相应的专业技术训练。"还有其他相应的规定。这些规定实际上是规定了禁止"无证航行",即无资格航行。而对于取得相应资格并符合其他法定条件的,是允许在我国沿海水域航行的。

总之,海洋执法管理的相对人必须具备法定资格、符合法定条件,方能从事特定的海洋活动。

(4) 海洋执法管理的程序合法

海洋执法管理的目标在很大程度上是依赖法定的程序实现的,所以我国现行的海洋管理法律特别是法规,都对执法管理的程序作出了明确规定。执法管理的主体和管理相对人都必须按照法定程序办事,这样才能建立起海洋开发保护的良好秩序,防止管理者的渎职和有效保护管理相对人的合法权益。常见的几种程序有:

① 申请领取各种证明的申报程序:如向海洋倾倒废弃物的单位申请领取倾倒许可证;承担海洋工程环境影响评价的单位需向国家海洋环保部门申请领取"环境影响评价证书"等。

② 管理部门内部的逐级报批程序:因为目前有关各海洋管理机关大都实行分级管

理,各级管理依据是法律、法规特定的,所以对于管理相对人的申请或处置及处罚必须按审批权限逐级上报审批。

③ 执法管理的行政检查程序:对执法管理系统内部的行政检查实际是行政监督,一般是上级对下级履行职责情况的检查;管理机关对于管理相对人的检查,通常是检查其遵法守法的情况,对于检查内容、方式及场地也由法规确定。

④ 行政处罚程序:是指管理机关依法对管理相对人的违法行为进行处罚。这种程序更加慎重、严肃,必须严格按照"以事实为根据,以法律为准绳"的原则行事。现在,管理机关作处罚决定的程序一般要经现场调查,获取违法和损害证据,听取当事人的陈述,告知处罚的事实和法律依据,作出处罚决定书等。而当事人对处罚决定不服的,可以在一定期限内申请复议或直接向海事法院起诉。期限期满而不起诉又不履行的,由有关主管部门申请海事法院强制执行。这些步骤或程序有一步失误就可能影响管理相对人的合法权益,也可能因管理人员的枉法而陷主管部门于被动。

2. 合理性原则

海洋执法管理的合理性原则应包括两个方面:一方面主管部门依据法律、法规制定的行政规章、标准要客观、科学、合理,不能超越客观实际情况提出无法实现的要求和标准;另一方面主管部门及其管理人员的行政行为必须公正、适当、合理,体现人民公仆的本色。

由于海洋行政管理法律、法规(其他法律、法规也是一样)不可能对千变万化的海洋活动及错综复杂的海洋活动关系面面俱到、细致入微地给予明确规定,大多只能给出原则性的规定,所以,法律、法规在处理的范围种类、条件要求、行为方式、客观标准等方面都允许主管部门拥有可以调节掌握的幅度,即行政法学上的自由裁量权。主管部门如何正确使用自由裁量权,必须把握住主观上出于公平、公正,客观上应根据实际情况尽量科学、合理。要做到公正、合理,执法管理人员无论在主观上,还是在客观上都必须具备较高的政治素养和科学文化修养。否则自由裁量权就会成为个别管理人员对管理相对人实施"关、卡、压",以权谋私的不法手段。

3. 应急快速反应原则

鹿守本教授在其《海洋管理通论》中对应急快速反应有一全面的概括:"海洋执法的应急快速反应系指海上一旦发生或出现违法、违规案件或其他海事事件和异常问题时,不论是正常海洋活动产生的,还是在非正常情况下突发或偶发的,海洋执法机关和海上执法力量,都应该在规定时间或者最短的时间内迅速组织起来,运用适当的装备技术手段赶赴现场,按照应急计划方案、技术规程进行调查取证和海上处理。这一行为过程即是海洋执法的应急快速反应。"

由于海洋的自然属性决定了海洋活动的复杂性、风险性和海洋事件的突发性。对各种事件的处理必然要求海洋执法机关具备应急和快速反应能力,否则就会出现因违法违规、事实不清而无法处理(尤其是侵权事件的发生),更为严重的是因为行动迟缓而给国家和人民的生命财产造成无法挽回的损失。要做到应急快速反应,建设一支技术装备精良、人员素质高的海上执法队伍已成为国家海洋执法管理的必须条件。"中国海监"队伍应运而生,茁壮成长,已在中国广阔的管辖海域履行其职责。

4. 协调一致性原则

所谓协调一致性原则是指国家海洋执法管理部门在实施法律、法规的管理过程中,各相关部门之间、部门上下级之间对管理相对人的管理以及对海洋事件和海事事件的处置行为要各司其责、互相支持、协调统一。

在我国目前现行管理体制下,各有关海洋执法管理部门的职责分工是清楚的,但在具体问题处理的权限上往往并不十分明确。例如海洋石油钻井平台在相邻行政区界的近海海域作业,其环境保护管理工作的登台检查、污染事故的处理等,不可能相邻行政区的各级管理部门都对该平台检查处理,过去就曾发生过类似现象。协调一致的原则在有些海洋法律法规中作出了明确规定,即有些管理工作必须协调解决。如《中华人民共和国海洋环境保护法》第八条规定:"跨区域的海洋环境保护工作,由有关沿海地方人民政府协调解决,或者由上级人民政府协调解决。跨部门的重大海洋环境保护工作,由国务院环境保护行政主管部门协调,协调未能解决的,由国务院作出决定。"有些法律法规中虽然就某项工作明确了负责的主管部门,同时又规定主管部门事先要征求其他相关部门的意见。如何使各部门意见一致,也需要做好协调工作。如果因海洋执法管理部门间不能在管理行为上协调一致,相互争执、推诿或重复处理,就会直接造成管理相对人无所适从、无人管理或重复"受罚"。因此管理行为的协调一致原则也是管理部门必须遵循的一条重要原则。

三、海洋执法管理的种类

有关海洋管理的分类,目前国际上尚无统一的标准。在国外大都为方便管理而主要以海区的功能结合行业管理划分海洋管理的种类。如美国的海洋管理类型分为:海岸带、深水港、海洋自然保护区、渔业、海洋交通、海洋生态和生态环境、海洋特殊区域、特殊海洋利益和海洋综合管理等,日本的海洋管理分类大致与美国相同。

我国的海洋管理,虽然还没有形成结论性的科学分类标准和办法,但随着海洋管理实践的积累,基本也形成了以社会属性(管理职能)和自然属性(海洋自然功能和区域)相结合的管理分类。鹿守本教授在《海洋管理通论》中归纳为如下的几种类型:① 综合管理和行业管理;② 海洋资源、海洋环境和海洋权益管理;③ 海岸带与海岛管理、海洋公益服务和海洋防灾减灾管理。

但是以上的分类方法是对海洋管理从广义上的分类,既包含了国家的行政行为,也包含了非行政行为。而海洋执法管理完全是指国家海洋执法管理主管部门的行政法律行为,其分类办法相对海洋管理只能限于行政法律行为的分类。根据目前行政法学的理论和实践,海洋执法管理作为国家海洋主管部门和其他有关部门的行政法律行为,在实施过程中所形成的法律关系是不同的。根据这种实施行政行为时所形成的法律关系不同,海洋执法管理可分为海洋行政立法、海洋行政执法和海洋行政司法三种行为类型。

1. 海洋行政立法

在我国现行体制下,所有海洋法律的确立和修订都必须经过全国人民代表大会常务委员讨论通过。海洋行政法规必须经国务院发布或经国务院批准由国家相关主管部门发布。而作为海洋执法管理行政法律行为的海洋行政立法行为,是指国家海洋行政管理部门和有关部门依据《中华人民共和国宪法》第九十条第2款"各部门、各委员会根据法律和国务院的行政法规、决定、命令,在本部门的权限内,发布命令、指示和规章"的规定,制定具有普遍约束力的行政规章和行为规则的行政立法行为,这是海洋执法管理的基础。

各种海洋法律、法规基本都以原则性的条文规定了保护、维护目标以及禁止的海洋活动和有条件许可的海洋活动。各海洋执法管理部门要实现管理职能、实现海洋法律、法规的立法宗旨,海洋执法管理部门必须依据法定的权限程序,根据相应的海洋法律、法规的要求,制定、修改和废止行政规章,也称为部门规章。这种海洋执法管理部门的行政立法,其目的在于为了实现其职能,主要是对已有的海洋法律、法规条文细化、完善或补充,对海洋执法管理行政行为的普遍约束力更具针对性和适应性。如国家海洋局根据《中华人民共和国自然保护区条例》,制定并于1995年5月29日发布的《海洋自然保护区管理办法》,就是比较有代表性的国家部门规章。其次,对于某些问题国家权力机关尚未立法,为了探索经验,在制定法律条件尚不成熟时,有时采取授权国家行政机关制定法规(或规章)。如2001年以前我国对海域使用管理并未立法,而是授权国家海洋局会同财政部制定了《海域使用暂行规定》。经过几年的实践证明,海域使用的立法不仅是必须的,而且是可行的。于是,2001年10月27日第九届全国人民代表大会常务委员会第二十四次会议通过了《中华人民共和国海域使用管理法》,自2002年1月1日起施行。

2. 海洋行政执法

海洋行政执法是海洋执法主体在法定的职权范围内执行和运用海洋行政法律、法规及规章的行为,事实上就是把相关的海洋行政法适用于具体的人和事,按照法定的执行程序,采取法定的措施。海洋行政执法是有关海洋管理部门的基本工作(详见本章第二节)。

3. 海洋行政司法

海洋行政司法是指有司法权的国家海洋执法管理行政机关或组织,依法处理和解决行政执法管理过程中所发生的纠纷活动,所以又称行政裁判。有司法权的行政主管部门在行政司法活动中充当争议裁决人,裁决和管理范围仅限于海洋管理中的行政纠纷和与海洋行政管理有关的民事纠纷,并且要依照法定程序进行裁判,裁判结论对特定对象具有法定约束力(详见本章第三节)。

海洋执法管理不仅是刚刚诞生的一门新的学科,而且真正纳入国家海洋管理的行政职责,实践的历史也很短,只是在国家实行改革开放以后,在沿海地区的管理领域才逐步受到重视。所以,海洋执法管理作为一门学科,如何从理论上对其科学地划分类别,还有待进一步的探索。

第二节 海洋行政执法

一、海洋行政执法的概念

海洋行政执法是相对于海洋行政立法的具体行政行为,是国家一般行政执法管理的重要组成部分,具有一般行政执法的特征。同时因海洋执法的调整对象、管理目标属于海洋领域,所以海洋执法也有其自身的特征。海洋行政执法是海洋行政执法管理机关的主要职责和主体工作。

目前,在法学界对国家一般行政执法的概念有基本统一的表述,即行政执法是国家行政机关及其他行政主体执行法律活动的总称。据此,也可以说海洋执法是国家海洋执法机关执行海洋法律活动的总称。但是对"执行法律活动"含义的理解还是存在差别的。根据海洋行政执法的实践,这里还是把海洋执法与海洋立法、海洋司法及其他行政行为区别开来并赋予特定概念。

海洋行政执法是国家海洋行政机关及其得到法律、法规授权的组织,按照法定职责、权限和程序,执行适用海洋行政法律规范的具体行政行为。这一概念反映出海洋行政执法成立必须有两个主要要素:一是合法的执法主体,二是执法的内容和范围应具法定性。

1. 合法的执法主体

海洋行政执法行为也是一种行使国家权力的活动,所以执法主体必须具有法定海洋行政执法资格。我国目前现行的海洋法律、法规中,多数都以法律、法规条文的形式明确了海洋执法主体和主体职责分工。如《中华人民共和国海域使用管理法》的执法主体是国家海洋局、《中华人民共和国渔业法》的执法主体是农业部渔政局、《中华人民共和国海上交通安全法》的执法主体是交通部海事局等。而具体实施海洋执法行为,是由这些部门的所属机构及其组织、建设、管理并授权的执法队伍负责执行。如国家海洋局和各省市海洋行政管理部门管理的中国海监队伍、农业部渔政局管理的中国渔政队伍、交通部海事局管理的中国港务监督队伍等。

有的法律、法规虽然未明确负责执法的主体,但是其执法活动也应由国家授权,暂时确定执法主体资格。除此之外,任何国家机关、社会组织和公民都无权代表国家行使执法权,否则就是违法行为。

海洋行政执法主体在实施执法行为时一般是通过文书方式(如通知、公告、申请审批的回复)和执法人员现场口头表达执法的意图(如登船、登临石油平台、海岸工程现场检查等),无论哪种方式,执法人员的行为都是代表法定的执法机关,而不是个人行为。也决不允许任何个人借执法之机实现法律、法规以外的任何图谋。那种把执法权视为个人或部门特权的行为是绝对不允许的,是不应具有执法主体资格的。

2. 海洋行政执法的内容和范围应具法定性

在行政法中,所谓"执法"的含义是特定的,即将法律、法规条文适用到具体的一方相对人的活动。同样海洋行政执法只不过是把海洋法律法规条文适用到从事海洋活动的一方相对人的活动。这就规定了执法主体必须依据相关的海洋法律、法规规定的权限、内容、程序,针对特定的从事某种海洋活动的相对人的某种行为实施执法行为。如国家海洋局及其派出机构,依据《中华人民共和国海洋倾废管理条例》及相应的《实施办法》,对海洋倾废作业者的倾倒行为实施行政执法行为,并且要按照规定的程序,作业者申请、执法机关审批、颁发《倾废许可证》、装载核准,在规定的时限内向划定的海洋倾倒区定量倾倒,执法机关要派员监督。对违反《中华人民共和国海洋倾废管理条例》及其《实施办法》的行为要作出处罚决定等。而对于那些装载运输废物的船舶,只要不是为倾倒目的,并且是无害通过我国管辖海域的,则不在倾废管理的执法范围内。

总之,海洋行政执法的内容、范围及程序都是由法律、法规、规章严格确定的。执法主体必须履行职责,严格按法定的内容、范围和程序实施执法行为。凡是不能认真履行职责、严格执法或任意扩大执法范围的行为都应承担失职、渎职、滥用职权的法律责任。

以上是海洋行政执法概念成立的两个最重要的要素,但并非全部要素,如执法队伍的建设、执法技术装备的精良、执法人员素质的培养等也是海洋行政执法必备的条件。

二、海洋行政执法的范围

国家海洋管理的目标在于通过加强法制建设,建立开发和利用海洋的良好秩序,合理开发利用海洋资源,保护海洋自然环境和生态平衡,保障海洋对人类生存的永续利用,维护国家海洋权益不受侵害。海洋行政执法就是实现海洋管理目标最强有力的措施,是海洋行政管理适用法律、法规的具体行政行为,也就是依法行政、以法管海。由此看来,海洋行政执法的范围是很广泛的,从宏观上说,应包括在中国管辖全部海域内人类从事的一切活动都在国家海洋行政执法范围。这样划定海洋执法范围未免太龙统和空泛。根据目前我国已有的海洋法律、法规和国家海洋行政执法管理机构的设置现状以及《联合国海洋法公约》的有关规定,海洋行政执法的范围大致包括以下四个方面。

1. 维护国家海洋权益

《中华人民共和国领海及毗连区法》规定,我国对领海、领海上空、领海底床及底土拥有国家主权,行使对毗连区的管制权。《中华人民共和国专属经济区和大陆架法》规定,我国对专属经济区和大陆架行使主权权利和管辖权。为维护国家海洋权益,其他有关法律、法规也对如何维护我国的海洋主权、海洋管制权和管辖权作出了具体规定。如《海上交通安全法》、《渔业法》、《矿产资源法》、《海洋环境保护法》、《测绘法》、《涉外海洋科学研究管理规则》等法律、法规中,都有对外国的人或组织及其载体进入我国管辖海域的法律约束规定。为维护国家海洋权益(还有些历史性权利)必须运用国家职能,通过国务院及其有关管理机关,以海洋行政执法这一强有力的有效手段,将有关的法律条文运用到进入中国领海和其他管辖海域的任何国际组织、外国的组织或者个人,对于违反我国有关法律和《联合国海洋法公约》的任何国际组织、外国的组织或个人,我国政府将依法予以制裁(如果是军事或武装侵入中国领海及其上空,则由国防力量武装捍卫国家海洋主权,那就不是行政执法的问题了)。

但是对这种外部的违法行为如何及时发现、快速反应、迅速处理,由于执法主体的职责不清,执法队伍建设不健全,技术装备相对落后,往往造成海洋行政执法不力。

2. 保障海洋资源开发利用的科学性、合理性和永续性

海洋对于人类最直接的意义在于它能为人类的生存、进步提供丰厚的资源,这也是国际海洋争端频发、沿海国家重视海洋管理的直接原因。海洋是维系地球生命的资源宝库,保护海洋的核心即是保护海洋资源。为保障海洋资源的开发利用更趋科学、合理并可永续利用,必须发挥国家的管理职能,依法管海,用执法管理手段实现保护海洋资源的目的。为此,我国近年来先后颁布了一系列涉及海洋资源管理的法律、法规,如《中华人民共和国渔业法》及其《实施细则》、《中华人民共和国矿产资源法》、《中华人民共和国海域使用管理法》、《中华人民共和国水下文物保护管理条例》、《中华人民共和国对外合作开采海洋石油资源条例》、《铺设海底电缆管道管理规定》、《中华人民共和国水生野生动物保护实施条例》、《中华人民共和国自然保护区条例》及《海洋自然保护区管理办法》等。特别是《海域使用管理法》的颁布,从根本上提供了解决近岸海域无序、无度、无偿用海混乱局面的法律依据,国家海洋管理行政机关和有关部门及其执法队伍就能够依据这些法律、法规及部门规章开展执法活动了。

3. 保护海洋环境

海洋环境不仅影响海洋生物的生存繁衍和生态平衡,还直接影响人类的生存健康,而且对全球环境的影响也起着主导作用。特别是近年来人类开发利用海洋的活动日趋活跃,海洋环境已经呈现明显的恶化趋势。如不加强管理,海洋资源难为人类永续利用,海洋生态不可能再维持平衡。"保护环境,就是保护人类自己"已成为世界共识。为此,我国于1982年经全国人大常委会讨论通过了《中华人民共和国海洋环境保护法》,并于1983年3月1日起施行,强化了以法管理海洋环境的国家职能。1999年12月25日第九届全国人大常委会第十三次会议对该法进行了修订。该法经修订后,各管理部门的职责分工更明确合理。各有关海洋管理部门依据该法先后制定并经国务院颁布了相关"条例",形成了保护海洋环境的法律体系。依据这些法律、法规,各有关海洋管理部门的执法机关及其执法队伍的执法范围就涉及到"海洋环境监督、海洋生态保护、陆源污染物对海洋环境的污染损害、海岸工程建设项目对海洋环境的污染损害、海洋工程建设项目对海洋环境的污染损害、倾倒废弃物对海洋环境的污染损害、船舶及有关作业活动对海洋环境的污染损害以及全国对海洋环境保护工作的统一监督等。《联合国海洋法公约》第十二部分专门对"海洋环境的保护和保全"作出了详尽的规定,作为签约国之一的我国也会履行我们的义务。

4. 维护海上安全和海洋公益活动

人类的海洋活动具有特殊的风险性和管理上的复杂性。为保护人民海洋活动的安全和方便各种行业的专业活动,我国在加强海上安全管理和提供公益服务方面,也充分发挥国家管理职能的优势,制定了相关法律、法规。有关管理部门及其执法机关和队伍依据这些法律、法规履行行政执法的职责。如《中华人民共和国海上交通安全法》及相关的《条例》、《规定》等,《中华人民共和国测绘法》、《海洋环境预报与海洋灾害预报警报发布管理

规定》、《海洋环境公报制度》以及在紧急情况下国家授权成立抢险救灾机构的组织办法等,这不仅为从事海洋活动者的安全提供了法律保障,而且也是海洋行政执法主体依法行政的法律依据,从而把执法主体为保障作业者海上安全和维护被管理者的合法权利、义务的服务行为变为行政行为。

综上所述,海洋行政执法的范围是很广的。在理论上海洋行政执法应该与国家海洋行政管理相对应的,但是由于海洋立法进程滞后于海洋行政管理的需要,所以海洋行政执法只能在现有可依的法律范围内开展。即使有法可依,海洋行政执法仍存在一些困难和问题。主要有:

(1) 有的法律没有明确执法的主体,有关部门则"无令难行",坐失执法良机,特别是有关维护国家海洋权益的执法问题更为突出。

(2) 有的法律是多个执法主体,执法职责范围虽然有分工,但管理的总体责任不清,如渤海环境保护问题,水域面积缩小、污染物积累、水体交换和自净能力弱化,一旦濒临"死海"则无人受过。

(3) 由于海洋行政管理关系不顺,部门之间、上下级之间行政执法难以协调,海上作业者有时会无所适从或无人管理。

(4) 海洋行政执法技术装备及经费投入远不能适应海洋执法的需要。

(5) 地方保护及行政干预往往使得海洋行政执法显得无力。

三、海洋行政执法的种类

海洋行政执法是一般行政执法的组成部分,原则上与一般行政执法的种类是相同的。但是由于海洋行政执法环境(包括自然环境和社会环境)的特殊性、执法主体的多重性、海洋行业(执法对象)的多样性、对科学技术的依赖性以及与《联合国海洋法公约》等其他国际海洋公约的协调性,决定了海洋行政执法行为的种类、形式以及程序等都与一般行政执法有所不同。一般行政执法种类划分的标准常见的有按行政事务关系性质划分的、依据行政执法的对象划分的、依据行政机关和相对人的权利与义务关系划分的。根据我国目前现行法律法规和多年的海洋行政执法实践,以海洋行政执法机关和相对人的权利与义务关系划分海洋执法的种类较为合适。海洋行政执法行为主要有以下几种。

1. 行政许可

前面已经讲到,海洋行政法律、法规是对一般海洋活动的禁止。而对于具有法定资格、符合法定条件的相对人,海洋行政执法机关或有关海洋执法主体是可以依法解禁,依法赋予相对人权利与能力的。这种海洋行政执法机关或有关海洋执法主体根据权限依照法律、法规的规定,赋予具有法定资格、符合法定条件的相对人的权利与能力的行政行为,在行政执法中就是行政许可行为。行政许可是执法机关实现管理职能的主要管理手段和关键程序。

海洋执法行政许可的种类按许可性质大致归纳为行为许可和资格许可。

(1) 行为许可

行政执法机关根据相对人的申请,依法允许其从事某种海洋活动,采取某种有关海洋行为的许可形式,如海域使用许可、海水养殖许可、海洋倾废许可、外籍非军用船舶进入我国内水和港口的许可;外籍军用船舶和外国航空器进入中国领海和领海上空的许可;还有国际组织、外国组织或者个人在中国领海和其他管辖海域从事科学研究、渔业活动、对自然资源的勘探、开发活动或任何目的的钻探活动的许可以及其他需经行政许可的活动和行为。有的还必须经特别许可,如船舶进入或穿越禁航区、倾倒《倾废管理条例》附件二所列废弃物、占用或者拆除海岸保护设施、外籍非军用船进出琼州海峡不走中水道的情况,必须经过特别许可。另外,在特殊情况下还有紧急许可。

(2) 资格许可

行政执法机关根据相对人的申请,对其法定资格、行为能力、技术装备等条件,通过考试、考核或评审等程序核发一定文书,允许持证(含其他批准文书)从事某种海洋职业或进行某项海洋活动,这类行政许可即为资格许可。需获得资格许可的有:船舶和船上有关航行安全设备必须经船舶检验部门检验合格并颁发有效技术证书;海上航行船舶必须持有船舶国籍证书,或船舶登记证书,或船舶执照;船长、轮机长、驾驶员、轮机员、无线电报务员、话务员以及水上飞机、潜水器的相应人员必须持有合格的职务证书,其他船员也必须经过相应的专业技术训练合格。这些职业人员的资格许可都必须经过专业的考试,合格后方能取得。行政执法相对人申请从事海域使用论证工作的单位,必须经海洋行政主管机关全面考核合格后颁发"海域使用可行性论证资格证书"。对海域使用者的使用,编制出可行性论证报告,报请海洋行政主管机关审查批准。行政执法相对人申请从事海洋环境影响评价工作的单位,必须经有关行政执法主管机关全面考核合格后颁发"环境影响评价证书",海洋工程建设项目的单位,必须在建设项目可行性研究阶段委托持有"环境影响评价证书"的单位编报环境影响报告书,由海洋行政主管部门核准,并报环境保护行政主管部门备案。海岸工程建设单位按同样程序编报环境影响报告书,由海洋行政主管部门提出审核意见后,报环境保护行政主管部门审查批准。勘探开发海洋石油,必须按有关规定编制溢油应急计划,报国家海洋行政主管部门审查批准。海洋、海岸工程建设项目环境影响报告书必须经一定范围专家组成的评审小组评审后,方可审查批准。

须经资格许可的行为种类很多,有关海洋法律、法规、规章等都有明确要求。

行政许可是海洋行政执法机关最重要的一种执法权,也是行政检查、行政处罚等其他行政执法行为的前提和基础。行政许可行为最能体现执法机关"生杀予夺"的权势,因而执法机关对申请人的"申请"必须严格审查、慎重批复,把关系国计民生的海洋海事活动纳入科学的管理轨道。同时积极支持和保护行政许可相对人的合法权利和义务,"该予则予、该夺则夺"。否则,行政许可的大权就会成为滋生腐败的特权。

2. 行政检查

行政检查是行政执法机关为实现管理职能,对行政执法的相对人遵守法律、法规和执行具体行政决定的情况进行观察、监视、了解,以获取有关情报信息的执法行为。至于执法机关对其下级机关或执法队伍的检查,那是内部执法检查违法违纪情况的监督行政的行为,不在行政检查的范围。

海洋行政执法检查是海洋行政执法机关实施行政管理的重要法律手段和必经程序,

也是行政执法机关工作量最大、应急性最强、装备及经费投入最多的一项工作,单靠行政机关难以完成行政检查任务,因而有的海洋行政机关还专门成立了行政执法队伍。交通部海事局、农业部渔政局、公安部边防局为执法检查装备了大量船只。国家海洋局不仅装备了设备先进的"中国海监"船和国内先进的"中国海监"飞机,而且还专门组织建立了"中国海监总队",下设三个海区(北、东、南海)总队和沿海省市总队。这支队伍的建设,为履行国家海洋综合管理职能,实施海上巡航监视和执法检查发挥了巨大的作用,特别是及时发现并驱逐了非法进入我国管辖海域的外国钻探平台和监视非法进入我国管辖海域的考察船,在维护国家海洋权益方面发挥了无可替代的作用。

海洋行政检查的目的在于:

(1) 通过空中和海上不定期的巡航监视和登临相对人的作业现场,及时发现相对人不能正确履行法定权利、义务的违法、违规行为并准确提取可靠证据,了解和掌握其违法、违规行为的时空背景、事故原因、损害程度,特别是更有利地强行制止行进中的违法、违规行为。中国海监飞机利用其独特的空中优势,多次发现船舶排污、石油平台漂油的发生、发展等违法行为和赤潮的异常现象,为主管机关及时检查提供了可靠的信息和证据。特别是几年来在我国领海沉没的外籍轮船,大量溢油造成了污染损害,中国海监飞机的巡航监视作为行政检查的特殊手段为污染损害的国际索赔作出了贡献。农业部渔政局执法人员在休渔期通过监视检查及时查获并强行制止违法出海捕捞的船只。有时为了全面检查重要海区各类相对人的遵纪守法的情况,国家海洋局、农业部渔政局、交通部海事局几家行政执法机关联合组织海上的行政检查,根据时间季节或作业情况的不同,采取不同的联合方式,这种行政检查对造成一种执法声势、树立执法的威严、查处违法行为都会起到了良好作用。

(2) 海洋行政执法机关或经其授权的组织或个人对相对人作业现场、设施装备、规定的操作程序、证明资料等实行定期的行政检查,及时纠正和防止违法行为的发生。对于"防微杜渐",督促其遵守法律、法规,接受和服从执法机关的管理,切实依法履行其权利、义务,对保护国家、人民及相对人的财产、人身安全都是一种积极的先导性执法行为。如《中华人民共和国船舶和海上设施检验条例》第五条规定:实施本条例规定的各项检验,应当贯彻安全第一、质量第一的原则,鼓励新技术的开发和应用。这充分反映了国家行政执法管理与人民利益的一致性。定期行政检查对执法机关是实现职能的手段和执法必经的程序,对执法相对人而言,既能使其接受国家管理,也能使其权利、义务受到应有的保护。

海洋行政检查作为海洋行政执法的一种行为和程序,只是检查相对人是否正确行使法律、法规及规章规定的权利和义务,是行政奖惩的前提和基础,行政检查行为不直接形成确定的导致相对人权利义务得失的处理结论,但对现场行进中的违法行为,检查人员有权强行制止。如检查时发现相对人正违章排污,检查人员必须要求其立即终止该行为,并告知准备接受处罚。所有行政检查内容要明确、程序清晰、快捷高效、不得过分影响相对人组织程序上的权利和义务。

由于海洋行政检查对象和应具备的条件不同于陆地行政检查。对于海上的突发事件或案件的发现和调查,行政检查的主体必须具有快速、应急反映能力,执法人员不仅精通有关法律、法规,还要掌握海洋知识、熟悉管理相对人一方的基本业务知识。交通工具、通讯和检查设备不仅精良还要始终保持良好的工作状态。

目前,海洋行政检查特别是巡航监视和装备还远跟不上工作的需要,比起发达国家或相邻国家还较落后,这是制约执法队伍应急能力的重要因素。

3. 行政处罚

行政处罚是指国家特定的行政机关依法惩戒违反行政管理法律、法规规定的个人、组织的一种行政执法行为。

海洋行政处罚是指特定的国家海洋行政机关和有关海洋管理部门依据有关海洋法律和《行政处罚法》对违反有关海洋行政法律规定的个人、组织予以惩戒制裁的行政执法行为。这是一种外部执法行为。

根据《行政处罚法》"一切行政处罚必须依法设定"的基本原则,目前的国内海洋法律、法规都明确规定了海洋行政处罚基本上由具有行政处罚权的国家海洋行政管理机关和有关海洋管理部门在法定职权范围内实施。部分法律(如《海洋环境保护法》、《海域使用管理法》、《渔业法》、《测绘法》等)还规定可以授权县级以上地方人民政府相关部门在法定授权范围内实施行政处罚,个别法规也作出了可以委托有法定职能机构实施的规定。根据目前我国的国情,国家海洋行政管理机关和有关海洋管理部门的设置及其管理职责的划分,与有关海洋法律法规规定的海洋行政执法主体及其行政处罚范围的规定基本是相对应的。《中华人民共和国行政处罚法》第八条规定,行政处罚的种类有:警告;罚款;没收违法所得、没收非法财物;责令停产停业;暂扣或者吊销许可证、暂扣或者吊销执照;行政拘留;法律、行政法规规定的其他行政处罚共七种。由于《行政处罚法》规定有限制人身自由的"行政拘留"处罚,只能由法律设定,而且只能由公安机关行使。在目前有关海洋的法律中均未设定海洋执法适用"行政拘留"的处罚,所以在海洋行政执法中就没有"行政拘留"的处罚种类。

行政处罚是国家赋予海洋行政管理机关和有关海洋管理部门实现管理职能的一种权力。用以惩罚海上一切活动的违法行为,惩戒督促相对人不得或不要再次违反法定义务。行政处罚是较行政检查更加严肃、慎重的执法行为,必须通过行政检查充分获取相对人违法证据的基础上"以事实为根据,以法律为准绳"作出行政处罚决定。

目前在海洋管理领域"乱罚"现象并不突出,在行政处罚主体、处罚种类方面的行为比较正规,但是在"自由裁量权"的适用方面还存在失之过宽或过严的现象。另外,个别方面"乱收费"的现象也存在,主要是收费名目繁多、收取费用的用途去向不当。

四、海洋行政执法的程序

我国海洋法律、法规除规定了国家海洋权益、权属、保护目标外,主要是在调整法律关系主体行为方面规定了法律、法规适用行为应该怎么做的程序。也就是说海洋法律、法规主要是规定了法律关系主体的行为程序,这方面与西方法制国家突出强调的"法即程序"的观点相似。

所谓执法程序,就是行政执法实施时所要经过的过程和步骤。这是保证行政执法正当、合法的必要条件。执法主体必须依照法律、法规规定的程序执法,才能合法有效。否则,执法行为就是无效行为。

在海洋行政执法中,行政许可、行政检查、行政处罚既是三种行为类型,又是行政执法的三个基本程序。行政执法相对人只有首先获得行政许可,其行为才合法有效。相对人是否依法履行权利义务,经过执法主体的行政检查才能清楚。如检查发现相对人的违法行为并取得证据,方能作出行政处罚。所以说这是行政执法的三个基本程序,而每一种又有其具体程序。

1. 海洋行政许可程序

行政许可程序是海洋行政主体实施对相对人行政许可的步骤、方式、顺序和时限。

由于海洋法律、法规是对一般海洋活动的禁止,所以海洋行政许可是对特殊海洋活动解禁的行政行为,必须根据相对人的依法申请予以合法许可。所以行政许可的程序基本上是审查、审核、审批相对人申请的程序。

(1) 申请。申请是行政主体实施许可的前提。

申请是指个人或组织(许可相对人)为了取得海洋法律、法规规定的某种海洋有关职业或某种海洋活动的权利,向主管机关或组织提出的书面请求。如《中华人民共和国海域使用管理法》等十六条规定,单位和个人可以向县级以上人民政府海洋行政主管部门申请使用海域并提交海域使用申请书和其他有关资料。《渔业法》第十一条规定,国家对水域利用进行统一规划,确定可以用于养殖业的水域和滩涂,单位和个人使用国家规划确定用于养殖业的全民所有的水域、滩涂的,使用者应当向县级以上地方人民政府渔业行政主管部门提出申请,由本级人民政府核发养殖证,许可其使用该水域、滩涂从事养殖生产。所以,欲从事海水养殖业的单位或个人必须申请许可"海域使用证"和"养殖证"。申请必须以书面形式提出,申请书需载明申请人的姓名或组织名称、住址或组织地址、申请许可的内容、理由及相关条件等。

(2) 对申请的审查。许可主管机关收到申请后,依照法定标准对申请人及其申请事项进行全面审查。审查应包括以下主要内容:

① 申请人的资格。申请人必须具有行为能力,能够独立承担民事、行政责任。这是申请人首先必须具备的条件,也是许可机关批准许可申请的前提,否则,不得许可。

② 申请书的形式。行政许可机关认定申请人资格后对其申请书必须审查是否填报规范,应报的有关材料是否完备?对不规范者,有权要求申请人补齐或重新申报,凡属申领各种许可证、执照证件的申请,许可机关一般都统一印制申请书和表格,只有个别特殊申请或许可行为的环节变更申请,其形式特殊或简易。如外国军用船舶申请进入中华人民共和国领海的行为申请就有专门的申请文书,又如申请人在从事许可行为过程中,因某些原因需延长行为期限等申请,可从简申请。

③ 申请事项。申请人所申请的事项必须符合法律规定,有明确法律、法规依据并具备法定条件。这些条件也是行政许可机关的法定许可权力,否则,不能许可,也不得许可。

④ 从事申请事项的有关人员的资格。根据法律、法规规定,从事有关海洋活动或职业的人员必须具备一定的业务水平或技术力量,如申请《海域使用可行性论证资格证书》、《环境影响评价证书》以及船员职务证书等,要求其人员专业技术水平考试或考核合格。

⑤ 申请调查。除对上述书面审查合格外,对相对人从事该项活动的能力、场所、设备以及与相邻或相关人和组织的利害关系进一步调查、考核,据实确认。如《船舶和海上设施检验条例》第九条规定:"中国籍船舶须由船舶检验机构测定总吨位和净吨位,核定载重线和乘客定额。"这种审查必须在船上实地进行。又如《海洋环境保护法》规定:"环境保护行政主管部门在批准设置入海排污口之前,必须征求海洋、海事、渔业行政主管部门和军队环境保护部门的意见。"同样,环境影响报告书批准或核准之前,主管部门必须征求另外四个有关部门的意见,这种征求意见就是审查申请时的情况调查。

行政许可机关在审查申请时,要注意时间效率,要在法定时间内尽快进入是否许可的决定程序。

(3) 是否许可的决定。许可机关经对申请人及申请严格审查之后,应依法作出是否许可的决定。"决定"有以下两种情况:

① 行政许可机关对符合法定条件和标准的申请,要颁发许可证或许可批文,目前在海洋行政管理领域,行政许可的表现形式有两种,一种是许可证照,如海域使用证、养殖许可证、勘探许可证、采矿许可证、口岸许可证、倾废许可证和环境评价证书、海域使用可行性论证资格证书、船员职务证书以及各种技术检验、鉴定证书。另一种是许可机关以批准文件对特别许可、紧急许可和临时许可的许可形式。

② 许可机关认为申请人的条件不符合法律或有关规定的,应签发不予批准的通知,并说明不予许可的理由。如果许可机关在受理申请后的法定期限内未作出任何表示的,可视为不予批准或拒绝颁发许可证照。这与管理机关内部实行的"下级向上级的请示,在一定时期内不予答复,即视为同意"的规定是完全不同的。

(4) 许可的变更。行政许可机关在行政检查中发现许可不适当,或者许可相对人根据具体情况变化要求变更许可内容的,一般需经许可机关审查后重新核发许可证。许可相对人申请从事海洋事项受各种条件和因素的影响,其工作范围、区域、时限甚至效益等是常发生变化的,相对许可人根据这些变化会请求变更许可内容。如果许可机关所依据的法律、法规对许可范围、条件或期限进行了修改或变更,或者许可机关许可决定有疏忽造成许可不当等,许可机关应及时修改或更换许可证。这种变更事实上是对原许可证的修改,绝非处罚性质的吊销和暂扣,所以,在这种情况下行政许可机关必须进行审查,重新核发许可证,如申请使用海域的变化、海洋倾废量的增加等。

2. 海洋行政检查程序

海洋行政检查程序是指海洋行政检查机关按照一定的步骤和方式对相对行为人履行法定权利、义务的情况实施的行政执法行为。这是海洋行政执法活动中时间和空间覆盖最宽、力量投入最大的行政行为程序。目前海洋法律、法规部分地规定了一些行政检查内容、方式(一种是现场检查或调查,一种是相对人的情况报告,这里主要是指行政检查人员的现场检查或调查),具体的检查步骤并未明确列出。各有关海洋执法主管机关根据各自负责的行政执法职权范围,提出了各自的行政检查程序,所以目前的海洋行政检查程序并不完全统一(因各主管机关执法检查内容不一致,也难以统一),但其中主要的具体程序还是相似的。这些程序大致包括以下四个方面:

（1）检查人员执行检查任务，必须佩带（戴）公务标志（有公务制服的应着装）和主管机关的统一标志（如"中国海监"、"中国渔政"、"中国港监"等徽牌）。向受检者出示证件，如"中国海监监察证"等，以表明检查人员履行行政检查的合法身份。

（2）实施现场行政检查时，检查人员应通知被检查人员在场，检查行为必须公开进行，检查内容可以包括法定的全部内容，也可以是部分内容，也可以进行专项检查（检查内容可不必事前公开）。当进行海上或空中巡航监视检查时，由检查（监察）人员独立进行，主要是检查作业者行为的合法性和行为违法状态或结果。但受检者必须配合海监船或海监飞机的检查，如协助海监船的靠泊、接受海上或空中海监人员的询问调查等。

（3）实施作业现场检查必须在受检者作业时进行。空中或海上巡航监视检查，不仅是检查正在进行的海上作业活动，而且还具有发现异常现象、收集有关权益、环境、资源、灾害等信息的任务，所以可不受时间和空间的限制。

（4）为行政检查人员提供方便。由于海洋活动的场所主要在海上，行政检查人员在执行现场检查任务时，交通、食宿及检查时的工作条件多有不便，受检者应协助解决必需的工作条件、配合检查人员的工作。

3. 行政处罚程序

行政执法机关依法对相对人的违法违规行为实施处罚的步骤和方式即为行政处罚程序。行政处罚的程序由法律、法规明确规定，具体操作步骤一般由规章予以明确。因此，行政处罚程序具有法律约束力，执法主体或相对人不得任意变更。违反处罚程序即为违法行为。

《中华人民共和国行政处罚法》规定，行政处罚程序有简易程序、一般程序和听证程序三种，每一种又有其具体操作程序，海洋行政处罚的基本程序是严格按法律规定执行的，具体操作程序细节可以根据海洋活动的特点由主管机关具体规定。

（1）简易程序

所谓简易程序，也称当场处罚程序。指违法事实确凿并有法律依据的轻微违法行为，对公民（自然人）处以50元以下，对法人或者其他组织处以1 000元以下罚款或者警告的，可以当场作出行政处罚决定的程序。适用这种程序的主要特征是违法情节轻微、只处以警告或少量罚款、现场决定并执行、对当事人权利影响较低，简易程序包括以下内容：

① 告知：执法人员经核实违法事实、作出处罚前，应向当事人出示执法身份证件；告知当事人作出处罚的事实、理由和依据，并告知当事人依法享有的陈述和申辩等权利。

② 决定处罚：执法人员对当事人违法行为事实核实无误，当事人又无正当理由，执法人员当场作出行政处罚决定，并填写好预定格式、编有号码的行政处罚决定书后当场交付当事人。

处罚决定书应载明当事人违法行为、行政处罚依据、罚款数额、时间、地点及行政机关名称，并由执法人员签名或盖章。

③ 当场执行：执法人员当场对当事人的处罚决定应在当场执行，即当事人应接受警告、交付罚款（交付罚款应办理交付手续）。执法人员应将处罚决定书及时报所属行政机关备案。

④ 法律援救：当事人对当场行政处罚决定不服的，可以依法申请行政复议或者提起行政诉讼，进入行政司法程序。

在海洋执法管理活动中，海洋执法人员适用简易执法程序的处罚行为，虽不像陆地交通警察、工商管理现场处罚那样经常发生，但也时有发生，一般都是针对相对人违章行为的，如国家海洋局执法人员在登临海洋石油勘探或开发平台检查时，发现平台管理者未按规定如实填写防污记录簿、生活垃圾处置不当、消油剂处置不当等，一般都按简易程序在当场处罚。

可见，简易程序虽然程序简易，但行政处罚的法律责任和执法原则不能简化。

（2）一般程序

这是海洋行政处罚经常适用的一种程序。除了轻微违法行为可以当场作出行政处罚外，行政机关发现（或按举报）公民、法人或其他组织有应当依法给予行政处罚行为的，应当适用一般程序。一般程序适用于办理案情比较复杂、处罚较重的行政处罚案件。对这种案件行政机关必须经过全面、认真调查或行政检查取证，客观、公正地实施处罚。一般程序的内容和操作步骤包括以下七个方面：

① 立案：行政机关接报或发现公民、法人或其他组织有违法行为，应尽快立案处理。

② 调查取证：行政机关依法调查取证时，可以采取检查和勘验措施。执法人员不得少于两人，并向被调查人出示证件，做好询问笔录，被调查人确认笔录无误要签字负责。

③ 调查结果审查：调查终结后，行政机关负责人对调查结果进行审查。

④ 告知当事人：行政机关要告知当事人做出行政处罚决定的事实、理由及依据，并告知当事人依法享有陈述和申辩等权利。

⑤ 作出行政处罚决定：调查和审查终结，行政机关决定给予行政处罚的案件，应制作行政处罚决定书，并在宣告后当场交付当事人；当事人不在现场不影响处罚决定的成立，但要按民事诉讼法的有关规定，7 日内应将处罚决定书送达当事人。

⑥ 执行：当事人依法执行行政处罚的决定。

⑦ 法律救济：同简易程序。

根据海洋行政机关和有关部门多年适用行政处罚一般程序的实践，绝大多数当事人都能顺利执行行政处罚决定。个别案例也有进入司法程序的。

（3）听证程序

行政机关作出责令停产停业、吊销许可证或者执照、较大数额罚款等行政处罚决定之前，当事人要求利用听证权利，对处罚决定申辩、质证，这种程序就是听证程序。听证程序是一种司法化程序，又称正式程序。当事人有要求举行听证的权利。

听证程序的基本特征与法院的法庭审理程序相似。所以案件审理规则也适用听证程序（如回避、保密、代理等）。由于听证程序是由作出行政处罚的机关来组织，所以虽与审理程序相似但仍属行政执法行为。听证程序只有在"当事人要求听证的，行政机关应当组织听证"（《行政处罚法》第四十二条），但是行政机关在作出处罚决定前，应当告知当事人。

下面以北海分局听证案例说明听证程序的组织办法。

经中国海监北海总队青岛直属队调查核实，青岛××工程公司于 2001 年 1 月至 2 月间，违法向海域倾倒废弃物，北海总队依法对其罚款 15 万元。该公司对处罚持有异议，向北海总队提出了行政听证的申请。北海总队依法对其申请组织了行政听证。

听证会由中国海监北海总队领导机关组织，并由既非本案调查人员、又对与本案当事各方无利害关系的熟知法规的一名处长主持。

听证会宣布开始后，宣布听证主持人、听证员、书记员名单；核实申请方法定代表或委托代理人、行政调查人员是否到场及提供的有关证明材料；告知当事人（申请方）有放弃听证、申请回避、委托代理人、对本案陈述、申辩和质证的权利，对笔录审核、补充或修正及其他法定的权利。

听证会听取当事方对其法定权利的申请意见后，书记员宣布听证纪律。

主持人宣布案由：本会应××工程公司要求，就其违反倾废法规规定一案进行听证。

听证调查：调查人员对当事人违法行为提出指控并提供证据；当事方对自己的行为陈述并提出证据材料；双方互相阅读证明材料后最后提交主持人。

听证辩论：该案双方对质证无分歧，主要是申请方对罚款数额请予减免，未有形成法律适用或事实情节的分歧辩论。按规定给予申请方最后陈述时间。

形成听证笔录：书记员宣读听证笔录毕，听取双方意见后，听证人员及当事双方签字。听证结束。

听证材料交作出处罚决定的主管机关。

上述适用听证程序的案例说明，听证程序的组织不仅程序严谨而且制度严格。

无论是适用简易程序、一般程序还是听证程序，行政执法机关都必须坚持以下制度：① "告知"与"听证"制度；② 回避制度；③ 调查与决定（或主持）分开制度；④ 处罚机关与收缴罚款分离制度。

总之，行政执法程序是行政机关为实现管理职能，适用法律、法规及规章的具体行政行为。行政执法程序是对执法主体和相对人双方的法律约束，违反了程序即是违法。事实上在行政执法领域出现的不正常现象，诸如渎职行为、谋私行为以及"三乱"行为等，都是直接违反了行政执法程序。杜绝这些不正之风，最重要的是必须严格按法定程序执法。

第三节　海洋司法

一、海洋司法的概念

目前法律界对于"司法"的解释基本上倾向于《法学大辞典》的说法："拥有司法权的国家机关，依照法定职权和程序把法律运用于民事、刑事和行政案件的处理，以及对这种处理过程进行法律监督的法律活动。"这是被公认的一种传统的解释。其司法主体是国家专政机关，以国家政权强制力实施国家意志。而适用于海洋活动的不仅仅是这一种国家普通司法制度，还有依照现有国家法律、法规规定、由海洋行政主管机关和法律授权的其他组织，按照法定的司法程序处理有关海洋行政争议和与海洋行政管理有关的民事纠纷的海洋行政司法；还有依照《联合国海洋法公约》及其他国际公约，由国际审判机关（国际法院、国际海洋法法庭等）或国际仲裁机构处理国际海洋争端或海事纠纷的国际海洋司法。正因为海洋司法的国际性、复杂性和特殊性，所以如何定义"海洋司法"，目前尚未形成一个成熟统一的定论。

　　按照我国法律、法规以及有关国际海洋法规、公约等的规定,根据我国目前海洋管理中司法活动的实践,一般认为,海洋司法是指司法主体依照法定职权和程序,处理有关海洋活动中所发生的一切案件的活动,包括国际海洋司法和国内海洋司法。国内海洋司法又包括海洋行政司法、海洋普通司法和海洋特种司法(海事仲裁等)。

二、海洋行政司法

1. 海洋行政司法的概念

　　海洋行政司法是指海洋执法主体以裁判者的身份,依照行政司法程序对特定的行政争议和民事纠纷进行处理和裁决的活动,是一种带有司法性的行政行为。

　　海洋行政司法是国家行政司法的组成部分。司法行为在西方国家是指法院(审判机关)的行为。"司法"进入我国行政领域特别是海洋行政管理领域是近年来的事情。海洋行政司法与海洋行政立法相似,本不是海洋行政的固有职能,但是国家行政管理中出现的行政争议和诸多民事纠纷又难以或没有必要进入国家司法程序由审判机关处理;而一些海洋行政争议和海洋活动中出现的繁杂的民事纠纷又需要负有国家行政管理职能的第三者予以裁判,这就出现了海洋行政司法。

　　根据海洋行政司法的定义和海洋行政司法的实践,其特征有以下四个方面:

　　(1) 其性质是行政行为,而非司法行为。

　　(2) 海洋行政司法的主体是海洋行政机关或者法律、法规授权的组织,而非司法机关。只有法律、法规规定的行政主体才有实施行政司法行为的权力,而非所有海洋管理主体。

　　(3) 海洋行政司法主体是以裁判者的身份对他人之间已经存在的争议或纠纷依法裁决处理,而并非行政执法法律关系的一方。

　　(4) 海洋行政司法的特定对象是部分行政争议和纠纷。其中行政争议必须是不服海洋执法机关的具体行为而引起的行政争议。民事纠纷则必须是与海洋行政活动有密切联系的民事纠纷。一般法律、法规对海洋行政司法的内容都作出了明确规定。

　　由此可以看出,海洋行政司法与海洋行政立法、海洋行政执法都是国家海洋行政机构和有关海洋主管部门的行政行为。有人把这种带有司法性质的行政行为称做准司法行为。

2. 海洋行政司法的种类

　　根据我国已有法律、法规的规定,行政司法有行政调解制度、行政仲裁制度、行政复议和行政裁决四种。但在海洋法律、法规中,并未有一一对应的规定。特别是行政仲裁制度,即使在普通行政司法活动中,也仅限于工商管理系统的经济合同仲裁和各级政府管理的劳动争议仲裁。在海洋管理领域,也有仲裁行为,并设立了专门的仲裁机构,但是那已不属于海洋行政司法的范畴,而是国际通常适用的一种由民间性质的组织依法对海事纠纷实施仲裁的特殊司法制度(详见本节第三部分)。海洋行政司法行为常见的种类有行政调解、行政复议和行政裁决三种。

（1）行政调解制度

行政机关在当事人自愿的基础上，通过主持调解解决某些行政争议、经济或民事纠纷的制度。

行政调解的主要特征：主持调解的主体是行政机关；行政调解的对象是与主体行政管理有密切关系的民事纠纷和行政争议中的赔偿、补偿争议；调解必须是当事人双方自愿，但不是行政诉讼或仲裁的必经程序；调解必须依法进行，依法结案。

行政调解在海洋执法管理活动中经常发生，是发挥国家行政机关职能优势，从简从快处理一般海洋行政争议和普通民事纠纷的有效措施。成功调解的结果对当事人双方都有利，可谓"双赢"。行政调解是做好我国海洋执法管理工作必不可少的管理手段。

在现有海洋法律、法规中，对行政调解机关和可以调解事项都作出了规定。如《中华人民共和国海上交通安全法》第四十六条规定"因海上交通事故引起的民事纠纷，可以由主管机关调解处理，不愿意调解或调解不成的，当事人可以向人民法院起诉；涉外案件的当事人，还可以根据书面协议接受仲裁机构的仲裁。"又如《海上交通事故调查处理条例》第五章（调解），共九条专门对调解作出了具体规定。

行政调解的程序可简单归结为受理申请、调查取证、调解协商、达成协议、送达并执行协议。

（2）行政复议

行政复议是指行政机关根据当事人的申请，依法对行政机关的具体行政行为进行复查并作出复议决定，以解决行政争议的制度。这是在海洋行政管理和有关海洋部门管理中实施行政行为经常适用的一种制度，这也是海洋行政机关一种行政司法行为。

根据《行政复议法》的规定，行政复议的主要特征如下：

① 行政复议的主体一定是国家行政机关。根据《行政复议法》规定，行政复议机关一般是作出具体行政行为的机关及其上一级行政主管部门或上一级人民政府。

② 行政复议是被动行政行为。行政机关只能对行政行为相对人的申请进行复议，坚持"不请不议"。

③ 行政复议实际上是上级行政机关对下级行政机关的审查监督，应全面审查行政行为的合法性和合理性。

④ 行政复议应按准司法程序进行，要对申请复议的争议形成正式决定。

《行政复议法》和《行政复议条例》适用于海洋行政复议行为。

（3）行政裁决

行政裁决是指行政主体依照法律授权，对当事人之间发生的与行政管理密切相关的特定的非合同民事纠纷进行审查，并作出裁决的具体行政行为。行政裁决与行政复议同属于行政司法行为。两者的根本区别在于处理或裁决的对象性质不同。行政复议是行政机关审查对作出的行政行为引起的争议。而行政裁决是行政机关对平等的纠纷主体之间发生的与行政管理密切相关的特定民事纠纷审查并作出裁决。行政裁决具有以下特征：

① 行政裁决主体是法律授权的行政主体。如按《海域使用管理法》规定，国务院及其海洋行政主管部门以及沿海县级以上地方人民政府海洋行政主管部门根据授权，可以对海域使用权人之间因"边界"纠纷实施裁决行为。其他部门和组织均无权实施行政裁决。

② 行政裁决的对象是特定的民事纠纷。这里的"特定民事纠纷"是指与行政裁决主体的行政管理事项密切相关的民事纠纷,非此不能裁决。如县级以上各级人民政府对海域使用权人间的"边界"争议、海洋石油企业间的勘探开发范围的争议等。

③ 行政裁决是具有司法特性的行政行为,但"裁决"具有法律权威性,不受当事人意愿的影响。

④ 行政裁决的范围包括确权和咎责两个方面。确权即确认不受侵害的所有权或使用权;咎责即是确定损害赔偿责任和侵权责任,制止侵害,保护受害者合法权益。如《海域使用管理法》规定,海域使用权人依法使用海域并获得收益的权利受法律保护,任何单位和个人不得侵犯。如果当事人之间在海域使用问题上发生争议,行政裁决的对象就是海域使用权是否明确或当事人之间的权益是否受到侵害。

⑤ 行政裁决的程序基本同行政复议的程序。

三、中国海事法院的设置及其受案范围

1. 海事法院

海事法院是受理国内外海事诉讼案件的专门法院。是国家审判机关的组成部分,与中级人民法院同级,管辖国内和涉外的第一审海事海商案件,不受理刑事案件和其他民事案件。海事法院是海洋司法行为的后盾和海洋司法权力的集中代表。

海事法院依据《中华人民共和国民事诉讼法》和《中华人民共和国海事诉讼特别程序法》审理海事诉讼。除中华人民共和国声明保留的条款外,海事法院对涉外海事诉讼适用中华人民共和国缔结或者参加的国际条约。

2. 海事法院的设置

我国的海事法院作为受理国内外海事诉讼案件的专门法院是我国对外改革开放的产物。而海事争议纠纷和海事诉讼案件在海事法院诞生之前早就客观存在。在海事法院成立之前,海事案件的管辖经过了一个曲折的发展过程。我国曾于1954年设立水上运输法院,后于1957年撤销,又于1979年恢复水上运输法院。1982年以前,受国际禁运、海上封锁,国内则受极左思潮的影响,法制建设极不健全,海事案件的管辖、审理一直处于混乱低迷状态。直到1982年民事诉讼法(试行)才明确规定涉外的第一审海事案件由中级人民法院受理,并持续到1984年海事法院成立。

为了适应我国以经济建设为中心,对外改革开放的需要,顺应世界开发利用海洋、国际经济贸易、文化交流飞速发展的潮流,减轻因海事、海商纠纷案件剧增给各地中级人民法院带来的压力,更主要的是为保障海事案件的专属管辖、维护国家权益、独立公正审理,形成在国际海事案件审理的优势,设置海事法院是十分必要的,也是形势发展的必然。

第六届全国人民代表大会常务委员会第八次会议通过了《全国人民代表大会常务委员会关于在沿海港口城市设立海事法院的决定》。据此,最高人民法院于1984年11月28日决定,分别在广州、上海、青岛、天津、大连五个港口城市设立海事法院,1987年决定设立武汉海事法院,1990年后又设立了珠海、厦门、宁波、北海等海事法院,到目前我国共设

立了 10 个海事法院,基本上覆盖了除台湾省外的我国沿海口岸。

海事法院按规定内设告申执行庭、海事审判庭、海商审判庭、研究室和办公室等机构。

告申执行庭:负责各类海事案件的受理和执行工作。

海事审判庭:负责各类海事侵权案件的审判。

海商审判庭:负责海上运输等案件的审判。

研究室:主要从事有关海事立法、政策理论、重大海事案件的研究,促进海事法院审判水平的提高。

办公室:主要处理海事法院内部及对外的一些行政事务。

海事法院的最高权力机构是海事审判委员会,一般由海事法院的院长、庭长、研究室主任组成。海事审判委员会有权对海事法院受理的重大疑难案件或合议庭成员对案件意见分歧较大的案件进行具体讨论并作出决定。海事审判委员会对案件的决定,合议庭必须服从。

3. 海事法院受案范围

按照《最高人民法院关于海事法院受案范围法的规定》(法〈高〉发[1989]6 号文件),海事法院受理中国法人、公民及其他组织之间,中国法人、公民同外国或地区法人、公民之间,外国或者地区法人、公民及其他组织之间的海事案件。其范围包括五类41 项。《海事诉讼特别程序法》进一步拓展了海事法院的受案范围。把两者规定的海事法院受案范围归纳起来有六类46 项。

(1)海事侵权案件。海事侵权案件包括:船舶碰撞损害赔偿案件;船舶触碰海上和通航水域或港口设施、建筑物的损害赔偿案件;船舶损坏空中架设或在海底、水下铺设设施的损害赔偿案件;船舶排放、泄漏有害物质和港口或海上建设作业以及修、拆船,造成水域污染或其他损害的案件;船舶损坏捕捞、养殖设施或水产养殖物的损害赔偿案件;沉船、废弃物及因海上作业设施不当影响船舶航行造成的损害赔偿案件;海上和通航水域或港口作业中的人身伤亡损害赔偿案件;非法留置船舶或船载货物案件;海上运输、作业中因重大责任事故造成的损害赔偿案件;船舶所有权、抵押权、优先权纠纷案件;装卸设备、属具、集装箱灭失索赔案件;港口作业(包括在港区水体上下作业、码头装卸、理货作业等)纠纷案件;在中国领海和其他管辖海域从事一切开发利用活动的纠纷案件;对海洋、交通、渔业、卫生检疫、动植物检验、海洋环境保护、矿产资源等主管机关作出的处罚引起的海事行政纠纷案件。

(2)海商合同纠纷案件。该类案件包括:海上货物运输合同纠纷案件;海上旅客和行李运输合同纠纷案件;船舶建造、买卖、修理和拆解合同纠纷案件;船舶抵押合同纠纷案件;租船合同纠纷案件;船舶、货运代理纠纷案件;船舶物料供应合同纠纷案件;船舶劳务合同纠纷案件;海上救助、打捞合同纠纷案件;拖航合同纠纷案件;海上保险合同纠纷案件;海上联营合同纠纷案件;船舶经营、收益、分配纠纷案件。

(3)海事执行案件。此类案件包括:国家有关海洋主管机关依法申请强制执行的案件;有关海洋、海事仲裁机构仲裁裁决的执行案件;承认和执行外国(地区)海事仲裁裁决的执行案件;执行国外法院判决、裁定的海事案件。

（4）海事请求保全案件。这类案件包括：海事请求财产保全案件；海事证据保全案件；海事仲裁保全案件。

（5）特殊案件。该类案件包括：共同海损案件；无因管理海上财产案件；认定海上无主财产案件；认定海事当事人行为能力案件；海事赔偿责任限制案件；海事债权登记案件；认定海事仲裁协议效力案件；海事破产案件；当事人为外国人、无国籍人、外国企业或组织的书面协议选择我国海事法院管辖的案件。

（6）其他海事案件。主要包括：法律规定由海事法院受理的和上级人民法院交办的其他案件；虽未经法律明确规定但可能发生的应当属于海事法院受理的其他案件。

以上是根据《最高人民法院关于海事法院收案范围的规定》和《海事诉讼特别程序法》的规定，归纳出的海事法院的受案范围。海事法院自成立以来，处理了大量繁杂的海事海商纠纷案件，对有关海洋各主管机关依法管海的行政行为给予了大力的法律支持。为维护我国海洋权益、建立良好的海洋管理秩序、为改革开放、扩大海上国际交流作出了巨大贡献。但是，随着海洋新世纪的到来，海洋经济的迅猛崛起、海洋文化和经贸的国际化，人类的海洋活动更趋向广泛、深入，围绕权益、权利而滋生的矛盾也更加复杂化，国际海洋争端也会日益激烈，这必将推动海洋管理的法制化建设，海事法院的受案范围也会不断调整和拓展。

四、海事仲裁

1. 海事仲裁的概念

海事仲裁是指仲裁机构或仲裁员根据海事争议当事人的仲裁协议及仲裁申请，对其海事争议进行审理并作出裁决的制度。

海事仲裁是解决海事争议的重要途径之一。海事仲裁机构是专门为解决海事方面的争议而设立的，既不同于法院，也不隶属行政机关，坚持独立自主仲裁的常设机构。

海事仲裁是属于海事司法的一种特殊司法活动。

（1）海事仲裁的特点

① 海事仲裁与法院诉讼不同：（a）受理主体性质不同。海事仲裁机构不是国家权力机构，也不隶属行政机关。"中国海事仲裁委员会"隶属中国国际商会，属民间团体法人，仲裁员不受国籍限制，实行选聘，而法院属于国家权力机构的重要组成部分，依法由本国专职人员组成，属国家公务人员。（b）当事人选择权不同。海事仲裁中，当事人可以通过协议选择仲裁机构、仲裁庭组成、仲裁员、适用程序、适用实体法、裁决效力等，当事人的选择权可充分体现。法院诉讼在各方面均依法受到严格限制。（c）裁判制度不同。海事仲裁一般是一裁终局制，法院则采用二审或三审终审制。（d）受理的相对人不同。海事仲裁必是当事人双方达成仲裁协议共同申请仲裁，法院诉讼只有原告一方（可能是一个或多个公民或组织）起诉，即可受理。（e）裁判效力范围不同。海事仲裁受国际公约（纽约公约）的约束，对涉外仲裁裁决的承认与执行具普遍的国际性。法院判决则不具国际性。

② 海事仲裁与国际仲裁不同。在受理涉外因素的海事案件的海事国际仲裁与国际仲裁是有区别的。国际仲裁是用仲裁的程序解决国家之间的争端，争议主体是国家，争议内

容是有关领土、侨民、中立等国际关系中的争议,仲裁机构是"国际常设仲裁院"(1900 年在荷兰海牙设立)适用法律是国际公约,属国际公法范畴。而海事仲裁的当事人主要是自然人、法人,属民事诉讼法即私法范畴。

③ 海事仲裁与国内仲裁不同。海事仲裁主要是受理涉外海事纠纷仲裁,它适用《中华人民共和国仲裁法》第七章(涉外仲裁的特别规定)。国内仲裁则不适用该章的特别规定。

(2) 国际海事仲裁制度的发展与我国海事仲裁制度的建设

在人类历史上,最早应用仲裁方式解决商事争议是源于 13 世纪末西方海运商贸较发达的沿海国家。在以后的几百年中,随着国际间海运商贸活动的逐步发展和发达,海事海商纠纷也随之频繁复杂,解决纠纷的仲裁制度也不可避免地显现出其主要作用并逐步发展健全起来。归结其发展大致可分为这样几个时期。

① 在习惯法中的孕育时期。公元14 世纪初意大利开始用仲裁方式解决各城邦间的商事争议,以后逐渐在地中海沿海各国的习惯法中体现出仲裁规范。

② 仲裁制度由立法认可向普遍化发展的时期。19 世纪以前,英、法、瑞典诸国逐步在民事诉讼法中规定了较完备的仲裁程序,而且英国于 1889 年率先公布了独立仲裁法规。到 19 世纪末,越来越多的国家如德国、日本、法国等也相继在民事诉讼法中对仲裁进行了专门的系统规定。仲裁作为解决商事、海事的法规在国际上已趋普遍化。

③ 专门的仲裁法典的形成期。20 世纪以来世界现代文明进程加快,法制建设迅速趋向国际化,世界各经济发达国家的仲裁立法都从民事诉讼法中分立出来,形成专门仲裁法典,特别是英国的仲裁法更完善。

新中国成立以来50 年间在仲裁制度方面跨越了欧洲几个世纪的历程。但是也经过了由民事诉讼法律、法规中体现到专门的仲裁法。1994 年 8 月 31 日全国人大常委会第九次会议通过了《中华人民共和国仲裁法》,其中第七章专门作了"涉外仲裁的特别规定",成为我国涉外仲裁发展的里程碑,大大向前推进了我国海商、海事的仲裁制度的国际化、统一化以及与国际公约的协调化。

(3) 我国的海事仲裁机构和法规

我国的海事仲裁机构是全国性的常设机构,最早是根据1958 年 11 月 21 日国务院第82 次国务会议上通过的《关于在中国国际贸易促进委员会内设立海事仲裁委员会的决定》于1959 年设立的,名为"海事仲裁委员会"。中国国际贸易促进委员会根据国务院上述《决定》,制定了《中国国际贸易促进委员会海事仲裁委员会仲裁程序暂行规则》,对受案范围、仲裁程序、仲裁原则等作出了规定。

为进一步适应我国改革开放及航运业发展的形势,根据国务院批复,1988 年中国国际贸易促进委员会海事仲裁委员会更名为"中国海事仲裁委员会",中国国际贸易促进委员会(即中国国际商会)于1988 年9 月12 日通过了修订后的《中国海事仲裁委员会仲裁规则》。随着海事仲裁制度的国际化、公约化的发展,为更好地发挥我国在国际仲裁中的作用,1994 年8 月31 日第八届全国人民代表大会常务委员会第九次会议通过了《中华人民共和国仲裁法》,该法的颁布施行,真正单独以法律的形式设立了我国的海事仲裁制度,并且与国际惯例和国际公约协调起来。1995 年9 月4 日中国国际商会根据《中华人民共和国仲裁法》修订并通过了《中国海事仲裁委员会仲裁规则》(1995 年10 月1 日起施行)。这就是目前我国海事仲裁的法律、法规依据。

（4）中国海事仲裁委员会受案范围

按照《中国海事仲裁委员会仲裁规则》第二条的规定,仲裁委员会受理下列海事争议案件：① 关于船舶救助以及共同海损所产生的争议；② 关于船舶碰撞或者船舶损坏海上、通海水域、港口建筑物和设施以及海底、水下设施所发生的争议；③ 关于海/水上船舶经营、作业、租用、抵押、代理、拖带、打捞、买卖、修理、建造、拆解业务以及根据运输合同、提单或者其他文件办理的海/水上运输业务和海/水上保险所发生的争议；④ 关于海洋资源开发利用及海洋环境污染损害的争议；⑤ 关于货运代理合同、船舶物料供应合同、涉外船员劳务合同、渔业生产及捕捞合同所引起的争议；⑥ 双方当事人协议仲裁的其他海事争议。

2. 仲裁协议

（1）仲裁协议的概念和种类

仲裁协议是指双方当事人自愿把他们之间已经发生或将来可能发生的海事争议,提交仲裁机构或仲裁员,依照法律和仲裁规则解决的协议。仲裁协议是海事仲裁机构受理案件最直接的依据,而且必须是书面的。

仲裁协议的形式主要有以下几种：

① 仲裁条款。双方当事人在争议发生之前,将有关仲裁的协议以合同条款的形式订立双方形成的合同中。在合同中订立仲裁条款的形式被普遍采用,现在很多有标准格式的合同中,都把"仲裁条款"作为合同条款中的一项内容。

② 仲裁协议书。指在争议发生之前或之后,由双方当事人专门订立的将争议交付仲裁的一种独立于合同之外的单独协议。

③ 其他形式的仲裁协议。根据联合国示范法规定和海事仲裁的实践,双方当事人有关仲裁事项的往来函电及其他有关文件内的特别规定,也作为仲裁协议的一种形式。

（2）仲裁协议内容

仲裁协议是指提交仲裁解决争议的事项。其内容应包括仲裁事项、仲裁机构（名称、地点）、仲裁程序、仲裁效力以及仲裁员的指定、使用语言等。要求各项内容必须明晰、准确。

3. 仲裁程序

仲裁程序是指仲裁机构在进行仲裁审理中依法施行的步骤、次序,是仲裁机构与海事争议的当事人、参与人必须遵循的程序。

目前世界各国仲裁法虽然不尽相同,但在仲裁程序上基本是一致的。根据我国《仲裁法》和《海事仲裁委员会仲裁规则》的规定,我国海事仲裁的基本程序为：

（1）申请和受理

海事争议一方当事人（申诉人）根据仲裁协议向仲裁机构提交仲裁申请书。另一方称为被诉人。申请书中应载明：申诉人和被诉人的名称、地址；申诉人所依据的仲裁协议；案情和争议要点；申请人的请求及所依据的事实和证据；预交仲裁费。

仲裁委员会收到申请后经审查认为申请仲裁手续已完备,应立即向当事人双方按规则规定发出仲裁通知及相关资料。

（2）仲裁庭的组成

仲裁庭可依当事人约定采取三人合议或一人独任方式组成。

三人合议方式：双方当事人各自在仲裁员名册中指定一名仲裁员后，再由双方共同选定或委托仲裁委员会主任在仲裁员名册中指定第三名仲裁员为首席仲裁员，三人组成仲裁庭共同审理案件。

一人独任方式，可以由双方当事人在仲裁员名册中共同选定或共同委托仲裁委员会主任指定一名仲裁员作为独任仲裁员单独审理案件。

（3）仲裁审理

仲裁庭对海事争议案依法审理的步骤可概括为以下三类：

① 保全措施裁定。仲裁庭可以根据当事人的申请和我国法律规定，提请被诉人财产所在地或仲裁机构所在地的中国海事法院作出保全措施的裁定。

② 仲裁庭应当开庭审理案件，但原则上不公开审理。若当事人双方一致要求不采用上述方式的，由仲裁庭作出决定。为审理案件，仲裁庭可进行调解、调查、询问证人、审核证据和咨询专家。

③ 仲裁裁决。仲裁庭在组庭之日起9个月内（简易程序90天内）作出仲裁裁决。裁决效力是终局的、对双方都有约束力。任何一方当事人均不得向法院起诉或向其他机构提出变更仲裁书的请求。经仲裁庭调解达成和解协议的案件，也应就调解协议内容作出裁决书。对已撤销案件再次提出仲裁申请的，由仲裁委员会主任作出是否受理的决定。裁决的依据是：仲裁庭应当根据事实，依照法律和合同规定，参考国际惯例和遵循缔结或参加的国际公约，并遵循公平合理原则，独立公正地作出裁决。

（4）裁决执行

当事人应当依照仲裁裁决书写明的期限自动履行裁决；仲裁书未写明期限的，应当立即履行。一方当事人不履行的，另一方当事人可以根据中国法律的规定，向中国法院（一般是向海事法院）申请执行；或者根据1958年《承认及执行外国仲裁裁决公约》、中国缔结或参加的其他国际公约，直接向外国有管辖权的外国法院申请承认和执行。国外仲裁机构的裁决，需要中华人民共和国承认和执行的，应由当事人直接向被执行人住所地或者其财产所在地的海事法院申请执行。受理法院应当依据中华人民共和国缔结或参加的国际条约，或者按照互惠的原则办理。

（5）简易程序

凡是争议金额不超过人民币50万元，或争议金额超过人民币50万元，经一方当事人书面申请并征得另一方当事人书面同意的，适用简易程序。

简易程序较一般程序步骤简单、时间大为缩短。仲裁庭由一名仲裁员组成独任仲裁庭审理案件；仲裁庭可以决定书面审理，即使开庭审理也只开庭一次；仲裁庭组成之日起90天内必须下达裁决书。

海事仲裁作为处理解决海事争议的一种特殊的方式，目前已被国际上普遍承认和采用。各主要航运国家都有常设的仲裁机构，这些机构不仅对本国而且对大量的涉外海事争议案的处理都赢得了很高的声誉。我国的海事仲裁机构从1959年设立的"中国国际贸易促进委员会海事仲裁委员会"到现在的"中国海事仲裁委员会",40多年来作为我国的涉外性仲裁机构,受理了大量的涉外海事仲裁争议案件,依照我国法律、法规规定,参考了国际惯例、遵循缔结和参加的国际公约,实行独立仲裁,坚持实事求是、公平合理的原则,创造了仲裁和调解相结合的东方式独特方法,在国际上的声誉越来越高。这不仅为促进我国的对外开放、发展对外经济贸易和文化交流,作出了卓越贡献,而且为促进世界各国和平利用海洋、增进国际友谊,越来越显示出东方文明大国的风范。

第四节　　国际海事纠纷的解决

一、国际海事纠纷

国际海事纠纷的含义,至今尚未在国内外法学界形成一个统一和权威性的意见。根据《联合国海洋法公约》及有关海洋的国际公约规定和国际上处理国际问题争议的实践,国际海事纠纷的含义应有广义和狭义之分。

1. 广义的国际海事纠纷

广义的海事纠纷泛指国际间对一切与海洋有关的事务的纠纷,其含义应包括:① 《联合国海洋法公约》规定的所有关于法律解释的适用争端;② 有关海洋的其他国际公约规定的所有关于法律解释和适用的争议;③ 国际间的合同、协定所规定的所有关于合同、协定条款解释和适用的争议;④ 争议的主体应该是国家与国家、国家与别国的自然人与法人、不同国籍的自然人或法人、争议的客体(多指船舶、货物等)涉及到别国的同国籍的自然人或法人。

广义的海事纠纷的解决途径一般包括:① 根据《联合国海洋法公约》及其他国际公约的规定,国际法院和国际海洋法法庭具有强制管辖权的争端,须通过国际法院或国际海洋法法庭解决;② 根据争端当事各国的一致意愿,可以选择国际海洋法法庭、国际法院、仲裁法庭或特别仲裁法庭,以解决有关海洋法公约的解释或适用的争端;③ 根据争端当事各方的一致意愿,可以选择国际海洋法法庭分庭、仲裁法庭或特别仲裁法庭,以解决有关海洋法公约和其他有关海洋的国际公约的解释或适用的争端以及合同、协定条款适用的争议;④ 有关海商海事的纠纷,一般都在当事各方协商一致的情况下通过各国设立的国际海事仲裁机构及海事司法机关来解决;⑤ 上述解决纠纷的各种方法,都不妨碍当事各方为解决争端、争议达成和睦解决而协议某种其他程序的权利。一般争议当事各方应优先利用这种权利。

2. 狭义的国际海事纠纷

狭义的国际海事纠纷一般指国际间因海损事故而产生的纠纷,主要包括:① 契约性质的海事争议;② 侵权性质的海事争议;③ 其他性质的海事争议。

上述海事争议就其性质而言,属于海事物权和债权之争的范畴。

狭义的国际海事纠纷包含在广义的海事纠纷之内。这类海事纠纷的解决主要是通过广义纠纷解决途径的第④、⑤ 种方法,在第三节"海洋司法"中已讲述,在此不再赘述。

二、国际法院

1. 国际法院及其特性

《联合国宪章》第九十二条规定,国际法院为联合国之主要司法机关,应依所附规约执行其职务。该项规约系以国际常设法院之规约为根据,并为本宪章之构成部分。国际法院是根据《联合国宪章》和《国际法院规约》的规定设立的,设在荷兰海牙。国际法院的主要特性为:① 国际法院是联合国的主要机关之一,是联合国解决国际争端的主要司法机关;② 国际法院应依据《联合国宪章》所附规约——《国际法院规约》组织和执行其职务,主要是通过司法程序解决国际争端;③《国际法院规约》是《联合国宪章》的构成部分,联合国各会员国是国际法院规约的当然当事国;④ 国际法院诉讼当事者仅限于国家,只受理国家与国家之间争端的诉讼;⑤ 联合国各会员国为任何案件之当事国者,应承诺遵行国际法院之判决;⑥ 国际法院还是联合国大会、安全理事会及联合国其他机关及各种专门机关的法律咨询机构。

中国是联合国创始成员国,1945 年已签署和批准《联合国宪章》,当然也是国际法院规约的当事国。

2. 国际法院的组织

国际法院由15 名不同国籍的法官组成,任期9 年,可连选连任,但第一次选出的法官中,5 人任期3 年,5 人任期6 年,另5 人任期9 年,即每年改选1/3。法官分别由联合国大会和安理会从各国政府委派的最著名的国际法专家组成的各国法官团体所提名的候选人中选举产生。当选法官应品德高尚,并具有在其本国被任命担任最高司法职务所要求的资格或者是公认的国际法权威。法官是专职的,不得行使任何政治或行政职务、或执行任何其他职业性质的职务。法官执行职务时,享受外交特权和豁免。法院设院长、副院长和书记处。

1985 年和1994 年中国著名法学家倪征奥和史元镛分别当选为国际法院的法官。

3. 国际法院的管辖

国际法院主要行使诉讼管辖和咨询管辖。

(1)诉讼管辖。国际法院诉讼管辖的基础是当事者的同意。诉讼当事者仅限于国家,任何组织、团体或个人均不得成为国际法院诉讼者。

国际法院受理的案件主要包括三个方面:① 当事国提交的一切案件,国际法院对此类案件的管辖通称为自愿管辖;②《联合国宪章》或现行条约及规定中所特定的一切案件,国际法院对此类案件的管辖通称为协定管辖;③ 其他法律争端,包括条约解释国际法的任何问题、任何经确定属于违反国际义务的事实存在、因违反国际义务而应予赔偿的性质及范围,此类案件通称为任意强制管辖。

(2)咨询管辖。咨询管辖是指国际法院应联合国大会、安理会和经联大授权的联合国其他专门机构的请求,就有关问题发表咨询意见。国际法院的咨询意见一般属咨询的性质,不具有法律拘束力。从这个意义上讲,国际法院是联合国大会及相应机构的咨询机构。

4. 国际法院适用的法律

国际法院受理上述管辖案件,应依据国际法裁判之。裁判时应适用:① 诉讼当事国明白承认的普遍或特别国际条约;② 被接受为法律的作为通例已被证明的国际习惯;③ 文明各国所承认的一般法律原则;④ 可作为确定法律原则补充资料的有关司法判例和各国权威最高的公法学家学说;⑤ 国际法院经当事国同意,适用"公允及善良"的原则。

5. 国际法院诉讼程序

根据《国际法院规约》的规定,国际法院的诉讼大致包括以下几个主要程序:

(1) 诉讼受理

诉讼程序从起诉开始。诉讼可用提交诉讼请求书的方式,也可用提交特别协定的方式。国际法院的诉讼程序分为书面程序、口述程序两个主要部分以及附带程序。

书面程序系指诉讼、辩诉状及必要的答辩状,连同可资佐证之各种文件及公文文书。

口述程序系指法定审讯证人、鉴定人、代理人、律师及辅佐人。

附带程序包括临时保全、被诉者初步反对主张、反诉、参加、向国际法院的特别提交和中止。

(2) 诉讼审理

审理应由全体法官参加开庭审讯(至少9名法官即可构成法院的法定人数)。法庭可以采取一切必要措施搜集证据;可以委托任何个人、组织负责案件调查和鉴定;法院可以设立分庭,处理特种案件。

法院判决由法官秘密评议,一切问题由出席法官的过半数决定。如票数相等,则由院长或代理院长职务的法官投决定票。

(3) 国际法院判决执行程序

国际法院的判决只对当事国及本案有拘束力。国际法院的判决是终局的,不得上诉。但如果发现新的具有决定意义的事实,当事国可申请复核。但国际法院在接受复核诉讼前,当事国必须先行履行判决内容。国际法院的判决一旦形成,当事国就应该兑现"遵守国际法院判决的承诺。"

6. 国际法院的咨询程序

国际法院对于任何依照《联合国宪章》或由《联合国宪章》授权的团体向法院请求的任何问题,必须发表咨询意见,一般依照如下程序进行。

凡向国际法院请求咨询意见的问题,应由请求者(团体或国家)以申请书递交国际法院,申请书应对问题叙述确切并附有关文件。国际法院可以就所提问题作书面陈述,也可以就诉案公开审讯时,当庭口头陈述。国际法院的咨询意见应当庭公开宣告并先期通知秘书长、联合国会员国及有直接关系的其他国家及国际团体的代表。国际法院的咨询意见不具拘束力。

《联合国海洋法公约》第十五部分关于争端的解决中,规定该公约的缔约国可以根据自愿原则将关于公约解释和适用的海洋争端交由国际法院管辖,即海洋争端的解决导致有拘束力裁判的强制程序时,可以诉至国际法院解决。

三、国际海洋法法庭

国际海洋法法庭是按照《联合国海洋法公约》设立的,为处理海洋争端的专门司法机构。法庭所在地是德意志联邦共和国汉堡自由汉萨城。法庭按照《联合国海洋法公约》和《海洋法法庭规约》的规定组成并执行其职责。

1. 国际海洋法法庭的组织

国际海洋法法庭由不同国籍的独立法官21人组成,法庭设庭长、副庭长、书记长各一人。在全体缔约国会议上,缔约国用无记名投票方式,从各缔约国不超过两名的所有候选人中选举法官。获票数达到出席表决的缔约国三分之二以上的多数票者当选为法官。

第一次选举产生的法官中,7人任期3年、7人任期6年、另7人任期9年。每3年改选三分之一。具体谁任多少年,则由联合国秘书长以抽签方式决定。

法官应享有公平和正直的最高声誉,在海洋法领域内具有公认资格。法庭作为整体应能代表世界各主要法系和公平的地区分配。每个地理区域至少有3名法官。法庭法官中不得有2人同为一国的国民。

法庭法官不得执行任何政治或行政职务,不得同与海洋资源和其他商业用途有关的任何企业的任何业务有积极的联系或有经济利益。法庭法官不得充任任何案件的代理人、律师或辩护人。法庭法官在审理个案时应遵循回避原则。

构成法庭的法定人数须为11名法官,但所有可以出庭的法官均应出席。

2. 国际海洋法法庭的管辖

根据《联合国海洋法公约》第二八七条规定,缔约国为解决有关本公约的解释或适用的争端,有自由用书面声明的方式选择国际海洋法法庭、国际法院、仲裁法庭或特别仲裁法庭解决的方法。也就是说,因有关本公约的解释或适用的任何争端而导致有拘束力裁判的强制程序,国际法院和国际海洋法法庭具有同等管辖权。

根据《国际海洋法法庭规约》第二节规定,法庭应对各缔约国开放。对《联合国海洋法公约》法定案件或法庭被授权的任何案件,法庭应对缔约国以外的实体(这与国际法院有很大区别)开放。也就是说,海洋法法庭受理案件的当事者不仅限于国家,也可以是自然人、法人或其他组织。

根据上述规定,国际海洋法法庭的管辖可以概括为以下几个方面:

(1) 法庭诉讼当事方

可以向法庭提起诉讼案件的任何当事方有:① 公约所有缔约国;② 管理局和作为勘探和开发海底矿物资源合同的自然人或法人;③ 规定将管辖权授予海洋法法庭的任何其他协定的当事者。

如果争端当事人一方为自然人或法人,就会出现自然人或法人作为争端一方直接与作为争端另一方的缔约国进行诉讼。自然人或法人是原告时,被告的缔约国可请担保人的国家代表或安排属于其国籍的法人代表该国出庭。自然人或法人为争端任何一方,其担保国有权以提出书面或口头陈述的方式参加司法程序。

(2) 法庭管辖的争端

国际海洋法法庭有管辖权的争端包括三个方面:① 按照《联合国海洋法公约》向其提交的一切争端和申请,关于《公约》解释或适用的争端须受《公约》第十五部分第三节的限制和排除;② 根据将管辖权授予海洋法法庭的任何其他国际协定提交的争端;③ 与《联合国海洋法公约》有关的其他条约或公约的所有缔约国如果同意,法庭也可受理有关这些条约或公约解释或适用的任何争端。

(3) 法庭的任选强制管辖权

国际海洋法法庭的强制管辖权表现在:争端当事者,经任何一方请求,就可提交海洋法法庭。《联合国海洋法公约》第二八六条规定,有关本公约的解释或适用的任何争端,如经争端任何一方请求,可提交国际海洋法法庭。但是这种强制管辖须以争端各方自愿为条件,只有双方都选择了法庭,争端才能提交法庭。简单地说,争端双方选择了国际海洋法法庭,法庭就可强制管辖。

(4) 法庭适用的法律

根据《联合国海洋法公约》第二九三条的规定,国际海洋法法庭适用的法律为:适用《联合国海洋法公约》和其他与本公约不相抵触的国际法规则。

如经当事各方同意,法庭也可按照公允和善良的原则对一项案件作出裁判。

(5) 法庭程序和裁判

国际海洋法法庭审理争端和对争端作出裁决是按法定程序进行的。

① 申请。争端当事者可以争端各方的特别协议或以申请书方式提交法庭申请裁判。

② 初步程序和初步反对主张。法庭对公约规定的争端限制程序的适用依法审查,应经一方请求决定,或可由法庭决定是否适用法律规定程序及合理性,以决定是否对该案采取进一步行动。案件的被告一方享有初步反对的权利。被告一方可以根据事实和法律对法庭管辖或对起诉申请的接受提出反对主张。法庭接到初步反对主张,应停止进行实质性程序,法庭应对初步反对主张作出支持或驳回的裁决。

③ 当事一方不出庭或对其案件不辩护时,另一方可请求法庭继续审理并作出判决,法庭审理程序不受缺席或不辩护的影响。

④ 临时保全。法庭对其有管辖权的争端在作出最后裁判之前可根据争端一方的请求,在听取争端各方意见的基础上,规定适当措施,以保全争端各方各自的权利或防止对海洋环境的严重损害。

⑤ 特别分庭。国际海洋法法庭可以设立的分庭有三种情况:(a) 法庭可设立其认为必要的分庭,由其选任法官3人或3人以上组成,以处理特定种类的争端;(b) 法庭如经当事各方请求,应设立分庭,以处理提交法庭的某一特定争端,这种分庭的组成,应征得当事各方同意后决定;(c) 为了迅速处理事务,法庭每年应设定以其选任法官5人组成的分庭,分庭以简易程序审讯和裁判争端。

分庭管辖经当事各方请求的争端。

分庭作出的判决,应视为法庭判决。

⑥ 海底争端分庭。海底争端分庭是依据《联合国海洋法公约》第十一部分第五节和附件六第四节的规定设立的,是国际海洋法法庭的组成部分,但是海底争端分庭享有较大的独立性,上述公约对其管辖作了专门规定,与海洋法法庭管辖有所不同。

(a) 分庭的组成。分庭应由海洋法法庭法官以过半数从法庭选任法官中选派法官11人组成。选派分庭法官应确保能代表世界各主要法系和地区分配的公平。分庭法官每3年改选一次,可连选连任一次。法庭选任的7名法官应为组成分庭的法定人数。海底争端分庭对特定争端可以按规定设立专案分庭。

(b) 分庭的管辖。分庭当事方包括作为海底开发合同当事各方的缔约国、管理局或企业部、国营企业以及自然人或法人。海底争端分庭主要是对各类有关"区域"内活动的争端有管辖权:ⓐ缔约国间关于《联合国海洋法公约》"区域"部分及有关附件的解释或适用的争端;ⓑ缔约国和管理局间有关事项的争端;ⓒ关于合同一方在"区域"内活动影响另一方合法利益的争端;ⓓ关于管理局拒绝订立合同或在谈判合同中发生的法律问题争端;ⓔ关于管理局被指控由于行使权力不当给合同人造成损害应该负担赔偿责任的争端;ⓕ《联合国海洋法公约》规定应由分庭管辖的任何争端。

根据《联合国海洋法公约》第一八七条、一八八条的规定,除个别争端可交国际海洋法法庭或有拘束力的商业仲裁外,分庭对第一八七条列举的有关"区域"内活动的争端应有管辖权,各缔约国应接受分庭管辖。分庭要经管理局大会或理事会要求,对它们活动范围内发生的法律问题提出咨询意见。

(c) 分庭适用的法律。根据《联合国海洋法公约》附件六第三十七条规定,分庭除了适用国际海洋法法庭适用的法律外,还应适用:ⓐ管理局的规则、规章和程序;ⓑ对有关"区域"内活动的合同事项,适用合同的条款。

参考文献

1. 鹿守本著. 海洋管理通论. 北京:海洋出版社,1997

2. 任中杰主编. 行政法与行政诉讼法. 北京:中国政法大学出版社,1997

3. 朱　清编著. 海事诉讼与仲裁. 大连:大连海事大学出版社,1996

4. 韦华腾主编. 行政法教程. 广州:广东经济出版社,1998

5. 魏　敏主编. 海洋法. 北京:法律出版社,1986

6. 刘楠来,等著. 国际海洋法. 北京:海洋出版社,1986

7. 司玉琢主编. 新编海商法学. 北京:人民交通出版社,1991